国家出版基金项目
NATIONAL PUBLICATION FOUNDATION

悲鸿生命

主编 / 张子康　红梅

中信出版集团 | 北京

图书在版编目（CIP）数据

悲鸿生命 / 张子康，红梅主编. -- 北京 : 中信出版社，2019.6
ISBN 978-7-5086-9876-2

Ⅰ. ①悲… Ⅱ. ①张… ②红… Ⅲ. ①徐悲鸿（1895-1953）—生平事迹 Ⅳ. ①K825.72

中国版本图书馆CIP数据核字(2018)第300307号

悲鸿生命

名誉主编：范迪安
主　　编：张子康　红梅
出版发行：中信出版集团股份有限公司
（北京市朝阳区惠新东街甲4号富盛大厦2座　邮编　100029）
承 印 者：北京雅昌艺术印刷有限公司

开　　本：787mm × 1092mm　1/8　　印　　张：40　　字　　数：350千字
版　　次：2019年6月第1版　　印　　次：2019年6月第1次印刷
广告经营许可证：京朝工商广字第8087号
书　　号：ISBN 978-7-5086-9876-2
定　　价：680.00元

出　　品：中信美术馆
出版统筹：曾孜荣
策划编辑：徐芸芸　时光
责任编辑：徐芸芸　时光
装帧设计：赵妍　杨雪娇　牛刚
营销编辑：孔维珉　李晶　徐哲

目录

序一

“悲鸿生命”是徐悲鸿先生为其所藏《八十七神仙卷》的题跋，今天，当我们总览他毕生的艺术创造、追思和学习他的光辉业绩之时，可以说，他的艺术凝聚和展现的正是“悲鸿生命”！

回溯历史，我们仰望在那些艰难岁月中支撑起一个时代的民族脊梁，他们怀抱坚定的理想和志向，无畏人生的险阻和境遇的波澜，以非凡的胆略和勇气不懈地摸索、思考、拼搏、奋进，为历史的进步和社会的发展书写出崭新的篇章。作为20世纪中国美术的一代宗师和中国现代美术教育的奠基者，徐悲鸿先生就是这样一位杰出的楷模。他在有限的人生里怀抱理想，坚守初心，鞠躬尽瘁，死而后已，奉献出了全部的热忱和生命。

“悲鸿生命”重在其命遂志。徐悲鸿先生早年接受古代书画的蒙养，精研名家古迹，勤奋积学。受中国现代新文化思潮的感召，他立志于中国艺术的改革与复兴，在中国社会的历史变迁中寻求新的艺术之路。在20世纪上半叶的时代条件下，他关切民族兴亡、心系家国天下的使命意识坚定不移，以悲天悯人的情怀投入文化启蒙的运动之中，以真切的情感表现民族危难，百姓疾苦，以《田横五百士》《徯我后》《愚公移山》《九方皋》等大型主题绘画，推动了现实主义艺术在中国的发展。他的作品无论西画、国画，无论历史题材、写实写生或象征表达，都饱含着忧患意识与浓郁沉思。在艺术语言的探索上，他努力引西润中，坚持中西融合，与他的艺术思想互为表里。在中国画的发展路向上，他始终以“改良中国画”为其历史认知与实践路径，以中国画的社会现实意义和现代形态为中心，对中国画的题材内容、形式语言、评判标准皆提出了具体的论述，在写实造型与笔墨表现的统一中开山立派。中国传统文化、西方画学系统以及现实主义观念这三种文化脉络的交织，使徐悲鸿的艺术思想在现代中国美术的发展中影响深远。

“悲鸿生命”重在不负使命。从1918年他被蔡元培聘为北大画法研究会导师开始，到留学归国后投身美术教育事业，直至执掌国立北平艺术专科学校和担任中央美术学院首任院长，徐悲鸿先生始终将教书育人视为事业生命，注入满腔赤忱。他把美术教育看作提高国民素质、改造旧文化之要本，倾心培养新型美术人才。他引入西学，强调“科学”与“写真”的理性精神，高度重视素描作为造型基础的价值，形成了一套系统的美术教育方法与教学范本，培养和影响了大批功力深厚、富有创见的艺术家。与此同时，他广纳天下贤士，团结了一大批身份、学派、观念各异的优秀艺术家，共筑美术教育事业的大厦，推进了中国现代美术教育的前行之路。

“悲鸿生命”重在弘文立命。作为20世纪中国画坛的领军人物之一，徐悲鸿先生以综合性的才华成为传承文化与弘扬民族美术的身体力行者。他积极参与频繁的社会文化活动，集结文化、政治、社会等各界力量，成为时代洪流中致力于新文化传布的先锋者和开拓者。他一生奔走劳碌，始终不忘以有限的个人力量收藏和保护中国古代书画以及民族文化遗产，所藏书画品类繁多，而其收藏的艰难起伏，也已成为口口相传的历史佳话。他对古代书画的收藏、对文化遗产的保护，已远远大于个体生命对文化经典的追求，而上升到保护传统文脉、振兴民族文化的层面。无论是在海内外举办展览，还是奔赴各地讲学谈艺，他都竭尽全力为中国美术振臂张目，使中国美术的文化新质发挥广阔的社会作用。

在中央美术学院百年华诞之际，我们对几代名家前辈为中国美术和美术教育的发展所做出的贡献怀以敬重，为在百年历程中所形成的中央美术学院的深厚学术传统和优秀的学术精神而感到自豪。个体生命只有在对社会的贡献中才散发出光彩，生命的价值只有在历史的长河中才得以明见。在徐悲鸿先生的艺术面前，我们领略的将比作品本身更多、更多……

中央美术学院院长　范迪安

2018年3月

悲鸿使命，家国与时代

序二

回溯20世纪中国历史的煌煌巨变,是一代思想巨擘和实践先驱者们照亮了整个民族前行的方向。徐悲鸿则是20世纪中国绘画史、绘画思想史以及美术教育史开创时代风气之先驱者与奠基人，一生致力于“复兴中国艺术”，力主“古法之佳者守之，垂绝者继之，不佳者改之，未足者增之，西方画之可采入者融之”的鲜明立场，提倡“尽精微，致广大”，将以素描和写生为基础的写实绘画体系引入中国画改良，以现实主义复兴中国艺术的现实观照，在寻求民族解放的大背景下，为中国绘画的现代化改造提出了自己的改革方案，且身体力行地推行之，深远地影响了中国艺术的现代性发展进程。

徐悲鸿先生深感肩负家国与时代的双重使命，一生为“中国画改良之方法论”谋方案，为美术教育谋现代启蒙，为中国艺术的国际传播谋路径。对他的艺术思想的研究，在不同的时代语境下回看，仍旧可以为后学提供助益和参照。

从1918年的北京大学画法研究会到1950年担任中央美术学院院长，其从事美术教育的历程长达30余年。其间，历经南国艺术学院、北平大学艺术学院、中央大学艺术系、国立北平艺术专科学校、中央美术学院。其间留学、出访欧洲，与教学相辅相成，互为补益。徐悲鸿先生在美术教育方面力推以素描和写生为基础的写实主义教育体系。他曾说：“研究科学，以数学为基础；研究艺术，以素描为基础。”他的改良派主张与保守派和融合派所代表的不同立场在20世纪初叶中国画坛上掀起的激烈论争，将中国画的蜕变引向了不同方向。改良派的旗帜鲜明，虽阻力重重，却在徐悲鸿先生的困知勉行下，在其1935年任中央大学艺术系主任后得以实施改良方案并逐步完善，这一现象的出现同时也是西方科学引入中国现代美术发展的必然结果。写实主义教育体系为中国美术培养了蒋兆和、吴作人、李可染、周思聪等美术界的一大批栋梁，启迪民智，开启了中国人观察世界、表现世界的新角度和新方法。

徐悲鸿一生都在平衡中、西两种绘画语言方面做着尝试和探索。他提出的“中国画改良之方法论”，及他对写实的认识和对现实主义的力倡，出于他的艺术理解和对中国艺术所承担的历史责任的判断。徐悲鸿特别注重艺术所能发挥的启蒙作用，而在他的理解中，启蒙的作用需要绘画通过有效的可传达性才能实现。这也导致了他对现代派绘画的夸张怪诞和左翼美术的简单政治宣传的严厉批评。

1923年，徐悲鸿的油画作品《老妇》入选法国国家美术展览会（沙龙），其绘画水平可与欧洲同期艺术家相媲美，并先后有《箫声》《奴隶与狮》《抚猫》《持棍男人体》《马夫和马》等杰作问世。1927年，在回国前夕，法国国家美术展览会展出了他的9件作品。虽主张以写实技法改良中国画，仍兼融中西，创作诸如以西方油画艺术语言表述中国传统题材的《田横五百士》《徯我后》等，以及以现实主义技法融入中国画创作的《九方皋》《村歌》《负伤之狮》《巴人汲水》《巴之贫妇》《漓江春雨》等富有时代感的新国画，都是他个人艺术思想和主张的直接体现。徐悲鸿先生重视中华文物的保护，1937年在香港以重金购得宋人画《八十七神仙卷》，并一生珍视。他慧眼识才，推举大量美术人才，齐白石、傅抱石、蒋兆和、吴作人和黄胄等中国画坛的大师级人物为美术教学贡献殊深。他积极地将中国文化传播于世界舞台，1933年起应法国国立美术馆之邀请，赴巴黎举办中国近代绘画展览，5月10日正式开幕，有法国教育部长、外交部长及各界著名人士3 000多人参加，报刊发表评论文章200余篇，观众超过3万人，又应邀在意大利米兰举办中国近代绘画展览，并先后在比利时、德国柏林和法兰克福举办个人作品展览。1934年5月1日，苏联红旗历史博物馆举办了中国近代绘画展览，展览期间，他应邀到苏联美术协会、美术院校等多处演讲。接着，画展又到列宁格勒（圣彼得堡）的隐居博物院举行。1938年，他接受印度著名诗人泰戈尔的邀请赴印度三年，完成国画《愚公移山》，赞誉中国民众坚忍的毅力和夺取抗战最后胜利的顽强意志。

关于徐悲鸿的研究著作，学者观点众多。时至今日，看待徐悲鸿需要有更多重的维度，将徐悲鸿的艺术思想映照到我们当下的艺术实践中。我们此次画册的出版，正是试图从多角度对徐悲鸿的创作生涯进行梳理，为读者呈现徐悲鸿艺术发展的历程。

徐悲鸿的一些重要作品，如《愚公移山》《田横五百士》《巴人汲水》《奔马》等都将悉数在画册中予以呈现，并探究其背后的学术脉络。高清晰度的原作图版辅之以广泛搜集的创作样稿、素描稿等，以期还原徐悲鸿先生绘画创作的思考过程。如果没有写生素描这样的过程，徐悲鸿的众多肖像创作，诸如《泰戈尔像》等，或许就不会有如此生动、深度的传达，这恰恰是徐悲鸿中国画形式语言改良很重要的一个方面。徐悲鸿的中国画改良，还包括把人体作为一种形式语言纳入中国画，比如《愚公移山》《田横五百士》《徯我后》等作品，用色上有西画的色彩因素，但是基本上保留了中国的固有色元素，相关的学术论述已经很多，画册将采用比对法，直观地呈现这些细节，使大家从另一个角度对照分析徐悲鸿的这些作品。

悲鸿先生在艺术方面取得了划时代的历史成就，至今仍然是中国美术界的一座宝库。在新的历史时期，需要我们秉持初心，持续而深入地挖掘和研究徐悲鸿这样思想鲜明、影响深远的艺术家，以滋养当下的艺术。鉴古通今，而不是胶柱鼓瑟，这是我们的画册希望表达和传递的。在此次出版中，我们尽力保持徐悲鸿研究的学术观点和众多作品的客观呈现，不仅仅是对悲鸿先生作品的梳理，更是对廓清20世纪中国美术的历史脉络的一次尝试，具有历史及现实的双重意义。

中央美术学院美术馆馆长　张子康

2018年11月

“徐君倾胆”与“倾胆徐君”
——徐悲鸿和中央美术学院

文／红梅

2018年是中央美术学院的百年校庆。在这百年一遇的重要历史时刻，全面而系统梳理中央美术学院及其前身在20世纪中国美术发展历程中所做出的独特、卓越而不可替代的重大贡献，具有历史及现实的双重意义。其中，全面而深入梳理首任院长徐悲鸿的历史贡献，不仅对走到百年这一节点的中央美术学院自身意义重大，而且对廓清20世纪中国美术发展的历史脉络，对追溯20世纪中国美术基本面貌的形成，对发展当下的中国美术事业，皆意义深远。

为此，中央美术学院于2018年3月16日至4月22日，在中央美术学院美术馆举办首任院长徐悲鸿先生的综合、全面、立体、鲜活的大型回顾展“悲鸿生命——徐悲鸿艺术大展”，作为中央美术学院百年校庆特展。我有幸承担了展览策划工作，对徐悲鸿进行了深入研究。

徐悲鸿是20世纪中国美术史上开创一代新风的先驱者，是建构20世纪中国美术基本面貌的奠基人，是杰出的画家、美术教育家、书法家、收藏家。他一生致力于“复兴中国艺术”，力倡写实主义艺术主张，改良中国画，振兴衰微的人物画，开创彩墨画，将素描、油画这些外来画种引进、传播到中国，开创现代意义的大型历史画创作先河，竭尽所能收藏典守中国古代书画精品，并在国际舞台传播弘扬中国艺术，始终站在20世纪中国美术由传统走向现代的历史转折节点上。

徐悲鸿在艺术思想、艺术创作、艺术教育、艺术收藏、艺术活动等各方面皆取得了划时代的历史成就，至今仍然是中国美术界的一座宝库，有待学界持续而深入地挖掘和研究。

此次大展根据徐悲鸿在油画、国画、素描、书法、美术教育、典藏中国古代书画方面的历史性贡献，分为六个板块，分别是：民生关切——油画篇、家国情怀——国画篇、致广尽精——素描篇、儒雅沉雄——书法篇、典守精粹——藏画篇、终生为师——教育篇。

“‘徐君倾胆’与‘倾胆徐君’”就是从“典守精粹——藏画篇”中一件引起学界广泛关注的作品款识中演绎而来。这件作品是徐悲鸿1 200件珍贵藏品中特殊的一件，为齐白石老人1932年所作的一幅稀罕的山水画，从款识上得知，此作为白石老人郑重赠予徐悲鸿并答谢徐君知遇之恩所作。

这使我们不由想起徐悲鸿两次任职中央美术学院及其前身校长期间，三顾茅庐请画匠身份的白石老人任职一事。仿佛是一个意味深长的隐喻，徐悲鸿与中央美术学院的关系，由此而展开。

徐悲鸿与北平大学艺术学院

1927年，33岁的徐悲鸿从留学8年之久的法兰西归国，正是踌躇满志、希冀大展宏图之时。次年11月15日，他由南京只身北上，正式接任国立北平大学艺术学院院长之职。履职期间，他放手进行教育教学改革，在国画教学上以写实主义改良中国画，以写生代替临摹《芥子园画谱》，受到很大阻力。其间他曾多次拜访白石老人，恭请白石老人到中国画系任教，亦被传统派国画家排挤鄙薄。在整顿教学纪律方面，徐悲鸿对在职教员进行严格考察，甚至辞退部分教员，从而引发教员反对，尤其是萧俊贤、陈半丁的辞教事件。教员联合学生，继而暴发学潮，致使徐悲鸿的“新派”教学主张无法实施。无奈之下，在任职两个多月后，孤掌难鸣的徐悲鸿于1929年1月24日被迫辞职返回南京，继续在南京中央大学（简称“中大”）艺术科西画组任教。看来，“徐君倾胆”的北平大学艺术学院“倾胆传统书画”，并不“倾胆徐君”的中国画改良。

第一次北上北平大学艺术学院即遭败北，这对于刚刚留学而归，打算一展宏图的徐悲鸿的打击之大可想而知，联系他创作于其间的几幅作品，则更可印证他的落寞心绪。

《田横五百士》和《徯我后》始创作于徐悲鸿留学回国后第二年的春天，也就是说，他回国半年以后，即着手创作这两件巨幅油画。目前学界对这两件作品普遍持以下两点共识：皆为其代表作；皆是忧国忧民之作。而我认为这两件作品可以说是徐悲鸿的第一次人生与艺术宣言！这对于徐悲鸿意义重大。

《田横五百士》的创作历时3年，于1930年完成，而《徯我后》直到1933年才最终完成，这之间无论是徐悲鸿身处的国土，还是他本人，都经历了非常大的变化。正如前面所述，此时期的徐悲鸿北上任职受挫，败北而归，而当时的林风眠则正好被蔡元培长期重用。蔡元培先是请林风眠执掌国立北京美术学校，政府权力南移后，他又调其南下筹备和领导与新权力中心相距不远的杭州国立艺术院。徐悲鸿一方面要与自己改良中国画、“复兴中国艺术”的雄心壮志做耐心的思想斗争，一方面要正视和面对自己回国后相对不被重用的尴尬处境。这大概是他创作《田横五百士》和《徯我后》较为接近历史真实的另一种推论。

这两件油画是当时尺幅最大的绘画作品，开创了现代意义上大型历史画创作的先河，和现在所谓的“主题创作”的先河。《田横五百士》中，田横宁死不屈、凛然大义的品格，为徐悲鸿所讴歌和赞颂，而自己身着黄服，报恩心切的豪侠之心及知恩图报的个人情怀表露无遗；《徯我后》与其说是对日本帝国主义侵占我国东三省事件的回应，对国家明君早日出现的热切盼望，不如说是对赏识自己的伯乐的急切找寻和期盼。寻求伯乐之心如此迫切，以至于1931年所画的《九方皋》，就在直接呼吁能够赏识自己才华的伯乐早日出现。从这件作品的款识可见，他在回国后短短四年时间里，竟然频繁创作九方皋题材作品达7次之多，这种“求伯乐若渴”之心，实在非常人所能体会。也是在1931年，徐悲鸿还构思了《秦琼卖马》，以寄托英雄落魄、虎落平川之叹。

某种程度上，徐悲鸿的第一次宣言成功了：1930年1月1日，中央美术会画展在南京开幕，《田横五百士》和《徯我后》两件作品参加了展览，引起了巨大轰动和好评，被时人称为“美术复兴第一声”。尽管也有少许批评的声音，但并未影响徐悲鸿获得巨大的声誉。不过也仅此而已，徐悲鸿的个人处境并未得到更好的改善，当局对他并未给予他自己期待的更高的平台和更好的发展环境。看来，当局不是“倾胆徐君”，而是“倾胆林君”。

这一挫折之后的十余年间，徐悲鸿并未消沉，而是积极进行丰富的艺术活动。除在南京中大艺术科教学以外，还辗转大江南北，在各地讲学、办学、创作、写作、发表文章，在国内外组织展览，从事各种艺术活动，并于1942年10月，47岁之际，在朱家骅的资金支持和协助下，于重庆磐溪（今盘溪）筹办了一个具有艺术创作、探讨和研究性质的社团，名字叫“中国美术学院”。筹备处设在重庆，活动地点主要在磐溪。徐悲鸿任院长兼研究员，并制定聘请研究员约法三章。另聘研究员齐白石、张大千，副研究员吴作人、张安治、黄养辉、王临乙、吕斯百、陈晓南（兼徐悲鸿秘书）、费成武、张倩英、李瑞年、宗其香、孙宗慰、冯法祀等画家，助教为艾中信。此社团不招收学生，不进行教学活动，主要是上述画家在一起进行写生、创作、艺术探讨、研究活动及展览活动。同年李斛和戴泽、次年梁玉龙分别考入重庆国立中央大学艺术系及南京国立中央大学艺术系，师从徐悲鸿。

徐悲鸿主持“中国美术学院”四年，以频繁的写生、创作、艺术探讨和研究活动、发表文章阐述自己写实主义的艺术主张而团聚了上述二十多人的核心团队，这为他日后二次北上任教奠定了良好的师资队伍基础。

徐悲鸿与国立北平艺专及中央美术学院

1946年7月31日，已经51岁的徐悲鸿抵达北平，二次北上任职国立北平艺术专科学校（简称“北平艺专”）校长。这一次，他不再是单枪匹马，而是直接带着亦徒亦友的吴作人，抵达北平就任。这一次，面对阻挠他推行艺术教育主张的反对者，他也不再孤掌难鸣、无力回天，因为，他已经不是刚回国时候的徐悲鸿了。

徐悲鸿此次就职距离1928年已经过去18年，距离他留学法国归国也已经过去19年。在近20年的艺术生涯中，徐悲鸿已经成为公认的艺术大师和具有广泛影响力的教育家。他的艺术创作、教育教学、展览、出版、讲座、发表文章、雅集、笔会等丰富多彩的艺术活动，更是遍及大江南北、国内国际。尤其在油画这一外来画种的引进、传播、教育教学、培养专业人才等方面，已经取得很高的成就。他自己的巨幅油画创作，开创了当时巨大油画尺幅的先河，也开创了具有现代意义的大型历史画创作的先河，以及“主题创作”的先河；在将素描从当时只是个别中国画家搜集素材的手段独立为一个艺术门类方面，徐悲鸿具有开创和奠基之功，他自己的素描也具有极高的艺术造诣，是当时屈指可数的素描大师；在中国画改良之路上，他“独持偏见，一意孤行”地以写实主义的技巧和观念改造传统的中国画，使得他站在了20世纪中国美术发展从传统向现代转型的历史节点上，他明确而又针对性地回答了他所处时代艺术发展的核心问题——在油画教学与创作中，徐悲鸿提倡写实主义，抨击形式主义，为此与徐志摩展开了著名的“二徐之争”；在国画教学与创作中，徐悲鸿一贯坚持以写实主义和“写生——师造化”来改良——改造——革新中国画，反对固守笔墨的传统派，反对摹古派，反对临摹“芥子园”等诸画谱派。徐悲鸿在与传统国画派和形式主义派的常年论战中，吸引了数量众多的忠实追随者以及志同道合者，这些追随者和志同道合者在他二次任职北平艺专校长时，先后被聘请到北平艺专，作为骨干教师发挥了巨大的教学作用。

尤为重要的是，徐悲鸿此次复任北平艺专校长，是信心十足并充满历史责任感的，这在他1946年6月1日写给吴作人的信中表露无遗：“教部将聘我为北平艺专校长，故必请弟为我助，此事关系中国艺术前途至大幸，弟勿辞。”这种底气一方面来自他巨大的社会影响力，也来自团聚在他身边的近三十位油画界、国画界革新派的核心力量。

徐悲鸿就职以后，首先将被开除的进步学生一律恢复学籍，且将教员中教学水平低的和曾失节投奔日本帝国主义的人一律停聘。他的民族大义之举快速赢得了师生的好感和拥护。随即，他立即进行了大幅度的教员任职变动和教学改革。改革阻力主要来自传统力量强大的中国画系，于是他大刀阔斧地进行教员整编，先停聘反对他以写实主义进行中国画改良教学主张的吴镜汀、溥松窗、溥雪斋、胡佩衡等国画家；继而新聘叶浅予为中国画系主任，齐白石、李苦禅、李可染、李斛、宗其香为中国画系教授，聘黄宾虹教授中国画理论。这些骨干教员与徐悲鸿都是亦师亦友的关系。而在没有什么改革障碍的西画和雕塑系，他聘请吴作人为西画系主任兼教务长，并聘从敦煌归来不久的董希文为西画系副教授，聘滑田友为雕塑系教授。尤为重要的是，徐悲鸿如愿以偿，将呕心沥血、苦心经营的重庆“中国美术学院”众多师生好友，几乎悉数纳入北平艺专。因经费短缺，徐悲鸿又北上无暇顾及该社团，1947年10月8日，教育部下令，将重庆“中国美术学院”北迁，并入北平艺专。至此，重庆“中国美术学院”几乎全部班底——张安治、黄养辉、王临乙、吕斯百、李瑞年、孙宗慰、冯法祀、艾中信、戴泽、梁玉龙、韦启美等全部云集北平艺专，被聘为副教授、助教或教员。这对徐悲鸿来说如虎添翼，极大充实完善了北平艺专的核心教学队伍。

重组后的北平艺专加大教育教学改革力度。1947年5月，徐悲鸿提出，北平艺专的学生，无论学习油画、雕塑还是国画，都需要先学习一两年素描课，以便提高造型基础，打好基本功。这一教学改革立即引起北平传统派画家的反对和抵制。10月2日，北平艺专国画教员秦仲文、李智超、陈缘督三教授以罢课相威胁，阻挠徐悲鸿的教学改革。

这一幕太熟悉了。早在19年前，徐悲鸿就因为教员阻挠教学改革罢课而被迫辞职南返。然而，面对这一次教员罢课，徐悲鸿不但组织全校教员、学生在记者招待会上与传统国画派辩论，而且从中华全国美术会中独立出来，并带走了两百多名会员，组成北平美术作家协会，于1947年10月16日举行成立大会，徐悲鸿被推举为主席，他随即聘白石老人为名誉主席。徐悲鸿以新成立的北平美术作家协会这一组织的力量展开论战，并连续发表文章《新国画建立之步骤》和《当前中国之艺术问题》，阐述自己改良中国画、推动新中国画运动的决心和意义。

早在此之前的1947年1月3日，徐悲鸿就在天津《益世报》积极创办了《艺术周刊》并亲自题写刊头。该刊每周五出版，成为徐悲鸿持续宣扬、推行写实主义教育体系，改良中国艺术的强有力舆论阵地。从1947年到1953年去世，徐悲鸿公开发表的文章共56篇，其中很大一部分就发表在天津《益世报》的《艺术周刊》上。

除了重视舆论宣传，徐悲鸿还非常重视社团建设。他经常以国立北平艺专、北平美术作家协会和中国美术学院三个团体的名义组织各种艺术活动和展览活动。事实上，这三个团体的核心人物是同一批人，都是后来学者所命名的“徐悲鸿写实主义体系”，又叫“徐蒋体系”的核心成员。

徐悲鸿就是利用天津《益世报》的《艺术周刊》和上述三个社团，与传统派进行了旷日持久的“国画之争”大战。最终，以三教授离职，徐悲鸿在北平艺专顺利推行写实主义教育教学体系和素描基础功训练为胜利标志。此次，离开北平艺专的，是别人，留在北平艺专的，则是徐悲鸿。此次，北平艺专开始“倾胆徐君”。

这一胜利对徐悲鸿意义重大，可以说是他自1918年以来近三十年颠沛流离进行艺术革新坎坷之路的一次决定性胜利，这一胜利证明了他矢志不渝将中国艺术从传统引向现代之路的历史抉择的正确性。尤为重要的是，这一胜利成果的发生地是在即将成为权力中心的北平，很快，徐悲鸿将成为中国历史上从民国走向新中国的新历史时期艺术界的翘楚。

目前学界对徐悲鸿在北平解放前夕的去留问题上，多数意见倾向并强调他是在共产党积极争取和劝说下留下的。我个人认为，他留下来，更本质的动力来自他自己内心的抉择，这可以从他一系列社会活动中管窥。徐悲鸿从任职之日即开始为北平艺专寻找合适的新校舍，直到1948年2月19日，才由原来的旧王府迁至帅府园的校尉胡同5号，这一次安家，一安就是近半个世纪。如今，“校尉胡同5号”已经成为几代央美人的文化记忆。1948年徐悲鸿在北平发起组织了一个大型综合艺术团体——“一二·七”艺术学会，被推为会长。学会宗旨是团结组织北平美术界人士，准备迎接北平解放，迎接新中国到来。12月23日，徐悲鸿又与北平各界名流成立“文物保护会”。也是在这个寒冷的12月，徐悲鸿将国民政府发放给他的迁北平艺专入南京的“应变费”，发放给教职员工度过严冬。同时，共产党也捎来口信，希望他不要南迁，留在北平。1949年1月初，徐悲鸿出席傅作义召集的北平大专院校校长会议，商议北平战事及去留问题。徐悲鸿第一个发言，声明留在北平迎接解放，并说出著名的话：“北平是驰名中外的古都，不战则可以保存这个名城。”看来，他是“倾胆北平”“倾胆北平艺专”“倾胆共产党”的。1月31日，北平和平解放。3月3日，徐悲鸿出席华北人民政府文化艺术工作者委员会和华北文艺界协会的茶会，并被安排在第四位发言，之前是茅盾、田汉、郭沫若发言。3月中旬，他被选为世界拥护和平大会代表并出席在捷克布拉格的会议。回国后，在庆祝北平和平解放宴会上，周恩来挽留徐悲鸿单独进行长久交谈。7月，徐悲鸿当选中华全国美术工作者协会第一届主席。9月21日至30日，他出席中国人民政治协商会议。10月5日，他被选为中苏友好协会理事。11月29日，徐悲鸿请毛泽东主席题写“国立美术学院”。12月16日，中央人民政府政务院第十一次政务会议，任命徐悲鸿为国立美术学院院长。1950年4月1日，国立美术学院更名为中央美术学院，徐悲鸿任首任院长，并在成立大会上致辞。

概而言之，徐悲鸿自从1946年任职北平艺专校长以来，可以分为几个大的时段：一是从1946年7月至1947年底，是他重组北平艺专师资，推行教育教学主张的时期；二是从1948年春到1951年，是徐悲鸿荣誉等身，走向人生巅峰的时期。某种意义上说，他成了新中国艺术界的第一人——他是新中国第一任美协主席，是新中国最高艺术学府的首任院长——这，恐怕是他从1927年回国后一直企盼的目标，这目标不是为了证明什么、得到什么，而是为了有一个足够高的平台，一个足够大的舞台，让他能够实现他的“复兴中国艺术”，建立“现代之艺术”的雄心壮志及历史责任。在民国时期，他始终未得到过当局如此高的重视，因此他的作品经常充满积愤，这些积愤之情之前只被学界认为是单纯的忧国忧民，是爱国之心的表现。其实，这些积愤之作还透露了他英才不被重用、不被赏识，遍寻伯乐无着的失落之意。

只有到了新中国，他本人才被如此重视，才被如他所期待的那样得到重用，他孤军奋战了一生的写实主义才被新的文艺政策接受。他对毛泽东等国家领导人，对新中国，充满由衷的热爱和拥护之情。

只可惜，他的生命已经走向暮年，接下来的两年里，他的身体极为衰弱，最后竟在主持第二届文代会期间突发脑出血而不治身亡，享年58岁。

徐悲鸿生于乱世，一生颠沛流离，且因选择了将20世纪中国美术从传统转向现代之路而遭受重重阻隔。好在他一生面向历史，努力践行，且以“独持偏见，一意孤行”的决绝之心，回答了他所处的时代摆在他这一代人面前的中国艺术发展之路的选择。尽管他生前如此之“悲凉”，死后却极尽哀荣，新中国几乎是给他举行了国葬，并给予他至高的评价。这是徐悲鸿得之无愧的，他终其一生为“复兴中国艺术”而上下求索，矢志不渝。

这，就是中央美术学院首任院长短暂而又辉煌的一生！

值此百年校庆之际，系统梳理首任院长徐悲鸿与中央美术学院及其前身的关系，应该是央美学人责无旁贷的历史责任；认真梳理、认识、反思徐悲鸿留给后人的丰富文化遗产，更是央美学人重要的历史使命。站在新世纪回望过去百年来以徐悲鸿为代表的中央美术学院前辈几代央美人为中华民族的伟大复兴所进行的不懈的探索之路、创新之路，以及他们留给后人的丰富而又宝贵的文化遗产，有助于我们明晰自己所处时代的历史课题，树立前行的目标，明确中国当代艺术发展的内在逻辑。站在百年校庆的历史节点上，回望中央美术学院百年历程中参与建构20世纪中国美术发展的辉煌历程，有助于央美人明确第二个百年的历史目标，面向历史进行新时代民族文化的建设，进行艺术创作、教育教学，推动中国文化和艺术向新的历史高度发展。

2018年4月12日，截稿于午夜中央美术学院美术馆

民生关切

20 世纪上半叶的中国内忧外患，身在其中的知识分子面对历史向他们展开的时代任务，做出了不同的抉择。性格鲜明的徐悲鸿深受新文化运动影响，在中国美术由传统向现代转型的历史节点上，他选择了用写实主义手法“以艺报国”，这奠定了他“艺为人生”的艺术思想。徐悲鸿以“独持偏见，一意孤行”的决绝之心，与当时远离民族危难、不问天下苍生而一味囿于绘画形式趣味的传统国画派和追随西方现代艺术的油画家们进行长期的辩论，并在此历史发展过程中，形成了自己成熟而完善的艺术思想，不但奠定了写实主义油画在中国的发展基础，推进了中国油画肖像画的发展，更是开创了现代意义的大型油画历史画先河。《田横五百士》《徯我后》《愚公移山》等，是徐悲鸿以艺术创作的方式，掷地有声地回答了一个民族、一个国家、一个个人在国难当头、民族危亡的时刻所应该具有的气节！

观者可以从徐悲鸿的油画探索之路，管窥他脚踏实地的艺术实践及“艺为人生”的宏阔理想。

持扇人像

布面油彩
73cm × 53cm　1920 年
徐悲鸿纪念馆藏

徐悲鸿自题为1920年作，时年25岁。该年，徐悲鸿报考法国巴黎国立高等美术学院并被录取。在完成素描、模特两大学习阶段后，入选历史画名家弗拉孟(Franqois Flameng)的画室学画，并受到弗拉孟先生的格外器重。他多次命徐着手画油画，但徐因经济问题未能答应。

这张作品是徐悲鸿赴法留学后创作的第一张油画肖像作品，所画人物为蒋碧微，画成后，弗拉孟先生甚为称赞。

抚猫

布面油彩
65cm × 53cm　1924 年
徐悲鸿纪念馆藏

徐悲鸿和蒋碧微两人都非常爱猫。徐悲鸿一生养猫，创作了多幅以猫为题材的国画作品。在他们为数不多的夫妻双人像中，徐悲鸿就描绘了两人抚猫的场景，气氛愉悦轻松，相对休闲和生活化。

睡

布面油彩
40cm × 51cm　1926 年
徐悲鸿纪念馆藏

读书的蒋碧微

布面油彩
85cm × 66cm　20 世纪 20 年代
徐悲鸿纪念馆藏

1933 年春，徐悲鸿与蒋碧微于英国海德公园
（陆晶清供稿）

箫声

布面油彩

80cm × 39cm　1926 年

徐悲鸿纪念馆藏

《箫声》画稿

纸本素描 / 48.5cm × 31.7cm / 1924 年

徐悲鸿纪念馆藏

老妇像

板面油彩
41cm × 33cm　1922 年
徐悲鸿纪念馆藏

这件《老妇像》画于1922年，是徐悲鸿在柏林期间创作的。1921年夏季，因官费中断，徐悲鸿赴德国居柏林，问学于柏林美术学院院长阿图尔·康勃夫(Arthur kampf)先生。康勃夫十分欣赏徐，曾教导他："人能善描，则绘时色自能如其处。"徐悲鸿十分崇仰康勃夫凝重而简练的绘画风格，从这件《老妇像》中尤其能看出康勃夫对他的影响。

1923年春，徐悲鸿从柏林返巴黎继续学习。该年5月，这件《老妇像》展出于法国国家美术展览会(即沙龙)，得到好评。

河边

板面油彩
36cm × 50cm　1923 年
徐悲鸿纪念馆藏

自画像

纸本油彩
23cm × 17cm　1924 年
徐悲鸿纪念馆藏

1924年是徐悲鸿艺术生涯中一个重要的时间节点。这一年是徐悲鸿留学法国巴黎国立高等美术学院四年的最后一年，也是他毕业的一年。北京政局变幻莫测，官费完全中断，徐悲鸿以夜以继日的勤奋抵御困顿之境，终于对艺术创作有了更深刻的体悟，因此创作状态极佳。这一年创作的作品，无论油画还是素描，艺术水平都普遍较高。

对于这一年的成就，徐悲鸿在《悲鸿自述》中这样写道："而吾抵欧洲五年以来勤奋之功，克告小成。吾学博杂，至是渐无成见，既好安格尔之贵，又喜左恩之健。而己所作，欲因地制宜，遂无一致之体。前此之失，胥因太贪……吾行年二十八矣，以驽骀之资，历困厄之境，学十余年不间，至是方得几微。回视昔作，皆能立于客观之点，而知其谬。此自智者，或悟道之早者视之，得之未尝或觉。若吾千虑之得，困乃知之者，自觉为一生之大关键也。"

自画像

纸本油彩
70 × 49cm　1924 年
徐悲鸿纪念馆藏

徐悲鸿、蒋碧微与儿子伯阳在一起

男人体正侧面速写

布面油彩
52cm × 44cm　1924 年
中央美术学院美术馆藏

男人体
纸本素描 / 50cm × 32.5cm / 1924 年
徐悲鸿纪念馆藏

老人像

板面油彩
34cm × 25cm　1924 年
徐悲鸿纪念馆藏

若乃茹古典之精华，得物象之蕴秘，(如紫色，如月色朦胧) 抉盲从之习，具独立之正，其艺如鹤翱于空，俯视华岳之高，又如黄菊殿秋，绝意与庸芳竞艳，盈盈在天际，皎皎若白雪，卓然耿介，遗世独立者，其普吕东乎！

——《法国艺术近况》，原载上海《时报》，1926年3月5日

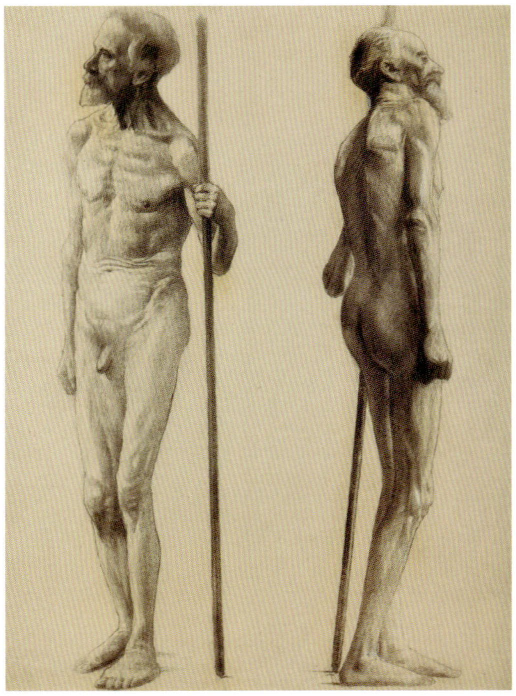

男人体
纸本素描 / 63cm × 46.8cm / 20 世纪 20 年代
徐悲鸿纪念馆藏

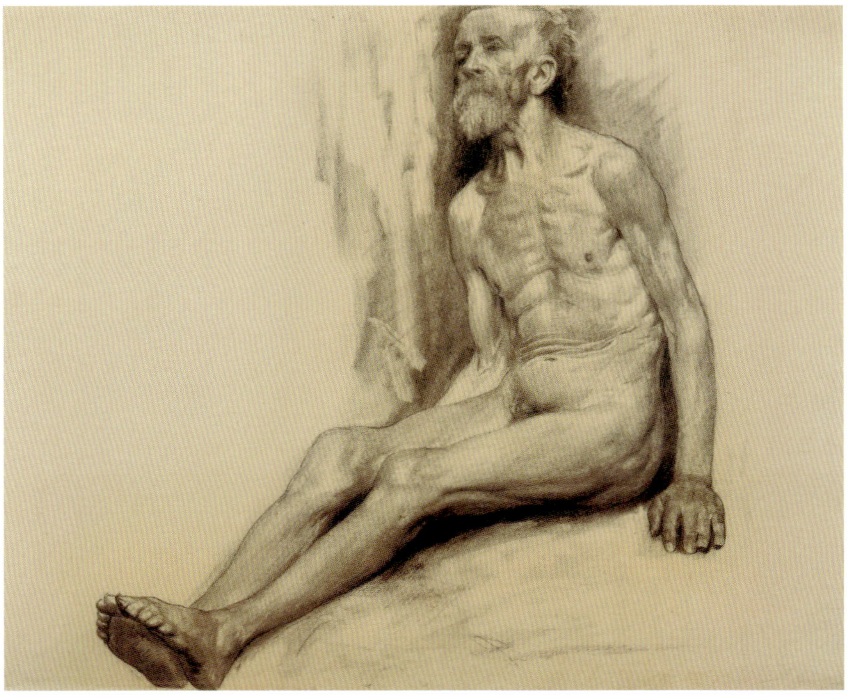

男人体
纸本素描 / 61cm × 47.5cm / 20 世纪 20 年代
徐悲鸿纪念馆藏

田横五百士

布面油彩
197cm × 349cm　1928—1930 年
徐悲鸿纪念馆藏

该幅巨作始作于1928年，完成于1930年以前。徐悲鸿时任职于南京国立中央大学。

《田横五百士》是《史记》中所记载的一则故事，讲述了汉帝刘邦称王后派人招抚田横，否则便要诛灭之，田横为了保全流亡于孤岛的五百族人的性命，朝京城进发，在途中为保全高义自刎而死。时值蒋介石背叛大革命，国家命运难料，民族危重，徐悲鸿痛感知识界不少人丧失应有的气节，作为一个对民族与国家有着深厚感情的艺术家，徐悲鸿在此时代背景下创作了《田横五百士》。

1929年4月23日，徐悲鸿在上海《美展》发表《惑》(致徐志摩的公开信)，揭露形式主义绘画在资本主义社会的商品性质。并于次月发表《惑之不解》，解答徐志摩《我也"惑"》一文中的质疑。徐悲鸿在文章中写道："惟希望我亲爱之艺人，细心体会造物，精密观察之，不必先有一什么主义，横亘胸中，使为目障。""弟对美术之主观，为尊德性崇文学致广大尽精微极高明道中庸。""弟之穷困，当不亚于自来一切之艺人，但吾终以为真理高于一切(至少我认以为真理)。"

《田横五百士》画稿
纸本素描 / 44cm × 37.5cm / 1928 年
徐悲鸿纪念馆藏

20 世纪 30 年代，徐悲鸿于南京，背景中的作品是《田横五百士》

田横五百士（局部）

田横五百士（局部）

田横五百士（局部）

徯我后

布面油彩
230cm × 318cm　1930—1933 年
徐悲鸿纪念馆藏

《徯我后》取材于《尚书》，描写夏桀暴虐，商汤带兵讨伐暴君，受苦的百姓盼望大军来解救他们，纷纷念着“徯我后，后来其苏”。

作品创作时正值1931年“九一八事变”爆发后，日寇侵华，而当局却消极抗战，徐悲鸿借此作品表达了被压迫人民渴望得到解救的心愿。

《徯我后》画稿
纸本素描 / 48cm × 63cm / 1924 年
徐悲鸿纪念馆藏

徐悲鸿与陈师曾家族的情愫与交游

文 / 邵晓峰（中国美术馆研究与策划部负责人、教授、博士生导师，江苏省徐悲鸿研究会常务副会长兼秘书长、南京市青年美术家协会主席）

一、北京大学画法研究会结下不解之缘

徐悲鸿与陈师曾的相识源自北京大学画法研究会。该研究会由北京大学校长蔡元培于1917年12月发起，1918年2月21日正式成立，蔡元培亲自任会长。创会之初聘导师八人，即陈师曾、贺履之、汤定之、徐悲鸿、李毅士、钱稻孙、贝季眉、冯汉叔。

1917年12月1日下午三时，陈师曾应蔡元培校长之邀，在北京大学法科大讲堂演讲《清朝之山水画与四王画派之渊源》，他认为："王派大盛三百年间，山水常为其所左右也。"其扬扬数千言，识见超远，与会聆听者近千人，极一时之盛。演讲完毕，蔡校长宣布："已敦请陈师曾先生将于校内组织画法研究会，随时指导。"会后蔡校长又出布告，发起北京大学画法研究会，报名者有75人。从蔡元培发表的《北京大学画法研究会旨趣书》可知，此会成立由于大学设科偏重学理，至于具体技术及实际练习机会则由研究会指导，如此才符合美育本意。

1918年3月8日，徐悲鸿被聘为北京大学画法研究会导师，为会员指导人物画和水彩画，工资每月50元。徐悲鸿虽然由蔡元培推荐，但是如前所述，蔡元培委托陈师曾组织画法研究会，因此可以推测，徐悲鸿进入画法研究会应该也得到了陈师曾的首肯。1918年徐悲鸿任画法研究会导师时的集体合照，可见其学员构成较为丰富。

据现存文献可见，徐悲鸿与陈师曾一起出席北京大学画法研究会两次导师会议，一次为1918年3月8日晚，另一次为1918年3月28日。

3月8日晚，徐悲鸿与陈师曾、贺履之、汤定之、李毅士、钱稻孙、贝季眉在北京大学校长室出席画法研究会第一次导师会议，商定《画法研究会导师指导法》[①]，确定之后的指导法具体如下：

1918年徐悲鸿（后排左起第5人）任北京大学画法研究会导师时与学员及同人的集体合照

陈师曾：山水、花卉，每月讲演一次，每周评画一次。

贺履之：山水、花卉，每月讲演二次（不定期），每周评画一次。

汤定之：山水，每月谈话二次，示范画。

徐悲鸿：人物、水彩，每月评讲□次。

李毅士：水彩、铅笔，每月评画二次。

钱稻孙：临时讲演。

贝季眉：临时讲演。

3月28日下午五时，徐悲鸿、陈师曾、贺履之、汤定之、钱稻孙、贝季眉于校长室出席画法研究会导师讨论会，商定习画者之分配办法，决定山水门分为两部，一为已习者由贺履之指导，二为未习者由汤定之指导。其花卉门则无论已习未习，均由汤定之指导，其他各门悉任习者所选。并制定《画法研究会会员学画一览表》[②]如下：

一、中国画之部

（甲）山水类

从贺履之先生学习者九人：侯简、李光宇、郝桂林、陶勋、冯景兰、严显扬、盛铎、沈义、张荣书。

从汤定之先生学习者十一人：狄福鼎、刘文翰、章献猷、刘国珩、江永一、黄显荣、陈宏裕、区嘉铸、章维燮、王东一、陈万里。

（乙）花卉类

从陈师曾先生学习者四人：薛祥绥、楼巍、欧本鹏、区嘉铸。

从贺履之先生学习者五人：赵儒珍、牛全栗、章维燮、唐伟、王东一。

（丙）人物类

从徐悲鸿先生学习者二人：张有本、崔龙文。

二、外国画之部

（甲）铅笔画

从李毅士先生学习者三人：边振声、陶玉贵、张荣巡。

（乙）水彩画

从徐悲鸿先生学习者三人：陈邦济、钱辉宸、章献武。

3月28日晚七时半，在理科第一教室出席春季始业式，出席者有蔡元培、陈师曾、徐悲鸿、贺履之、汤定之、李毅士、钱稻孙、贝季眉、冯汉叔等。

首先由蔡校长向会员一一介绍各位导师，并请到会的导师略述各门入手方法。陈师曾说：“花卉画进行次第，先习写生须有植物学知识，始能写出各花卉之特点，次学写意，足以表见各人性灵，与植物标本画有别。”徐悲鸿说：“在中国而学西洋画取资极隘，然不必因是而灰心，学者无论从何种对象入手，必须注意于形体异同，黑白分明，庶不致误入歧途。”③其余导师贺履之、汤定之、钱稻孙、贝季眉皆有发言。

徐悲鸿在画法研究会任职两个学期，春季始业从1918年4月至6月，讲授人物画和水彩画，指导五位会员。秋季始业从1918年10月至12月，跟徐悲鸿习人物画者有四位会员，习水彩画者有22位会员。此外平均每周演讲或评画一次。

1918年11月11日，第一次世界大战结束。是年12月中旬，徐悲鸿被教育部批准以公费生资格赴法国留学，成为中国第一位美术公费留学生。12月17日，蔡元培校长在《北大21周年纪念会演词》中曾说：“此一年之中，各方面多少均有进步。画法研究会与书法研究社成立不满一年，今竟有成绩在此陈列，供诸位之观览矣。”又谓：“此次纪念会尚有一特异之点，即是夏学长(元瑮)与本校教员杜伯斯古、李石曾、张君劢、冯千里、徐振飞、徐悲鸿诸先生，不日将赴欧美研究战后情形。将来回国贡献于本校者必更多。今日特为之饯别是也。”④

自徐悲鸿将赴法国留学的消息公布后，学校有关组织与个人不断为徐悲鸿饯行。1919年元旦，北京大学画法研究会于理科第一教室举行欢送徐导师赴法国留学大会，到会者五十余人，有导师陈师曾、冯汉叔、李毅士、贺履之及新聘导师盖大士，来宾有王心葵、纽伦、刘调篪、沈尹默等，两名校外会员黎锦晖、王学校亦到。

上午十时开始，干事陈邦济、狄福鼎，陈师曾、新聘导师盖大士（由刘调篪翻译）、钱稻孙、李毅士（致英文谢辞）皆有发言，恭祝徐悲鸿留学有成。

徐悲鸿致答辞云：“鄙人于画会少所建树，愧不能尽其绵薄，承诸会员欢送，甚不敢当。今且远行，请勉与诸君一言其得失。凡美术之发达，必赖其倡造机关。今大学之画会，一美术倡造之机关也。学者更能于所学上竭一生精力以研究，即并驾欧美名家，亦非难事。发达又其余矣。”⑤

在诸人赠言中，以陈师曾的最具感染力，他说：“东西洋画理本同，阅中国画古本，其与外画相同者颇多。西洋画如郎世宁旧派，与中国画亦极相近。西洋古画一方，一方画成者，与中国之手卷极相似，希望悲鸿先生此去构通中外，成一世界著名画家。”“构通中外，成一世界著名画家”⑥，这句话最与徐悲鸿留学法国的艺术追求相关。而且，陈师曾还为徐悲鸿的远行带来了独特的礼物，他说：“今日别无所赠，谨手治小印一方，乞哂纳。”这枚印所刻的内容为“江南徐悲鸿”，它后来成为徐悲鸿的常用印之一，白文，章法别致，“徐”置于中间，“江南”“悲鸿”置于两侧。古朴拙厚，刀味十足，苍茫利落，呈现出典型的陈师曾印风。

陈师曾为徐悲鸿刻“江南徐悲鸿”

陈师曾作为印学名家，曾治印赠予好友李叔同。在送别徐悲鸿的三天后，即1919年1月4日，陈师曾刻“会稽周氏”之印赠给好友鲁迅。可见，对于至交，陈师曾常以自己擅长的治印作品，作为友谊见证。

徐悲鸿对于印学具有“沉湎之嗜”，因此陈师曾刻印赠予悲鸿作为送别礼物，可谓入其所好。徐悲鸿先后得到著名印家给自己刊刻的共约两百余枚印章，并几度将其中的精品钤拓成印谱赠予友人。1939年9月，百扇斋主黄曼士为徐悲鸿在南洋的卖画、抗战筹款提供了巨大帮助，与悲鸿结下了深厚友谊。黄曼士将徐悲鸿随身携带的部分自用印章钤拓为两份，成为《百扇斋主手拓悲鸿用印》。2003年，人民美术出版社出版了纪经中编著的《百扇斋主手拓悲鸿用印》，以飨读者。该印谱封面上为徐悲鸿所书“百扇斋主手拓悲鸿用印”，徐悲鸿于手书的序言中明确提及自己对于印学具有“无厌之求，沉湎之嗜”。其后每页钤一印，均有徐悲鸿手书简注，内容涉及印人籍贯、姓名、释文及所用印石品种等，共82页。笔者十分关注这一印谱的编排顺序，因为编排在开头的第一方即是陈师曾所刻“江南徐悲鸿”，第二方到第十方为齐白石所刻的“徐悲鸿”“吞吐大荒”“江南布衣”等九枚印。至于徐悲鸿之父徐达章所刻“放怀古今”，明代文彭所刻的“松柏四时春”“半榻琴书”，以及徐悲鸿推崇的印家杨仲子、器重的印家陈子奋所刻的印均被排在了后面。由此可见徐悲鸿对于陈师曾所赠印章的喜爱程度。

当时任画法研究会导师的校内教员有李毅士、钱稻孙、贝季眉、冯汉叔，校外画家则有陈师曾、贺履之、汤定之、徐悲鸿，其中以徐悲鸿最为年轻。由送徐悲鸿远行的致辞与礼物不难发现，在北京大学画法研究会的同事中，以徐悲鸿与陈师曾的交情最为深厚，可见这对忘年交的惺惺相惜。徐悲鸿八年留学归国后，与徐悲鸿仍有来往的还有李毅士。

实际上，早在1918年10月，陈师曾已辞去北京大学画法研究会导师之职，这也许是因为在教学观念上与蔡元培产生了分歧。但是在两个月之后，他依然参加了比他小19岁的年轻同事徐悲鸿的送行活动，由此可见他与徐悲鸿的情谊。

1930年，徐悲鸿在其《悲鸿自述》中说：“以蔡子民（蔡元培）先生之邀，为北京大学画法研究会导师，识陈师曾，时师曾正进步时也。”

1939年，迁居新加坡的广洽法师为祝弘一大师六十寿辰，特请正在新加坡举办画展助赈的徐悲鸿为大师造像。徐悲鸿敬佩弘一大师高洁的品格，便欣然接受广洽法师的请求，根据广洽法师提供的弘一大师照片，画了弘一大师油画肖像。画中弘一朴实谦和，神采如生，因而它经常被收入各种弘一大师纪念集中。1947年，徐悲鸿又为此画补写题记，表达了他对弘一大师的景仰之情。题记开头就说：“早岁识陈君师曾，闻知今弘一大师为人，心窃慕之。”表明自己早在北京大学画法研究会任导师时，已从同事陈师曾处得知弘一大师的为人，心生仰慕。

二、徐悲鸿与陈师曾家族三代的交游

徐悲鸿与陈师曾友谊深厚，也许正因为此，陈师曾家族的不少成员（如陈师曾之父陈散原，陈师曾三弟陈寅恪，陈师曾五弟陈登恪，陈师曾二弟陈隆恪夫妇及其女陈小从，陈师曾长子陈封可）也与徐悲鸿素有交情，且延绵不断。

陈师曾（陈衡恪）是著名诗人陈散原长子。陈师曾有四个弟弟，由长及幼分别为陈隆恪、陈寅恪、陈方恪、陈登恪，陈氏五兄弟才情纵横，都在各自领域里卓有建树。这得益于陈散原高尚的人格与陈家严格的家庭教育，在中国学术史上十分罕见。

陈散原，即陈三立，字伯严，号散原,江西修水人，清代名臣陈宝箴之子，是晚清民国影响最大的诗歌流派“同光体”的主要代表之一，著有《散原精舍诗集》《散原精舍文集》。他经历了家国巨变，诗歌中带有沉郁之气，在晚清民国影响深远。1886年，陈散原中进士，后任吏部主事。1895年秋，其父陈宝箴出任湖南巡抚，他积极辅佐父亲开办新政，提倡新学，支持变法，赢得了广泛的社会声誉。戊戌变法失败后，陈散原与其父一同被革职，后兴办实业，创立江西铁路公司等。1929年至1933年他寓居庐山，后迁居北京。陈散原常以诗文抒发积郁心头的愤激之气，在京城久负盛名。1937年“七七事变”后他拒绝日本人的拉拢，平津陷落后他忧愤不已，常于梦中呼喊“杀日寇”。从此年9月14日起他拒药绝食，五日而死，体现了中国文人的高尚气节。

1919年徐悲鸿赴法留学，1927年回国不久，便专程看望陈散原。1928年，徐悲鸿为陈散原画过素描肖像，其中有一幅现藏于徐悲鸿纪念馆。

陈散原曾先后在南京、上海、杭州居住，1929年来到避暑胜地庐山，隐居于松门别墅，终日与松涛和飞瀑为伴。1930年夏，时任国立中央大学艺术专修科主持、教授的徐悲鸿利用暑假来游庐山，住在陈散原的松门别墅，历时一月有余。陈散原与徐悲鸿相谈甚欢，常携手同游庐山胜景。陈散原作诗《徐悲鸿画师来游牯岭，相与登鹞鹰嘴，下瞰州渚作莲花形，叹为奇景，戏赠一诗》赠徐悲鸿，曰：“秘泄瀛寰亦一奇，龙钟为显古须眉。来师造化寻穷壑，散落天花写与谁？”陈散原时年七十有八，长徐悲鸿43岁，但依然陪他同登鹞鹰嘴，足见与徐悲鸿的亲近。徐悲鸿居松门别墅期间，作了油画《陈散原像》赠予陈散原。画面上的陈散原面庞清癯，双目炯炯有神，倾注了徐悲鸿对这位诗人的深刻理解与敬仰之情，画出了诗人的气度，似乎也寄托着徐悲鸿对诗人之子陈师曾的怀念。

1931年，陈散原再次邀徐悲鸿上山。这次徐悲鸿夫妇住在松门别墅也是一个多月。徐悲鸿与陈散原一家相处甚欢，他为陈家老少每人画了一张画相赠。陈散原还与徐悲鸿、蒋碧微夫妇，陈隆恪、喻徽夫妇和女儿陈小从，在庐山五老峰上留影纪念，此幅照片刊于《中外杂志》第8卷第2期。

1932年，时值陈散原的80寿辰。徐悲鸿为庆祝陈散原大寿创作了《柏寿图》，“柏寿”谐音“百寿”，此作章法饱满，笔法恣肆。传统国画作柏树，一般用小点密点成叶。徐悲鸿则能脱出窠臼，不受束缚，以浓重奔放的大笔挥洒，表现古柏苍劲的态势，并与树下窠石呼应，显出其画风的特色。壬申年是1932年，徐悲鸿时年37岁，画中款识（特别是签名）与其40年代定型后的风格不同。值得注意的是，徐悲鸿把上款的“散”字写成大篆(籀文)，显得与众不同。悲鸿喜临北碑，对金文亦颇爱好，爱读《散氏盘铭》，此字体正是西周晚期青铜重器散氏盘铭文中的“散”字，以此表达对散原老人的敬仰。

另外，徐悲鸿还建议请雕塑家为陈散原创作一尊头像作纪念。于是他亲自致信经他一手提携而成长为著名雕塑家的滑田友，请他为陈散原先生做像。滑田友将此事又告诉了著名雕塑家江小鹈，江小鹈说：“他是我年伯，我也应当去做。”于是两人各做了一个，做成后，陈散原对滑田友做的较为满意。于是徐悲鸿又联合三十多位教授具名铸铜塑像，作为献给陈散原的寿礼。滑田友所塑的这尊《陈散原像》现藏于中国美术馆。

徐悲鸿《柏寿图》
纸本水墨 / 110cm × 54cm
1932 年

滑田友《陈散原像》
铸铜 / 50cm × 33cm × 25cm
1932 年
中国美术馆藏

由以上可见，徐悲鸿和陈散原的忘年之交是20世纪中国艺坛弥足珍贵的一页。其中，徐悲鸿与陈师曾兄弟建立的情谊纽带是重要基础。

1921年夏，徐悲鸿从法国来到德国柏林，向大画家康勃夫学习。在德国期间，他结识了陈师曾的三弟陈寅恪（当时在柏林大学学习）。是年8月中旬，徐悲鸿参加了由谢寿康等官费留学生发起的“天狗会”，其他成员还有张道藩、邵洵美、孙佩苍、郭子杰、常玉、孙佩苍以及陈师曾的五弟陈登恪（就读于法国巴黎大学）等。这个别开生面的组织的成员还被起了一些有趣的封号，如谢寿康是“驻德公使”，孙佩苍是“军师”，蒋碧微则被戏称为“压寨夫人”。“天狗会”成员经常聚会，成为中国留学生之间联络感情的一种方式。陈登恪与其兄陈寅恪还常来徐悲鸿家谈诗论画，相处融洽。徐悲鸿夫妇曾与陈登恪等人同游柏林附近的方济湖，后来又先后从柏林返回巴黎。

陈师曾的长子陈封可曾留学日本和德国，归国后长期担任德语教员和翻译，亦能画，与徐悲鸿、齐白石、黄宾虹等著名画家颇有交往。

1929年，陈隆恪之女陈小从已随祖父陈散原在庐山定居4年。那时陈小从虚龄7岁，4年里，她与祖父朝夕相处，决定了此后一生的走向。1951年，经徐悲鸿介绍，陈小从入中央美术学院学习，后来在中学任美术老师。

三、陈师曾、徐悲鸿作品的相关性

在艺术作品上，徐悲鸿、陈师曾既有对中国传统文人画继承发展的一面，也有结合东洋、西洋绘画开拓创新的一面，其中不乏关注民生的现实主义作品。

1914年至1915年，陈师曾精心创作了反映民间现实题材的代表作《北京风俗画册》34 篇，按题材分为四类：第一类描写拾破烂者、卖烤白薯者、赶大车者、淘粪工、卖货郎、山背子、乞婆等普通劳动者和穷苦市民的生活百态，占画作的半数以上；第二类描写吹鼓手、执旗人员等旧时北京婚丧嫁娶和民间娱乐活动；第三类描写前清遗老遗少百无聊赖的情态；第四类为讽刺画。陈师曾以言简意赅的手法生动质朴地展现了民国初年的北京风俗，对当时下层人民的生活的展现是全方位的，弥足珍贵。周作人曾以随笔的方式谈过此画，题为《北京风俗图》，刊登在《亦报》上，他说：“画师图风俗者不多见，师曾此卷，已极难得，其图皆漫画风，而笔能抒情，与浅率之作一览无余的绝不相同，如送香火、执事夫、抬穷人、烤番薯、吹鼓手、丧门鼓等，都有一种悲哀气，若是用时式的话来说，道地写出民众的劳动生活，虽是尚在三十多年前，却已经颇有新时代的空气了。”这套珍贵的《北京风俗画册》现藏于中国美术馆。

陈师曾《北京风俗画册》其一
纸本水墨
1915—1917 年
中国美术馆藏

陈师曾在《北京风俗画册》中画有拾破烂者的形象，这在旧时的北京虽是常见的民间景象，但在当时鲜有艺术家进行表现，因为对于保守的文人画家而言，这一题材难登大雅之堂。但是陈师曾通过认真观察，将这些贫苦的下层人物形象收入画囊，并进行生动的描绘。画作中的拾破烂老汉衣衫褴褛，身背竹篓，右手执钳，脚步蹒跚。此作笔墨虽简，情感尤深。

值得关注的是，徐悲鸿在抗战期间来到四川之后，有感于当时民生的艰难，也创作了一系列贫困人民的形象，如《巴之贫妇》《巴人汲水》《洗衣妇》《船夫》等。以《巴之贫妇》为例，老妇头裹头巾，身体佝偻，衣衫破烂，背着竹篓，左手持棍，脸上露出孤苦无依的神情。徐悲鸿以严谨的造型、精到的笔墨将这位下层劳动者表现得入木三分。这幅画源自现实的情景：1937年除夕，徐悲鸿在嘉陵江边发现了一位饥寒交迫的老人家，一时心绪难宁，回到住处后马上回忆并表现出来。

徐悲鸿对陈师曾的代表作《北京风俗画册》应该是熟悉的。近二十年之后，当他在表现陈师曾也曾表现过的题材时，可能会有所感怀，因为在那个时刻，徐悲鸿悲天悯人的社会责任感与艺术出发点与当年的陈师曾创作《北京风俗画册》是一致的。此画的右上角还有徐悲鸿的题跋："丁丑除夕，为巴之贫妇写照。静文爱妻保存。"由此可见徐悲鸿对于这幅画的重视程度。

四、徐悲鸿收藏的《陈师曾花卉册》

在徐悲鸿与陈师曾的关系研究中，有一事特别需要注意，即徐悲鸿在晚年曾购买了陈师曾绘于戊午（1918年）夏的一套花卉册页。此套册页纵36.4厘米，横42.8厘米，六开，在前五开陈师曾分别画有水仙、兰花、兰石、雁来红、兰竹，现藏于徐悲鸿纪念馆。册页中所绘虽然均是当时常见的文人画花卉题材，但是它们的形象简练利落，笔墨生动潇洒，呈现了陈师曾过人的艺术才情。

第六开有陈师曾好友陈年（陈半丁）的题识，曰："陈朽遗墨。甲子春日陈年题。"甲子为1924年，时隔陈师曾去世一年。徐悲鸿在这本册页的封面上题写"陈师曾花卉册"，并在第六开陈半丁的题识之后再题曰："芳菲菲兮袭余。癸巳新正悲鸿题。"癸巳为1953年，新正指农历新年正月，可见这很可能是徐悲鸿在1953年新年购买到的。"芳菲菲兮袭余"出自屈原《楚辞·九歌》之《少司命》，意为芬芳美丽飘落在我身边。徐悲鸿以此表达，虽然故友已仙逝29年，

《陈师曾花卉册》
36.4cm × 42.8cm × 6
徐悲鸿纪念馆藏

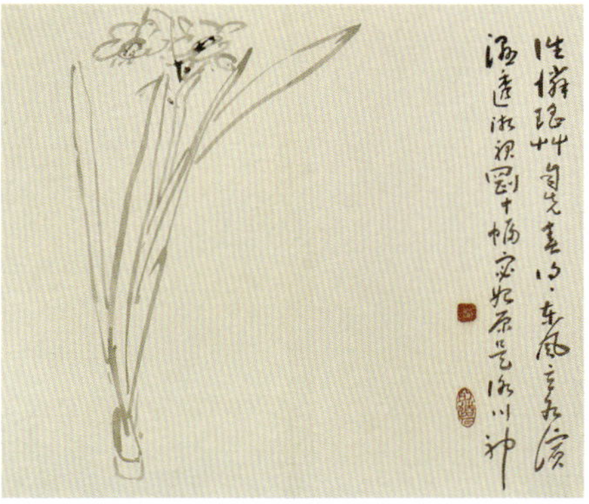

《陈师曾花卉册》之《水仙》

《陈师曾花卉册》之《兰花》

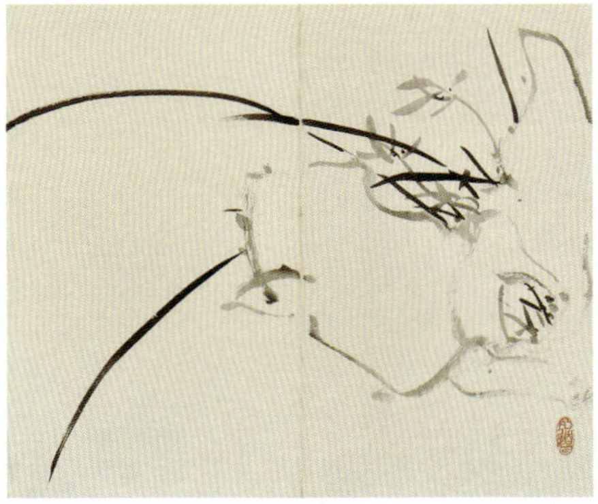

《陈师曾花卉册》之《兰石》

《陈师曾花卉册》之《雁来红》

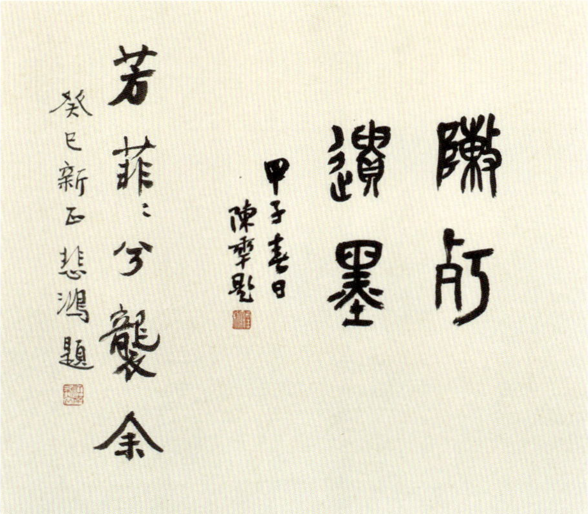

（左）《陈师曾花卉册》之《兰竹》

（右）《陈师曾花卉册》陈半丁、徐悲鸿题识

但是他在册页中所画的水仙、兰花、雁来红这些美丽的花卉依然为自己带来芬芳。再联系到前述徐悲鸿在编排《百扇斋主手拓悲鸿用印》时将陈师曾所刻“江南徐悲鸿”排在第一位，这些均寄托了徐悲鸿对于陈师曾的怀念，见证了徐悲鸿与陈师曾的深厚感情以及对陈师曾艺术的由衷推重。

四、结语

当我们深入梳理与研究中国现代美术发展史，将会发现艺坛伯乐陈师曾、徐悲鸿的艺术取向与社会交游具有诸多可圈可点之处。徐悲鸿与陈师曾在北京大学画法研究会结下不解之缘，北京是二人友谊的升华之地。

这两位忘年交惺惺相惜，互为知音，直到徐悲鸿1919年赴法留学。1927年徐悲鸿完成学业归国，陈师曾已去世4年。徐悲鸿与陈师曾之父陈散原、三弟陈寅恪、五弟陈登恪，二弟陈隆恪夫妇及其女陈小从、其长子陈封可，持续交往并结下深厚友谊。特别是徐悲鸿与陈散原，堪称忘年之交，情同父子。这些均可以视为徐悲鸿与陈师曾情谊的有机延续。《北京风俗画册》作为陈师曾的代表作之一，《巴之贫妇》作为徐悲鸿的代表作之一，二者存在一定联系，由此可见陈师曾、徐悲鸿的人物画取材与审美视角甚至具有一定的相关性。徐悲鸿编辑《百扇斋主手拓悲鸿用印》时将陈师曾所刻“江南徐悲鸿”排在第一位，并在晚年购买陈师曾的花卉册页并题名、题识，这些均寄托了他对于故友的怀念与欣赏。

“芳菲菲兮袭余。”简而言之，徐悲鸿与陈师曾家族的情愫与交游是中国文化史上一道罕见的亮丽风景，值得我们不断回味。

（此套见证徐悲鸿、陈师曾友谊的《陈师曾花卉册》从未公开出版过，由于得到徐悲鸿纪念馆馆长徐庆平先生以及其子徐骥老师的帮助，笔者才有幸进行拜读和研究，并以飨读者，特表鸣谢！）

注释：

① 《北京大学日刊》，1918 年 3 月 11 日。
② 《北京大学日刊》，1918 年 3 月 30 日。引文中的“花卉类”可能与前文中提到的“花卉门”并不相同，特注明。
③ 《北京大学日刊》，1918 年 3 月 30 日。
④ 《北京大学日刊》，1918 年 12 月 19 日。
⑤ 《北京大学日刊》，1919 年 1 月 9 日。
⑥ 《北京大学日刊》，1919 年 1 月 9 日。

诗人陈散原

板面油彩
60cm × 73cm　1927—1930 年
徐悲鸿纪念馆藏

黄震之像

布面油彩
84cm × 54cm　1926 年
徐悲鸿纪念馆藏

黄震之，出生于清末，是吴兴的一名商人，平生喜爱书画。徐悲鸿早年在上海极为困顿之时曾受到黄震之的赏识与帮助。徐悲鸿后曾以“黄扶”为名，以示他对两个黄姓恩人(黄震之、黄警顽)的感激。

张继像

布面油彩
56cm × 69cm　1928 年
徐悲鸿纪念馆藏

徐悲鸿与张继私交很好，中华人民共和国成立后徐悲鸿画室里还挂着这幅张继像。

张继，河北沧县人，民国时期著名政治家。早年曾于日本早稻田大学留学。1903年回国与友人创办《国民报》《苏报》《国民日报》《民报》《新世纪周刊》等报刊，宣传革命。

傅增湘像

布面油彩
70cm × 49cm　1935 年
中国国家图书馆藏

傅增湘，著名藏书家。1917年12月至“五四运动”前，傅增湘曾入北洋政府内阁任教育总长。傅增湘任教育总长时，徐悲鸿在当时北京大学校长蔡元培的推荐下，带着自己的作品拜访傅增湘，傅增湘为其争取公费留法的名额，使徐悲鸿成为中国第一位公派留法学习艺术的人。1927年徐悲鸿学成回国后，每次到北平，必会去拜访傅先生。

这幅作品是徐悲鸿1935年2月赴欧洲举办中国现代绘画巡回大展回国后，在北平傅增湘先生家中绘制的，同时绘有多件素描肖像作品。

蜜月

布面油彩
93cm × 118cm　1925 年
徐悲鸿纪念馆藏

据王震《徐悲鸿年谱长编》记录，1925年，徐悲鸿的留学经费断绝，“欲从法国回国筹借款项。后经赵颂南介绍结识了黄孟圭，又通过黄孟圭推荐，于该年冬季赴新加坡为陈嘉庚等富商画像，以筹得生活费用”。“这幅《蜜月》是徐悲鸿为富商黄天恩、傅季姑新婚夫妇所绘的油画像。”

《蜜月》画稿
纸本素描 / 32.5cm × 44cm / 1925 年
徐悲鸿纪念馆藏

母女图

布面油彩
尺寸不详　**1939** 年
徐悲鸿纪念馆藏

画中所绘为新加坡爱国华人张汝器之妻女。张汝器绘画造诣颇深，并于新加坡成立华人美术研究会，与徐悲鸿交情甚笃。

少妇像

布面油彩
82cm × 54cm　**1940** 年
徐悲鸿纪念馆藏

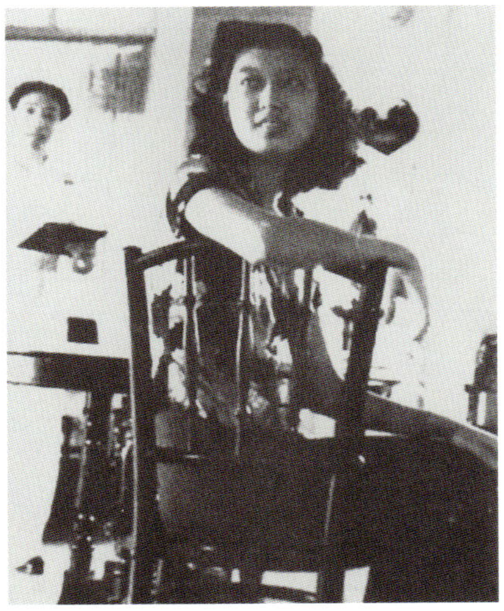

徐悲鸿在江夏堂为摄影家陆运涛的夫人李惠望画像

孙多慈像

布面油彩
132cm × 107cm　1936 年
徐悲鸿纪念馆藏

画中人物为孙多慈，创作于 1936 年，正是徐孙两人热恋的时候。该作是目前所见徐悲鸿独幅肖像画里尺幅较大的一件。这幅作品同时描绘了徐悲鸿的工作室，背景中的物件也都经过了有意的摆放，柜子上有徐悲鸿从欧洲带回的希腊雕像、雅典娜石膏像以及托尔斯泰和列宁的面模，而左后侧地上则放着插满卷轴的中国瓷瓶。

月夜

布面油彩

90cm × 97cm　1937 年

徐悲鸿纪念馆藏

鸡鸣寺道中

布面油彩
66cm × 77cm　1934 年
徐悲鸿纪念馆藏

这幅作品描绘的是南京的鸡鸣寺。鸡鸣寺始建于西晋，是南京最古老的梵刹之一，自古有“南朝四百八十寺”中“第一寺”美誉。徐悲鸿在南京国立中央大学教育学院艺术科任教多年，家住傅厚岗 6 号，鸡鸣寺是徐悲鸿从家到学校上课时的常见之景，遂创作了这件作品和多件素描。

《鸡鸣寺道中》画稿
纸本素描 / 24.5cm × 31cm / 1931 年

不可单独而论的价值：谈徐悲鸿的《愚公移山》

文 / 华天雪（中国艺术研究院美术研究所研究员）

《愚公移山》是件特殊的作品：就目前所掌握的材料看，在徐悲鸿大型人物画创作中，唯《愚公移山》是用中国画和油画两种语言来呈现的，而且完整性及完成度均较高。两件作品现均藏于北京徐悲鸿纪念馆，该馆还藏有若干相关素描稿——从创作到保存，算得上相当圆满了。

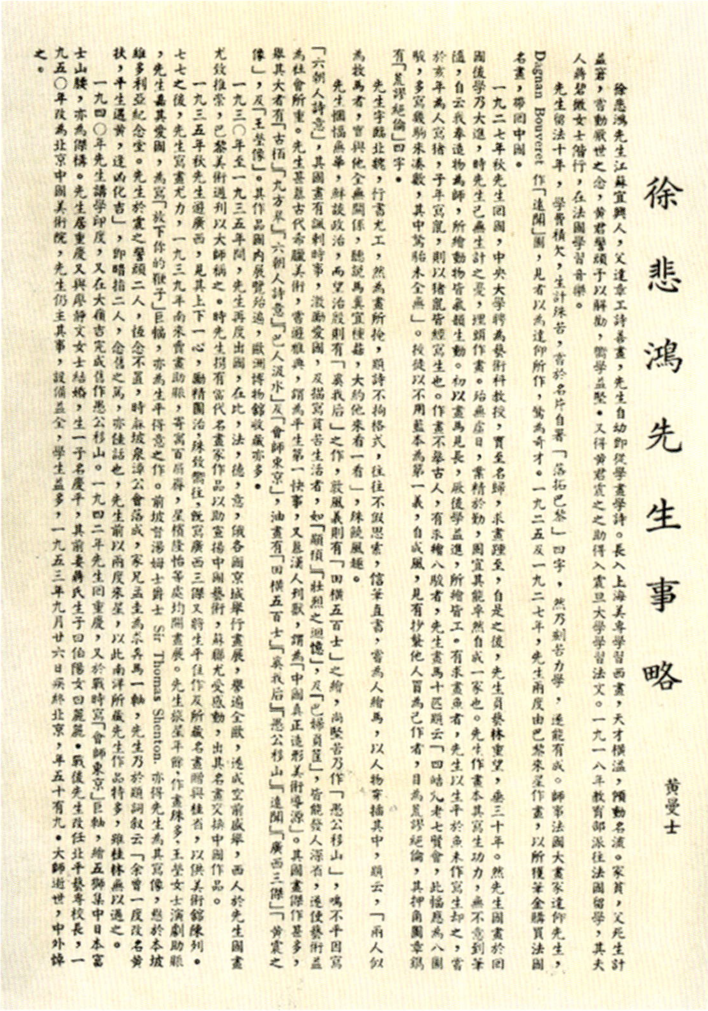
徐悲鴻先生事略

黃曼士

徐悲鴻先生江蘇宜興人，父達章工詩善畫，先生自幼即從學畫學詩。長入上海美專學習西畫，天才橫溢，預勤名流。家貧，父死生計益窘，嘗動厭世之念，黃君璧頗予以解勸，獨學益堅。又得黃君震之之助得入震旦大學學習法文。一九一八年教育部派往法國留學，其夫人蔣碧微女士偕行，在法國學習音樂。

先生留法十年，學養積久，生計殊苦，嘗於名片自署「落拓巴黎」四字，然乃刻苦力學，遂能有成。師事法國大畫家達仰先生，Dagnan Bouveret 作「遠聞」圖，見者以為達仰所作，驚為奇才。一九二五及一九二七年，先生兩度由巴黎來星作畫，以所獲筆金購買法國名畫，攜回中國。

一九二七年秋先生回國，中央大學聘為藝術科教授，實至名歸，求畫踵至，自是之後，先生負藝林重望，垂三十年。然先生國畫於回國後學乃大進，時先生已無生計之憂，埋頭作畫。殆無虛日，業精於勤，固宜其能卓然自成一家也。先生作畫本其寫生功力，無不意到筆隨，自云我奉造物為師，所繪動物皆栩栩生動。初以畫馬見長，厥後學益進，所繪皆工。有求畫魚者，先生以生平於魚未作寫生卻之，嘗於亥年為人寫豬，子年寫鼠，則以豬鼠皆經寫生也。作畫不拘古人，有求繪八駿者，先生畫馬十匹題云「四皓九老七賢會，此幅應為八國駿，多寫幾匹來湊數，其中驚駘未全無」。授徒以不用藍本為第一義，自成風，見有抄襲他人冒為己作者，目為鼠竊疵倫，其押角圖章鐫有「鼠竊疵倫」四字。

先生字臨北魏，行書尤工，然為畫所掩，題詩不拘格式，往往不假思索，信筆直書，嘗為人繪馬，以人物穿插其中，題云，「兩人似為牧馬者，旨與他全無關係，聽說馬真宜種麥，大約他來看一看」，殊饒風趣。

先生才摑搞無華，鮮談政治，而望治殷則有「奚我后」之作，救風義則有「田橫五百士」之繪，尚堅苦乃作「愚公移山」，鳴不平因寫「六朝人詩意」，其國畫有諷刺時事，激勵愛國，及描寫貧苦生活者，如「顛預」「壯烈之回憶」，及「巴婦負筐」，皆能發人深省，遂使藝術益為社會所重。先生甚慕古代希臘美術，嘗遊雅典，謂為平生第一快事，又甚讚漢人判獄，謂為「中國真正造形美術導源」。其國畫傑作甚多，舉其大者有「古柏」「九方皋」「六朝人詩意」「巴人汲水」及「會師東京」，油畫有「田橫五百士」「奚我后」「愚公移山」「遠聞」「廣西三傑」「黃震之像」，及「王瑩像」。其作品國內展覽殆遍，歐洲博物館收藏亦多。

一九三〇年至一九三五年間，先生再度出國，在比，法，德，意，俄各國京城舉行畫展，舉遍全歐，遂成空前盛舉，西人於先生國畫尤致推崇，巴黎美術週刊以大師稱之。時先生攜有當代名畫家作品以助宣揚中國藝術，蘇聯尤受感動，出其名畫交換中國作品。

一九三五年秋先生遊廣西，見其上下一心，勵精圖治，殊致嚮往，既寫廣西三傑又將生平佳作及所藏名畫贈與桂省，以供美術館陳列。

七七之後，先生寫畫尤力，一九三九年南來賣畫助賑，寄寓百扇齋，星檳隆怡等處均開畫展。先生旅星半齡，作畫殊多，王瑩女士演劇助賑，先生嘉其愛國，為寫「放下你的鞭子」巨幅，亦為生平得意之作。前坡督湯姆士爵士 Sir Thomas Shenton. 亦得先生為其寫像，懸於本坡維多利亞紀念堂。先生於黃之譽頌二人，極念不置，時麻坡泉漳公會落成，家兄孟圭為求奔馬一軸，先生乃於題詞敘云「余曾一度改名黃扶，平生遇黃，逢凶化吉」，即暗指二人，念舊之篤，亦佳話也，先生前以兩度來星，以此南洋所藏先生作品特多，雖桂林無以過之。

一九四〇年先生講學印度，又在大吉嶺完成傑作愚公移山。一九四二年先生回重慶，又於戰時寫「會師東京」巨軸，繪五獅集中日本富士山麓，亦為傑構。先生居重慶又與廖靜文女士結婚，生一子名慶平，其前妻蔣氏生子曰伯陽女曰麗麗。戰後先生改任北平藝專校長，一九五〇年改為北京中國美術院，先生仍主其事，設備益全，學生益多，一九五三年九月廿六日病終北京，年五十有九。大師逝世，中外悼之。

黄曼士撰文《徐悲鸿先生事略》，收录于《徐悲鸿遗作集》

但有意思的是，早在 1954 年 2 月 19—21 日，就有另一件尺幅为 46cmx107.5cm 的油画《愚公移山》出现在新加坡维多利亚纪念堂举行的“徐悲鸿遗作展览会”上，可谓“节外生枝”。该展由新加坡当地之中华美术研究会[1]、南洋美术专科学校、南洋学会和中国学会等四家机构发起，除重要组织者黄曼士、刘抗、陈宗瑞、林学大和钟泗浜外，其他参与者还包括施香沱、陈达琚、陈月秀、黄葆芳、陈育崧、施寅佐、韩槐准、许云樵、连士升、张瘦石、郑光汉和潘国渠等，他们多为悲鸿旧交，更不乏被徐氏离星前托付作品之人及战后“分割”了部分徐作的人士。该展实际是一次集合多个当地私人收藏的包括八十余件作品的中等规模展览，但因地理相隔，信息流通也不似今天便捷，该展中的这件时属崇文中学校长钟青海的小幅油画《愚公移山》不啻“昙花一现”，关注者寥寥。而在 1992 年中国台北苏富比春拍和 1999 年中国台北苏富比秋拍，该作两度以“市场”方式重现“中国视野”之“江湖”，已经是近四十年之后的事了——一件构图大同小异的著名作品出现三个版本，是美术史上的稀罕事！

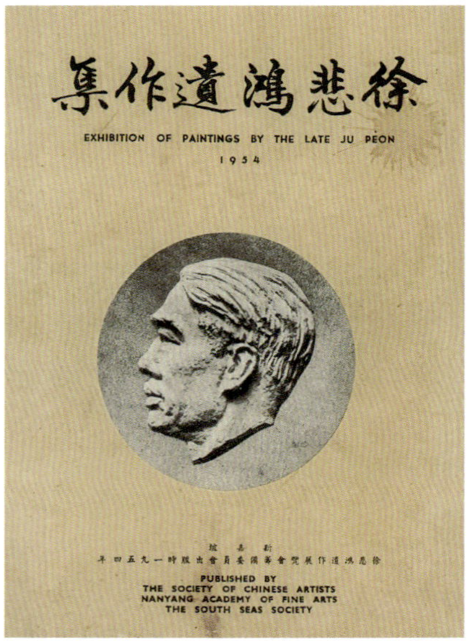

《徐悲鸿遗作集》，1954 年于新加坡出版

当然，真正引起更广泛关注的，是 2006 年 6 月 26 日该作在北京翰

海春拍中以 3 300 万人民币创当时中国油画单品和徐悲鸿作品成交记录，以及拍卖前在徐悲鸿纪念馆所做的研讨会，将该件“小幅版”与“大幅油画版”“中国画版”同时展陈，可谓一时之盛况——当时意欲购藏该作的徐悲鸿纪念馆终因种种原因，与之失之交臂，“目送”其流回市场，不能不说是该馆的遗憾和市场的幸运，只是三版若再度同展，当非易事了吧。

关于《愚公移山》，有几处材料提及。

首先是欧阳兴义自 1985 年 9 月 16 日开始在新加坡《南洋星洲联合晚报》上以《悲鸿在星洲特辑》为专题的连载文章。首篇《徐悲鸿藏宝记》甫一登出，便搅动了新加坡四十多年来那部分秘而难宣的徐悲鸿作品收藏，其中当年福建安溪会馆所办崇文学校之“罗弄泉枯井”，最先进入我们的视野。欧阳氏又在 1998 年结集出版之《悲鸿在星洲》的“编著后记”部分，颇费笔墨地提及对当事人的采访过程：“访问也并非那么顺利，当年藏宝与挖宝的当事人，崇文小学的校长钟青海先生，在我五番七次求见后，才答应和我谈罗弄泉枯井藏画的事。他一直收藏着徐悲鸿的油画《愚公移山》，我认同他的说法，这是徐悲鸿感谢他 3 年又 8 个月，冒着被日军杀害的危险枯井藏画，在战后写信让他挑选的纪念品。”可以说，之后各种著述及论文中的相关内容，源头均为欧阳氏此说。但对于《愚公移山》的创作情况，欧阳氏提及极简，主要谈到两处：1. 1940 年 2 月 17 日徐悲鸿会见甘地并由其形象想到愚公，继而在国际大学做数十幅创作草图和人物写生[2]；2. 在《悲鸿星洲纪事》中有，1940 年 8 月 24 日为《愚公移山》作草图，“1 月—11 月，完成彩墨画《愚公移山》（曾作 30 多幅画稿）。”而对三个版本具体完成时间和顺序等问题，均语焉不详。

更为可靠的依据为《中华书局藏徐悲鸿信札》[3]中徐氏致舒新城二函。

《愚公移山》小幅油画

1940 年 4 月 2 日函中有：“一月以来将积蕴二十年之《愚公移山》草成，可当得其一伟大之图。日内即去西马拉雅山，拟以两月之力写成一丈二大幅中国画，再归，写成一幅两丈长之（横）大油画，如能如弟理想完成，敝愿过半矣。尊处当为弟此作印一专册也。”“弟七月以前皆在大吉岭。”

1940 年 7 月 7 日函中有：“弟于七月六日返抵国际大学。山居三月，写得大小中西画近百幅，《愚公移山》中国画亦写就，恨无法装裱一览……弟此时将着手油画《愚公》，惟天时酷暑，乍自温凉天气到来，甚感不适。”[4]

也就是说中国画《愚公移山》最先完成于大吉岭，这也合于画面题跋“廿九年四月大吉岭”，大幅油画则是 7 月之后的事了。

又根据《徐悲鸿画集》[5]第 4 卷图 28、29 和第 5 卷图 33，对于特别“钟爱”的《愚公移山》大腹中立者，徐悲鸿除了在 1940 年 3 月赴大吉岭之前写生过，又至少分别于 1940 年 8 月 24 日和 8 月 29 日写生两次，其中一坐一卧，虽非画面所需姿态，但似可视为“大幅油画版”的最后准备。徐氏在 9 月 2 日致舒新城函中有“本月十五，弟将偕友人往朝佛迹及游览诸著名古美术洞府，他日拟写《印度美术》

一册”之语。如此，9 月上半月是完成该作的极可能时间。

王震编著《徐悲鸿年谱长编》第 229 页，提及 1940 年 9 月“应泰戈尔之邀，于泰翁接受牛津大学荣誉学位时，举办徐氏近作展，其中有《愚公移山》、《泰戈尔像》、喜马拉雅山峰、马、人像等”，想中国画《愚公移山》在印无法装裱展示，此处所指当为大幅油画版，但因无注释，故不知此说是何依据，存疑。

我们发现，尽管前述两位著述者均知有小幅油画版《愚公移山》的存在，但应均因找不到更多线索而回避不谈。笔者推测，“小幅版”应为“大幅版”小稿，或作于大吉岭之“中国画版”之后，或作于重返国际大学之后，创作“大幅版”之前。当然，也不排除“小幅油画版”先于“中国画版”的可能性，但从两件油画的相似度来看，笔者更倾向于“小幅版”制作时间介于“中国画版”和“大幅版”之间。总之，尽管看起来“中国画版”画面更完整，刻画更深入，而更似最后完成，但显然史料并未指向这样的结论。

如果说齐白石的艺术所创造的是一个“经验世界”的话，那么徐悲鸿的人物画所创造的就基本是一个古典、浪漫的世界，一个非现实的世界，一个以写实形式营造的、与鲜活的现实距离非常遥远的、活跃在画家心目中的古代人物和事件的世界。虽然这部分作品在其创作总量中所占比例并不大，但却是他最看重的部分，只要条件允许，他就有创作这类题材的欲望和热情；更是他倾注体力和精力最多的部分，因为他面对的是中国画坛的新题材、新问题，在中国古近绘画史上没有多少经验可以借鉴，虽然可以从日本和欧洲得到某些启示，但毕竟从内容到形式，彼此的距离太远，可直接效仿之处并不多。这就是说，从选材、构思、人物形象塑造、环境描写、情节安排到具体技法等问题，都需要他自己去摸索，若非主观上的一贯重视和艺术追求上的极度倾心，要取得他这样数量和质量的成绩，几乎是不可能的。

在徐悲鸿的人物画中，比重最大和成就最高的是表现英雄侠义的作品，包括叔梁纥、田横、伯乐、九方皋、项羽、秦琼、愚公、风尘三侠、荆十三娘、赵姬、钟馗等，取材范围不限于正史，还涉及神话、传说、寓言，甚至演义、传奇、民间故事等。偏重个人的英雄行为和行侠仗义的道德精神，是其人物画中最能充分体现古典、浪漫情怀的部分——在中国画史上，还没有哪一位画家对往昔的英雄侠义故事表现出如此大的创作热情，对英雄侠义题材有过如此执着的有意识的追求，并取得如此可观的成绩的。

《愚公移山》为古代寓言，出自《列子 · 汤问》，后世常用“愚公”比喻有顽强毅力、不怕困难的人，用“愚公移山”比喻知难而进、有志竟成的行为。在徐悲鸿的学生吴作人、张安治等人的回忆中，均提及该题材是徐师“早有构思”“酝酿已久”的[6]。徐氏在前述致舒新城函中更将此作当作“积蕴二十年”之久的夙愿，很像一块“心病”，完成它甚至“敝愿过半”。“二十年”之说不必当作准确时间去推算，大致可以推定为留法前半期——在见识了欧洲各大博物馆里的宗教、历史、神话题材的大尺幅主题性绘画后，在他就读的巴黎国立高等美术学院每年一度最受瞩目的历史画竞赛不允许外国学生参加的规则下，他就曾尝试从中国古代典籍中寻找画题，自行构思、练习，如 1922 年的《画龙点睛》[7]（素描稿，徐悲鸿纪念馆藏），即取材于唐代张彦远《历代名画记》关于张僧繇的记载，推测《愚公移山》之“酝酿”即在此前后。所以，诞生于抗日战争时期的该作被解释为彰显民族精神，进而在后来的意识形态之下被附会以爱国主义，或许均非徐氏本意，或许他迷恋的只是“英雄主义”而已。历史不是任由打扮的小姑娘，不是后人用来佐证政治正确的工具，历史有它自己的发展脉络，我们对画家及作品要尽量在历史的逻辑下做合于情境的理解，曲解不行，过度解释亦需警惕。

为何“二十年”之夙愿最终在印度得以“瓜熟蒂落”？这也是一个需要解释的问题。我以为，最主要的原因是印度模特儿的壮硕带给徐悲鸿找寻已久的力量感，这等“壮硕”是他在中国未曾遇到过的——对于比较依赖模特儿的徐悲鸿来说，这是一个关键性条件。为了表现“力量感”，他甚至不怕被人诟病用印度人的形貌表现中国的故事和中国人的精神。

三个版本的《愚公移山》均为不同比例的横长构图，六个全裸或半裸的壮汉几乎占据了中部和右部的全部面积，他们居于前景，顶天立地、奋力开掘并极具动感，以强烈的视觉冲击力造成一种排山倒海的决心和气势；他们身后的一组人物是愚公、孙子和“邻人京城氏之孀妻”及“遗男”；愚公与妇人在对话，虽为背向而立，但身材被拉高，因此也较为突出，这也是借鉴了中国画人物画中主要人物高于其他人物的处理原则，是徐氏中西融合的细节之一。

在人物画创作中使用模特儿，具有历史性意义，将人体作为形式语言纳入中国的人物画创作，徐悲鸿大约是第一人——20 世纪下半叶中国人物画所获得的飞跃性进展，首先应当归功于画模特儿这一手段的普遍使用，徐悲鸿自是功不可没。这种借鉴西方艺术形式的做法十分大胆，它冲击了传统规范，冲击了旧礼法、旧习惯和旧趣味。当然，徐悲鸿使用人体形式，也是经过认真思考和选择的。在《愚公移山》中，他根据不同人物选择了着衣、半裸和全裸三种形式，即愚公与妇人着衣，两个挖山者半裸，其余四个挖山者和孩子全裸——愚公作为中华民族高尚道德和不屈意志的象征，若也以人体形式处理，不仅与传统习俗不合，也会模糊由其衣着显示的民族身份特征。不过，画面上最突出的不是愚公，而是挖山的壮汉们，他们显示和象征着力量，以人体形式处理他们，正便于突出对肌肉的刻画和表现蓄势待发的力感，正如徐氏自己所说“不画裸体表现不出那股劲”⑧，若处理为穿衣，画面所要求的力感就会大打折扣。另外，此为上古传说，又是重体力劳动场面，处理为裸体也是符合历史与情理的。

最需着意的恐怕是构图。徐悲鸿的绘画空间，大致是一种含有焦点透视的平面性构成，即主要是平面性、二维性而非三维性的空间结构，基本承续的是传统中国画的空间结构模式，当然，也有个别或局部突出三维空间的处理，但通常不影响整体上以平面性为主的取向。这种含有焦点透视的平面性结构，在其画面中有许多具体的变化，大致分为横长、竖长和近方三种样式，而包括《愚公移山》在内的横长式是其人物画的主要形式：它更接近视点平行移动的传统中国画横卷。画面人物分为两组，一组是正面或正侧面的垦壤者，一组是愚公等人。他们虽是依次横向展开，但实际上是居于前后两排，即垦壤者在前，愚公等人居后。此外，他们身后是用焦点透视法描绘的纵深背景。如果仔细观察，还会发现第一排人物实际上也是有纵深描绘的，即位于画幅中心的两位垦壤者离观者最近，越往右越远，这是焦点透视的处理方法。不过，所有这些局部的纵深描绘，并不影响作品整体上的平面构成性，因为画家加大了第二排人物的身高，使得作为画面主体的人物群像从头顶看处于一条水平线上。不论徐悲鸿是有意识还是无意识这样做的，都反映了他对平面构置与纵深刻画这两种空间表现之间平衡性的追求。我以为，构图（中国画称“章法”）是决定一张画姓“中”还是姓“西”的首要因素，它反映的是“观看”和“表述观看”的本质上不同的两种模式，或许大致可以说，徐氏油画的单个形象是“西”式的，但由一个个形象联合起来的整体则是“中”的，这是徐氏中西融合的很重要的特征，也是他为 20 世纪中国绘画提供的一个重要样式。

“中国画版”和“油画版”在表现和构图等方面存在显而易见的差别自不必说，而两件“油画版”则极为近似，所不同者唯“大幅版”背景中式房屋由隐而显并增加一处，孩子数量由三个减为两个，个别挖山者的形象及姿态略有不同，小幅版横长比例更大等。

但坦率地说，在 2005 年见到“大幅版”原作时，笔者是略感“诧异”的，诸如整体表现上之略“紧”，个别造型之欠缺准确和生动，愚公腿部泥巴等细节处理之不舒服，颜色之“过”之“翠”等问题，均非徐氏油画典型特征，亦与其油画平均水平有一定差距，这或许与损坏及修复不无关系。“小幅版”则显得与《徯我后》《田横五百士》等作品更有一脉相承的贴合度，体现了徐悲鸿的正常水平：用来造型的轮廓线和块面既准确又松活，笔触宽博、肯定、含蓄且富有写意感，颜色既和谐自然又透明度高，膝、肘、足等关系到结构和动态的部分有松紧、虚实和“表情”上的丰富变化，细节处理有很多“笔不到意到”的讲究，整体的节奏感和一气呵成感也更强。当然，小稿易于把握，画家的状态也更放松，大幅反而因“如临大敌”而有失水准，但这也是常见现象，不仅徐悲鸿。

无论如何，“大幅版”自有其无以替代的价值和意义，而“小幅版”以更贴合徐氏作风的面貌而成为“大幅版”的极好参照和视觉补充。这类难得的“组合”，其价值是整体的，不可仅以普通独幅画作目之，亦不能简单以尺幅论短长、谈贵贱。

它是博物馆级别的——一句良心话。

戊戌夏初写于望云楼

注释：

① 该会即 1935 年 11 月 17 日成立之新加坡华人美术研究会，1946 年 9 月 29 日改为此名称。见欧阳兴义编著《悲鸿在星洲》第 110—120 页。

② 欧阳兴义《悲鸿在星洲》第 167—168 页。

③ 中华书局 2012 年版。

④《中华书局藏徐悲鸿书札》，中华书局 2012 年版。

⑤ 北京出版社 1987 年版。

⑥ 吴作人《徐悲鸿先生和他的作品》中有：“在这时期，他完成了酝酿已久的以中国古代寓言做题材内容的愚公移山”，转引自王震编《徐悲鸿的艺术世界》，上海书画出版社 1994 年版，第 82 页；张安治《中国画研究》中有：“《愚公移山》虽早有构思，完成却在抗日战争中他旅居印度的时期（1940）”，转引自王震编《徐悲鸿的艺术世界》，上海书画出版社 1994 年版，第 377 页。

⑦《徐悲鸿画集》第 5 卷第 74 页，北京出版社 1987 年版。

⑧ 艾中信著《徐悲鸿研究》，上海人民美术出版社 1984 年版，第 48—49 页。

愚公移山

布面油彩
231cm×462cm　1940 年
徐悲鸿纪念馆藏

《愚公移山》为古代寓言，见载于《列子·汤问》：“太行、王屋二山，方七百里，高万仞。本在冀州之南，河阳之北。北山愚公者，年且九十，面山而居。惩山北之塞，出入之迂也，聚室而谋曰：‘吾与汝毕力平险，指通豫南，达于汉阴，可乎？’杂然相许。其妻献疑曰：‘以君之力，曾不能损魁父之丘，如太行王屋何？且焉置土石？’杂曰：‘投诸渤海之尾，隐土之北。’遂率子孙荷担者三夫，叩石垦壤，箕畚运于渤海之尾。邻人京城氏之孀妻，有遗男，始龀，跳往助之。寒暑易节，始一反焉。河曲智叟笑而止之，曰：‘甚矣，汝之不惠。以残年余力，曾不能毁山之一毛，其如土石何？’北山愚公长息曰：‘汝心之固，固不可彻，曾不若孀妻弱子。虽我之死，有子存焉；子又生孙，孙又生子；子又有子，子又有孙。子子孙孙，无穷匮也。而山不加增，何苦而不平？’河曲智叟亡以应。操蛇之神闻之，惧其不已也，告之于帝。帝感其诚，命夸娥氏二子负二山，一厝朔东，一厝雍南。自此，冀之南，汉之阴，无陇断焉。”后世常用“愚公”比喻做事有顽强毅力、不怕困难的人，用“愚公移山”比喻知难而进、有志竟成的行为。

《愚公移山》草图

内容者，往往属于“善”之表现。而为美术者，其最重要之精神，恒属于形式，不尽属于内容。如浑然天成之诗，不必定依动人之题，反而如画虎不成，则比贻讥大雅。故美术恒有两种趋向，一偏于善（则必选择内容），一偏于美（全不计内容）。

善之内容可存而弗论，至其所以秀美之形式，颇可得而言。盖造物上美之构成，不属于形象，定属于色彩。

而为美术之道，舍极纯熟之作法以外，作者观察物象之所得，恒注乎两要点，其表现之于作品上，亦集中精神于此两点。所谓色彩，所谓形象，皆为此两点之工具而已。

此两点维何？曰性情，曰神情。因欲充实表现性格之故，爰有体，有派；因欲充实表现神情之故，爰有韵。

美术之起源，在摹拟自然；渐进，则不以仅得物象为满足。恒就其性之偏嗜，而损益自然物之形象色彩，而以意轻重大小之。此即体之所产生也。

派者，相习成风之谓。其所以相习成风，皆撷取各地属之特有材料，形之于艺事，成一特殊貌者也。

所谓性格者，即刚强、柔弱、壮丽、淡泊、冲和、飞舞、妙曼、简雅等，秉赋之殊异或竟相反也。故须以轻重、巨细、长短、繁简之术应之，所以成为体也。

神情在人则如喜怒哀乐，妙机其微，艺之高深境地，其所以难指者以其象之变也。其于物情，则如风雨晦冥，皆变易其寻常景象，要在窥见造化机理，由其正而通其变，曲应作者幽渺复颐广播浩荡之襟怀思绪。

此艺事之完成，亦所以为美术也。

——《美术漫话》，

原载重庆《读书通讯》第 37 期，1942 年 3 月 1 日

《愚公移山》草图

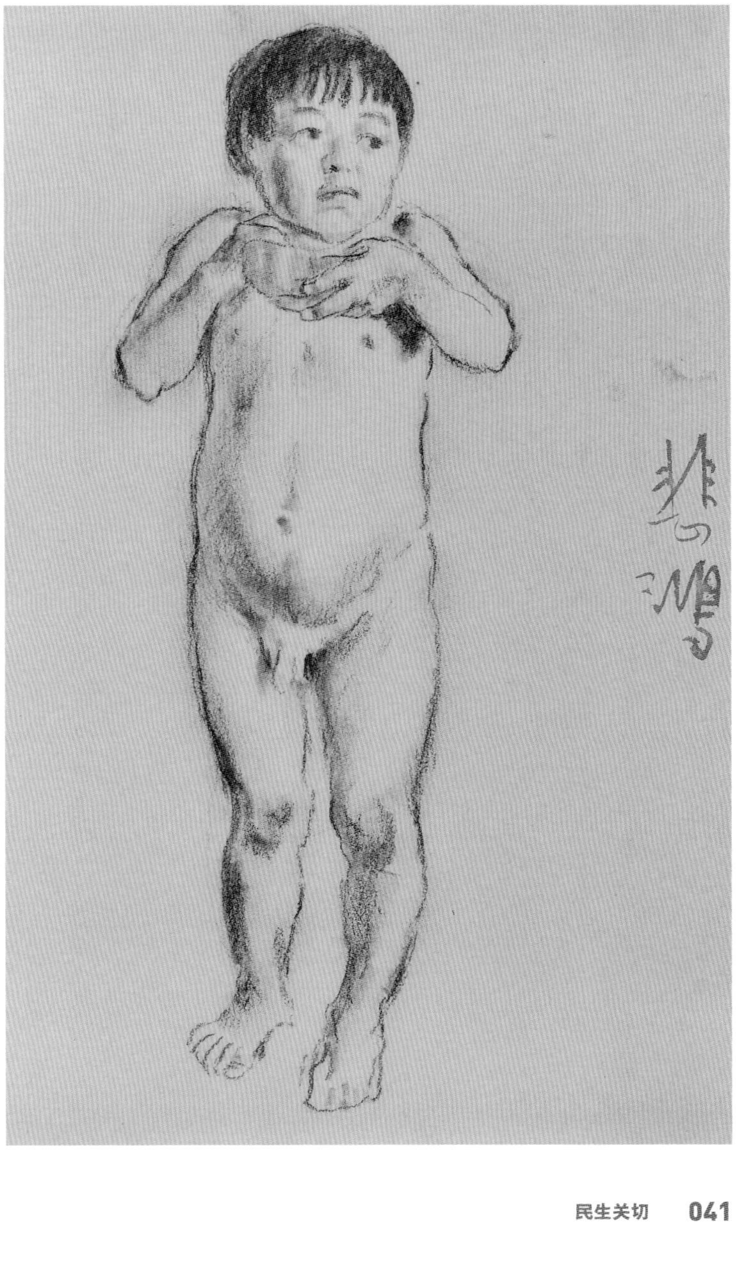

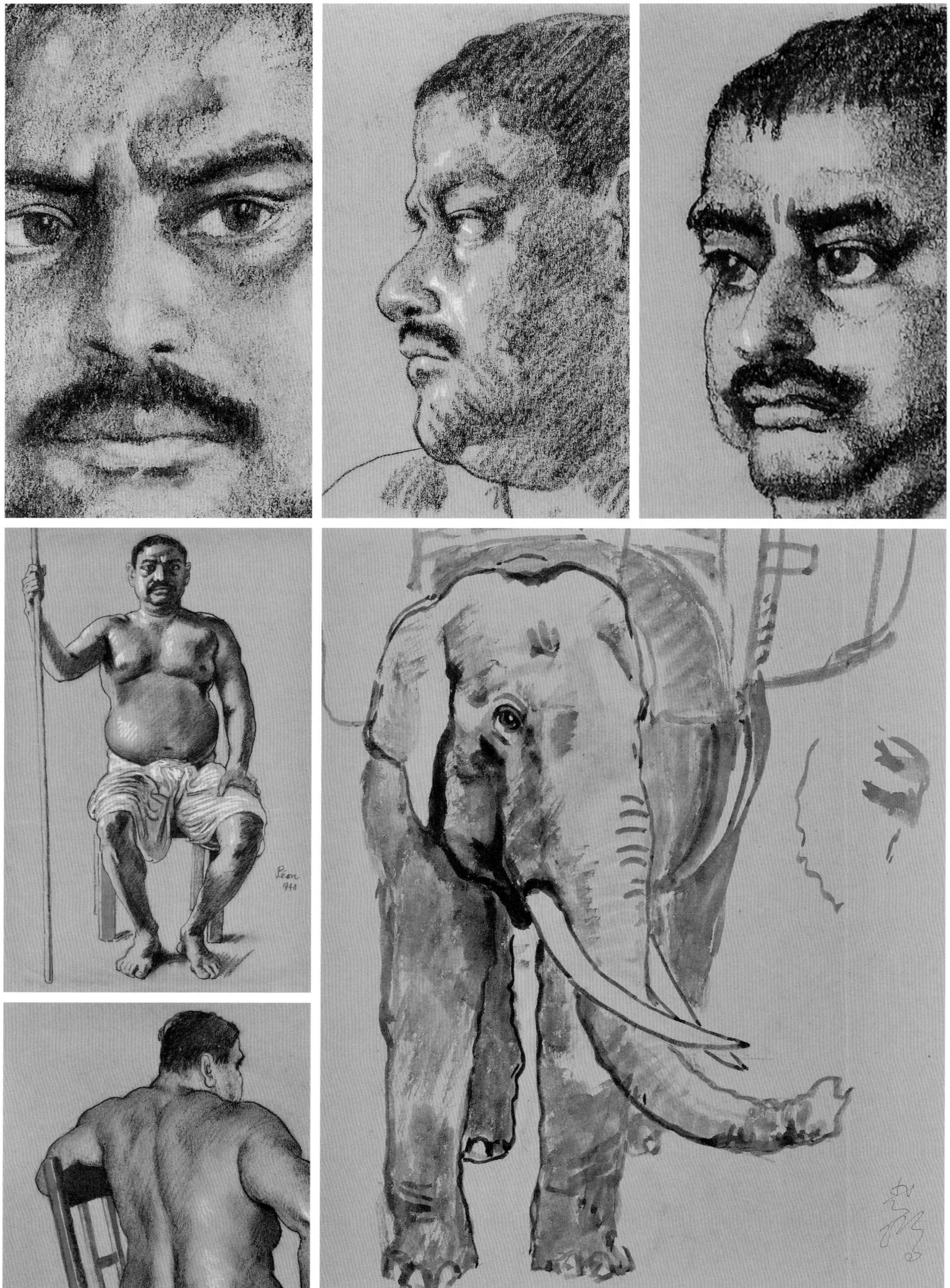

《愚公移山》草图

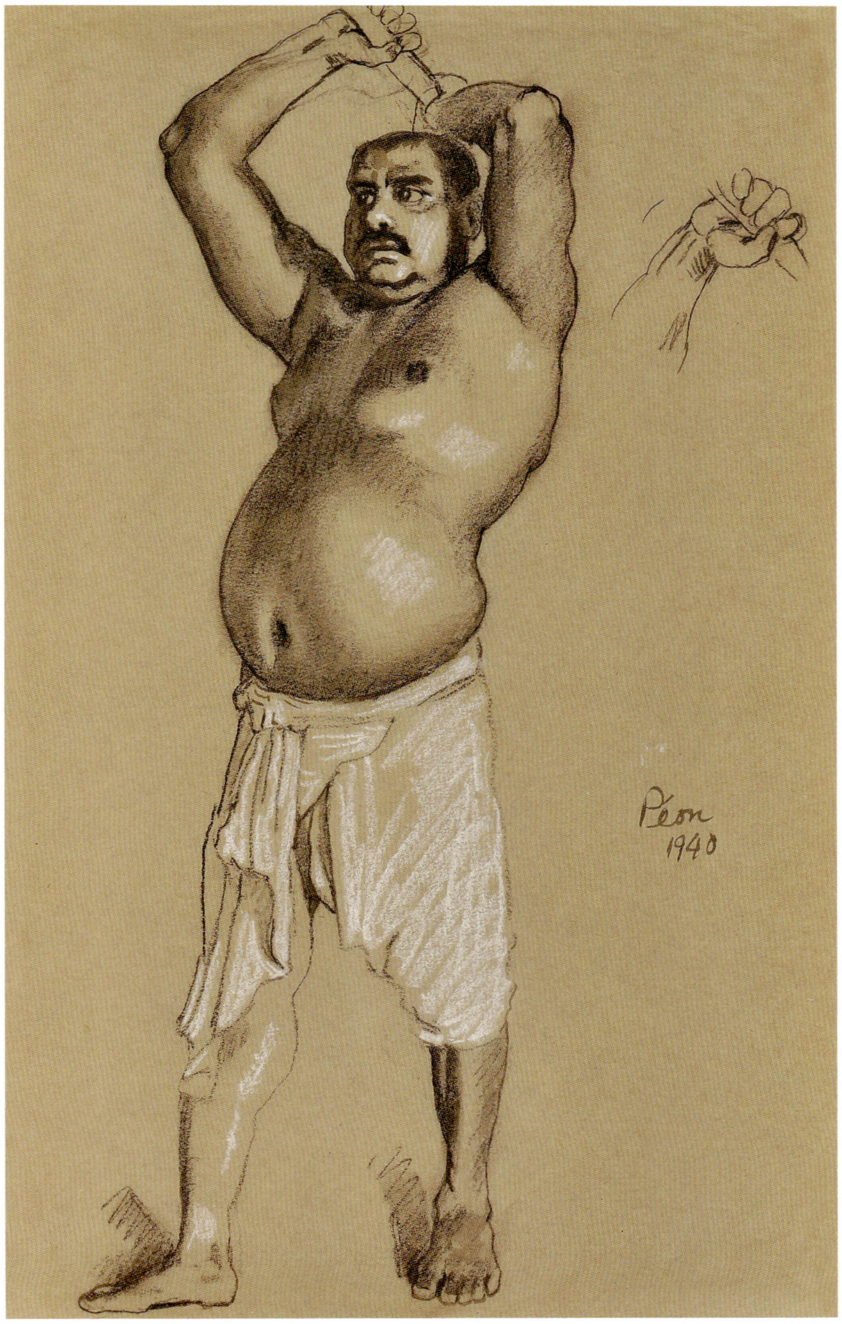

《愚公移山》草图

印度牛

板面油彩
66cm × 68cm 1939 年
徐悲鸿纪念馆藏

为艺术之源有二，曰造物，曰生活。感于造物者，刊划摹拟，倾向于美，所谓为艺术而艺术者也。探索生活蕴秘者辄以艺术为作用，发其宏愿，启迪社会，非不求美，而侧重于善。顾以写生为事者，求真之情热烈，其出彼而入此，得美或得善，俱能于文艺有所建树，殆尤可轩轾。

——《致敬辱教诸君》，
原载广东《美术杂志》第 1 卷 4 期，1937 年 5 月 1 日

《印度牛》画稿一组
纸本素描 / 尺寸不等 / 1939 年
徐悲鸿纪念馆藏

喜马拉雅山

布面油彩
60cm × 71cm　1940 年
徐悲鸿纪念馆藏

《喜马拉雅山》画稿
纸本素描 / 24cm × 30.2cm / 1940 年
徐悲鸿纪念馆藏

喜马拉雅山之林

布面油彩
95cm × 59cm　1940 年
徐悲鸿纪念馆藏
▶

《喜马拉雅山之林》画稿
纸本素描 / 27cm × 15.2cm / 1940 年
徐悲鸿纪念馆藏
▼

树木不难写，但写之不佳则类硬柴，故须具生意。其要点乃在枝干精确之深浅，树皮滋润，则必不致如“柴”，虽落叶，无碍也。

故作画之初，观察大自然时，起首须捉住一印象，此印象维何，即繁密于树下，野花一色，瓣苞参差，其最娇艳之枝，衬以最浓树影，于是全画醒目，自成佳构。风景画之佳，并不须材料丰富，或景物美妙，其要点乃在光彩调和，轻重得宜，不落平常格调，则随地皆可得佳画。

——《画范・风景》，原载徐悲鸿选《画范》，上海中华书局，1939 年 3 月出版

悲鸿

庭院

布面油彩
64cm × 78cm　1942 年
徐悲鸿纪念馆藏

1943 年，徐悲鸿与中国美术学院部分人员在青城山合影

青城山风景

布面油彩
85cm × 49cm　1943 年
徐悲鸿纪念馆藏

银杏树

布面油彩
101cm × 88cm　1943 年
徐悲鸿纪念馆藏

徐夫人廖静文像

纸本油彩
62cm × 48cm　1943 年
徐悲鸿纪念馆藏

1943 年，徐悲鸿与廖静文摄于四川青城山

骑兵英雄郃喜德

布面油彩
88cm × 63cm　1950 年
徐悲鸿纪念馆藏

1950 年 2 月，徐悲鸿在《新建设》发表《漫谈山水画》一文，除指出我国山水画的历史、成就及其存在的问题，又指出："艺术是需要现实主义的。我们之中倘有天才，希望他能写出各种英雄（如战斗英雄、生产英雄等）的史实，各种模范的人物凸出着我们幸运遭遇这个伟大时代。"

在1950年9月的全国战斗英雄代表会议期间，徐悲鸿提出为英雄、模范画像并请战斗英雄、劳动模范到校做报告，和师生座谈。同时，徐悲鸿也身体力行，开始深入人民之中，为战斗英雄、劳模画像。

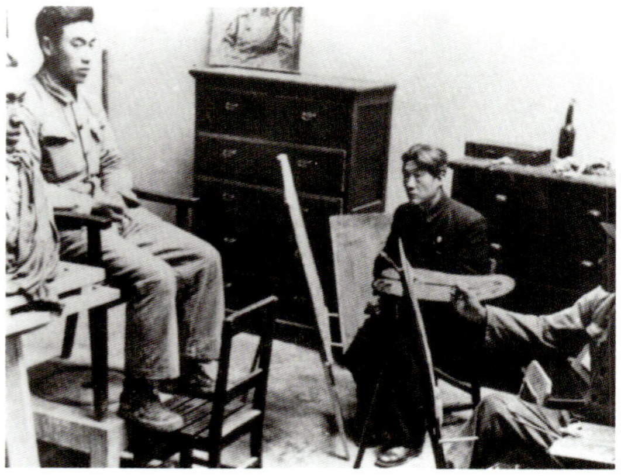

1950 年，徐悲鸿在北京为战斗英雄画像

战斗英雄双人像

布面油彩
63cm × 87cm　1950 年
徐悲鸿纪念馆藏

海军战士

布面油彩
87cm × 63cm　1950 年
徐悲鸿纪念馆藏

家国情怀

革命与改良，不但是 20 世纪上半叶中国社会发展所面对的主题，而且也是中国美术发展的核心问题。作为忧国忧民、以艺报国的代表性艺术家，徐悲鸿对他灾难深重的祖国心怀拳拳之爱，青年时代即立下以艺救国的宏愿。

徐悲鸿深受新文化运动影响，敏感地把握住中国社会历史变革的脉搏，追随康有为、梁启超、陈独秀改良中国传统书画的艺术主张，第一个以画家身份发表改革宣言《中国画改良之方法》，确立了自己的艺术。他一生致力于以写实主义改良、改革中国画，推进“衰微”的人物画，“复兴中国艺术”，从而建立“新艺术”，也就是徐悲鸿所称的“现代之艺术”。

徐悲鸿为改良中国画而上下求索，以写实主义手法开创了现代意义的巨幅国画历史画创作。他开辟的中国画改良之路，及之后倡导的彩墨画、新中国画，为中国画从传统向现代的转型，提供了历史的可能性和可行性探索。他的代表作《愚公移山》《九方皋》《会师东京》《巴人汲水》《船夫》等，无一不是针砭时事之作，其爱憎分明的磊落性格，以黑白分明的笔墨及写实造型，永存于作品中。

月季

纸本设色
64.8cm × 42cm　1918 年左右
徐悲鸿纪念馆藏

题款：
悲鸿

钤印：
悲鸿（朱文圆印）

画之目的，曰惟妙惟肖，妙属于美，肖属于艺。故作物必须凭实写，乃能惟肖。待心手相应之时，或无须凭实写，而下笔未尝违背真实景象，易以浑和生动逸雅之神致，而构成造化偶然一现之新景象乃至惟妙。

——《中国画改良之方法》，
原载北京《北京大学日刊》，1918 年
5 月 23—25 日

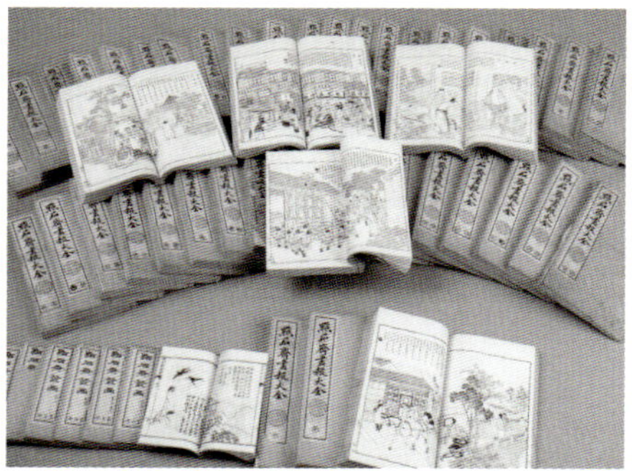

徐悲鸿藏《点石斋画报大全》（吴友如主绘）
徐悲鸿 9 岁起，正式跟父学画。9 岁至 13 岁，每天午后临摹吴友如的石印界画人物一张，并逐渐学习着色。后来他曾说：“吴友如是我的启蒙老师。”

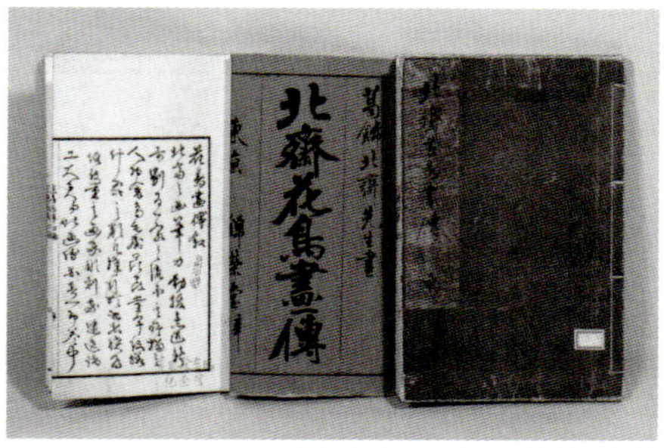

徐悲鸿所购日版《北斋花鸟画传》

1910 年左右的梅兰芳《天女散花》戏照

天女散花（梅兰芳）

绢本设色

95cm × 53cm　1918 年

梅兰芳纪念馆藏

题款：

花落纷纷下。人凡宁不迷。庄严菩萨相。妙丽藐神姿。甘心坠尘障。莫复问禅机。

戊午暮春为畹华写其风流曼妙。天女散花之影。

江南徐悲鸿。

钤印：

匏樽（朱文圆印）

题跋：

后人欲识梅郎面。无术灵方更驻颜。不有徐生传妙笔。安知天女在人间。

戊午三月。瘿公题。

《天女散花》是根据梅兰芳先生所赠剧照而作。据许姬传、许源来著《忆艺术大师梅兰芳》一书记载，梅兰芳收到画作后对罗瘿公言：“这张画，开脸参用西法写真，衣纹、线条勾勒是中国的画法，部位准确、色彩调和。最有趣的是，面貌像我，而眼睛的‘分眼’又像徐先生自己。”

西山古松柏

纸本设色
85cm × 51cm　1918 年
徐悲鸿纪念馆藏

题款：
西山古松柏。戊午七月敬为陈太夫人寿。世侄徐悲鸿拜绘奉。

钤印：
徐悲鸿印（白文方印）

三马图

纸本设色
90cm × 174cm　1919 年
徐悲鸿纪念馆藏

题款：
己未新春写奉。觉弥先生永念。悲鸿。

钤印：
江南徐悲鸿（白文方印）
居天下之广居（白文圆印）
妙机其微（白文方印）

姬觉弥，爱俪园总管、哈同洋行经理、仓圣明智大学校长。1916 年，徐悲鸿应征为哈同花园画《仓颉像》，被姬觉弥和仓圣明智大学的一些教授选中，此后便受到姬觉弥的赏识和帮助，被聘为园中美术指导和仓圣明智大学教授。1917 年初，徐悲鸿接受姬觉弥资助的一千六百块银洋赴日游学。1919 年 1 月，徐悲鸿赴法公派留学前到哈同花园见姬觉弥，受到热情款待。姬觉弥答应赠送三千元川资。这件作品是徐悲鸿赴法前送给姬觉弥的报恩之作。

九方皋

纸本设色
139cm × 351cm　1931 年
徐悲鸿纪念馆藏

题款：
辛未初冬。第七次写此。并纪念廉南湖先生。感喟无极。
悲鸿。时授徒中央大学。居丹凤街。

钤印：
徐悲鸿（白文方印）
江南布衣（朱文方印）

辛未初冬第七次寫此并紀念
康南海先生感喟無極悲鴻
時授徒中央大學居丹鳳街

徐悲鸿学生艾中信《记徐悲鸿老师》一文记录，徐悲鸿本人曾鄙夷地指着九方皋身后的小丑说：这个人其实不懂马的好坏，却摆出那种架势，着实可笑。用他来衬托九方皋的沉着冷静，是创作所需要的。当时时局混乱，这幅作品也意在讽刺当权者不识人才，表达作者对国家命运的担忧与期冀。在这一时期，该题材曾被徐悲鸿反复描绘。

吾认为艺术之目的与文学相同，必止于至美尽善。吾主张：尊德性，崇文学，致广大，尽精微，极高明，道中庸。又认为：真气远出，妙造自然，为绘画应有之诣。

——《悲鸿自传》，原载上海《读书杂志》第 3 卷 1 期，1933 年 1 月

（左）20 世纪 30 年代，徐悲鸿（中）在欧洲举办中国绘画展览时在会场接待观众。身后为《九方皋》

（右）1938—1941 年，徐悲鸿先后在新加坡、吉隆坡等地组织五次义展，将卖画所得全部救济祖国难民。这是当时在作品《九方皋》前留影

《伯乐相马》画稿
纸本素描 / 62.5cm × 48.5cm / 无年款
徐悲鸿纪念馆藏

九方皋（局部）

引西润中与求真入神

——徐悲鸿中国画改良的思想来源与画理探析

文／于洋（中央美术学院副教授，国家主题性美术创作研究中心副主任、中国画学研究部主任）

写实改良论的来源与实践

自康有为在 1917 年手书《万木草堂藏画目序》以后，其“合中西而为画学新纪元者”的期冀在那些与他接触密切的画家那里得到了不同方向的尝试。在这些画家中，受康有为影响最深、对中国现代美术的发展进程影响最大的当属徐悲鸿。论及徐悲鸿的中国画改良观，不能不先从他与康有为的关系讨论起。

1916年，时以画插图和广告在上海维持生计的徐悲鸿考入震旦大学主攻法文，课余勤奋作画。在为哈同花园“明智大学”画仓颉像的时候结识了当时任教于此的康有为，并受到康氏的赏识，收其为拜门弟子。康有为常把珍藏的中外名画给徐悲鸿观赏，徐后来在自传中称：“……相与论画，尤具卓见，如其卑薄四王，推崇宋法，务精深华妙，不尚士大夫浅率平易之作，信乎世界归来论调。”①可见二人兴味之相投。徐氏赴日本考察新画风和新画派也与康有为的鼓励分不开。在康有为1927年病逝之前，康有为与徐悲鸿一直保持着密切的师友关系。1917年12月，重返上海的徐悲鸿持康有为、蔡元培等人的介绍信赴北京，由此可知徐悲鸿在11月至12月间已经会见过刚从美森院政治避难出来的康有为。目前虽无任何资料可以证实康将《万木草堂藏画目》的手书稿交予徐悲鸿看过，但仅从徐悲鸿《中国画改良之方法》开篇的“中国画学之颓败，至今日已极矣”来看，其语气与康氏的慨叹是十分相像的。就在《万木草堂藏画目》成书半年前，徐悲鸿受姬觉弥资助赴日本前夕，康有为还曾为徐氏挥笔题词“写生入神”，款署“悲鸿仁弟于画天才也，写此送其行”，并将推崇写生，肯定日本明治维新以后改学西画的趋势等精神传授给徐悲鸿。

1918 年 3 月，徐悲鸿经康有为弟子罗瘿公的介绍结识蔡元培，被蔡聘为北京大学画法研究会导师。5 月 14 徐悲鸿在北大画法研究会讲演《中国画改良之方法》，并于 1918 年 5 月 23—25 日在《北京大学日刊》《画法研究会纪事十九》一栏上连载。在文中，徐氏的中国画“退化”说较其师康有为的“衰败”说更为激烈。但这篇文章与康文最大的差别在于，徐是从一个画家的亲身体验的实践论角度论证中国画的改良方法的，其中的论述也是从中国画创作的材料技法出发：在纸的方面徐氏认为“生纸最难尽色，此为画术进步之大障碍”，而明代中后期以来广泛运用生纸，造成了“形有不尽，色有不尽，态有不尽，趣有不尽”的现状。在这里，徐氏对于纸、色的挑剔，实际上是对于中国画“写实感”不足的不满。徐氏对绘画媒材性能的分析极为细致，所言皆从实践所发，与康、陈对中国画的形而上的批判方式形成了鲜明对比：

> 鄙意以为欲尽物形，设色宜力求活泼。中国画中凡用矿色处，其明暗常需以第二次分之，故觉平板无味。今后作画，暗处宜较明处为多。似可先写暗处，后以矿色敷明处较尽形也。

与康、陈的形而上的言论相比，徐悲鸿的论据更为“物质化”，在讨论中亦更强调“制作”，认为“初制作之见难于物质者，物质进步制作亦进步焉。思想亦然”。“制作”在此处是一个耐人寻味的语词，它一方面使我们很容易联想到中国古代画作中作者题款时的“制”“写”“作”等字的转换与变迁，另一方面更凸显出画家作画时的心态。正如他在此文“学之独立”节下对于自己作画时之严谨深入的态度的描述：

> 顾吾以此难施人力之物质，而欲穷造化之奥赜繁奇，人三年而艺成，我则须五年焉；人作一画五日可成，我则需八日，或十日焉。而所形容万物之情，无少异。则中国画尚为文人之末技，智者不深求焉。其有足存之道哉！②

徐悲鸿的创作心态是研究性的，而文人画则是抒情达意的，徐悲鸿所强调的重点正在于此。研究性的创作天然地偏重于科学，在科学的视角下，抒情达意必沦为“文人之末技”。前者属于知识论体系的要求，而后者则是智慧论体系的反映。由此引出的问题是：以知识论来审视智慧论，必将在实存层面予以挑剔和指摘。于是徐悲鸿得出的结论是，中国画与西方画相比，在价值层面上“以物质之故略逊”。如果只将徐氏提出的这一点作为中西艺术的差异，应该说是理性和准确的，这种观点实际上比五个月之前陈独秀甚至吕澂在《新青年》上的观点都要高明深刻得多。在徐氏眼中，此“物质”变成了“差距”，而非“差异”。这个价值判断来源于“然艺术复须藉他种物质凭寄，西方之物质可尽术尽艺，中国之物质不能尽术尽艺，以此之故略逊”。问题已经说得很清楚了，徐悲鸿对中国画的抱怨来自材料技法，他始终在此文中自觉不自觉地讲述着一个画家对中国画创作的直接感受，这种论述本身显然比政治家的空论更为专业化，因而更加掷地有声。

康有为在《万木草堂藏画目》“国朝画”中，提出中国画应该像日本一样树郎世宁为“太祖”。[③]徐悲鸿对此却似乎未曾苟同，而对画界传他的画学郎世宁之说更不以为然。[④]他在《中国画改良之方法》演讲稿的“附录”中写道：

> 近人常以鄙画拟郎世宁，实则鄙人于艺，向不主张门户派别，仅以曾习过欧画移来中国，材料上较人略逼真而已。初非敢自弃绝，遂以浅人为师。且天下亦决无可以古陈人之撰造而拘束自己性能者，矧郎世宁尚属未臻完美，时代之艺人讵可皈依乎哉！日后鸿且力求进益以自建树，若仅以彼为指归，则区区虽愚自况，亦不止是幸！[⑤]

徐悲鸿的这段辩解在今天并未引起更多研究者的足够重视。从这段辩词的内容及该文被收入《绘学杂志》时被删掉的背景中，我们至少可获得三个信息：第一，徐悲鸿在1919年赴法国留学之前，就尝试过将从日本习来的欧洲写实画风与中国画相结合，事实上徐早年曾学习月份牌画法；第二，徐对郎世宁的中西画法之融合并不满意，可见徐的融合理想与康有为的判断与期冀在方向上是不同的；第三，这段“附录”在胡佩衡主持编辑的1920年6月《绘学杂志》第1期转载时被删去，这一细节是否可以映射出胡对于徐之辩词的态度？而徐的辩解也很可能与北京大学画法研究会其他导师的观点相左有关，论争阵营之樊篱由此隐约可见一斑。

树“七法”与反“八股”：徐悲鸿中国画改良观的画理根据

如果从文化资源的内、外两个层面来分析徐悲鸿的中国画改良观，将徐悲鸿在民国时期关于中国画改良的观点进行梳理之后，我们会发现以下两种态度最能代表其思想主旨：一是他在《中国画改良之方法》中说的“吾今特以下更各例，充吾论之主脑：古法之佳者守之，垂绝者继之，不佳者改之，未足者增之，西方画之可采入者融之”，点明了融合的具体原则和手段；二是他在后来的《新国画建立之步骤》（1947年）里总结的“故建立新中国画，既非改良，亦非中西合璧，仅直接师法造化而已”，揭示了其以写实主义改造中国画的实质目的。两篇文章相隔30年，观点上发生了一些微妙的变化，正如美术理论家水天中所言，“不论在政治上还是艺术上，徐悲鸿始终没有和康有为走同一条路”[⑥]，当“改良”早已被证明不是中国近代政治文化转型的正途的时候，徐氏否定了他先前跟附康有为提出的改良观，继而直奔“写实”的主题，守、继、改、增、融的手段都是为写实服务的。

事实上，在1918年发表《中国画改良之方法》以后，徐悲鸿对中国画发展路径的研究在20—40年代的多篇文章中仍然有所深入，进而形成了徐氏中国画改良论的价值体系。其归结起来可表现为以下三点。

第一，反对“俗套”，追求“真气”。20年代末，在与徐志摩的那场“惑”与“不惑”的争论中，徐悲鸿将本来讨论欧洲现代主义绘画之优劣的思路突然转向对古代中国画家的评判：

> 凭吾国天赋造物之繁，有徐熙、黄筌、易元吉、钱舜举等大师，并与吾人以新生命工力湛深遗世独立之任伯年，不愿再见毫无真气无愿力一种 Art Conventionnel 之四王充塞，及外行而主画坛之吴昌老。[⑦]

在随后撰写的徐氏自传《悲鸿自述》（1930年4月撰）文中，他解释了这句话的意思，而且附带了对石涛、八大山人的评价：

> 吾言中国四王式山水属于 Conventionnel（形式）美术，无真感。石涛、八大有奇情而已，未能应造物之变，其似健笔纵横者，荒率也，并非 franchise（真率）。[8]

在描述其父徐达章少年时代所仰慕的宜兴画师毕臣周时，徐悲鸿同样使用了Convention这一同根词，并将其解释为“俗套”，称与其相对的是“真气”。[9]此前，在1929年与徐志摩讨论时写就的《“惑”之不解》一文中，徐悲鸿也使用了这个英文单词：“美术之大道，在追索自然。一切Comention须打倒，不仅四王。”[10]（原文即为“Comention”，后来水天中、郎绍君编《二十世纪中国美术文选》收入此文但未做校释，其后一些文章引用此句亦以讹传讹。此词实为Convention，意为“惯例、习俗、规矩”，该词字母“m”应为“nv”，应是徐悲鸿文稿笔迹不清或当时编辑之误。）

这三处评论的措辞足以引起我们的思考：为什么徐氏一谈到四王等古代画家的风格，要掺用英文、法文的词汇来描述?“真感”“真率”“真气”这些词的含义重在强调什么要求?“荒率”与“真率”的微妙区别又在何处? 这些都是理解徐氏中国画改良观的关键问题。笔者以为，徐氏使用英、法文词汇来描述他对四王的感受，一方面是受了当时新学文风时尚的影响，而当时又未出现与此相对应的中文词语；另一方面又折射出一种“他者”视角，以表明主体立场的客观性和现代意识。“真感”“真率”“真气”与其“惟妙惟肖”的要求有着内在的联系，重复强调“真”的因素，是对于生命力、创造力的赞颂，更是对四王“复写”传统之“假”的指责。而“荒率”与“真率”的区别，在于前者“未能应造物之变”而过分表现主观意志，仅做到了“妙”而未能达到“肖”的要求。

在《新国画建立之步骤》一文中，徐悲鸿将自己对中国古代画家的好恶态度归列了一个清单，对唐代画家、宋代院体画家、明清师法造化的画家至为“恭敬”，“却瞧不起董其昌、王石谷等乡愿八股式滥调子的作品”，认为将董、王举为神圣的那些画家，“其十足土气，乃为可笑耳”[11]。徐将董其昌、四王列为“乡愿八股式滥调子的作品”，与他在30年代所斥责的“俗套”，在态度、理念上是一脉相承的。他所强调的“真气”是从师法造化中来的，对应在中国画创作中就是写生。

徐悲鸿对于套路化的、因袭的传统抱有某种疾恶如仇式的反感，认为因袭俗套是一种欺骗，指出“八股是乡愿，无病呻吟，有骗子意味”[12]。他甚至创造了“八股山水”一词来描述元代以来的文人画：“元四家首创八股山水，自八股文章发明以后，吾国审美观念一变，益重士大夫八股绘画。”[13]此外又在其他的评论文章中不止一次地使用“八股山水”一词。由此我们可以看出，反对因袭古人，强调师法自然，是徐氏对中国画改良的首要诉求。

第二，以西欧写实主义之“惟妙惟肖”改良中国画。早在 1918 年，徐悲鸿在《中国画改良之方法》中就提出：“画之目的，曰‘惟妙惟肖’，妙属于美，肖属于艺。”接下来他对“肖”和“妙”的含义和要求做了一段解释[14]，但这四个字的具体创作要求究竟如何达到?将“肖”的因素注入中国画，是否就是将西方的写实表现方法运用进传统中国画的笔墨宣纸? 虽然徐悲鸿很早就试图将“惟妙惟肖”建构出一套完整的价值体系，但长久以来人们对这四个字的理解，仍然像对于“气韵生动”的种种解释一样见仁见智。无疑，“惟妙惟肖”这一要求背后的所指同很多中国古代画论一样，依然具有很大的自由“滑动”的意涵空间。

顺着这种思路，徐悲鸿在 1932 年冬的《画范》序中提出了“新七法”，将其作为改良中国画的基本要求，这七法为：一、位置得宜；二、比例正确；三，黑白分明；四、动态天然；五、轻重和谐；六、性格毕现；七、传神阿堵。[15]通过比照我们不难发现，至少谢赫“六法”之“应物象形”和“经营位置”两条在“新七法”中以另一种说法再现出来；但显然，“新七法”并不是对于古“六法”简单的形式上的刷新与替换，而是内在理路上的转向。“六法”是以“气韵生动”为核心的，而“新七法”则以“传神阿堵”为重心。徐悲鸿所说的“传神”显然与顾恺之的“传神”在含义上相隔甚远，甚至在艺术表现方法的主客观关系的要求上恰恰相反。徐悲鸿明确地解释了“传神”的来源在于“精确”：

> 传神之道，首主精确。故观察苟不入微，罔克体人情意，是以知空泛之论、浮华之调位毫无价值也。……造型美术之道，贵明不尚晦。[16]

一言以蔽之，传神全在写实之精确。像“新七法”这样立足于西方古典造型系统，沟通了中国和西欧的画理的“基本功训练法”，在徐悲鸿看来，是培养“健全之画家”，尤其是健全之中国画家的准绳。

事实上，之所以改“六法”树立“新七法”，而不是使用白话文的措辞和西方画论式的文风创立一套更富现代感的法则，也是某种文化策略的体现。其一，用文言文而不用白话文，文体更为正式，对画坛受众更具有效性；[17]其二，用“七法”冠之以“新”字，令人很容易联想到古之“六法”，更具一脉相承的正宗感。“新七法”对于中国画传统改造的合法性与有效性由此而来。

与提出“新七法”的思路相类，为了达到“惟妙惟肖”，徐悲鸿的策略与其师康有为所言“以复古为更新”的思路相暗合。不同的是，徐的“复古”是取西欧与中国两边的“古典主义”，萃取其中的“写实”风格以获取革新的合理性。他在《美的解剖》（1926年）一文中提道：

> 欲振中国之艺术，必须重倡吾国美术之古典主义，如尊宋人尚繁密平等，画材不专山水。欲救目前之弊，必采欧洲之写实主义，如荷兰人体物之精，法国库尔贝、米勒、勒班习、德国莱柏尔等构思之雅。美术品贵精贵工，贵满贵足，写实之功成于是。⑱

从“惟妙惟肖”到“贵精贵工，贵满贵足”再到“新七法”的推出，从中我们不难看出徐悲鸿对于中国画的写实化改良的心路演变。

第三，强调素描和线描的结合。1947年10月初，北平艺专国画组陈缘督、秦仲文、李智超三教授罢教；15日徐悲鸿举行记者招待会，发表书面谈话《新国画建立之步骤》。在文中，徐氏提出了“素描是一切造型之基础”的造型艺术教学的著名宣言。事实上，1947年徐悲鸿在《新国画建立之步骤》一文中以郎世宁为例陈述了“师造化”与素描训练的关系：

> 但所谓师造化为师者，非一空言，即能兑现，而亟注重素描便会像郎世宁或日本画者，乃是一套模仿古人之成见。

如果说徐悲鸿强调重视素描，与其在法国求学时受学院派训练的个人经历有直接的关联，那么徐悲鸿对中国传统线描技法的珍视，则从徐氏对吴道玄、任伯年等画家的不遗余力的赞美中可见一斑。⑲而事实上，徐悲鸿对线的特色之于中国画的意义也有深入的考察和思考。⑳徐氏在中国香港购得国宝《八十七神仙卷》，欣喜若狂，加盖图章“悲鸿生命”以表珍爱，甚至将自己的画室起名为“八十七神仙残卷之居”，以示对于此卷的热爱。

徐悲鸿的作品呈现出与其本人的审美兴趣相适应的线的功力与素描功底的巧妙结合。在1943年的《李印泉像》等名作中，我们可以看到徐悲鸿对西欧学院派写实主义与中国传统线描的嫁接尝试，而这在很大程度上可看作是其以西润中的中国画改良思想的成功实践。

严谨的态度、勤勉的作风以及奋发的精神，徐悲鸿的这种身体力行的作风和主张，对20世纪中国美术的创作态度产生了深远的影响，也深深地感染了蒋兆和、吕斯百、吴作人、张安治、宗其香、孙多慈、艾中信、孙宗慰、冯法祀等一大批重要的中、西画画家。一种成功经验常常会在对它的反思中延展开来，在徐悲鸿的现代民族国家与社会发展的价值体系中，这些用以挽救中国画的创作信条，在中国社会的各个领域也同样适用，而这种判断恰恰是建立在认为中国画的情形与整个中国的情势同形同构的前提之下的。

注释：

① 徐悲鸿：《悲鸿自述》，1930年4月《良友》画报第45、46期连载。
② 《中国画改良之方法》，《北京大学日刊》1918年5月23—25日“画法研究会纪事十九”。
③ 康有为：《万木草堂藏画目》，上海长兴书局1918年出版；转引自《康有为墨迹选》（二），中州书画社1978年出版。
④ 如徐悲鸿的《三马图》（1919年），就被很多人认为是径取郎世宁的中西画融合法，强调形体结构关系的典型作品。
⑤ 同注释2。
⑥ 水天中：《中国画革新论争的回顾（上篇）》，《二十世纪中国美术文选》（下册），上海书画出版社1999年，第377页。
⑦ 徐悲鸿：《惑》，《美展汇刊》，第一届全国美术展览会编辑组1929年发行。
⑧ 同注释1。
⑨ 同注释1。原文是“鲜Convention（俗套）而特多真气”。
⑩ 徐悲鸿：《“惑”之不解》，《美展汇刊》，第一届全国美术展览会编辑组1929年发行。
⑪ 徐悲鸿：《新国画建立之步骤》（1947年），王震、徐伯阳编：《徐悲鸿艺术文集》，宁夏人民出版社1994年12月。
⑫ 同注释10。
⑬ 徐悲鸿：《张聿光先生画展志感》（1934年），转引自王震、徐伯阳编《徐悲鸿艺术文集》，宁夏人民出版社1994年12月。
⑭ 原文为：“待心手相应之时，或无须凭实写，而下笔未尝违背真实景象。易以浑和生动逸雅之神致。而构成造化偶然一现之新景象，乃至惟妙。然肖或不妙，未有妙而不肖者也。妙之不肖者，乃至肖者也。故妙之肖为尤难。故学画者，宜屏弃抄袭古人之恶习。”徐悲鸿：《中国画改良之方法》，同注释2。
⑮ 徐悲鸿：《画范》序“新七法”，中华书局1939年3月。
⑯ 同注释15。
⑰ 早在民国九年（1920年），当时的教育部就已通告各地学校，文言文教科书分期作废，改用白话文课本，而新文化运动在20年代的如火如荼早已使白话文在知识分子阶层深入人心；徐悲鸿的“新七法”整篇文章皆用文言文写成，这一点与当时其他乐于接受白话文的留洋新派人士很不相同。
⑱ 徐悲鸿：《美的解剖》（1926年），转引自王震、徐伯阳编：《徐悲鸿艺术文集》，宁夏人民出版社1994年。
⑲ 徐悲鸿在《八十七神仙卷》跋文中称“吴道子在中国美术史上，地位与飞第亚史在古希腊相埒。”又在《任伯年评传》中称任伯年为“元四家、明之文、沈、唐所望尘莫及也”，“仇十洲以后中国画家第一人”。1926年春，徐悲鸿曾把任伯年的画作带到巴黎给他的老师达仰看，达仰作题字评价曰：“多么活泼的天机，在这些鲜明的水彩画里；多么微妙的和谐，在这些如此密致的彩色中。由于一种如此清新的趣味，一种意到笔随的手法——并且只有用最简单的方术——那样从容地表现了许多事物，难道不是一位大艺术家的作品么？任伯年真是一位大师。”语出徐悲鸿1950年撰《任伯年评传》，收于王震、徐伯阳编《徐悲鸿艺术文集》，宁夏人民出版社1994年12月。
⑳ 徐悲鸿在《古今中外艺术论》（1926年）提道：“吾个人对于中国目前艺术之颓败，觉非力倡写实主义不为功。吾国他日新派之成立，必赖吾国固有之古典主义，如画则尚意境，精勾勒等技。……近日西风东渐，欧人殊尊重东方艺术……”线与意境的特色在徐悲鸿看来是不可舍弃的，因为这正是西方人欣赏中国画的重要原因之一。

黄震之像

纸本设色
132cm × 66cm　1930 年
徐悲鸿纪念馆藏

题款：
震之黄先生六十岁影。悲鸿写并录旧作。
饥溺天下若由己。先生岂不慈。衡量人心若持鉴。先生岂不智。少年裘马老颓唐。施恩莫忆仇早忘。赢得身安心康泰。矍铄精神日益强。我奉先生居后辈。谈笑竟日无倦意。为人忠谋古所稀。又视人生等游戏。纷纷末世欲何为。先生之风足追企。敬貌先生慈祥容。叹息此时天下事。

钤印：
悲鸿之画（白文方印）
半榻琴书（白文方印）

如诗的境界，音乐的境界，能有，固然与画有益，若专求诗境乐境，而生画境，这手和眼睛便无用。治艺术，唯一要点是观察能力。

我所谓中国艺术之复兴，乃完全回到自然师法造化，采取世界共同法则，以人为主题，要一人的活动为艺术中心，舍弃中国文人画的荒谬思想独尊山水，山水非不可学，但要学会人物动物花鸟以后，如我国古人王维，样样精通，然后来写山水。

——《世界艺术之没落与中国艺术之复兴》，
原载重庆《世界日报》，1947 年 9 月 4 日

双猫

纸本设色
113cm × 54cm　1935 年
徐悲鸿纪念馆藏

题款：
亦山夫人以所蓄狸奴下嫁寒舍。白狸称新都绝偶。谭君万先实代亲迎千古良缘。应有图记为写之如此。甲戌岁阑。悲鸿。

钤印：
悲鸿（朱文方印）
永以为好（朱文方印）

日长如小年

纸本设色
80cm × 47cm　1931 年
徐悲鸿纪念馆藏

题款：
日长如小年。辛未夏至写第二幅。元（原）作赠宗白华兄矣。静文爱妻存。悲鸿。

钤印：
悲鸿（朱文方印）
聊以自娱（白文方印）
与古为新（白文方印）

新生命活跃起来

纸本设色
113cm × 109cm　1935 年
徐悲鸿纪念馆藏

题款：
新生命活跃起来。甲戌岁阑。危亡益亟。
愤气塞胸。写此自遣。悲鸿。

钤印：
东海王孙（白文长方印）
悲鸿（白文方印）
真宰上诉（朱文方印）

国难当头之际，民族危机日益深重，徐悲鸿作跳跃中的雄狮期盼民族奋起。

大树双马

纸本设色
131cm × 77cm **1938** 年
徐悲鸿纪念馆藏

题款：
大树写于南京。乃最后游故都印象。已阅四年。时存旅箧。廿七年小除夕始足成之。不胜流离兴亡之感。悲鸿。香港山村道中。
静文爱妻保存。

钤印：
悲（朱文心形印）

漓江春雨

纸本设色
74cm×114cm　1937 年
徐悲鸿纪念馆藏

题款：
廿六年三月。悲鸿。
漓江春雨。静文赏之。

钤印：
阳朔天民（白文方印）
水精域（朱文椭圆印）

1935 年 10 月到 1937 年 4 月，徐悲鸿因与蒋碧微的感情问题远走广西。1937 年 3 月，徐悲鸿在阳朔创作了这幅《漓江春雨》。时国难家愁，漓江不仅是徐悲鸿作画的灵感之源，也成为他的安身立命之处。

灕江春雨
静文賞之
卅六年三月
悲鴻

船夫

纸本设色
141cm × 364cm　1936 年
徐悲鸿纪念馆藏

题款：
丙子重阳节近。放乎漓江。见一舟子壮健。为平生罕遇。真 **Heracles**（赫拉克勒斯）也。兹先成初试未定之幅。必将集精力写之。悲鸿。

钤印：
悲鸿之印（白文方印）
鸿爪（朱文圆印）

1936 年 9 月上旬，徐悲鸿随广西省府迁至桂林，居广西省图书馆，每天画画、写字，过了相对平静的一段生活。

题跋中 Heracles 是古希腊神话中的赫拉克勒斯。重阳节前，徐悲鸿在漓江游玩，在江畔见到一名船夫十分健壮，大为惊叹，以此为模特，画成了这幅作品。此作也是一件以裸体塑造形象的佳作。

丙子重陽節返故乡于灕江
見一舟子壮健為平生罕遇
真Heracles也若之歲初試未定之
幅必將集精力寫之 悲鴻

群牛

纸本设色
95cm × 178cm　1931 年
徐悲鸿纪念馆藏

题款：
满眼平芜绿。穿径新禾香。耕牛赖雨顺。举室游相将。辛未盛夏。薄游南昌。行于江上。见此画景。顿觉升平气象。顾神州正切陆沉之祸。所谓平芜新禾。仅高岸利耳。非真福也。欲作大幅。奈旅中无法挥写自如。三月秋亦垂尽。而东北又起倭寇之警。中原骚然。危亡益亟。意兴都无。复虑幻象且失辄。振笔追记之。呜呼。太平岂容希冀。倘索诸吾指端者。聊可力致耳。终恨画饼之不能充饥也。不然者。吾自入画为牧童。意良足矣。噫嘻。悲鸿写记于宁之应毋庸议斋。
静文爱妻保存。

钤印：
悲鸿之印（白文方印）
天地无全功（白文长方印）

村歌

纸本设色
77cm × 132cm　1936—1937 年
徐悲鸿纪念馆藏

题款：
广西谓人曰公哉。谓小儿曰玩哉。福州人谓牛曰午。一头牛曰束劳午。傥有好事之徒。用中国五色话写成一诗。必光怪陆离。骇人听闻。过于郿垂万万。惜未之有也。丙子岁阑桂林遣兴。悲鸿。

钤印：
徐（白文方印）
悲鸿（白文方印）
聊以自娱（白文方印）

艺术是与生活的表现有关联的，研究艺术不能离开生活不管，从古昔到现在我国画家都忽略了表现生活的描写，只专注意山水、人物、鸟兽、花卉等，抽象理想，或摹仿古人的作品，只是专讲唯美主义。

艺术最重要的原质是美，可是不能单独讲求美而忽略了真和善。

——《对中国近代艺术的意见》，
据香港《工商日报》，1937 年 5 月 12 日

巴人汲水

纸本设色
294cm × 63cm　1937 年
徐悲鸿纪念馆藏

题款：
忍看巴人惯担挑。汲登百丈路迢迢。盘中粒粒皆辛苦。
辛苦还添血汗熬。
廿六年冬。随中央大学入蜀。即写所见。悲鸿。
静文爱妻保存。

钤印：
徐（朱文圆印）
悲鸿（朱文方印）

“廿六年冬”即 1937 年，这一年徐悲鸿随中央大学由南京到重庆，看到山城人民挑水爬梯的生活图景，深感劳动人民的艰辛，于是创作了这幅《巴人汲水》。这幅作品作于课堂上，是为学生示范时所画。

在 1937 年冬至 1938 年夏的大约半年的时间里，徐悲鸿创作了三幅以现实生活为题材的作品，分别为《巴人汲水》《贫妇》《洗衣》。

贫妇

纸本设色
102cm × 62cm　1938 年
徐悲鸿纪念馆藏

题款：
丁丑除夕为巴之贫妇写照。悲鸿。
静文爱妻保存。

钤印：
东海王孙（白文长方印）
生于忧患（朱文方印）

1937 年“七七事变”后，全面抗战爆发。徐悲鸿于 10 月赴重庆中央大学授课。1938 年 1 月 30 日，即旧历除夕，徐悲鸿外出见一老妪负着背兜拾荒，深受感触，遂作此画。

洗衣

纸本设色
60cm × 52cm　1938 年
徐悲鸿纪念馆藏

题款：
临清流而洗衣。较赋诗为更雅。悲鸿作于渝州。廿七年夏。

钤印：
江南布衣（朱文方印）
始知真放在精微（白文方印）
南格劳之（朱文方印）

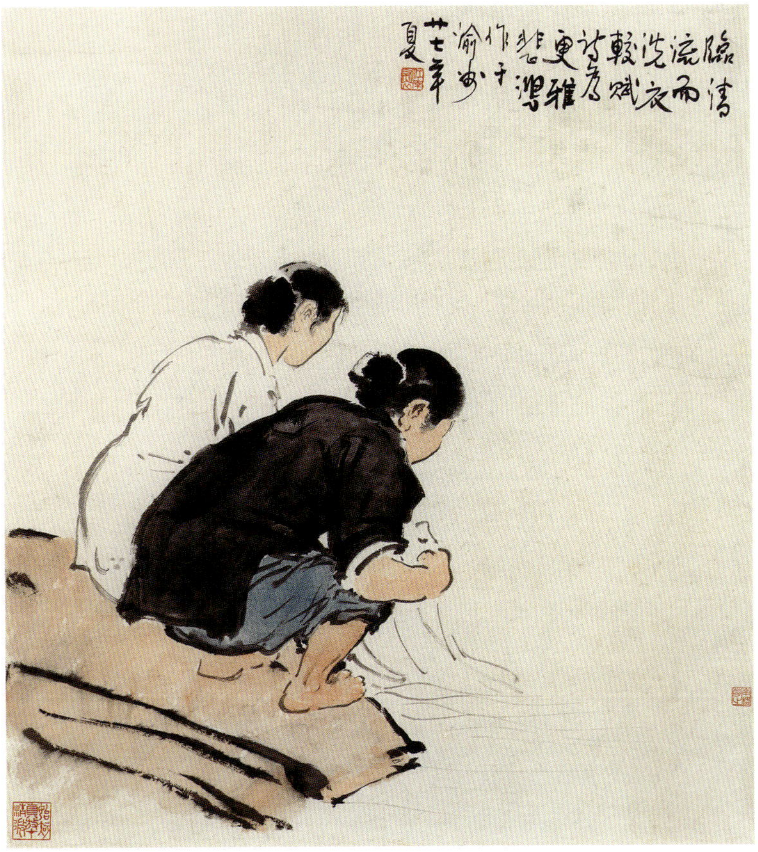

红梅

纸本设色
113cm × 73cm　1936 年
徐悲鸿纪念馆藏

题款：
我向梅溪溪上家。十年万里客天涯。自伤春色偏惊眼。
梦寐犹应见此花。
故园有红梅数株。不识此生将几度见之。作此慨然。丙
子始寒。悲鸿居桂林。

钤印：
悲鸿（朱文长方印）

逆风

纸本设色
101cm × 83cm 1936 年
徐悲鸿纪念馆藏

题款：
逆风。丙子大暑游龙州遣兴。悲鸿。
静文爱妻保存。

钤印：
东海王孙（白文长方印）

该作品创作于 1936 年 7 月 23 日，徐悲鸿时年 42 岁。创作这幅作品时，徐悲鸿身在广西，正值两广爆发要求抗日的“六一运动”，震动全国，形势剑拔弩张，许多人纷纷逃离，而徐悲鸿却决意留下支持抗日。

画中六只小麻雀逆风而飞，寓意不怕风险，奋起疾飞的爱国精神。

晨曲

纸本设色
82cm × 99cm 1936 年
徐悲鸿纪念馆藏

题款：
晨曲。丙子。春不至。悲鸿。

钤印：
悲（白文心形印）

1935 年，中日签订《何梅协定》，国民党政府放弃华北主权，采取消极抗日政策，使得日本侵华步伐大大加快。国难当头，徐悲鸿画下这幅作品，并自题：“丙子，春不至”，正是对国内动荡不安的时局之暗指。

风雨鸡鸣

纸本设色
132cm × 76cm　1937 年
徐悲鸿纪念馆藏

题款：
风雨如晦。鸡鸣不已。既见君子。云胡不喜。
丁丑始春。悲鸿怀人之作。桂林。
静文爱妻存之。

钤印：
悲鸿之印（白文方印）
生于忧患（文方印）

靜文愛妻存之
風雨如晦鷄鳴不已既見
君子云胡不喜 丁丑始春
悲鴻懷人之作 桂林

万古云霄一羽毛

——新近发现新加坡藏徐悲鸿小幅作品之介绍与初探

文／邓锋（中国美术馆副研究馆员）

说来也是机缘，我去年到新加坡出差，在极为偶然的情况下看到一批徐悲鸿作品，初见非常惊讶，在难以置信中又震惊于其艺术水准，因为如此精微之作几乎完全跳脱出我们常见的徐先生作品尺幅状貌。后来这批作品也经过徐庆平先生的目鉴和肯定，此次又得到了中央美院美术馆借展，故有机会展示出来。我想，在“悲鸿生命”这样一个综合而全面的大展中，在悲鸿先生诸多巨作力著之外，尚能观赏到如此精微有趣的小品，不仅能够给观者带来不同的视觉感受，或许还可以让大家由直观反差进一步思考悲鸿先生力倡“尽精致广”的深意所在。

由于这批作品几乎都创作于徐悲鸿的“南洋时期”，故我们先简要回顾这一时期及其研究状况。

华天雪《一段清晰又朦胧的历史：徐悲鸿在星马》一文说道：“就目前所发现的材料，在徐悲鸿的一生中，三个海外时期的谜团最多：1917 年 5 至 11 月游学日本时期，1919 至 1927 年游学欧洲时期，以及断断续续加起来三年多的南洋南亚时期（其中 1939 年 11 月至 1940 年 12 月应邀赴印度，其余两年多在星马）……尤其后一个时期，徐悲鸿学已有成，被视作名家大师迎接和景仰，他在艺术上已跨过成长期，从吸纳者变成给予者。”显然，“南洋时期”在徐悲鸿的整个艺术生涯中占有极为重要的位置。他不仅先后七次到过新加坡，结交当地的华侨领袖、政商高层、文艺精英，获得艺术赞助和支持，又反哺推动当地美术事业的发展。在那里，他获得了身心的调整，在相对舒适且安宁的创作状态中，他不断锤炼和完善自己的艺术实践，尤其是水墨动物题材绘画在写实观念与写意笔墨之间达到高度匹配和成熟。

严格来说，目前对悲鸿先生“南洋时期”的研究非常不够，确是“清晰而朦胧”，有其事而未能究其原委和细节。这首要原因便是文献资料的缺乏，其次便是“存画”之谜。目前能看到这一时期研究的主要相关书目有黄淑芬《黄曼士纪念文集》（南洋学会，1976 年）、王震和杨作清《徐悲鸿在南洋》（新疆人民出版社，1992 年）、《徐悲鸿旅居南洋作品展》（新加坡国家文物局，1998 年）、欧阳兴义《悲鸿在星洲》（新加坡艺术工作室，1999 年）、《徐悲鸿在南洋》（新加坡美术馆 2008 年展览画册），以及其他收藏画册，如《香雪庄珍藏》、《袖海楼藏画选》、《悲鸿扇面》（留鸿楼藏）等。据我之见，新加坡美术馆所出《徐悲鸿在南洋》及欧阳兴义《悲鸿在星洲》两书参考价值甚大。后者从 80 年代就开始以寻访当事人的方式汇集了大量口述材料，在主要勾勒悲鸿于 1939—1941 年在南洋和印度的大致行程中也呈现出许多生动的细节，可谓填补了这一研究空白，但文学化的记述和口述材料仍需大量挖掘可靠文献及作品进行比较实证。比如悲鸿遗存星洲作品到底有多少，或言超过徐悲鸿纪念馆的 1 200 件（其初估悲鸿画展售出大概在 400—500 件，赠黄孟圭、黄曼士兄弟 200—300 件，准备赴美展览创作有 300 多件），或言数以千计。若再考虑到悲鸿带往新加坡而未能带回的作品（如罗弄泉枯井藏画、愚趣园藏画、江夏堂藏画等，后虽于 1949 年由悲鸿先生学生陈晓南带回数箱，但具体数量多少至今未能明晰），可能相当长的时间里我们都无法得出一个相对确定的数目。谈到这里，我们自然也会联想到近些年来在拍卖市场上频繁出现的“悲鸿南洋遗珍”，如《珍妮小姐画像》、《愚公移山》（油画稿）、《喜马拉雅山全景》、《六朝人诗意》等，还有难以计数的各类水墨动物画，均言源出南洋，甚至出现了专门汇集悲鸿先生南洋时期创作的《悲鸿遗韵》成套画册。对此，看似涌现出不少新材料，但我们也要看到出于“挖宝”获利的驱动，这一市场往往真伪混杂、良莠不齐，需要在研究使用时深思细辨。

回过头来，在此要介绍的这批小幅作品也为新加坡私藏，也有“挖宝”之嫌。不过，既有徐庆平先生亲鉴，也承“悲鸿生命”一展公之于众，供学界考量研究。固不揣浅陋，先行介绍，并作初步探讨，请各位研究专家指正。

先来看展览中的《十二生肖》，为十二幅单页，每页10.5cm × 11.8cm，

（上）徐悲鸿为蒋碧微所画《十二生肖》
33cm × 35cm × 12 / 1945 年

（下）徐悲鸿为张蒨英所画《十二生肖》
28cm × 37cm × 12 / 1945 年

其中十一页单署“悲鸿”款，一页署“廿八年秋，悲鸿”，可知作画年代为1939年。钤印有“悲鸿”（朱文长方印五次）、“徐”（朱文圆印六次）、“东海王孙”（白文长方印一次）。从年款和尺寸来看，此套作品应是目前已知悲鸿先生所画三套《十二生肖》中最早、最小的一套，在此简称为“新本”。那么，此套的艺术水准如何？与拍卖中出现的另两套相比有何异同？一套为1945年因与蒋碧微离婚所画，简称“蒋本”；一套为1946年送张蒨英游欧所画，简称“张本”。此两套相关介绍较多，在此不赘。有研究者指出，“蒋本”情绪相对沉闷，“各个动物缺乏‘精气神’，整个册页没有一丝喜气”，其内在原因在于“为离婚而作”，“他的感情之复杂，恐怕不是‘悲喜交加’所能够形容的”；而“张本”在造型上则相对放松、笔墨也较为活泼。由于篇幅关系，不在此就三本每页做详细比对。但整体而言，我认为作为目前最早的本子，“新本”整体上没有显见的“表情”状态，而是呈现出相对更为严谨和客观的研究感，即造型的精准与笔墨的精微相得益彰、高度匹配。这或许与最早尝试十二生肖题材有关，再加之用纸及尺幅与另两本大不相同，纸厚而糙，渗水性弱，白粉敷染的特点鲜明，尺寸又小，故格外细致小心，但笔墨、施色也并不板滞，呈现出精能而又适惬的视觉观感。值得注意的是，“新本”与“蒋本”间有着内在紧密的承续渊源，除猴与羊的姿态一正一侧、蛇的绞转略有不同外（“新本”画蛇缠枝是顺势而曲，“蒋本”则是逆势而为，显得较为牵强），其他各页在造型及角度上都高度相似，只是由于纸墨生发关系不同而有微妙的质感差异。另据新加坡藏家说，“新本”所画狗应是写生取自新加坡本地土狗，瘦长而警觉，其后的“蒋本”显然延续了这一图稿样式。我们是否可以说，从目前的发现来看，“新本”可作为“蒋本”的母稿，是悲鸿先生最早进行十二生肖题材尝试的研究性探索之作。当然，我们还可以追问，这一母本的参考图式源自哪里？同白石老人一样，悲鸿先生也是基本上要画自己看过的东西，龙显然非其所见，是否参考了晚清民国以来流行的画谱呢？比如《马骀画宝》，抑或其他。我想，十二生肖的每一个形象都还值得我们认真地去比对和查找。

接下来，我们介绍另外一批小幅作品，如《立鹫》（7.7cm × 6.5cm）、《猫石图》（10.4cm × 14.7cm）、《饮马》（8.5cm × 5.6cm）、《侧目》（14.6cm × 10.3cm）等，题材各不相同，花果、动物、人物、书法俱有，都是悲鸿先生书画的典型题材。特别有意思的是书法《〈论语〉节录》（23.2cm × 15.1cm）一幅，左上角还画有一只展翅的小麻雀，大小仅在两三厘米，但却有形有笔，栩栩如生，极有趣味；另一幅《雪松》（15.3cm × 10.1cm）画法颇为少见，以西画视角取一片松树，满布画纸，枝干与松针穿插层叠，浓淡层次极为细腻，尤其是以白粉勾点雪意，黑白互衬互融，显得沉厚古雅。从署款年代来看，此批小画也主要作于 1939 至 1941 年，其中《猫石图》还题到“辛巳中秋，将有美洲之行”，与悲鸿先生与林语堂书信往来所谈赴美行程相吻合；从钤印来看，主要是“徐”（朱文圆印）、“悲鸿”（朱文长方印）、“鸿爪”（朱文圆印）三枚；从画幅尺寸和纸质材料来看，有数张尺幅几乎一致（均在 15cm × 10cm 左右），所用纸张也相同，不是常见的宣纸，而是接近于水彩或素描纸，其中另有两张应是淡绿灰与淡黄灰色纸，因而见笔中渗化感不强，色墨层积处颇有水彩意味，但形感极好，细节处理精到而含蓄。

徐悲鸿《饮马》
8.5cm × 5.6cm
新加坡私人藏

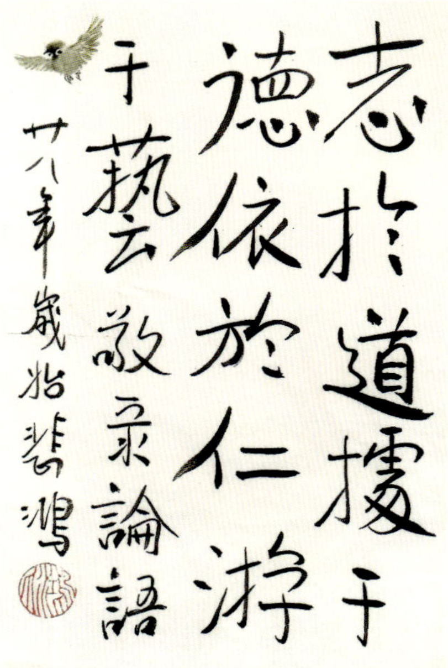

徐悲鸿书法《〈论语〉节录》
23.2cm × 15.1cm / 1939 年
新加坡私人藏

徐悲鸿《立鹫》
7.7cm × 6.5cm
新加坡私人藏

徐悲鸿《猫石图》
10.4cm × 14.7cm / 1941 年
新加坡私人藏

《立马》是“悲鸿生命”展览中最小的一幅，仅有 3.1cm × 3.1cm，如邮票般大小，所钤“徐”印几乎比整匹马还大，但马的立姿、形态、结构以及笔墨的情状，丝毫没有含糊和苟且，形神毕现，展览中专门配置了放大镜，大家可以反复窥察。这让人不禁想起此前北京画院举办的齐白石展览，工细草虫一类作品也专配放大镜，方便大家一探精微。那么，悲鸿先生这一作画方式是否受到白石老人的启发呢？可能还需要深入研究。徐先生尺幅较大的中国画作品有《愚公

徐悲鸿《雪松》
15.3cm × 10.1cm
新加坡私人藏

移山》（144cm × 421cm）、《巴人汲水》（294cm × 63cm）、《船夫》（141cm × 364cm）等，若按照《愚公移山》的尺幅，则是小幅《立马》的6 736倍。在一个画家的创作中出现这样的尺幅悬殊确属少见。

那么，上述谈到的这些小幅作品是否为孤例？到底还有多少？来源何处？在悲鸿先生的整个创作中占到怎样的比重？他为什么创作如此小型的作品？这些作品是否承载着某种特定的功能？透过这些作品，我们又能获得对徐先生怎么不一样的认识……这些问题接连而来。在此，仅就目前所了解进行初步的介绍和探讨。

我曾询问过徐悲鸿纪念馆，该馆并无这样的小幅作品收藏。通过翻查和阅读相关画册、资料，云南省博物馆藏有一套《书画册》（二十四页，每页26.3cm × 33cm），据题款可知创作于1940年，每页具体时间不同，有在印度圣地尼克坦和国际大学所作，也有星洲（新加坡）所作。这套册页每页都在一平尺以内，较为接近前述小幅作品的尺寸，创作阶段也大致相同。另在留鸿楼珍藏《悲鸿扇面》（2013年印制）的扉页上，刊登了十余张大小各异的作品，就款印与画幅比例可以推测这些作品的实际尺寸，应都在十来厘米到二十厘米之间，且纸质材料感觉也与前述小作多有相似，应属同类型小幅作品。该画册由廖静文先生题签、作序，主要收录了118件扇面作品，大部分都题有上款，包括黄曼士、韩槐准、林学大、张汝器、陈宗瑞、马骏，以及心在、汉君、志竹、邦珍、致逢、致遂、达琚、载坤、冠天、山对等先生，初步核查，都是悲鸿先生在南洋尤其是新加坡期间与其来往密切的友人。廖静文先生在序言中写道：“悲鸿一生极少画扇面，但他的好友黄曼士先生爱好扇面，并将居所名为‘百扇斋’，悲鸿为他画过不少扇面。”另悲鸿为黄曼士题“百扇斋”云：“曼士聚扇，不厌其多，言百者，举成数也。”（据欧阳兴义《悲鸿在星洲》及南洋学会《黄曼士纪念文集》黄葆芳著文介绍，黄曼士藏扇在三百枝以上）而由此画册藏扇来看，悲鸿不仅为黄曼士画扇、赠扇，还同样多为其他友人创作。扇画尺幅都不大，且形制独特，悲鸿先生在应命创作时，是否为之反复琢磨，要做许多小画练习和尝试呢？从我目前所见小画和扇画在题材、手法上的关系来看，可能有着某种内在的联系。俟后再进行深入比对研究。

更有意思的是，在《悲鸿扇面》中有一幅题赠韩槐准的作品，上钤“奇光珍藏”（朱文方印），而在笔者新近所见新加坡私藏徐悲鸿小幅作品中，也有一幅《竹雀》上钤同一枚收藏印，另据藏家介绍，其所收藏的这批小作都来自韩奇光弟子。那么，韩奇光又是何人？他在这批小作的流传、聚散中起到了什么样的作用？

据新加坡藏家提供的资料显示：韩奇光，韩槐准之侄，生年不详，卒于 1990 年。童年随叔父到新加坡。既精书画鉴赏，又研岐黄医术。抗日战争期间，由于星马等地陷落，其皈依佛教，法号法因，又号诗雨、白光等。在修习佛法同时，醉心于书画。先后结识于右任、徐悲鸿、刘海粟、赵少昂、关山月、唐云、程十发等诸多画坛名家。去世后，由于无后嗣，诸多藏品由其学生弟子陆续散出（据新加坡收藏界人士言，其所藏书画达数十箱）。韩奇光自己也偶作书画，基本还是文人居士的游戏笔墨。近年来拍卖市场上出现了数件题有其上款的书画作品，包括唐云、丰子恺、于右任等所赠，以及黄曼士转赠自己所藏。

徐悲鸿《立马》
3.1cm × 3.1cm
新加坡私人藏

留鸿楼藏《悲鸿扇面》扉页小画

徐悲鸿为黄曼士题“百扇斋”

虽然零星资料并无法清晰呈现韩奇光的收藏状况和面貌，目前也无法知晓悲鸿先生的这批小作是如何在新加坡诸收藏者之间流转、聚散，但韩奇光无疑是其中一位极为重要的中间人物。因留鸿楼珍藏《悲鸿扇面》及笔者所见上百件小幅作品都与其紧密相关，总数近三百件，何况还有多少未知呢？这听起来或许像极了一个传奇故事，但历史上的不少遗珍往往都是以这样令人惊讶和偶然的方式浮现。确如前面所言，悲鸿先生的“南洋时期”清晰而朦胧，从具体作品出发，从韩奇光这样的收藏流转线索出发，期待越来越清晰。

在对这批小画的来源和数量有了初步了解后，我们再回过头来审视作品的整体状况（由于研究正在进行，在此不能就笔者所见一百余幅作品逐一细致分析，只能以点带面，先介绍整体状况，以后有机会再做深入专题研究），包括题材、年代、材料、款印、创作风格等。当然这些方面也很难面面俱到。可以将其视为进一步鉴定作品的补充说明，也利于将其作为一个类型整体来尝试探讨其在悲鸿先生整个创作中的重要性。

就初步整理来看，这批作品题材可分为飞禽、走兽、植物花卉、风景、人物、书法数类，尤以动物题材为主，囊括鹰、鹫、狮、马、牛、麻雀、喜鹊、鸡、鹅、鸭、水鸟、鹤、鸽等常见的典型题材。目前所见最早创作于1934年，最晚为1948年，主要集中于1938—1941年。画作材料较为多样，除少量宣纸外，不少作品是以高丽纸、皮纸，甚至是册页纸作为画材，另有部分作品采用了素描纸或水彩纸（包括色纸）。这样的用纸习惯既与悲鸿先生传世画作相符，也在后人回忆记文中多有提及，如康寿山《痛忆悲鸿师》：“他作画或写字都爱用高丽纸或本地皮纸，说这种纸坚实受墨。”徐庆平《得物象之蕴秘，传黑白之和声》记：“纸张上，他常用灰色的Ingres牌素描纸，在高光部略施白粉，使画面精彩处挺起，从而大大加强了黑白灰的效果，与此同时还巧妙地利用纸底省去了一个灰色层次，最大限度地收言简意赅之效。这种画法既包含着他自幼承继的中国画的审美，又得益于他求学时的环境。”值得强调的是，此次展出的《饮马》与《立鹫》两幅就是用这样的有色素描纸。此类纸张应为20世纪初法国Canson纸厂所生产，分A/B两面，A面呈略凸颗粒状，B面相对平滑，在悲鸿先生的素描作品中常见使用。据笔者手触目测，《饮马》《立鹫》两作均是用此类纸张B面所绘。更有意思的是，在整张纸的边角，常有隐压的法文字母暗纹。经透光审视，笔者在这批小画中发现两件作品均有这样的暗纹，与《徯我后》素描作品之暗纹可相资参证。

由于款印的取样比较颇为复杂，在此仅选取“徐”“东海王孙”“鸿爪”“悲鸿”四枚钤印，选取徐悲鸿纪念馆所藏同一时期、同一印文进行比对，并标注原印尺寸，供有兴趣深入研究的同人进一步展开。

相信通过这样较为宏观的介绍，加之大家对原作本身的详审细察，一定能够感受到这批小画的魅力——“始知真放在精微”（悲鸿先生有此印文）。在我看来，小画难作，因难以尽情施展，尤其像悲鸿先生

透光可见《立鹫》作品
用纸上的法文暗纹

融写实造型与写意笔墨为一体的创作方式，既要照顾形的精准，又要考虑笔墨挥洒的妥帖与松动，实为更难。整体而言，这批小画一方面在方寸中见精微，小而不失其壮，充溢着大画的宏阔之气，可谓是悲鸿先生尽精致广、小中见大的生动画例；另一方面，虽自谓“戏写”“漫写”“遣兴”，反倒可能脱去宏大主题和巨幅作品可能出现的空泛和长期经营的板结，笔墨意味更为轻松，无论是画题还是画面趣味都更能体现悲鸿先生鲜活的个人性情，以及在“南洋时期”的创作心境。不少研究者就曾指出，“南洋时期”是徐先生整个艺术人生中最为惬意的一段时间，一方面远离了国内的战乱，另一方面感情生活也暂得逃避，故而能够潜心于艺术创作，深化固有画题，探索精严之形与写意表达相契相合的程式化手法（主要是在常画的典型动物题材中），并有所拓展和实验。

由左上至右下：“徐”印、“东海王孙”印、“悲鸿”印、“鸿爪”印

到底多大尺寸的作品才能被视为小画呢？这显然没有定数。虽然在悲鸿先生的日常应酬和赠答中，也偶有一平尺左右的册页之作（笔者曾翻阅张晨先生主编《艺为人生》，发现悲鸿先生在中央大学任教时，常赠予学生作品，且多为小幅。张晨先生告知，他曾目睹数张不足一尺小画），但为什么在“南洋时期”如此集中地创作了相当数量的小画？且精微到如邮票、火花般大小。是纯粹的画稿吗？但款印俱全，作品意识又很强；是纯粹的应酬或是不太满意的练笔之作吗？从艺术水准来看，又并非完全如此。作为特殊的创作形态，悲鸿先生的“南洋”小画确实值得深入研究和探讨。虽然目前未能找到明确的文字记载来说明这批作品创作的动机和功能，但根据前面的整体考察，我在此做一些大胆的推测与揣度。

第一，确有“秀才人情”、赠答之便的需求与可能。据欧阳兴义《悲鸿在星洲》当中记载，当时很多人问徐先生要画，徐先生就说，既然别人向你要，你出于自己的手上，何不成人之美呢？而从悲鸿先生善于交往、为人慷慨的个人性格来看，与友朋之间的赠送确如家常便饭。又据郭鹤年先生回忆：“大约在 1939 年，那时我 16 岁，我在黄曼士先生的家里第一次遇见徐悲鸿先生。……记得有一次，我把小小的纪念册子拿给徐悲鸿先生，请他画一只马给我。小册子只有三寸半长，五寸阔。黄曼士伯父还取笑我，说徐先生怎么会在我的小本子上画。谁知饭后徐先生就跟我拿了那本纪念册到楼上去。我匆匆吃过饭就往楼上跑，原来，徐先生真的用水墨在我的纪念册上画了一只马。”此外，悲鸿先生以裱画剩下的纸边为年仅 14 岁的姚义夷写字，随手拿红纸为槟城南国旅社庄家训题诗等，这样的逸事与遗作甚多。而从《悲鸿画扇》上的款印来看，俱是悲鸿先生在南洋所交好友，故应其所请，多赠用心之作。从个别作品题款来看，应是先画后题，应其所需，择其所好。因而，这批小画极有可能是在“南洋”时期日常拣选保存下来的作品，由于尺幅小，趣味足，具有赠人之便，可随时备选。

第二，从用纸的多样性来看，此批小画看起来似乎是受材料缺乏所限，但也体现出悲鸿先生善用材料、勤俭节约的作画习惯。康寿山《痛忆悲鸿师》记：“老师作画时计划性很强，不仅表现在画法上，即用色、用纸、用时间亦是如此，作油画或国画时，根据画幅大小、时间长短、色调冷暖，挤出所需颜色的多寡。当画完成时，调色板或调色盘中的颜色，砚池中的墨水，恰巧用光，几乎无须洗、刮；裁下来的纸边，也要充分利用。我藏有一张月夜图和一便笺，就是老师利用纸边的明证。他认为，举凡纸笔墨颜色，无一不是许多人辛苦劳动创造出来的，决不容许些许浪费。”这一习惯在不少学生的回忆中均曾谈及。而在 20 世纪 30 年代的新加坡及南洋，宣纸宝贵，裱画难寻，故有悲鸿先生从国内托运空白画轴之举，才有利用西洋纸张及各种材料作水墨画、利用边角材料作小幅作品的创作新举措。

第三，从悲鸿先生水墨动物画的创作发展阶段来看，这批小画又具有反复锤炼，达至心手相应，以备大画创作参考的图稿意味。悲鸿先生极为勤奋，曾言“懒惰乃索价甚高之贵品，不可随意取得，因一旦到期，清付时必然偿还不起”。其居新加坡江夏堂期间，每日四五点钟便起床开始作画，直至把所备颜色、墨全部用完；晚上也常乘兴在半夜三更起床挥笔。其创作基本方法是在大量写生、

（左）徐悲鸿《侧目》（狮子与蛇）
104cm × 63cm / 1938 年
新加坡亚洲文明博物馆藏

（右）徐悲鸿《侧目》（狮子与蛇）
14.6cm × 10.3cm / 1941 年
新加坡私人藏

速写、默写的基础上推进，既有数量上的强调，也有练习时间连续性的要求。李桦在《忆念徐悲鸿先生》一文中曾说："（徐悲鸿）除掌握正确的画法外，还必须反复练习"；冯法祀在《我的老师徐悲鸿》一文中也提到徐先生要求经常进行小品创作练习。因而，这批小画既是图稿，也属小品创作，既是悲鸿先生整个艺术创作阶段中的重要环节，也具有独立的审美价值。

第四，针对一些成功图式和经典题材，悲鸿先生也以小画的方式反复推敲。试举一例，目前所见悲鸿先生《侧目》（也称《狮子与蛇》）一画有 1938 年长夏所作（104cm × 63cm，陈之初旧藏，现为新加坡亚洲文明博物馆藏），也有 1939 年夏日再写于星洲，自称"殊不称意"（111cm × 109cm，徐悲鸿纪念馆藏，见本书 94 页），而新近发现的这批小画中也有一张同类题材（尺寸仅 14.6cm × 10.3cm，也为色纸，与前述几张小幅作品尺幅相似），作于 1941 年 7 月。三张比较之下，1938 年所作重用笔，较为简括生辣；1939 年本则尺幅较大，狮身比例拉长，盘曲之蛇施墨略显浮涨，山石上色墨敷染也更多；而 1941 年本画幅虽小，但在纵向构图中却注重整体情境营造，后衬染远山，近处山坡以色墨浑融的水彩办法处理，更凸显狮身体块之雄健，整幅作品的冲突性张力极强，可谓画小境大。笔者认为，从某种程度而言，1941 年所作小幅相对最为精彩。在悲鸿先生的作品中，经典题材的相似构图有不少，这批小画可成为我们参照比较的重要材料和依据。从中，我们既可进一步甄别孰先孰后，辨析某类题材的源起，又可从形体结构的调整、笔墨语言的细微改动以及画面整体感觉的差异等深入研究悲鸿先生的艺匠处理和创作过程，借此也可丰富我们对于其作品发展变化的感性认知经验，提高真伪鉴别能力。而这也让我想起白石老人的"一图多貌"（即同一题材有数十张之多的反复推敲之作，最终形成较为程式和固定的图式——笔墨结构），悲鸿先生显然也有这一特点，只不过从目前的研究来看，关注并深入者并不多。

第五，也许正是由于利用边角材料，尺幅又小，随手拈来，没有承载太多的功能和目的，这些小作反而更能明心见性，更能大胆地实验、拓展，更能体现悲鸿先生的个人才情和日常心境。我曾在这批小作中见到一幅《天马行空》，神骏四蹄凌空，背景全以淡墨与花青混染，确有天马踏云、神意飞扬的气势。在悲鸿先生的大作中，我们何曾见到画底全染之状呢？包括《雪松》《饮马》等作，想必也会让观者耳目一新、有所震惊。

当然，以上所感仅是个人的粗浅看法，虽谈涉多个方面，但均需更严谨地考证。此外，这批小画的创作一方面可能兼具多种动机和功能，不易分而论之，另一方面个别作品又具鲜明特质，应予着重研究。在此庞杂而谈，既是希望能够提示此后研究可能涉及的多个角度，也是借整批小幅作品引发研究者对于悲鸿先生"南洋"时期的关注。比如如何通过这批小画逐渐梳理悲鸿先生在新加坡及南洋时期的旅居行程和交往人群；如何通过小画的艺术感染力"以心会心"地感受其旅新期间的思想状态和创作心境，发现不太一样的悲鸿先生；如何在小画和大作之间通过图像的比较建立起清晰可感的视觉认知，更为清晰地分题材、分阶段研究悲鸿先生艺术创作的动态过程；如何通过这些研究，真正理解其艺术思想，等等。

最后我想用悲鸿先生一套特别有意思的作品来结束。成都武侯祠悬挂有“万古云霄一羽毛”横匾，应是 1943 年左右其旅居成都时所题。此句出自杜甫《咏怀古迹五首》之五，表达杜甫对诸葛亮的赞誉。以羽毛比喻人的声望，从一羽即可窥见一斑——诸葛亮的名望高入云天、垂范万古。而在新近发现的这批小作中，便有与此题相合的一套书画。《鸿羽》（5.5cm × 17.3cm，钤“八十七神仙同居”朱文方印）以水彩手法绘一根洁白的羽毛，在淡绿灰底上用白粉丝丝勾勒，工细精微，再以深黑墨色相衬，稍染投影，极为雅逸；另有“万古云霄一羽毛”书法墨迹四件（尺寸分别为 28cm × 16.8cm、10.6cm × 1.2cm、6.3cm × 2.8cm、13.9cm × 10.4cm，其中一件年款为“廿七年夏”，即 1938 年），纸质各不相同，体势虽略有差异，但显然出自同一手笔。悲鸿先生反复书写这一诗句，并配以如此精彩绝伦的画作，背后到底有何感思？在此不拟深究。1942 年，国民党元老续范亭先生也曾以此句入诗，写成《赠毛主席》一首，诗云：“领袖群伦不自高，静如处子动英豪。先生品质难为喻，万古云霄一羽毛。”我想，转借此诗用来纪念悲鸿先生，或许也是再恰当不过。

（本选题的研究得到徐悲鸿家属及新加坡私人藏家的大力支持，特此鸣谢。）

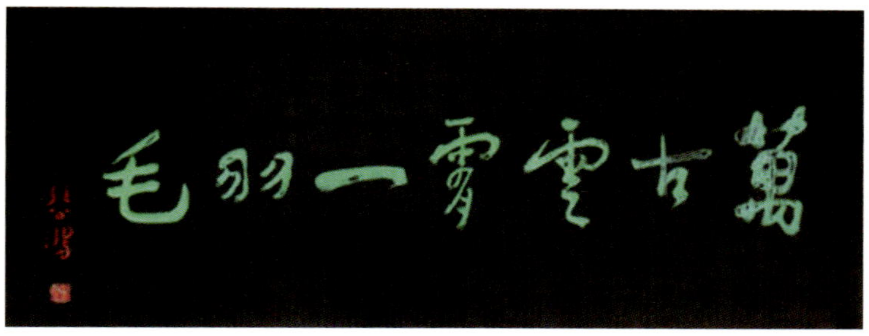

成都武侯祠悬挂徐悲鸿所题横匾

徐悲鸿《鸿羽》
5.5cm × 17.3cm
新加坡私人藏

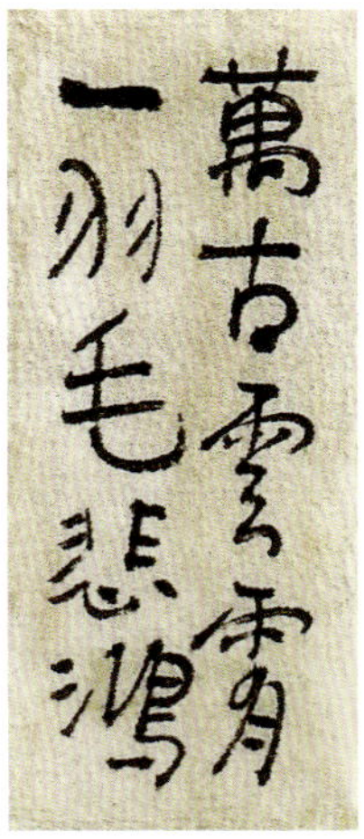

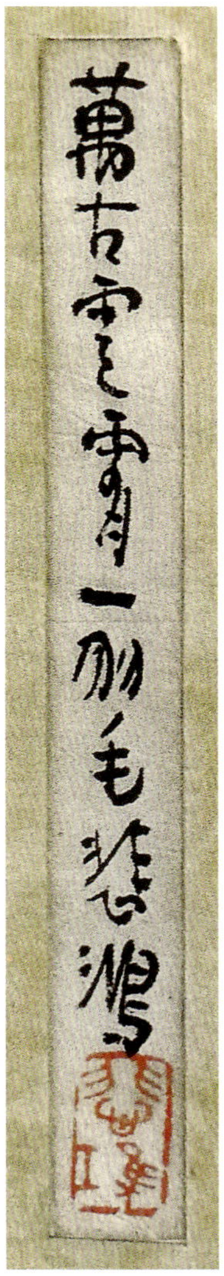

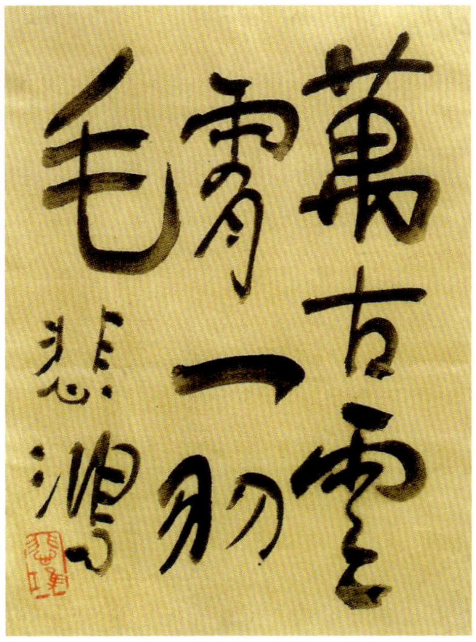

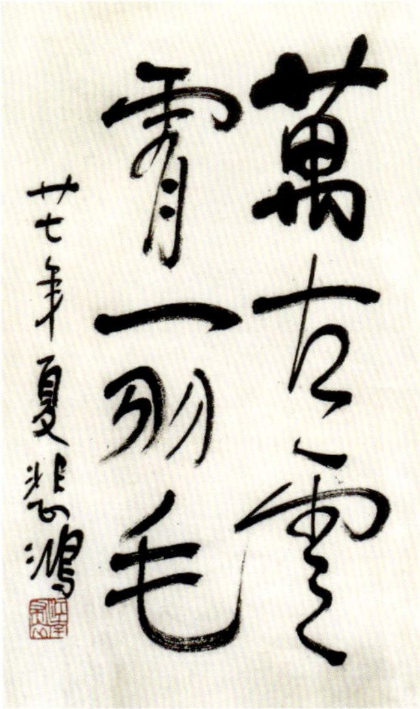

徐悲鸿书法“万古云霄一羽毛”
（左）13.9cm × 10.4cm
新加坡私人藏
（中上）6.3cm × 2.8cm
新加坡私人藏
（中下）28cm × 16.8cm
新加坡私人藏
（右）10.6cm × 1.2cm
新加坡私人藏

十二生肖

纸本设色
10.5cm × 11.2cm × 12　1939 年
新加坡私人收藏

题款：悲鸿。
钤印：悲鸿（朱文长方印）

题款：悲鸿。
钤印：徐（朱文圆印）

题款：悲鸿。
钤印：悲鸿（朱文长方印）

题款：悲鸿。
钤印：悲鸿（朱文长方印）

题款：悲鸿。
钤印：悲鸿（朱文长方印）

题款：悲鸿。
钤印：徐（朱文圆印）

题款：悲鸿。
铃印：徐（朱文圆印）

题款：廿八年秋。悲鸿。
铃印：徐（朱文圆印）

题款：悲鸿。
铃印：徐（朱文圆印）

题款：悲鸿。
铃印：徐（朱文圆印）

题款：悲鸿。
铃印：悲鸿（朱文长方印）

题款：悲鸿。
铃印：东海王孙（白文长方印）

侧目

纸本设色
109cm × 111cm　1939 年
徐悲鸿纪念馆藏

题款：
廿八年夏日再写。殊不称意。时客星洲。悲鸿。

钤印：
悲鸿（朱文方印）

此画绘于徐悲鸿在新加坡为抗战筹款之时，画家把毒蛇喻为挑衅者，瘦狮象征中华民族。

所谓国画，并不是叫你去摹古，我主张保留旧形式，必须参入新精神，用新形式表现，也须显出旧精神。国画的六法等等，当然要保存，可是应用新的精神去发扬光大。

画面上的美感和灵感，当然要由作者深刻的观察，落之于笔才会产生，一幅作品，至少能反映一些时代的精神。

——《国画与临摹——在新加坡“徐悲鸿教授作品展览会”上的讲话》，
原载新加坡《星洲日报》，1939 年 3 月 15 日、16 日

（上）1939 年，新加坡胡载坤医生在家中宴请徐悲鸿。左起：1 刘抗 2 何光耀 3 徐悲鸿 4 张汝器 5 胡载坤夫人；右起：1 黄曼士 2 黄葆芳 3 徐君濂 4 胡载坤（徐君濂先生供稿）

（下）1939 年 11 月，徐悲鸿在新加坡与华人画家们在一起

廿八年夏日再寫

斗鹰

纸本墨笔
155cm × 82cm　1939 年
徐悲鸿纪念馆藏

题款：
秋。悲鸿客星洲。
静文爱妻保存。

钤印：
东海王孙（白文长方印）

灵鹫

纸本设色
121cm × 92cm　1942 年
徐悲鸿纪念馆藏

题款：
悲鸿。壬午。静文爱妻存。

钤印：
悲（白文心形印）

1942 年，徐悲鸿在昆明见到了令他赞叹的“天下第一美鹫”，当即作了多幅炭笔、铅笔和水墨速写，其中既有鹫的全侧面，也有正面和半侧面，还有对鹫头、颈、爪等局部的专门研究，并在此基础上进一步创作了这幅国画，也是徐悲鸿以禽鸟为题材的一张代表作。

（左上）鹫
纸本素描 / 12.2cm × 17.5cm / 1942 年
徐悲鸿纪念馆藏

（右上）鹫
纸本素描 / 19.7cm × 25.5cm / 1942 年
徐悲鸿纪念馆藏

（左下）鹫
纸本素描 / 12.1cm × 17.6cm / 1942 年
徐悲鸿纪念馆藏

（右下）鹫
纸本素描 / 18.5cm × 24.8cm / 1942 年
徐悲鸿纪念馆藏

泰戈尔像

纸本设色
51cm×50cm　1940 年

钤印：
悲鸿（朱文长方印）

1939 年，徐悲鸿抵印度，随后分别在印度国际大学和加尔格达举行个人画展。印度大诗人泰戈尔看后盛赞其作品具有旨趣高奥的形象、韵律差妙的线条和独具民族风格的色彩。徐悲鸿为泰戈尔作了十余幅素描速写，并根据它们完成了中国画《泰戈尔像》，这是徐悲鸿的肖像画杰作之一。

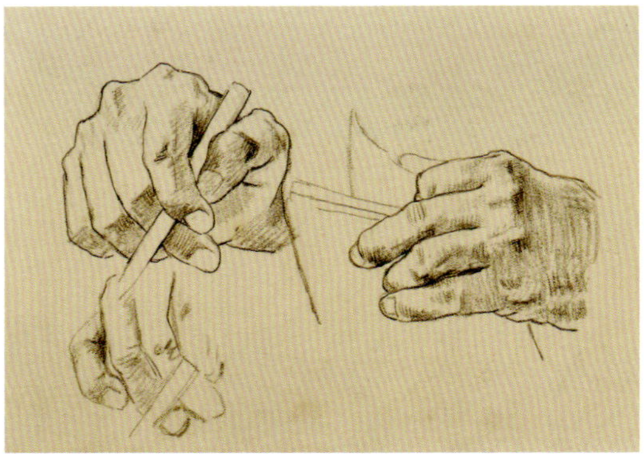

画稿
纸本素描 / 12.1cm×17.6cm / 1940 年
徐悲鸿纪念馆藏

画稿
纸本素描 / 19.5cm×25.5cm / 1940 年
徐悲鸿纪念馆藏

泰戈尔后院
纸本素描 / 19.4cm×25.5cm / 1940 年
徐悲鸿纪念馆藏

泰戈尔像
纸本素描 / 25cm×19.5cm / 1940 年
徐悲鸿纪念馆藏

喜马拉雅山之一

纸本设色
34cm × 52cm **1940** 年
徐悲鸿纪念馆藏

题款：
Kangchenjunga（干城章嘉峰）云中。
廿九年夏。悲鸿。

钤印：
悲鸿（朱文方印）

Kinchenjunga 雲中
十九年夏

愚公移山

纸本设色
144cm × 421cm　1940 年
徐悲鸿纪念馆藏

题款：
廿九年四月。大吉岭。悲鸿。

钤印：
徐悲鸿（白文方印）

《愚公移山》共有两个版本，国画先创作出来，同年又创作了尺幅更大的油画。徐悲鸿一直希望将其以大型壁画的方式呈现，可惜未能如愿。

艺术家之职责，在志于其道而已。若自欲以其道而利天下，是愚人也。但艺术之道，实足以利天下。一切学术之精神在凝固其梦而已，艺术亦然。政治者乃调整一切凝固之梦，而天下于以利比之。医药者之责在求药之精，而医则期施之至当而尽药力之用。艺术之于天下，亦犹药之一种。

——《中国美术学院筹备志感》，
原载重庆《中央日报》，1944 年 2 月 22 日

印度妇女

纸本设色
108cm × 52cm　1940 年
徐悲鸿纪念馆藏

题款：
廿九年六月。悲鸿时居大吉岭。

钤印：
东海王孙（白文长方印）

印度妇女
纸本素描 / 35.3cm × 25cm / 1940 年
徐悲鸿纪念馆藏

印度妇女
纸本素描 / 35.4cm × 25.1cm / 1940 年
徐悲鸿纪念馆藏

廿九年六月
悲鴻時居大吉嶺

静文爱妻存
伏櫪寧終古窮追破寂寥風塵動廣漠
霜草識秋高定溯河源住馮夷會見招徼
能奔走耳未死未辭勞廿八年五月
星洲客中
悲鴻

立马

纸本设色
130cm × 76cm 1939 年
徐悲鸿纪念馆藏

题款：
伏枥宁终古。穷追破寂寥。风尘动广漠。
霜草识秋高。定溯河源住。冯夷会见招。
微能奔走耳。未死未辞劳。
廿八年五月星洲客中。悲鸿。
静文爱妻存。

钤印：
东海王孙（白文长方印）
退以竢圣人而不惑（朱文方印）
◄

宋人匹马长啸词意

纸本设色
111cm × 61cm 1942 年
徐悲鸿纪念馆藏

题款：
宋人匹马长啸词意写就。志明先生金石家教正。悲鸿。壬午之冬。

钤印：
徐（朱文圆印）
庄敬日强（白文方印）

三马图（月昇）

纸本设色
95cm × 65cm 1943 年
徐悲鸿纪念馆藏

题款：
月昇先生贤兄教正。卅二年中秋。悲鸿。

钤印：
悲（朱文心形印）

奔马（长沙会战）

纸本设色

130cm×76cm　1941 年

徐悲鸿纪念馆藏

题款：

辛巳八月十日第二次长沙会战。忧心如焚。或者仍为前次之结果也企予望之。悲鸿时客槟城。

钤印：

江南布衣（朱文方印）

此《奔马图》作于 1941 年秋季第二次长沙会战期间。此时，抗日战争正处于敌我力量相持阶段，日本想在发动太平洋战争之前彻底打败中国，使国民党政府俯首称臣，故而他们倾尽全力屡次发动长沙会战，企图打通南北交通之咽喉重庆。二次会战中我方一度失利，长沙为日寇所占，正在马来西亚槟榔屿办艺展募捐的徐悲鸿听闻国难当头，对战争前景焦虑万分，他连夜画出《奔马图》以抒发自己的忧急之情。

辛巳八月十日第二次長沙會戰憂心如焚或者仍有前次之結果也
企予望之 悲鴻時客檳城

群奔

纸本设色

95cm × 181cm　1942 年

徐悲鸿纪念馆藏

题款：

壬午大暑。悲鸿居良风垭杨兄德纯斋中。

钤印：

东海王孙（白文长方印）

会师东京

纸本设色
113×217cm　1943 年
徐悲鸿纪念馆藏

题款：
会师东京。壬午之秋绘成初稿。翌年五月写成兹幅。易以母狮及诸雏居图之右。略抒积愤。虽未免言之过早。且憙其终须实现也。卅二年端阳前后。悲鸿。
静文爱妻保存。

钤印：
东海王孙（白文长方印）
徐（朱文圆印）
欲罢不能之工（朱文方印）

《会师东京》作于 1943 年 9 月 24 日。画面写有六只狮子，从远近不同处登上雪峰。这是一幅取谐音之意的寓意画。怒吼的群狮代表了中国和反法西斯同盟，用其会师于日本富士山山巅预言了包括中国在内的反法西斯各国的胜利即将到来，正如题跋中所说：“虽未免言之过早，且憙其终须实现也。”

鹅闹

纸本设色
92cm × 61cm　1942 年
徐悲鸿纪念馆藏

题款：
悲鸿。壬午。

钤印：
徐（朱文圆印）

懒猫

纸本设色
150cm × 54cm　1943 年
徐悲鸿纪念馆藏

题款：
癸未暮春。磐溪中国美术学院晴日。似乎逸兴又非敢自逸也。悲鸿漫识。
静文爱妻保存。

钤印：
江南布衣（白文方印）
南格劳之（朱文方印）

张采芹像

纸本墨笔

114cm × 65cm 1943 年

徐悲鸿纪念馆藏

题款：

癸未中秋为采芹道长䏜（造）象。悲鸿。时将有成都之展。

钤印：

徐悲鸿（朱文方印）

张采芹，名学荣，重庆市江津人。现代教育活动家、著名国画家，有“蜀中三张”（张大千、张善孖、张采芹）之誉。徐悲鸿在重庆期间，曾与张采芹往来频繁。

君墨肖像

纸本墨笔

66cm × 35cm 1942 年

徐悲鸿纪念馆藏

题款：

壬午十月云本斋中为君墨老友䏜（造）象。悲鸿。

钤印：

徐悲鸿（白文方印）

沈尹默，原名君默，号君墨，浙江湖州人，1883 年生于陕西兴安府汉阴厅（今陕西安康市汉阴县城关镇民主街），是我国著名的诗人、书法家、教育家。他早年曾留学日本，后任北京大学教授和校长、辅仁大学教授。

李印泉像

纸本设色
76cm × 43cm　1943 年
徐悲鸿纪念馆藏

题款：
卅二年六月十六日。在化龙桥为李印泉先生造像。国殇中执绋者稿。悲鸿。

钤印：
悲鸿之画（朱文方印）
欲罢不能之工（朱文方印）

李印泉，曾担任云南讲武堂校长、陕西省省长、农商总长，原国民党元老，云南腾冲县人。从 1932 年到 1945 年，李印泉曾先后四次为英勇牺牲的抗日将士建造英雄冢，披麻送国殇。1932 年李印泉写了一首题为《奉安东战场阵亡将士忠骸》的五绝：“霜冷灵岩路，披麻送国殇。万人争负土，烈骨满山香。”1943 年，徐悲鸿在重庆读到李印泉的这首诗，深为感动，当即补绘《国殇》画卷。可惜这幅画卷散佚不全，现仅存《李印泉像》。

《国殇》素描稿

国殇
纸本设色 / 107cm × 62cm / 1943 年
徐悲鸿纪念馆藏

卅二年六月十六日在化龍橋寫
李印泉先生造象
國殤中執紼者稿
悲鴻

空间、媒介与自我：

《世界和平大会听南京解放的消息》

文／吴雪杉（中央美术学院人文学院教授）

作为一名艺术家，徐悲鸿对现实充满关怀，但除了肖像画以外，他很少在创作中直接描绘他所生活的时代，尤其是那个时代重大的政治和社会事件。1949年6月创作的中国画《世界和平大会听南京解放的消息》是一个罕见的例外，直接指向刚刚发生的一个军事胜利（南京解放）和一个政治事件（世界和平大会）。这件作品的图像内容、创作目的和接受情况已经得到很好的研究。[①]本文从一个细节——徐悲鸿将自画像放在画面众多人物之中——入手来重新反思这件作品：徐悲鸿如何表现自我？如何以个人视角来讲述一个集体的故事？在新中国诞生的1949年，徐悲鸿选择了怎样一条艺术的道路？

一、世界和平大会与徐悲鸿

《世界和平大会听南京解放的消息》画面狭长，下半部分是欢呼雀跃的人群，上面是两层露台，有外国友人热烈鼓掌。中间鲜艳的红色条幅把上下两部分连接在一起。这张条幅是画面的绝对中心，上书“保卫世界和平大会。全世界和平力量团结起来，粉碎战争挑拨者的阴谋。中国代表团”。作品标题指明了画面内容：在布拉格世界和平大会举办期间，南京解放的消息传来，引起会场轰动。标题本身也具有多义性，既可以是会场中所有人听到南京解放的消息，也可以单指徐悲鸿，因为徐悲鸿本人就在会场之中。

第一届世界保卫和平大会缘起于1949年2月9日，波兰罗克劳城世界文化工作者保卫和平大会国际联络委员会建议各国成立文化工作者的全国委员会，团结各国民主人士以在各自国家召开保卫世界和平大会。[②]2月底，世界文化工作者保卫和平大会国际联络委员会发表宣言，向全世界一切民主组织与一切和平拥护者呼吁在当年4月召开世界和平拥护者大会。[③]3月17日，大会地点定在巴黎。[④]3月18日，又确定大会时间为4月20日。[⑤]

中国方面正式做出回应是在3月20日，这一天全国各文化团体64名代表在北京饭店开会，决定由中国科学者协会、中国学术工作者协会、中华全国文艺协会、华北文艺界协会、解放区新闻记者筹备会等单位推派代表，参加将于4月举行的大会。[⑥]3月24日，世界拥护和平大会中国代表团正式成立。1949年3月27日《人民日报》公布了代表团成员名单，总计11组40人：中华全国总工会：刘宁一、欧阳祖润、叶维民；中国解放区青年联合会筹备会：钱俊瑞、陈家康；中华全国学生联合会：柯在铄、屈元；中国妇女联合会：李德全、丁玲、龚普生、陆璀、吴青；中国科学工作者协会：裴文中、卢于道、丁瓒、钱三强；中华全国文艺协会及华北文协：郭沫若、郑振铎、田汉、洪深、曹禺、萧三、曹靖华、赵树理、古元、徐悲鸿、戴爱莲、程砚秋；中国学术工作者协会：马寅初、侯外庐、翦伯赞、邓初民；解放区新闻记者联合会及中国青年记者学会：宦乡、戈宝权、黄操良；上海各团体联合会：许广平、葛志成；教授代表：张奚若、许德珩；宗教界：吴耀宗。其中郭沫若为代表团团长，刘宁一、马寅初为副团长，钱俊瑞为代表团秘书长。[⑦]实际上，代表团不止40人，1949年4月25日《人民日报》报道布拉格大会时说中国代表团成员有44人。多出的部分可能是翻译和其他辅助工作人员。

这44个成员并没有全部出现在画面里，徐悲鸿《世界和平大会听南京解放的消息》为29名中国人刻画出较为细致的面部特征。其中部

郑振铎像的对比

郭沫若像的对比

钱俊瑞像的对比

分人物能通过两种途径得到辨识。一是徐悲鸿在参加和平大会往返途中作了一批素描头像，它们后来以水墨的形式重新出现在《世界和平大会听南京解放的消息》里。根据已公布的部分素描头像，可以辨认出郑振铎、马寅初、邓初民、古元、萧三、丁玲、张奚若、翦伯赞、丁瓒、戈宝权等 10 人。当然也有部分素描头像后来没有体现在最终完成的画面上，例如田汉。为了适应画面需要，徐悲鸿会对这些头像做一些处理，例如郑振铎的素描像以手支颐，叼着香烟，面朝右侧；在最后完成的画面里改为脸朝左侧，露齿微笑，手也放下来去握别人的手。

二是核对参会人照片，大致能够辨识出郭沫若、刘宁一、钱俊瑞、程砚秋、洪深、柯在铄、田汉、许德珩、曹靖华、曹禺等 10 人。画中有些人物与照片相似度非常高，如郭沫若、刘宁一。有些只是依稀可辨，如钱俊瑞。如果不能找到被画人 1949 年相同角度的照片，用这种方法就只能做出模糊的判定。

还有 8 人的肖像目前无法识别出身份。从可以辨识出肖像的代表团成员来看，文化界的代表居多，可能徐悲鸿和他们比较熟悉，能够更轻易地为他们画像；代表团中的 6 位女性代表只画出了丁玲，和徐悲鸿其他历史题材绘画一样，画面中的核心主体是男性。如果从女性主义的角度去审视，徐悲鸿在这个问题上的表现是很可以批评的。

在画面下半段欢庆的人群里，最中心的人物是郭沫若。他位于整个作品自下而上约五分之二的位置，距离画面下侧边缘140厘米上下。考虑到画作高达352厘米以及立轴式的装裱方式（上下会留出隔水），挂到展厅陈列时画心部分会高出地面20至50厘米左右（2018年在中国美术馆和中央美术学院美术馆展出时大致在这个距离间浮动）。所以画中郭沫若大致出现在距离地面160—190厘米的范围内，这也是一个成年人在展厅平视前方时最先会观看到的视觉区域。徐悲鸿精心刻画了郭沫若肖像。在这幅画的众多人物肖像里，郭沫若是画得最像的一个。以郭沫若为中心，18个中国代表将他围成两个同心圆。靠近郭沫若的一圈（内圈）中国代表向四周伸出手臂与外国友人握手，更外层的一圈代表和外国友人握手或拥抱。作为此次中国代表团的团长，将郭沫若置于中心位置是理所当然的。

仅次于郭沫若的中心人物是徐悲鸿。徐悲鸿位于郭沫若正下方，也在观画人平视可见的范围之内。徐悲鸿的形象不像郭沫若那样一目了然，需要做一点辨别。这里取两张徐悲鸿照片来与画中人物做对比：一是徐悲鸿 20 世纪 40 年代早期的一张照片，发式、眉、眼与 1949 年画里的形象非常相近；二是 1949 年 7 月徐悲鸿参加第一届中华全国文

1940 年代早期照片（左）、1949 年照片（中）与画中徐悲鸿的对照

学艺术工作者代表大会期间拍摄的照片，时间在徐悲鸿完成《世界和平大会听南京解放的消息》之后不到一个月，不仅容貌相似，而且服饰也完全相同：白色衬衫、领带以及双排扣的西装上衣。两张照片里的徐悲鸿与画中人物都不是百分之百相像。实际上，在徐悲鸿画过的近 20 幅自画像里还没有和照片一模一样的情况。不过这不妨碍 1949 年的观众在这幅画上找出徐悲鸿。一篇 1950 年发表的文章说这幅画“描写了世界人民的愉快”，之后又特意用括弧附上一句：“自然亦透露了作者自己的愉快。”[8]似乎可以表明，该文作者在画上欢乐的人群中发现了徐悲鸿。就《世界和平大会上听南京解放的消息》里徐悲鸿的自画像而言，虽然穿着 1949 年的外套，容貌却更接近他年轻时的样子。也就是说，徐悲鸿把自己画年轻了。

徐悲鸿将自己放在郭沫若前面，在画面中位于郭沫若正下方，把郭沫若挡了一半。画中的徐悲鸿正与人亲切握手，脸上洋溢着欢快的笑容。在他身前有一张桌子，桌子前方的人群都闪向两边，仿佛破开的波浪，将后面的徐悲鸿显露出来。徐悲鸿因而成为整个画面仅次于（甚至更甚于）郭沫若的中心。徐悲鸿所处的位置认真分析起来颇有些不合常理。从当时代表团成员的身份讲，刘宁一、马寅初、钱俊瑞等分别担任副团长和秘书长，地位比徐悲鸿高。从世界保卫和平大会中国代表团合影也可以看出，徐悲鸿不是核心人物，这些照片大体都是二三十人分站 3 排，徐悲鸿总是出现在最后一排。但徐悲鸿把自己画到了比多数人都要更中心的位置。这样做仅仅是出自一种个人主义观念，为了更好地突出自己？还是说，徐悲鸿对自我重要性的感受强烈到这样一种程度，在这样一幅必然在公共场合得到展示的作品里，冒着被其他与会者嘲笑的风险，也要以如此简单直白的方式来将自己放置在舞台的中心？

二、时间与情节

《世界和平大会听南京解放的消息》选取南京解放的消息传到布拉格会场时发生的场景：中国代表团成员与各国代表握手、拥抱甚至被抬举到空中。要理解徐悲鸿对于画面的组织和人物的安排，需要明确两个关键点：消息抵达的时间，以及消息抵达时发生了什么。

1949 年 3 月 29 日，中国代表团乘坐专列从北平出发。4 月 11 日到莫斯科，17 日抵达布拉格。但法国外交部于 4 月 9 日宣布，东欧各国前往巴黎参加世界保卫和平大会的代表不能超过 8 名。[9]直到 4 月 18 日，法国政府依然坚持只给中国代表团 8 份签证。[10] 4 月 19 日，法国政府拒发入境签证的各国代表宣布，他们将在布拉格举行和平大会，而这一大会也是巴黎和平大会的一部分。[11]最终，世界保卫和平大会于 4 月 20 日上午在巴黎和布拉格两个城市同时开幕。巴黎大会有来自 69 个国家的 1 784 名代表参加，布拉格会场则聚集了因法国政府拒发入境护照签证的大约 360 名代表（一说为 16 个国家的 276 名代表）。布拉格大会的会场放在布拉格国民议会，作为东道主，捷克斯洛伐克国民议会议长伊昂主持了开幕仪式。[12]

南京解放的消息到达会场是在布拉格时间 4 月 23 日中午。代表团成员郑振铎在 4 月 23 日的日记里有很详细的记录：

> 上午，得到大军三十万过江的消息（英国兵船事），既兴奋，又发愁。到了十二时许，主席宣布解放军已入南京，何其神速也！代表们一致起来，热烈鼓掌，为中国道贺。会场秩序散乱了起来，过十多分钟才安静下来。下午三时许，续会。甚倦，欲睡者好几次，盖听巴黎留声机，

> 甚觉无聊也。四时许，一队青年代表们忽拥进会场，致词后，各以鲜花送给我们，并抱吻。我为之热泪盈眶。六时半，散会。[13]

按这个说法，4 月 23 日布拉格会场对南京解放消息的庆祝分两个阶段：一是中午 12 点，主席宣布消息后全场代表起立鼓掌，会场散乱十多钟；二是下午 4 点多，一队青年代表在会场致辞、献花和拥抱亲吻。

丁玲也在 4 月 23 日的日记里记录了这两个场景：

> 正十二点，主席宣布中国人民解放军进南京，全场鼓掌，争围着中国代表握手，亲吻，欢呼中国万岁，毛泽东万岁，斯大林万岁。
>
> 下午三时开会。送花给中国代表，数十女学生，小孩、娃娃们。[14]

对于欢呼内容，丁玲记录较为详尽；而让郑振铎热泪盈眶的鲜花情节，丁玲特意指出是女学生。

郑振铎和丁玲都很确切地记录说，南京解放消息的抵达时间是 4 月 23 日中午 12 点，徐悲鸿描绘的自然也是此时发生的场景。然而这里有一个问题，4 月 23 日中午 12 时许，南京解放了吗?

南京解放的时间是在 1949 年 4 月 23 日午夜时分。中国人民解放军 4 月 21 日发起渡江战役，22 日占领南京的北大门浦口，随后国民党南京守军于 23 日凌晨撤出南京城。[15]到 23 日午夜，解放军第三十五军一〇四师开入南京城，完成正式占领。后续部队于 24 日凌晨继续进驻。由于午夜在夜晚 12 时左右，所以南京解放的时间历来有 4 月 23 日与 4 月 24 日两种说法，这两种说法都不算错。[16]在 4 月 23 日凌晨国民党守军撤离到 23 日晚 12 时解放军进城之间，也就是 23 日的白天和傍晚，南京城内主要由两支队伍维持治安，一是以三轮车工人为主体的“民主保卫队”，二是国民党的起义警察。[17]这段真空期从来没有被计入南京解放的时间内。新华社南京 24 日 10 时电文即说：“人民解放军已于二十三日夜十二时由下关经挹江门开入南京。”[18] 4 月 23 日晚 12 时这个时间点从来就是明确的。

布拉格与北京时差大约 6 小时。4 月 23 日中午 12 时相当于北京时间 4 月 23 日下午 18 时，比解放军正式入城提前了 6 小时。这个时间恰好在国民党南京守军撤离（12 时以前）和解放军入城（24 时）之间，可见世界和平大会上的庆祝是一个提前发生的庆祝。布拉格大会全体代表们在距离南京 8 千多公里之外提前 6 小时对南京解放的发生进行了庆祝活动，而庆祝的对象既不假（它马上就要发生），也不真（还没有完全发生）。这个时间上的误差从来没有被指出过，但对于理解世界和平大会欢乐场景的戏剧性颇有必要。

郑振铎和丁玲都描述了南京解放的消息在会场上引发的轰动。郑振铎看到的是“热烈鼓掌”，会场“散乱”了“十多分钟”。丁玲记下了“握手”和“亲吻”。这些内容在徐悲鸿画作里都有不同程度的体现。但是徐悲鸿画中将人抛抬起来的景象，郑振铎和丁玲都没有提到。徐悲鸿画里的这个情节是哪里来的呢?

两位更为年轻的会议代表柯在铄和屈元对于 4 月 23 日会议现场的欢庆场景有更加详尽的记录，他们也没有提到会场中有将人抬起来的情形：

> 四月二十三日上午，布拉格的和平大会正在开会。忽然从外面递了一张纸条送到中国代表团座上，立刻一股欣喜的气流便在中国代表团内传散开了。等一会，主席团席上边也得到了纸条，同样的气流也在主席团内传散开了，大家都猜出一定有什么重要的事情发生。等到那位有着魁梧身体的，上唇上一大把黑胡子的苏联代表（他是在爱国战争中在敌后创造出一支伟大的游击队的队长，得到斯大林奖章的）刚刚讲完话下了主席台，主席得尔达便站起来。他一字一字地宣布：“现在有一件特别的消息要宣布，就是中国人民解放军解放了南京！”他的话还没有说完，整个会场便像闪电一样，轰的一声沸腾起来了。楼下的全体代表和楼上旁听席上的人都站了起来，掌声像一阵暴雨，猛扫着会场。所有的人都用激动的眼光看着我们，所有人的嘴角都在颤动着。不知道是谁先走过来，伸出着手，我们这边也不知道是谁赶紧把手也伸了过去，两只手便紧紧地握住了。在这一行动的带领下，两边的人都过来了，主席台上的主席团也下来了，每一个人都抢着找一个中国代表，紧紧地握手，热烈地拥抱。这时，掌声忽然转了速度，变成了有节拍的“拍、拍、拍……”，伴随着这有节拍的掌声是“毛泽——东！”“毛泽——东！”，每个人涨红了脸，忘记手掌已经发疼，用尽全力喊着鼓着。几分钟以后，掌声又回复了一片炸裂的暴风雨，“中国人民万岁！”“毛泽东万岁！”，像大海的波涛，反复地回旋激荡……
>
> 看看中国代表团代表们自己吧，每个人的脸通红着，眼里充满着喜悦的泪光，大家相互看着不知道该说什么是好。“怎么办呢，我们唱支歌吧！”有人说。“好，我们唱解放进行曲。”虽然喉咙已经枯干，声

音已经嘶哑，大家还是大声地唱着，要把整个内心的喜悦和兴奋都唱出来……

全场寂静了下来；主席台上郭沫若站起来了，扩音器发出颤动的声音：

“谢谢各位对中国人民的祝贺。中国人民的胜利也就是全世界人民的胜利。……我们中国人民彻底胜利了，中国真正的和平才能够得到，因此辽东的和平，全世界的真正的持久的和平也就更加得到了保障！……”[19]

从传递消息的纸条，到代表们起立鼓掌，再到握手、歌唱以及郭沫若总结陈词，乃至其间中国代表的心理变化与面部表情，柯在铄和屈元都有清晰的回忆。如果中国代表还曾被抛抬起来这种需要多人合作而且需要较大空间来施展的欢庆高潮，应该不会在记述中被遗漏。

那么将中国代表举起来又发生在什么场合？柯在铄、屈元还回忆了另一个场景：

深夜，十二多点。……

忽然，远远地好像有一大群人一路走，一路嚷着唱着由远而近；慢慢地声音近了，果然是一大群人正走向我们的饭店；更近了，原来是“毛泽——东！”“毛泽——东！”……

大家赶紧把衣服穿好，推开门从楼上奔下来走到门口。可不是，整个一节马路黑压压一片全站满了人。这是捷克的青年学生，他们刚开完今晚他们的以和平大会为主题的周末晚会，特地来向中国代表团欢呼来了。一个个年青的男女伙伴，昂首挺胸地在大声鼓掌喊叫。我们下来了就喊得更有劲了。喊着喊着索性一拥而上把站在前面的我们几个人四人一抬抬了起来在人群中传递，“阿齐（捷克语万岁），欣那！（捷语中国）”“阿齐，毛泽东！”两个口号不停息地喊着。[20]

在柯在铄、屈元的回忆里，中国代表被抬起来是发生在当日深夜 12 点以后，由一批专门到酒店祝贺的捷克青年完成。布拉格 4 月 23 日深夜 12 点（4 月 24 日凌晨）大约相当于中国这边 4 月 24 日早 6 至 7 时，此时南京已经确确实实地被中国人民解放军占领。当天上午传递到布拉格的消息此时应该已经得到证实。

徐悲鸿《世界和平大会听南京解放的消息》应该是把 4 月 23 日中午和 23 日午夜发生的两个情节混合到一个画面上了。他留下的一幅速写似乎也证实了这一点。画中有两组 4 人合力将中国代表举起的人物。在一幅描绘三个人做举起姿势的铅笔草图上，徐悲鸿标注出“解

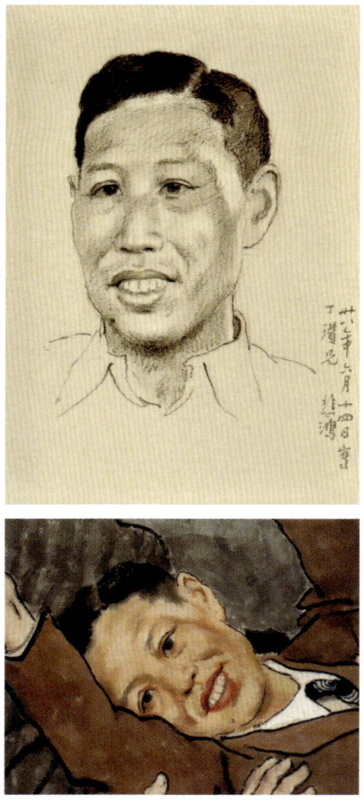

（左）徐悲鸿速写及完成稿的对比

（中）徐悲鸿作的丁瓒像

（右）徐悲鸿作的戈宝权像

放饭店”，这里可能是徐悲鸿作画的地点。郑振铎记录下中国代表团下榻的酒店是“Palace Hotel”[21]，柯在铄用中文表达为“皇宫饭店”。[22]现在还不清楚这个“解放饭店”究竟在哪里。也许徐悲鸿后来为了描绘这个景象，拜托其他代表为他摆了这组动作。至于被抬起的两个人物，恰好徐悲鸿都做了素描头像。画面最前方那个被举起的人物依据的是 1949 年 6 月 14 日为丁瓒做的一幅素描，这时中国代表团已经回到北京，徐悲鸿应该是专门请丁瓒来做的模特。创作时将丁瓒竖立的头像侧倒下来。另一个被抬起的人物是戈宝权。戈宝权素描像上标注的时间地点是 1949 年 5 月 13 日归国车中。改为中国画时，徐悲鸿把素描中显得沉静斯文的“宝权老弟”放置到一个正被抬起的激烈动态中，不仅为他添加上一个兴奋中混合着快乐的面部表情，头发也弄乱了。

并非只有徐悲鸿一个人把两个时间点上发生的事情合为一处。同为代表团成员的许德珩在 1981 年撰写的回忆录里也把它们混为一谈：

> 顿时会场沸腾起来，一片欢呼雀跃，会场中，许多外国朋友赶来把中国代表高举起来，和楼上的代表握手表示庆贺。[23]

从会场的空间构造可以了解到，无论把中国代表如何高高举起，他们也不能和楼上的代表握手，许德珩应该是时隔 32 年之后记忆发生了误差。而徐悲鸿将两个时间、地点发生的事情放到一个画面之上则是有意为之，为了突出欢欣鼓舞、兴奋热烈的会场气氛。此外，这也是西方学院派历史画、宗教画创作中常见的叙事手法。

三、徐悲鸿在哪里?

回到最开始的问题，徐悲鸿为什么把自己放到画面的中心? 这个问题还可以转化为，作为和平大会中国代表团一员的徐悲鸿，他在会场中会出现在什么地方?

布拉格和平大会的会场是捷克斯洛伐克共和国国民议会的会议厅。捷克斯洛伐克共和国建立于 1918 年，1992 年解体为捷克和斯洛伐克两个国家。原国民议会所在地 1995 年改建为无线电广播台，后又于 2009 年成为捷克国家博物馆的一部分。原会议厅也历经改造，早已不复旧观，只能从存世的影像资料了解当时的布局。

1949 年举行和平大会的会议厅平面大致为方形，呈阶梯状。前方设主席台，房间后壁在两个突出的阳台式楼层上设置旁听席。会议大厅

布拉格世界和平大会现场（徐悲鸿在第 4 个方阵第 7 排的中间）

纵向排列 7 个方阵座席，每个方阵 16 排，每排 3 个座椅。也就是说，不计主席台和旁听席，会议大厅可以容纳正式代表 336 人。

各国代表按国别入座。中国代表人数较多，分为两组，一组在第 3 个方阵的前半部分，一组在第 4 个方阵的中间位置（第 4 个方阵的前 4 排是苏联代表，第 5 排往后是中国代表）。作为中国代表团的团长，郭沫若的座位固定在第 3 个方阵第 1 排的中间位置。而徐悲鸿的座次可能不那么固定。和平大会 20 号开始，21 号休会，22、23、24 日继续开会，根据一张存世的和平大会现场照片可以知道，徐悲鸿至少有一天坐在第 4 个方阵第 7 排（其他照片显示，徐悲鸿在这个位置可能坐了不止一回）。从横向上看，这里是会场中间的方阵；纵向上说，第 7 排也大致在中间位置。徐悲鸿坐在第 4 个方阵第 7 排 3 个座椅中间那张椅子上。也就是说，徐悲鸿恰好坐在整个会议大厅的中心。

从照片上看，徐悲鸿右手边坐的是古元，前排是田汉和洪深，后排有程砚秋和曹靖华。这几个人物都出现在徐悲鸿笔下的《世界和平大会听南京解放的消息》。画中的古元紧挨着徐悲鸿。从照片里看，徐悲鸿旁边就坐着古元。他把古元和自己画在一起，可能就是因为他们在会场上确实坐在一起。又如程砚秋。会场上程砚秋坐在徐悲鸿的侧后方，画上程砚秋也在徐悲鸿侧后方的位置。也就是说，徐悲鸿在排列画面人物时，部分考虑了当时中国代表在会场中的真实位置，有些人的位置根据记忆比较准确地画出来了，有些人的位置可能做了一些改动。

徐悲鸿往右，依次排列古元、萧三、洪深、曹靖华（？）

徐悲鸿大体上依据布拉格会场的建筑构造来塑造画面空间。阶梯形由低到高的座椅排列为徐悲鸿安排和组织人物提供了基本框架。他在人物与人物的空隙之间画出横线，用桌子来区分人物的前后关系。前面说过，会场从前往后分 16 排，但徐悲鸿只画了 7 排，这 7 层阶梯或桌子都排在他身前，他身后就不再对桌子和阶梯做严格区分。徐悲鸿似乎很清楚地记得，自己在会场中坐在第 7 排。

根据自己所在的位置和画面需要，徐悲鸿构造了整个画面布局。其中最关键的是郭沫若的位置。作为中国代表团团长，郭沫若开会时坐在第 3 个方阵第 1 排。在庆祝活动发生时，也就是欢呼、游行、鼓掌的十几分钟时间里，郭沫若又在哪里？根据前文所引柯在铄、屈元的回忆，郭沫若在主席台上发表了演讲。不过，郭沫若本人可能和中国代表团其他成员一样，在会场中移形换位，出现在需要他的地方。根据当时媒体刊登的一张大会照片，郭沫若可能还离开过主席台，在会场正后方一块下垂的巨大条幅下发表感言。照片中，演讲者的发言似乎刚刚结束，周围的人群正拍击双手为他鼓掌。从照片上大致可以判断以下两点：1. 演讲者站在靠近会议厅后墙的位置，他与后墙之间只隔了两排人；2. 演讲者明显高于其他人——大约高出半个身子。他似乎是站在会议厅倒数第二或第三排的桌子上，这就使他成为整个会场大厅位置最高的那个人，自然也就成为整个会场注目的焦点。从轮廓看，演讲者与郭沫若约略有几分相似。如果从情理上判断，这个人也应该是郭沫若，只有郭沫若能够代表中国代表团在各国代表的欢呼声中发表胜利的感言。从存世其他会场照片来看，当时发表感言的不止郭沫若一人，不过最终媒体刊载时选用郭沫若的照片自然是顺理成章。在画面上，徐悲鸿把郭沫若从会场的最后方挪到前面，放到会议厅正中间、也就是徐悲鸿本人的身后。逐级向上的阶梯形会场被徐悲鸿转换成一个主席台 / 舞台，郭沫若带有总结陈词意味的发言在画面上成为这一庆祝活动的最高潮。

四、媒介与观念

《世界和平大会听南京解放的消息》高 352 厘米、宽 71 厘米，可能是民国以来到 1949 年最大的中国画立轴之一。徐悲鸿为什么要放弃油画的形式，将一个大型现代会议场景放到一个狭长的画面之中？

时间因素可能是首要考量。徐悲鸿什么时候开始决定创作《世界和平大会听南京解放的消息》？南京解放的消息传到布拉格会场是在 4 月 23 日中午；4 月 25 日晚，布拉格和平大会与巴黎大会同时闭幕，代表团成员在布拉格参观访问数日后于 5 月初飞到苏联；5 月 10 日，代表团从莫斯科乘火车回国，至 5 月 25 日抵达北京。在去布拉格以及返回途中，徐悲鸿为部分代表团成员如翦伯赞、郑振铎、田汉、丁玲等人画了素描像。[24]从这些最后被使用在创作里的素描像来判断，大约在 5 月归国途中，徐悲鸿已经有了创作《世界和平大会听南京解放的消息》的计划。

而创作《世界和平大会听南京解放的消息》一画的目的之一，是要参加 1949 年 7 月初举办的文代会展览。1949 年 3 月 22 日，中华全国文艺协会在北京饭店举行联席会议，决定召开中华全国文学艺术工作者代表大会。会上选出筹委 37 人，徐悲鸿是其中之一。[25]在文代会召开的同时举行美术展览会的设想大约此时也已提上日程，最终中华全国文学艺术工作者代表大会艺术展览会（即第一次全国美展）随第一次文代会于 7 月 2 日同时开幕。徐悲鸿的《世界和平大会听南京解放的消息》是参展作品之一。

也就是说，早在 3 月下旬，徐悲鸿已经知道他需要提交一件作品参加第一次全国美展。但这时更重要的工作是参加世界和平大会。中国代表团 3 月 29 日从北京出发，5 月 25 日返回北京，往返行程近两个月。徐悲鸿的正式创作只能从 5 月底开始，7 月 2 日以前要把装裱好的作品挂到展厅，中间用来画画的时间最多只有一个月，创作任务非常紧张。

作为参展者，徐悲鸿还有一个身份：来自“国统区”的画家。1949 年的艺术家身上都要贴上“解放区”或“国统区”（1949 年后也称之为“新解放区”，对应以前的“老解放区”）的标签。周恩来把 1949 年的文代会形容为“从老解放区来的与从新解放区来的两部分文艺军队的会师”[26]。“中华全国文学艺术工作者代表大会美术展览会”的参展作品也做了类似区分，展览图册前言说：“其中一部分是解放区的美术工作者的作品，反映了中国人民伟大的解放事业和辉煌的社会建设；另一部分是当时留在国民党统治区的美术工作者的作品，描绘的是当时在国民党反动统治下的社会动态及人民的生活斗争。”[27]展览主题非常明确，或者描绘国民党的反动统治以及人民对反动统治的斗争，或者去反映中国人民伟大的解放事业和辉煌的社会建设。[28]

这就是徐悲鸿为什么一定要画张新画的原因。展览主题明确，来自“国统区”就应该描绘国民党统治下的人民斗争，但徐悲鸿没有符合要求的现成作品，所以他需要从头来过，创作一件新作。徐悲鸿1949年6月全力以赴地创作《世界和平大会听南京解放的消息》才按时完成。据廖静文回忆：“由于用脑过度，在刚刚完成了这幅画不久，他就病倒了。血压高达二百以上，四肢软弱无力，有半身瘫痪的前兆。”[29]徐悲鸿不用油画的原因可能是来不及。徐悲鸿最著名的油画作品《田横五百士》的面积大约是《世界和平大会听南京解放的消息》的三倍，前后用了三年时间才完成。按徐悲鸿以前的创作经验，他要画与后者同等尺幅的油画，可能需要半年以上的时间。在时间只有一个月的前提下，徐悲鸿只能选择中国画。

南京解放的消息传到布拉格会场时的情景

最终选取一个狭长的构图，大概也是出于类似原因。从最终的画面看，徐悲鸿想营造一种全景式的效果，把会场阶梯状的室内空间和后壁上的露台都传达出来。如果让现有画面向两边扩展，就可以把整个会场都囊括进来，画面也会更加宏阔，但工作量也会变得更大。于是徐悲鸿从会场中心位置截取出一个纵向的空间加以呈现，以一块红色的条幅连接大厅和露台上欢庆的人群。这个红色条幅上写着：“保卫世界和平大会。全世界和平力量团结起来，粉碎战争挑拨者的阴谋。中国代表团。”中国代表团曾赠送世界和平大会一面红旗，上面绣着“全世界爱好和平的力量，团结起来！用坚强团结，战斗的意志消灭战争，人民民主胜利万岁！”[30]这面旗帜在4月22日郭沫若上台讲话后献给大会。[31]丁玲还记录了布拉格会场上悬挂着一幅中文标语：“保卫和平是全世界人民的工作！为了和平，反对帝国主义挑起的新战争！”[32]徐悲鸿画作里的文字与以上二者均有不同，似乎是出于己意做了修改。修订后的标语更好地标注出时间、地点、人物和事件，在画面中既具有形式意义，又把背景交代得清清楚楚。这4列带有强烈宣传色彩的文字比画面上其他所有人和物都更醒目，成为整件作品事实上的中心。这种处理方式也是徐悲鸿此前从来没有采用过的。

徐悲鸿从布拉格回国途中，经过苏联时做过一个演讲（1949年5月上旬）：“我给自己提出的任务就是恢复中国的传统，并创造新的、现代题材的作品。……现在，我正创作能鼓舞我们光荣军队，能给祖国带来莫大利益的新作品。我将竭尽全力，使作品的内容与高度技巧、有价值的光荣的中国古典艺术传统结合一起。”[33]此时的徐悲鸿应该正在构思《世界和平大会听南京解放的消息》，他给自己提出的任务——“创造新的、现代题材的作品”——可能首先就是这一件。

在1949年四五月间，徐悲鸿已经开始严肃考虑和尝试创作上的转型。《世界和平大会听南京解放的消息》展出之后，招致两方面的批评。一是肯定内容，批评形式。1949年7月的一篇文章称许徐悲鸿“这种创造新中国画的热情，以及竭力主张注入新中国画以新内容的勇气，都值得致以敬意”，也承认《世界和平大会听南京解放的消息》“构图上是有其创造性的”；但批评这幅画“画面上的人物，是难免拼凑充数之病的，颜面的渲染，为了达到逼真的目的，但因此而促成整个技法的不统一和呆板机械，想徐先生是无暇顾及的”[34]。这个批评有一定道理。徐悲鸿为了追求中国代表团成员头像的肖似，运用明暗来塑造面部特征，从而与画面其他部分以勾线为主的造型方式产生了冲突。

另一篇 1950 年的文章也讨论了形式上的不足（“整个画面所展开的场景是如此局促狭窄，远逊于在他画马时所展开的气魄”），但更针对画面的内容，以为该画没有刻画出不朽的“人民”：

> 特别是徐先生这幅画，如果以为它的不足之处是在于对前人的技法用心不够，或者仅是技法上的限制，我们还不如说请徐先生今后要更勇敢的面对新的现实生活并且热爱它们，像徐先生早年爱过的历史人物——“田横”。而今天在我们人民中比“田横”更伟大更可爱的人物实在是太多了。徐先生很有必要更多的去认识他们，了解他们。如果说不朽之笔须传不朽之人，那么在今天，只有人民才是不朽的了。[35]

知识分子精英 1949 年 3 月被推举为“中国代表”参加世界和平大会；到了 1950 年，这些代表却成为徐悲鸿对“人民”缺乏认识的证明。这是用新中国建立后的新眼光去审视早先作品的结果。从 1949 年和 1950 年两篇批评文本的差异可以看出批评标准的转移。艺术形式上的判断尚可以见仁见智（如前一篇文章以为“创造性”的构图在第二篇文章里成了“局促狭窄”），思想内容方面的要求则进一步提升。

1949 年以后，新中国在社会生活和思想意识方面都在发生日新月异的变化，艺术家们不同程度地与时俱进。1950 年 4 月，徐悲鸿在中央美术学院成立献辞里说：“现在人民做了主人，一切为人民服务。毛主席指示我们首先应为工农兵服务，因为世界是他们创造的。”[36] 1950 年 5 月《在北京市文学艺术工作者代表大会上的发言》里，徐悲鸿又说：“今后的努力方向和过去不同的，固然，技术恶劣还是不成，但是美术作品一定要求是人民喜闻乐见的东西。”[37]“过去”看重技术，“今后”要面向“人民”。“人民”也进入徐悲鸿的艺术观念和创作计划之中。1950 年，徐悲鸿创作油画《毛主席在人民中》，“毛主席”和“人民”是画面主体。一方面，这幅画成为徐悲鸿进入新中国后进一步调整创作方向的证明；另一方面，徐悲鸿描绘出的是他个人心目中的“人民”——画中将妇女、儿童、知识分子与工农兵混合在一起——又与当时的主流观点略有差别。和《世界和平大会听南京解放的消息》一样，徐悲鸿积极主动地融入新中国、新体制，又忍不住用自己的眼光悄悄打量这个新的时代。

五、结论

为什么要选取“听到南京解放的消息”作为主题？丁玲在 1949 年 4 月 23 日听到这个消息后，在当天的日记里写下自己的感想：

> 中国人民受了多少灾难才取得这一天！中国人民从此解脱了帝国主义、封建主义的枷锁，我们要创造一个新的中国，我们要回想着三十年来为此牺牲的烈士的血。我们庆祝解放，我们感到幸福要来！我们受够了痛苦，我们艰苦斗争，我们想着中国人民的欢欣，眼泪如泉涌，心恻恻而跳。我们沉重，虽愉快并不轻松。我们欢跃，但仍不能忘国内前线的紧张。外国朋友们呵！你们拉我们的手，用力拥抱我们，你们为我们感到愉快，你们知道我们长期斗争的苦痛么？……我们的精神享受只有一种，就是前线的胜利，就是能使我们感到中国人民、前线的城市、乡村的人民被解放了，他们要做人了，要做主人了。[38]

郭沫若更将中国人民的胜利提升到世界和平阵营胜利的层面。按照 1949 年 4 月 25 日《人民日报》的官方报道，23 日，消息传到布拉格，会场在爆发了“十五分钟的狂热欢呼”后，中国代表团团长郭沫若宣称：“中国人民的胜利是整个和平阵营的胜利。”[39]世界和平大会为某一个国家的战争胜利而欢呼雀跃终归有些诡吊，郭沫若的发言克服了这种不协调，为战争胜利赋予了合法性：它是世界“和平阵营的胜利”，将会带来“真正持久的和平”。

徐悲鸿是大会的与会者，对世界和平大会以及南京解放的象征意义非常了解。为了展现这一伟大的历史时刻，徐悲鸿重构了会场空间、人物位置还有庆祝情节。与此同时，徐悲鸿也部分地保留了他的个人视角。整个画面仿佛就是徐悲鸿站在会场主席台上向下俯瞰，刚好看到位于会场正中的自己，以及自己身边发生的一切。徐悲鸿用图像表明：我在那里，我见证了这一切。

在徐悲鸿的创作生涯中，《世界和平大会听南京解放的消息》是一件承前启后式的作品。徐悲鸿是民国时期最爱创作个人肖像的画家，也曾在 1930 年完成的《田横五百士》里把自己放在画面中心。《世界和平大会听南京解放的消息》里，徐悲鸿再次把自己放到中心，但是创作的指向发生了改变。《田横五百士》里对自我的刻画还是为了标榜个人品格，而《世界和平大会听南京解放的消息》里的自画像总体上还是把自我融入一个集体（中国代表团）之中。就徐悲鸿对自我的图像表达而言，目前已公布的最早一幅自画像是在 1925 年，而最晚的一张就是 1949 年《世界和平大会听南京解放的消息》。1949 年 7 月 26 日，徐悲鸿在给潘絜兹的信里说：“目前毛主席指示艺术应为工农兵服务，在现阶段甚强调生活体验。吾人当日之写实主义作风，现须加强，更求内容充实。此颇是难题，亦为目前任务，必须以全力赴之。”[40] 1949 年 7 月往后，直到 1953 年去世，徐悲鸿再没有画过自己，只去描绘工人、农民、士兵、领袖和劳动英雄，去创作那些新的、更具有时代感的肖像主题。在中华民国已经结束（以南京解放为标志）、新中国还未展开（1949 年 10 月开国大典为节点）的 1949 年 6 月，徐悲鸿创作的《世界和平大会听南京解放的消息》既是他本人画中“自我”的最后一次展示，又是他迈向新中国艺术的第一个尝试。当然，这也是一个带有鲜明“个人”色彩的尝试。

（李军教授、邹建林兄、杨多、唐宏峰等师友于此文多有帮助，在此一并致谢。）

注释：

① 吴雪杉：《吴作人〈捷报〉与第一次文代会》，毕建勋、赵力主编：《学问与传承：薛永年教授 70 寿诞从学 50 载执教 30 年祝贺文集》，石家庄：河北美术出版社，2011 年，第 259 — 263 页；莫艾：《徐悲鸿与新中国——围绕〈在世界和平大会上〉的思考》，《人间思想》2014 年创刊号，第 25 — 72 页。莫艾一文尤其深入。

② 新华社：《各国文化工作者正筹开保卫和平大会，以响应罗克劳大会的决议》，《人民日报》1949 年 2 月 15 日，第 3 版。

③ 新华社：《坚定保卫国际和平反对建立侵略集团，世界著名文化工作者发表宣言，呼吁召开世界和平拥护者大会》，《人民日报》1949 年 3 月 3 日，第 3 版。

④ 新华社：《世界拥护和平大会筹委会通知各地民主群众团体四月下半月在巴黎开会》，《人民日报》1949 年 3 月 20 日，第 1 版。

⑤ 新华社：《世界拥护和平大会决定四月二十日召开，居里被选为筹委会主席》，《人民日报》3 月 23 日，第 1 版。

⑥ 新华社：《在平文化学术界及平市职工拥护召开世界和平大会，决定选派代表前往参加》，《人民日报》1949 年 3 月 21 日，第 1 版。

⑦《出席巴黎和平大会中国代表团已正式组成，郭沫若任团长日内出国》，《人民日报》1949 年 3 月 27 日，第 3 版。这个名单不包括翻译、摄影等工作人员，代表团全体成员可能是 44 人或更多。

⑧ 钟惦棐：《追论一篇对全国美展的批评文章》，《人民美术》1950 年第 1 期，第 76 页。

⑨ 新华社：《谁在幕后指使？法政府害怕和平使者，竟限制东欧代表名额》，《人民日报》1949 年 4 月 14 日，第 3 版。

⑩ 新华社：《法反动政府专横措施，竟限制我代表入境，大会筹委会招待记者严加斥责》，《人民日报》1949 年 4 月 20 日，第 1 版。

⑪ 新华社：《世界拥护和平大会，巴黎布拉格同时举行》，《人民日报》1949 年 4 月 21 日，第 1 版。

⑫ 新华社：《世界拥护和平大会，在巴黎隆重揭幕，出席六十九个国家一七八四人，被阻代表同时在捷京开大会》，《人民日报》1949 年 4 月 22 日，第 3 版；新华社：《在两千代表胜利欢呼声中，巴黎捷京和平大会闭幕，一致通过世界拥护和平大会宣言，成立常设委员会保证持久的和平》，《人民日报》1949 年 4 月 29 日，第 1 版。

⑬ 陈福康整理：《郑振铎日记全编》，太原：山西古籍出版社，2006 年，第 387 页。

⑭ 丁玲：《丁玲全集》第 11 册，石家庄：河北人民出版社，2001 年，第 377 — 378 页。

⑮ 南京市公安局史志组：《开展警察运动，配合南京解放》，南京市档案馆编：《南京解放》，北京：中国档案出版社，2009 年，第 599 页。

⑯ 姜志良：《南京解放日期辨析》，《江苏地方志》2004 年第 2 期，第 26 — 27 页。

⑰ 吴玉璋：《南京人民对南京解放的贡献》，见南京市档案馆编：《南京解放》，第 622 — 627 页。

⑱ 新华社：《新华社南京二十四日十时电》，《人民日报》1949 年 4 月 25 日，第 1 版。

⑲ 柯在铄、屈元：《在布拉格：出席世界拥护和平大会回忆片段》，《全国学联通讯》1949 年第 1 期，第 9—10 页。

⑳ 同注释 19。

㉑ 同注释 13。第 386 页。

㉒ 同注释 19。

㉓ 许德珩：《许德珩回忆录——为了民主与科学》，北京：中国青年出版社，2001 年，第 244 页。

㉔ 王震编：《徐悲鸿年谱长编》，上海：上海画报出版社，2006 年，第 315 页。

㉕ 金凤：《重建全国文艺组织，将召开全国文艺界代表大会，推选郭沫若等为筹备委员》，《人民日报》1949 年 3 月 25 日，第 1 版。

㉖ 中华全国文学艺术工作者代表大会宣传处编：《中华全国文学艺术工作者代表大会纪念文集》，北京：新华书店，1950 年，第 27、33 页。

㉗ 同注释 26。

㉘ 关于这个问题，在《吴作人〈捷报〉与第一次文代会》一文中已有所讨论。见吴雪杉：《吴作人〈捷报〉与第一次文代会》，第 260—261 页。

㉙ 廖静文：《徐悲鸿传》，北京：中国青年出版社，2015 年，第 469 页。

㉚ 小鱼、求我、知非译：《保卫世界和平，反对战争贩子！：世界和平大会记录（巴黎·布拉格，一九四九年四月二十日—二十五日）》，北京：新华书店，1950 年，第 47 页。

㉛ 同注释 14。

㉜ 同注释 14。

㉝ 徐悲鸿：《在苏联谈艺术》，王震编：《徐悲鸿文集》，上海：上海画报出版社，2005 年，第 149 页。

㉞ 朱金楼：《全国文代大会“艺术展览会”绘画、漫画、木刻部分观后》，《进步日报》1949 年 7 月 18 日，第 1 张第 4 版。

㉟ 同注释 8。

㊱ 徐悲鸿：《中央美术学院成立献辞》，见王震编：《徐悲鸿文集》，第 153 页。

㊲ 徐悲鸿：《在北京市文学艺术工作者代表大会上的发言》，见王震编：《徐悲鸿文集》，第 154 页。

㊳ 同注释 14。

㊴ 新华社：《巴黎布拉格和平大会狂热欢庆南京解放》，《人民日报》1949 年 4 月 25 日，第 1 版。

㊵ 王震编：《徐悲鸿文集》，第 200 页。

世界和平大会听南京解放的消息

纸本设色
352cm×71cm　1949 年
徐悲鸿纪念馆藏

题款：
己丑六月。徐悲鸿写。

钤印：
“徐悲鸿”（白文方印）

1949 年 10 月 2 日，中国保卫世界和平大会在北京成立，徐悲鸿与郭沫若、陆定一、沈雁冰、周扬、萧三、夏衍、沙可夫、冯雪峰、郑振铎、田汉、洪深、何仲平、丁玲、曹禺、古元、马思聪、吕骥、戴爱莲、梅兰芳、程砚秋、袁雪芬、赵树理、白杨、艾青、刘宁一、朱学范、曾克、阳翰笙、袁牧之、许之桢、廖承志、钱三强、蔡畅、李德全、许广平、马寅初、张奚若、彭泽民、谭平山、邵力子、陈铭枢、陈伯达、陶孟和、范文澜、邓初民、许德珩、李达、陈望道、艾思奇、翦伯赞、侯外庐等 134 人被选为全国委员会委员。

包括徐悲鸿在内的所有爱国民主人士、各界知识精英通过各种方式感受着新中国的种种新气象，处在被热烈情绪包围的时代气氛中。这种情绪在徐悲鸿的《世界和平大会听南京解放的消息》中表现得较为充分——在被集体阻隔于布拉格分会场的情形下，4 月 23 日得到南京解放消息的中国代表团兴奋得彻夜未眠，正是在这样振奋和欢欣鼓舞的情绪中，一向较少直接描绘现实的徐悲鸿用写实的手法记录了这一历史事件，说它表达了一代知识分子的喜悦实不为过。

1949 年，徐悲鸿受周恩来总理委派出席保卫世界和平大会。
这是中国代表团在布拉格的合影

田汉像

纸本素描

34.5cm × 25cm　1949 年

徐悲鸿纪念馆藏

翦伯赞像

纸本素描

34.5cm × 25cm　1949 年

徐悲鸿纪念馆藏

丁玲像

纸本素描

34.6cm × 25cm　1949 年

徐悲鸿纪念馆藏

邓初民像

纸本素描

34.5cm × 25cm　1949 年

徐悲鸿纪念馆藏

张秉全像

纸本素描

34.7cm × 25.2cm　1949 年

徐悲鸿纪念馆藏

古元侧面像

纸本素描

17.5cm × 12.1cm　1949 年

徐悲鸿纪念馆藏

致广尽精

“致广大，尽精微”作为徐悲鸿的艺术准则和理想，可以说是他自 1918 年以来矢志改良中国画，建立“新艺术”“复兴中国艺术”宏愿的进一步深化。

这一观念最早在《悲鸿自述》中完整提出，随后又在《悲鸿自传》中强调，之后更是请名印家杨仲子为他治朱文方印一枚，凡他满意且珍爱之作，多钤此印。他更是经常为弟子、好友题写此句以共勉。

徐悲鸿的得意弟子艾中信曾撰文指出，他也把“致广大，尽精微”用在素描教学上。1947 年 9 月，徐悲鸿在国立北平艺专提出“无论学油画、雕塑还是国画，均需学习一二年素描”的教学方法。

徐悲鸿一向重视素描，提出“素描为一切造型艺术之基础”。从 1919 年赴法留学至 1953 年离世，他始终坚持素描创作，一生留下大量作品。

本书从徐悲鸿纪念馆藏近八百件素描中精选近五十件，从这些精品中，可以看到徐悲鸿在素描领域取得的极高艺术造诣及先驱性探索之路，正是他，奠基了素描这一外来绘画手法在中国的门类化、学科化，至今仍在艺术院校教育教学中发挥重要作用，影响深远。

石膏男人体

纸本素描
62.5cm × 46.5cm　20 世纪 20 年代
徐悲鸿纪念馆藏

这张作品描绘的是石膏人物模型。当时，巴黎国立高等美术学院有两种考试，一种是根据石膏模型绘画人体形象，一种是根据真实的人体进行写生素描。这张作品是徐悲鸿的石膏像素描考卷。旁边有一个数字“6”，是第六名的意思。当时参加考试的有三百到四百人，第六名是非常好的成绩。

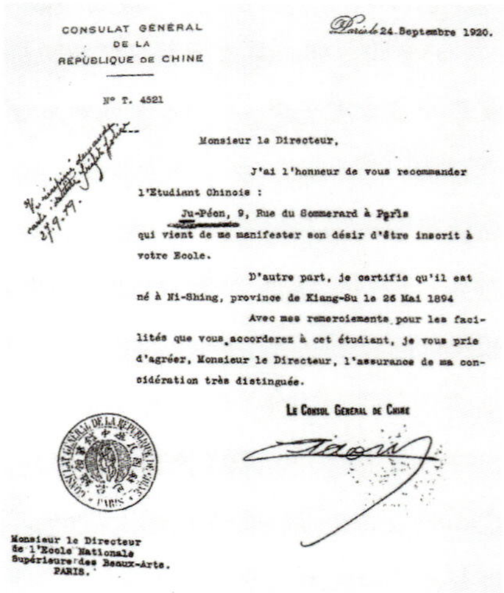

CONSULAT GÉNÉRAL
DE LA
RÉPUBLIQUE DE CHINE

Paris le 24 Septembre 1920.

N° T. 4521

Monsieur le Directeur,

J'ai l'honneur de vous recommander l'Etudiant Chinois :

Ju-Péon, 9, Rue du Sommerard à Paris

qui vient de me manifester son désir d'être inscrit à votre Ecole.

D'autre part, je certifie qu'il est né à Ni-Shing, province de Kiang-Su le 26 Mai 1894

Avec mes remerciements pour les facilités que vous accorderez à cet étudiant, je vous prie d'agréer, Monsieur le Directeur, l'assurance de ma considération très distinguée.

LE CONSUL GÉNÉRAL DE CHINE

Monsieur le Directeur
de l'Ecole Nationale
Supérieure des Beaux-Arts.
PARIS.

中国驻法国总领事赵颂南致巴黎国立高等美术学院有关徐悲鸿情况函

1933 年，徐悲鸿重回巴黎，在网球场美术馆举办中国艺术展时，回到母校所拍照片，是徐悲鸿目前所见唯一一张在巴黎国立高等美术学院的照片

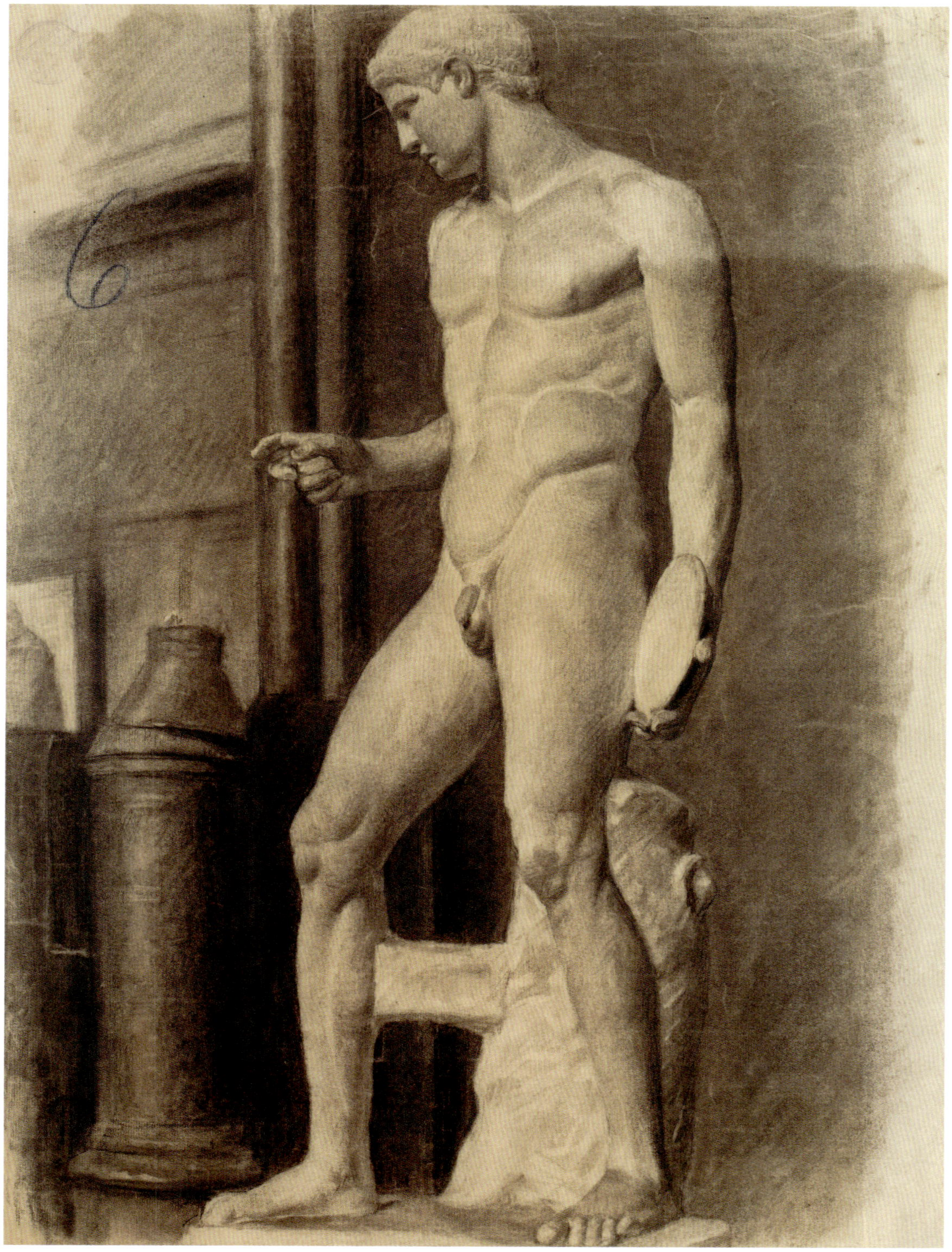

石膏男人体

纸本素描
62.5cm × 44.5cm　20 世纪 20 年代
徐悲鸿纪念馆藏

维纳斯像

纸本素描
65cm × 40.4cm　20 世纪 20 年代
徐悲鸿纪念馆藏

女人体

纸本素描
31.5cm × 23.5cm　20 世纪 20 年代
徐悲鸿纪念馆藏

女人体

纸本素描
62cm × 47cm　20 世纪 20 年代
徐悲鸿纪念馆藏
►

女人体

纸本素描

44cm × 58.5cm 20 世纪 20 年代

徐悲鸿纪念馆藏

研究绘画者第一步功夫即为素描，素描是吾人基本之学问，亦为绘画表现唯一之法门。素描拙劣，则于一个物象，不能认识清楚，以言颜色更不知所措，故素描功夫欠缺者，其所描颜色，纵如何美丽，实是放滥，几与无颜色等。

故吾人研究绘画，当在二三十岁时，刻苦用功，分析精密之物象，涵养素描功夫，将来方可成杰作也。

素描在美术教育上的地位，如同建造房屋打基础一样，房屋的基础打不好，房屋就砌不成，即使勉强砌成了也不牢靠，支撑不久便倒塌。因此学美术一定要从素描入手，否则是学不成功的，即使学会画几笔，也非驴非马，面目全非。

——《在中华艺术大学讲演辞》，

原载上海《申报》，1926 年 4 月 5 日

女人体

纸本素描
50cm×32cm　1924 年
徐悲鸿纪念馆藏

徐悲鸿在 1924 年创作了非常多的作品，可以说是其留学法国期间创作状态最佳的一年，留存于世的优秀作品非常之多，包括油画、素描、写生、创作等。《女人体》是一幅最为经典的素描代表作，出版及流传甚广，影响巨大，自 1924 年以来的半个世纪中影响了几代艺术家。很长一段时间，大量美术学习者都曾翻阅甚至临摹过这件作品。

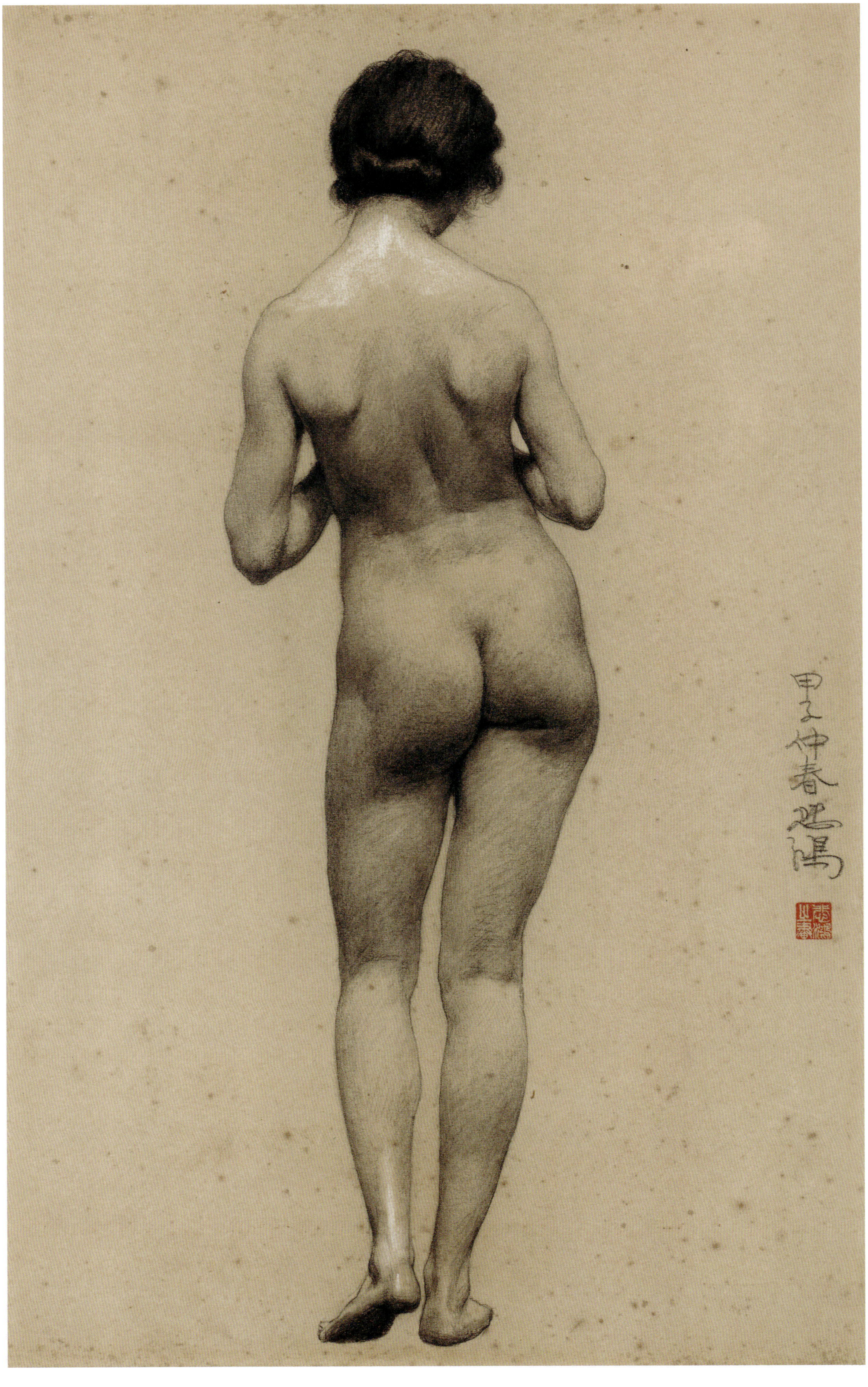
甲子仲春悲鴻

男人体

纸本素描
50cm×32.5cm　1924 年
徐悲鸿纪念馆藏

Le dessin est la probite de l' art。素描者，艺之操也，此安格尔不朽之名言也。

——《安格尔的素描》，
原载上海《时代》图画半月刊第 2 卷第 3 期，1931 年 2 月 1 日

素描是学习绘画便捷而有效的好方法，但不是唯一的方法。有人主张以临摹替代写生，像某些人所做那样，也不失是一种方法。但是这种方法，只看粉本，不师造化，局限性大，多走弯路，患害实深。……临摹家往往认识不到观察世界的重要意义，错误地把绘事看作只是“笔墨”问题。把眼睛和头脑的作用闲却了，故不可取。

人言素描足以束缚天才，这是不对的。天才是长期勤奋得来的智慧累积，只有懒人才相信生而知之。世上如有天才，岂有束缚天才之具？

——《与刘汝醴、顾了然谈素描》，1931 年，刘汝醴教授整理

甲子歲始悲鴻作于巴黎

女人体

纸本素描
35cm × 47cm　1925 年
徐悲鸿纪念馆藏

这幅素描作于 1925 年，徐悲鸿在画上题写了 1921 年在法国巴黎学画时的的困苦经历：“……忽大雪。余无外衣。会中寒甚。不禁受而归。意浴可却寒。遂浴。未竟。腹大痛。遂成不治之胃病。嗟乎。使吾资用略足。能做一外衣者。当不致是。今已四年。病作如故。作辄大痛。人览吾画。焉知吾之为此。每至痛不支也。虽然一息尚存。胡能自已……”

男人体

纸本素描
49cm × 32cm　1924 年
徐悲鸿纪念馆藏

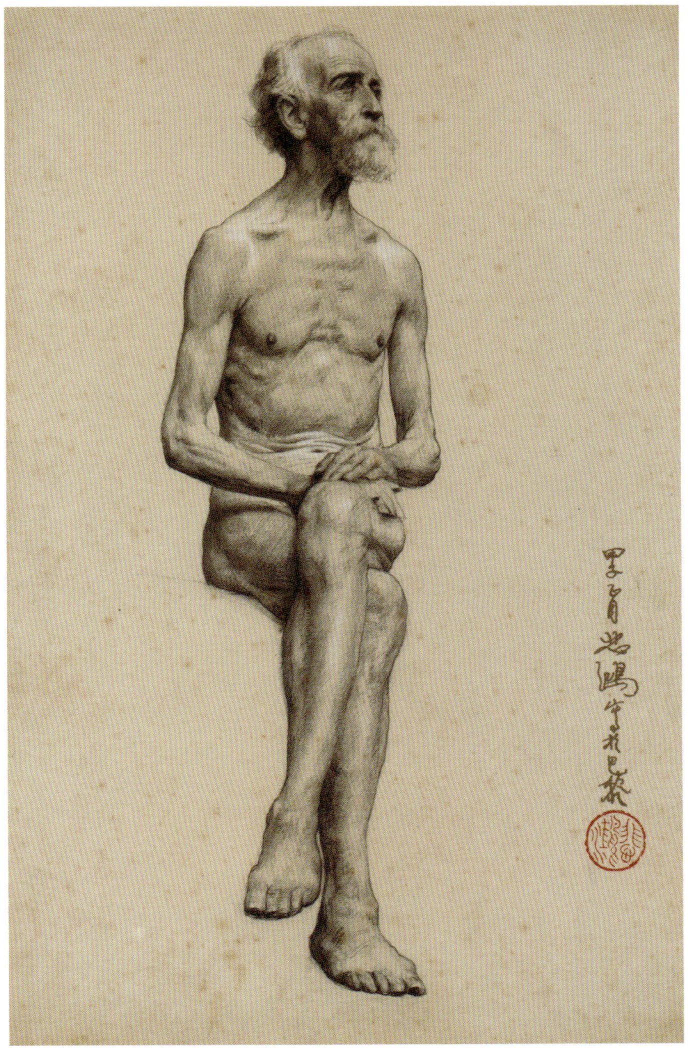

男人体

纸本素描
50cm × 32.2cm　1924 年
徐悲鸿纪念馆藏

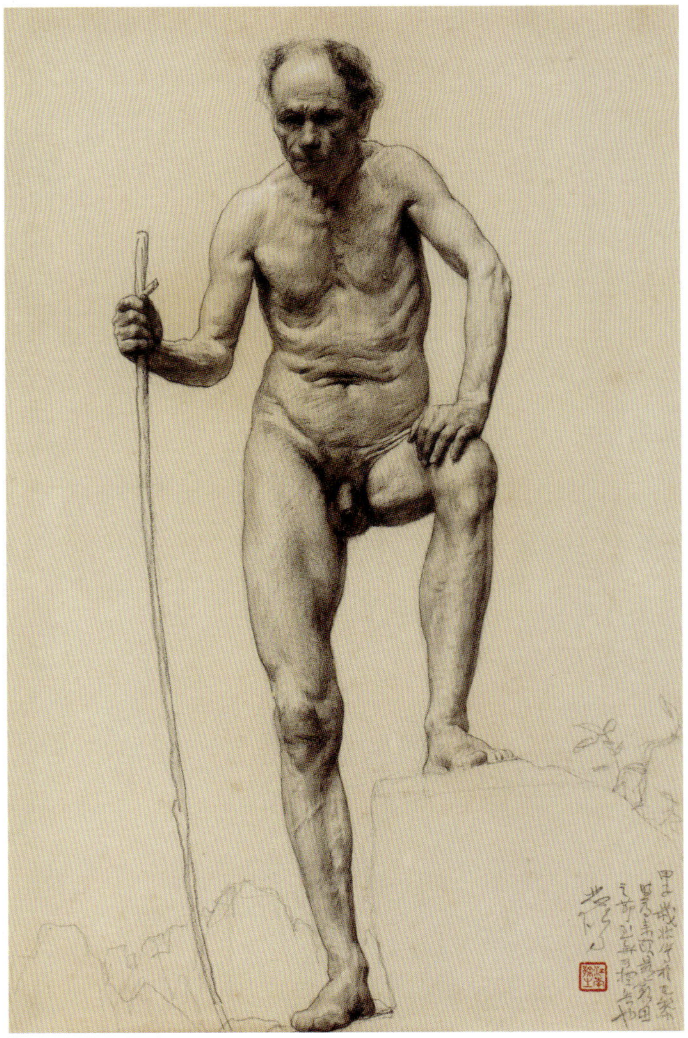

持棍男人体
布面油彩 / 73cm × 39cm / 1927 年
徐悲鸿纪念馆藏

徐悲鸿与巴黎国立高等美术学院（1919—1933）

文／（法）菲利普·杰奎琳（Philippe Cinquini）
译／董智宏

巴黎国立高等美术学院的中国艺术家（1914—1955）

> 随后关于我的学生，FAN YING，也是关于这个天朝共和国。他们在帝国的时期是神圣的，我想那么到了共和国也是一样。FAN YING 是个很棒的小伙子，完全不傻，还非常聪明，学业上也很不错，尽管出勤有些不规律。我认为他需要谋些生计，他的宿舍也实在俭朴得很。所以，亲爱的朋友，给些好的建议吧。①

在这封于 1915 年 7 月写给他在巴黎国立高等美术学院（以下简称“巴黎高美”）的讲师同事拉斐尔·科林（Raphaël Collin）的简信中，费尔南德·柯罗蒙（Fernand Cormon）不无幽默地将一种有着历史深义的眼光（天朝帝国）和 1912 年以来中国出现的政治新局面（共和国制）接缝起来。他关于中国局势的这一轻讽，也同时不无动容地提到了他这位自 1914 年 3 月以来注册入美院画室学习的学生。年迈的教授在此指明了中国学生在波拿巴街的初次出现，整个中华民国的时期，他们前来就学的人数尤其众多，直到 1949 年。确实，中国学生在两次大战期间，在绘画和雕塑系都是留学生中人数最多的，远超美国学生的人数——更不用说当时几乎已经不再前往巴黎高美的日本学生人数。

自 20 世纪头十年末起，第一批留法学生的回国潮，在中国引发了艺术创作和教育方面的争论。得益于日本方面的启发之后，中国学生直接在巴黎找到了他们曾在东京略知一二的西方艺术范本。巴黎高美因此在 30 年当中都是留法中国艺术家的主要活动地，也是中国和西方之间文化传承得以进行的一个重要的中心。

这个现象如何能在法国实现，随即在中国产生一定的效应，以致能在中国艺术界产生深刻影响，直到 50 年代初呢？一切都要从中国和法国在世纪之初建立的良好关系开始。中国学生开始在巴黎高美留学，正符合借鉴自法国学院派典范的共和国式美学方略。法国为此带来了它的支持。随后，中国学生留学巴黎高美，也成为不同艺术流派之间博弈的一个关键方面，最终让那部分注重学习法国现实和写实主义的艺术家，从中找到一些推动中国艺术现代进程的要素。最后，徐悲鸿作为画家也在这一变革中扮演了一个起到决定作用的角色。通过对学院派素描和油画艺术的精湛掌握，他以其初衷与共和国及人道主义的美术方略相合拍的绘画谋略，更新了中国水墨的艺术。直到 1953 年他过早离开人世，几代中国艺术家学艺巴黎高美的传承印痕才逐渐消退。

共和体制下的中国美学，或法国美院中的中国

巴黎是两次大战期间的全世界艺术首府，但这一公认的观念实则不足以解释中国学生如何以如此大量的人数前来美院学习。正是中国施之于法国的观照眼光，点亮了一些深刻的、作为我们研究这一现象之本源的意识形态层面的原因。自19世纪末以来，中国的改革家们就设想与西方建立一种新的关系，来遏止民族的衰落。尽管1898年百日维新失败，但中国并没有放弃应对西方的挑战，以及在现代的强势力中找到自己的位置。在文化和教育层面，它以某种程度的西化观念，来对东进主义做出回应②，这种东进主义融混了对西方绘画创作的研究以及此类技法在中国的践行成效，同时也并不全部削减来自欧洲视角的、想象层面的内容。重整旗鼓的这一努力促使众多中国学生出发前往外国学习，到美国、英国、日本以及欧洲国家。回到中国之后，这些学生也能够变身成为现代化进程的推动和演行者。

在表现最先锋的中国变革者当中，许多都选择法国作为范例。第三共和国在他们看来是极具示范作用的，因在其中建立起了介于一个承袭自法国大革命的政治体系与一种在科学和工业时代仍蓬勃发展的人道主义文化之间的关系。法国文化的传扬同样基于较强的国家实力。这一相关性在中国的精英们看来尤其显著。至少直到20世纪30年代，

法国所谓的学院派艺术——当时被整体视作法国学派，都被作为法国天才们崭露锋芒的佳绩表现。与李石曾、吴稚晖等无政府主义、热衷法国文化的知识分子较亲近的蔡元培作为大文人和同盟会的主心人物，也在一段时间内任教育部长，他推出了一种美学理念，即“新文化运动”。在科学和民主倡议的照应下，这一革命性的思想赋予了艺术在有待完善的革命进程中非常重要的一个职能。这一职能有很强的意识形态特性，在整个民国时期都得到承认。直到1942年它才让出位置，由另一种新的、在延安谈话中确立的艺术观念所替代，后者先在鲁迅学院施行试验，1949年之后，则在建于北京（1950年）的中央美术学院全面推行。

对蔡元培来说，艺术本身是一种变化的力量；它应处在与外域国家建立关系的中心，同时能加强民族的凝聚力。艺术能够取代孔子礼仪宗统乃至宗教的位置。国家应该以一个能通过艺术和美育来改变精神思想方式的公共教育的体系来将之推展兴盛。但是，尽管发生抵抗外国势力（包括法国势力）入侵的战役以及《凡尔赛条约》的破裂，这一中国理念下的美学观还是很大程度上从其在法国的范例中汲取到灵感。蔡元培同时也特别指出，中国朝向法国美术的飞跃，有一个政治基底，这与日本方面的努力形成了不同。1916年3月29日，华法教育会在巴黎成立之际所发表的讲话中，对法国大革命的参照首肯了两个共和国之间所能实现的对话。政教分离、人道主义、普世论和实证论都是“法国教育”的活力动能所在。尽管是在莱比锡接受的教育，蔡元培还是将中国置于法国学派的辉映下：

> 然不得科学之助，故不能有精密之技术，与夫有系统之理论。此诚中国所得欲以法国教育为师资，而又多得法国教育之助力，以促成其进化者也。[③]

1918年是中国的一个重要转折点，在北京建立起了艺术界的两个重要的教育机构。3月，蔡元培作为当时北京大学的校长，创办了“画法研究会”，这个会聚了专家和创作艺术家的协会就像是个美术实验室。从理论到实践及教学，这个协会推崇中西综融的方式，所倚靠的是被视作科学方法的学院派艺术。4月，蔡元培也担任了中国第一所公立美术学校——北平艺专的校长。前者（画法研究会）当能组织带动一些教师，来实现对后者（北平艺专）学生的教学。在这两方面情况中，所期许的都是将已往从日本获取的一些经验进行再度传授，另一方面则同时接收一些从欧洲和法国探寻得的经验。现实主义、学院派素描、艺用解剖，再加上自17世纪以来在中国已经为人所了解的油画技术，形成了有助于完成一次领域革命的关键要素。蔡元培这一理想主义思路以及所开拓的新式教学方法，使艺术在中国有了新的意义。作为被制造出的物品，画面呈现以新颖的方式达到了艺术作品的级别。作品则在显形于社会空间的同时有了自身价值。它不再只是其创作者道德品质的反映，而是其形式上的突出点所指征的一种高层面现实的传达媒介。而为了学习画出艺术性的画面，巴黎高美似乎是极其可信的一个参考渠道。

在一篇发表于 1914 年的文章中[④]，蔡元培提到了巴黎高美，成为学生们选择前往学习的一个典范对象机构。经由罗马大奖，巴黎高美派遣一些最优秀的学员进驻法兰西学院。连同奖学金和旅学进修机制。蔡元培也概略介绍了美院的运行机制，他衷心期许的学生留洋进修得到了院方的支持。由国家资助，各艺术专校或者派遣留外，或者迎来最好的学生。通过这样的学生流动，巴黎高美成为一个受到推崇之地，它综合了历史纵横及其现代性考量。学院会聚了许多美术大师以及前来进修的艺术家，共同在对美的崇信中，通过一些官方支持在社会中传扬其优善价值。

法国在教育方面的努力，或法国在中国的（文化）传扬

《法文上海日报》（*Le Journal de Shanghai*）[⑤]在 1928 年 2 月 19 日报道了法国驻中国大使前往南京访问的消息。这个城市还有着北

伐战争所导致的种种损毁痕迹，整个情势也充满着各种变数。在 2 月 4 日到达时，法国人一行由国民党官员紧紧围住，才能在这个布满了虎视眈眈的士兵的城市里走动。但是，使馆代表团次日在蒋介石的衙府却受到声势张扬的接待。一行人跨过庭院，在《马赛曲》和时尚歌乐的曲声中一直到了迎客厅。宴席上，代表团见到了李石曾：他豪放不羁的身形、良好的谈吐以及十分流利的法语，都与周边紧张的军事气氛截然不同。随后又有了前往公共教育部的访问。在这段插曲之后，我们看到法国尽管总是盛名远扬，却在中国仍趋于劣势，于是会更多依赖教育投入和留法学生的这方面：

> 下午，德马特尔先生应公共教育部邀请前去拜访，在那里与几个从法国回来的学生会面。他用了一些合适的措辞向他们表示友善，以及对于一次有效合作的期待。至于蔡元培，他以惯常的殷切、优雅的格调和迷人的风姿参与了谈话。（*Le Journal de Shanghai*，1928 年 2 月 19 日）

如果对法国自19世纪中叶以来在中国的现身给予概览性的审视，就会发现矛盾之处在各个地方都有显现。一方面，法国的租借地和保护领地逐渐博得了地位的提升⑥；另一方面，法国文化的影响也贯穿了中国文化和美术的发展，甚至渗透在中国革命的进程中。就在一战过后不久，法国方面的利益至少是间歇性地与中国利益相交汇。中国的这部分利益大约是超越了帝国的力量体系，以求收回自身势力，而法国方面则致力于超越租界的势力，而维护其自身的发扬光大。由是，法国在中国发展起了一系列教育管理工程，其中最值得称颂的机构就是1903年建于上海的震旦大学，它是耶稣会所设立土山湾画馆的接续，同时在资金和教员调动方面得到法兰西共和国方面的大量支持，即便是在1905年教会与国家政权分离之后。上海法租界的教育监管员格斯布瓦先生这样描述道：“建立起共和国的一代人是被我们的政治哲思和大革命的记忆所吸引。如今的一代怀着创造的愿景和同样的理想抱负，就是去构筑国家在各个领域所必需的框架，他们其中相当一部分精英还是朝向我们在实现着转变。⑦”

这一情境下，上海的法国租界就成了两国之间的一个嫁接点；它成为中国年轻艺术家和知识分子在寻求外国影响的过程中角力和试验的征场；许多人在抵达巴黎之前就已从中受到不少西式的浸染。基于此，蔡元培同样也重新把法国模范视作一种公众艺术，在绝大多数人看来，它映射出了对取得社会和政治进步的共和国体制的憧憬。上海法租界的那些满是梧桐的街巷，装饰一新的广场空间、街亭、居住区、博物馆和公园等，甚至公墓和城市遗迹，都激发着艺术家们的想象，先期营造出一种真正的巴黎的模样，并对一种在中国能够成为现代城市建设新框架的范例要素实现着勾画。

在巴黎高美的 132 名中国学生以及 1914 至 1955 年期间形成的三个学生团体

1919 年 12 月 24 日，首批留学巴黎高美艺术家之一的李超士在上海美专做了一次讲座。作为总结，在这所直到 30 年代都是中国最重要美术院校的私立美院任校长的刘海粟，在学生和广大老师面前做了如下讲话：

> 听李先生之谈话，知日本之美术学校及各种研究所，展览会办法，完全为摹仿法国的其情形亦甚相同。并劝诸同学，以后如赴日留学，不如直接赴法。⑧

据档案载，上述中法两国之间的联结，所导致的并非是派遣中国学生去加入巴黎画派的演变浪潮，而是将学生流引向了波拿巴街的学府。⑨早先的一些相关研究已经形成一个在巴黎高美学习的中国学生就学名单。这些研究实际上有欠齐全，未能把国家档案AJ/52编号的材料中所能得到的资源继续深入。⑩它们仅限于检视三个系列的档案：入学竞考（concours d’admission）中的录取学生名单，画室（les ateliers）学习注册名单以及可查得的学生个人档案（les dossiers individuels）。⑪然而通过这些文档无法将所有相关就读人员的身份都给予识别，因为其中不包括“预备班（galeries ）”这一拼图中的重要一块图板。⑫它们仅给出了留学现象的一个静态图景：注册入学名单无法从学生就学经历的时间和质量层面来反映其具体内容。甚至学生个人档案也不能给出完整的解答，况且被安排在预备班学习的所有学生并不都是严格意义上有记录的，二战之后，这些卷宗也几乎完全没有了踪迹。所以我们必须确证一种文件，它能帮助我们了解到学生们在美术学院学习的具体情况。那些到课名单（relevés de présence）带给了我们解决方案。⑬它们几乎是日复一日地记录下了学员们在不同领域练习的进程［预备班、画室以及夜课（cours du soir）等］。

这一调查能够帮助理解学生们在机构内的学习经过。但是这完全与一般大学或者一所高等专科大学的教授课程不相像。其特别之处，能通过巴黎高美自 1648 年作为皇家绘画和雕塑学术院的雏形建成以来的历史积淀给出解释。学院本身有一系列十分壮观的历史建筑，任何一个想要释读卷宗中各部分信息的人都需对其地理布局有所明了：预备班主要分布在研习宫（le Palais des études）和小教堂（la Chapelle）中，和伫立于辛迈馆（l' Hôtel de Chimay）的画室空间并无太大关联。和这些场所相符合的，是学生们的注册就读情况。赢得名次竞试（concours des places）后被官方录取要另当别论。[14] 1914 年到 1955 年总计有 132 名中国学生前来，他们在两次大战的间歇期构成了绘画和雕塑科类人数最多的外国学生群体。借助一张中国学生的完整名单，以及其艺术习练变化过程的详观视角，我们不仅能追踪这一现象在法国 40 年的发展演变，也能理解其在中国本土所产生的含义。

我们从这张完整名单整理出一张简化的表单，上面显示出 1910 至 1955 年期间三个主要的、相互接续的留学艺术家团体，我们将其分别称为“先驱者（précurseurs）”“后继者（continuateurs）”“承接者（héritiers）”。“先驱者”从 1914 年开始其学习之旅。就其所

1914 年至 1955 年间巴黎国立高等美术学院主要中国学生

编号	姓名拼音	姓名	生卒年份	性别	学科	老师	入校	离校
1	WU Fading	吴法鼎	1883 - 1924	男	油画	Cormon	1914 年 2 月	1918 年 3 月
5	FANG Junbi	方君璧	1898 - 1986	女	油画	Humbert	1918 年 2 月	1924 年 5 月
7	XU Beihong	徐悲鸿	1895 - 1953	男	油画	Flameng	1920 年 10 月	1924 年 11 月
11	LIN Fengmian	林风眠	1900 - 1991	男	油画	Cormon	1921 年 5 月	1922 年 4 月
12	LI Jinfa	李金发	1900 - 1976	男	雕塑	Boucher	1921 年 5 月	1924 年 11 月
13	SANYU	常玉	1901 - 1966	男	油画	Flameng	1921 年 7 月	1921 年 7 月
18	LIU Jipiao	刘既漂	1901 - 1992	男	油画	Laurent	1922 年 1 月	1924 年 1 月
27	WU Dayu	吴大羽	1903 - 1988	男	油画	Roger	1924 年 2 月	1924 年 7 月
28	PAN Yuliang	潘玉良	1895 - 1977	女	油画	Simon	1924 年 2 月	1925 年 7 月
37	ZHANG Xian	张弦	1898 - 1936	男	油画	Laurent	1927 年 1 月	1930 年 7 月
46	ZHENG Ke	郑可	1906 - 1987	男	雕塑	Boucher	1928 年 10 月	1938 年 1 月
49	YAN Wenliang	颜文樑	1893 - 1988	男	油画	Laurens P.	1928 年 3 月	1930 年 5 月
51	ZHOU Bichu	周碧初	1903 - 1995	男	油画	Laurent	1929 年 1 月	1930 年 4 月
53	LIU Kaiqu	刘开渠	1904 - 1993	男	雕塑	Boucher	1929 年 2 月	1932 年 6 月
58	YANG Huaguang	杨化光	1905 - 1993	女	油画	Simon	1929 年 11 月	1932 年 7 月
62	QIN Xuanfu	秦宣夫	1906 - 1998	男	油画	Simon	1930 年 4 月	1934 年 6 月
73	WANG Ziyun	王子云	1897 - 1990	男	雕塑	Landowski	1931 年 1 月	1935 年 1 月
75	LÜ Xiaguang	吕霞光	1906 - 1994	男	油画	Simon	1931 年 2 月	1937 年 1 月
76	TANG Yihe	唐一禾	1905 - 1944	男	油画	Laurens A.	1931 年 3 月	1934 年 7 月
80	WANG Linyi	王临乙	1908 - 1997	男	雕塑	Bouchard	1931 年 10 月	1935 年 3 月
81	LÜ Sibai	吕斯百	1905 - 1973	男	油画	Devambez	1932 年 4 月	1934 年 4 月
85	ZENG Zhushao	曾竹韶	1908 - 2012	男	雕塑	Bouchard	1932 年 10 月	1939 年 6 月
86	CHANG Shuhong	常书鸿	1904 - 1994	男	油画	Laurens A.	1932 年 10 月	1936 年 6 月
88	ZHOU Qingding	周轻鼎	1896 - 1984	男	雕塑	Boucher	1932 年 11 月	1944 年 12 月
91	CHEN Zhixiu	陈芝秀	1908 - 1979	女	雕塑	Sicard	1932 年 12 月	1937 年 3 月
93	HUA Tianyou	滑田友	1901 - 1986	男	雕塑	Bouchard	1933 年 10 月	1947 年 1 月
96	LIAO Xinxue	廖新学	1903 - 1958	男	雕塑	Boucher	1933 年 10 月	1942 年 6 月
102	LI Ruinian	李瑞年	1910 - 1985	男	油画	Simon	1935 年 4 月	1937 年 4 月
103	ZHANG Ziyu	张紫玙	1902 - 1984	男	油画	Devambez	1935 年 10 月	1947 年 10 月
109	YAN Dehui	严德晖	1908 - 1987	男	雕塑	Bouchard	1938 年 4 月	1949 年 10 月
114	WU Guanzhong	吴冠中	1919 - 2010	男	油画	Dupas	1947 年 10 月	1950 年 6 月
117	ZAO Wou-Ki	赵无极	1921 - 2013	男	油画	Souverbie	1948 年 5 月	1948 年 5 月
121	XIONG Bingming	熊秉明	1922 - 2002	男	雕塑	Janniot	1950 年 5 月	1954 年 11 月
122	LIU Ziming	刘自鸣	1927-2014	女	油画	Narbonne	1952 年 10 月	1955 年 7 月
131	CHU Teh-Chun	朱德群	1920 - 2014	男	油画	Souverbie	1955 年 12 月	1956 年 7 月

先驱者（1914-1924）

后继者（1924-1940）

承接者（1947-1955）

1914 年至 1955 年期间就学巴黎高美的主要中国学生（根据当时就学中方人员的重要性以及学习时期，统计得总数为 132 人）。图片版权归杰奎琳文化艺术所有

这些人员是从一张包含有 132 名在巴黎高美依次注册入学的中国留学生名单中遴选出的，依据的是这些人员的学习历程及在中国艺术界历史性发展中的重要性

在阶层而言，这批偏向无政府主义的精英曾十分积极地投入 1911 年的革命中，也是他们拉开了 1919 年“五四运动”的序幕。在巴黎，这一群体奠定了一定的实践层面以及意识形态层面的基础，我们所研究的留学巴黎现象才真正能形成气候。它定义了一个示范性的学习过程，包括校外的备考训练［一般是在朱利安画院（l' Académie Julian）］，随后是校内预备班内专注在素描方面的准备，接着还有在画室的练习。或早或晚，学生都会面临入学竞考。吴法鼎作为第一个前往巴黎高美的中国学生，就是这样在官方竞考中被录取的。女性画家和雕刻家，比如王静远和方君璧等，自 1918 年开始也出现在巴黎高美。女性艺术家的现身是中国艺术家学艺法国情况中的一大特征，这就有别于日本留学生的情况。

从 20 年代初到 40 年代，出现了“后继者”的留学潮。不仅人数上达到了高峰，30 年代时这百来名学生中现出了一些在学院竞考中出类拔萃的雕塑家，比如滑田友就曾多次竞获奖章。团体中占大多数的还是画家，但从中能察觉到一些多样化和专业化的趋势。他们大多数在抵达巴黎之前，已在中国艺术学校接受过专门的培训，他们对业已回国的先驱者们的经验已有耳闻。1934 年前后，能统计到将近 30 名中国学生同时在巴黎高美画室和预备班学习。考虑到学院机构在当时的物材条件，这一数字已是相当可观。在辛迈馆的各个楼层和研习宫，都有在说中文的学生。[15]

随后在欧洲爆发的战事打破了这一艺术跃动局面，但未完全对其构成阻碍。一些中国人就是在巴黎高美经历了整个德占时期。留学潮在 1947 年重来。彼时的学生潮已不那么生机勃勃，但承接者从 1949 年起先后往赴，一直持续到 50 年代。随后，中国学生在亚洲留学生潮中就渐渐不那么突出了：这包括越南、日本、印度等国的学生。而这一时期的中国学生不再只是来自大陆，也来自中国台湾和一些海外侨居地。这是另一个故事开始，我们察识到的 20 世纪初中国留学现象，也就这样宣告了尾声。

从 1924 年的斯特拉斯堡共融到 30 年代的断裂

> 要集中运动的力量，要确定进攻的方向，为中国留法艺术界智与灵的检验，为中国艺术界联合战线的预备，我们才集合了二三十个同志，草创这个（中国留法艺术学会的）集团。从 1933 年 1 月起，到现在已有 6 个月继续不断的聚会，6 个月从头到尾的关于艺术问题的交谈，觉得这里的青年艺术家已决意要引导中国紊乱着的艺术事业运动在一个明确的标的上。[16]

一旦实际内容在法国确立，就有可能对留学巴黎高美的中国留学生现象，对其艺术身份问题加以圈范，并查检它是如何对中国艺术界的整体变革形成压力。这一过程可细化为两股潮流。

在第一股潮流中，留经巴黎高美的学生人数过少，而无法在归国后的论争中取得统领优势，即便在波拿巴街所受的学院式教育对各个流派的领军人物都产生过影响。此股潮流，在 20 世纪头十年，直到 20 年代中期，产生了一种共识通融的艺术创作方式，高等美术学院的学习训练在其中占据了一个初启导练、几乎是必须经历的要位。归国后，这一重要导向作用则被简化，同时受制于一种陈旧的现代派的权威，它或多或少与刘海粟所领导上海美专的中坚位置相对应。而如果说学院派和自然主义的艺术倾向还未在中国形成强力，现代主义的追随者们却也并未与法国美术的训诲相割裂，就拿林风眠来说，他也借取了所需要的一些要素，然后再与之相去离。[17]

1924 年斯特拉斯堡的展出标志着这一留学现象延续了将近十年之后的一个关键时刻。[18]它集结了大多数当时的艺术先驱，对其在法国的学习经验做了概括性的呈现，囊括了各方面有影响的创作力量，以及那些自此成为流派之首的学员们的谋划构想。[19]林风眠当时由蔡元培推荐，1926 年回国时担任了北平艺专校长，随后在 1928 年成为“国美”，即新成立于杭州的国立艺术院校长。刘海粟则通过在上海的私立美校，一定程度上保留着对从法归来或将去国留法的人员往来的领导权，尤其因为赏识处在创作初期的潘玉良而使自己的声势得到提升。

这一情境下，在 20 年代初期，徐悲鸿推崇的法国学院派艺术，以及偏自然主义笔触的现实主义等激进立场，在第一时间将他隔绝孤立在了业界之外。1927 年末回国之后，他开始在艺术界内开展一番攻克之势，并以正留学巴黎高美并在那里茁壮成长，为数众多的中国艺术家作为说服理由。由此他受蔡元培的派遣，到南京中央大学任职，打破了在国内由温和现实主义主掌局面的平衡态势。

林风眠《平静》（渔村暴风雨之后），
作于 1923 年，后遗失

在我们的演绎分析中，能看到法国方面的经验由回国的艺术家们再度引入后，戏剧化地引起了大量论争。1929 年，徐悲鸿在第一届全国美展期间打破了业内的种种默契而引发了一场笔战。[20]争执在 1932 年激化，徐悲鸿笔锋直指刘海粟以及他早先在国内不无矫饰地论及的自己与阿尔伯特·贝纳尔（Albert Besnard）之关系。整个中国艺术界此时一片哗然。自 1928 年起开始往巴黎送遣学生（包括颜文樑等）留学的徐悲鸿逐渐将巴黎高美的中国学生归集在自己身边。1933 年，他回到巴黎筹备将在网球场美术馆（musée du Jeu de Paume）举行的中国艺术展。[21]照片资料中能看到他和建于同年 1 月的中国留法艺术学会的成员在一起。这一学会的三十多个成员都在巴黎国立高等美术学院就读。徐悲鸿把握住这一留学的现状，使之成为在中国推行自己艺术和教育计划的有力武器：徐悲鸿学派。它或成为战后北平艺专向中央美院过渡的根基。

在 20 世纪 20 年代末到 30 年代末的这第二阶段成长起来的一代，包括画家常书鸿、吕思百、秦宣夫等，以及雕塑方面的刘开渠、王临乙、滑田友等。所有艺术家都认可徐悲鸿所秉持的现实主义方式。就这样，巴黎高美的中国学生留学现象最终在 30 年代占据了主导。随后几年里，也就是二战结束之后，这一群体中的艺术要员们都在国内艺术界显示出卓越的发展优势。

巴黎高美的影响之于中国艺术是有所变化的。在 20 年代末 30 年代初，从一个中心、各方赞同的位置，从学院及其倡行的学院派的艺术方式，逐渐转向了中国艺术界严格意义上是自然主义，也是徐悲鸿所主导的一种风派。1937 年在中国爆发的战事，终于让刘海粟和林风眠所捍卫并与徐派相抗衡的形式主义流派遭到削弱和边缘化。

1945 年以后的局势在我们的查探视角中就不那么重要了。此时，巴黎高美在中国所需履行的职能都已完成。吴冠中在法国的学艺之旅，以及 1950 年他归国后的处境，都很能点明整个留学现象的尾声。美院完成了它所要传授的技艺，在留法中国艺术家心目中，它不再是唯一可倚助的院校，当然其中大多数还是会经过美院的

（左）1930 年刘海粟在阿尔伯特・贝纳尔家拜访时所摄，发表于《良友》，第 62 期，1931 年 10 月，第 23 页

（右）1933 年春天，徐悲鸿与中国留法艺术学会的成员一道合影

学习阶段。从赵无极到朱德群，他们都追随着前辈们所走过的路途。一方面，呈开放姿态的巴黎高美在新成立的中国美术院校看来似乎并不正统；另一方面，其惯常的优势在面对一些自由画院（les académies libres）的培训时又会显得低弱。如吴冠中的情况，他于巴黎高美师从了让·苏弗尔皮（Jean Souverbie），在蒙帕纳斯追随的是安德烈·洛特(André Lhote)和奥东・弗里茨(Othon Friesz)，先期也在国立艺术院追随过林风眠的形式主义画风，但无法在新中国找到有效用的空间，来将自己纷繁岔乱的法国学习经历重新投入其中。巴黎高美即便有苏弗尔皮一系的古典立体主义风格作为杰出水准的代表，也未能足以令他甘愿追随徐悲鸿的统领潮流。50 年代初期，由这一中国学生学艺巴黎高美的现象所引发的“中国绘画之法式危机”，就此告一段落。1947 年，继徐悲鸿在重庆《世界日报》发表了一篇对于我们这一研究极其重要的文章——《世界艺术之没落与中国艺术之复兴》之后，赵无极也决定不再回国发展。

徐悲鸿与“中西合璧”的问题

> 艺事至不易，勿慕时尚，毋甘小就。[22]

帕斯卡・达仰—布弗莱（Pascal Dagnan-Bouveret）在 20 世纪 20 年代初给出的这些建议，徐悲鸿一字一句地予以遵照。他不去追随当时的新尚艺术，认为那对艺术家是一种危险。他也抱有一个宏观绘画方略的构想，期冀对西方艺术有所筛选援用，从中汲取有助于更新中国艺术的要素。徐悲鸿的留法经历及其作品的创作，都严格地追随着“文化传承”[23]这一理念所必需的条件，而中国学生留学巴黎高美的现象，也是这一理念的重要实现载体。

要理解这名艺术家，上文所述中法之间的关系影响要素绝好地表达出来：从乡野世界去向一个亲崇西方的城市，对于后者，这位年轻的文人画家并没有多少好感。他的家人很早就在美术方面激发出他的兴趣，促使他能把握赴法学习的一些机会。他先后在上海和北京融入当时一些知识界精英的圈子中，对于他也是自身发展的历练提升。在学生团体及后在震旦大学学习法语则是徐悲鸿艺途选择的决定因素。亲法的改革家，包括蔡元培本人，都曾帮助他明确自己的想法，朝学院派现实主义的方向发展。即便是赴日本的旅行，也是让徐悲鸿确定将巴黎高美作为自己在西方首先需要汲取的一个艺术源泉。[24]他本人的性格和植根于传统的文化底蕴，使他深信要通过自身努力和对古典艺术形式的选择性研究才能获得成功。徐悲鸿灵活运用着一种古老的、受到质疑的中国艺术文化。这一在中国时已积聚起来的知性张力，将在法国转变成为个性和艺术上的解放，它们由联结了学院派素描和现实主义的艺术理论和实践体系引导。如果说徐悲鸿没有加入 1919 年的“勤工俭学”运动，即便他也赞同俭朴修学的提议，他却与一战爆发前赴法留学的先驱艺术家们以及未来享获奖学金的求艺学生们走得更近，后者所接受的是 1921 年建于里昂的中国法国学校所提供的资费。在传统和学院体制两方面的扎根立足，将徐悲鸿带往了波拿巴街。

他深感需要将视线投向西方，然后再回到中国的源泉中。现代性变革的号召实为一种综合力量，各方面受到西方典范滋养的艺术潮流都致力于对其做出回应。但是应当是怎样的具体内容呢？在中国广泛传播油画的“西画运动”，迟早都需把中国水墨纳入考量，才能与讲究“气韵”的美学准则相合拍。在这一情形中，即便是自然主义艺术，在今天也不能被看作是对先后从西方和苏联引入的绘画语式的简单模仿。如同中国的其他一些流派一样，自然主义在当时对

徐悲鸿《马 36——奔弛》
110cm × 54cm / 1948 年
徐悲鸿纪念馆藏

鸿希望这一绘画处理方式，在技术和意义指向的层面，都能向其他文明开敞，这样它就能与蔡元培的人道主义理想相贴合。

《愚公移山》是这方面研究探索的重要成果。1940 年，徐悲鸿在印度和大诗人泰戈尔（Rabindranath Tagore）同游小镇圣迪尼克坦，当时以水墨和油画完成了同一主题两个版本的画面。由于画作巨大的尺幅，水墨画的版本只能以分块格和从初稿画中转写的方式完成，这在中国水墨画创作中是别出心裁的。这幅作品中，徐悲鸿同样画入一些印度本地模特儿，来与中国人的画面形成连通，并将之敞向另一个亚洲文明。以这样的方式，徐悲鸿就规避了种族区别的问题，这在当时的中国也是业界争论的一大话题。通过徐悲鸿，中国学生在巴黎高美就学经验中的三大特征及其在中国的“重新释义”就都有所集聚显现：1. 对学院派素描以及对更高层次技术的掌握；2. 在一个中西融通的需求做出了回应，而这一融通是不能与中国绘画本身相割裂的。[25]应当检视徐悲鸿绘画中灵性生动的维度，它尤其表现为一种悲天悯人的情感[26]，这是一种陈旧的价值，却在 20 世纪初期，随着中国现代人道主义的出现，而具有了新的意义。出发去法国之前，徐悲鸿加入了“华法教育会”——由蔡元培在北京建立，而这一经历在艺术家的整个职业发展中都起到决定性的作用。

诚然，对那些相继与法式美术交锋之后而产生的新艺术形式而言，徐悲鸿不具有垄断独领的地位——林风眠就推崇过费尔南德·柯罗蒙的艺术传承，但徐悲鸿在着力参照西方的同时，也剔除了所有20世纪初的各个“主义”流派（野兽派、立体派等）。基于此，两大要素就突显出来。首先是主题方面，徐悲鸿对当时法国学院派绘画的各个理念是持认同态度的。他的一些作品里，身体的画面呈现在一个叙述的空间中，在土地、典故等元素映衬下，它形成一个协调、特征化的整体。[27]第二点则关于绘画技法：徐悲鸿一边创作着巨幅油画，同时也在对画技做出更新，以在法学习时所掌握的现实主义素描的手法完成水墨作品。艺用解剖在这一学习历程中起到了重要作用[28]，对于身体的执念，也贯穿在徐悲鸿的整个创作生涯中。他很熟悉柯罗蒙的《该隐》一作[29]，并计划在创作中予以沿用，来定义关于中国男人的一个新颖而现代的画面形象；这种形象呈现归属在一种历史视野中，中国男人切实地与他的土地产生着联结。徐悲

皮埃·杜考·德拉埃《财富和丰实从劳动者开垦的耕痕中走出》
114cm × 146cm / 1922 年
巴黎高美特许提供

费尔南德·柯罗蒙曾是大幅装饰画的创作者，成作有比如《铜与铁》，藏于巴黎自然博物馆。图片为此作的一幅速摹草图，41.5cm × 25.5cm，1897年作，私人收藏

既具民族性又具普遍性的主题系列中对于“身体，土地和历史”主题的演绎；3. 对于外国影响的领会吸收，从素描、油画转向中国水墨。

这一规划考量无论在形成渠道还是目标设定方面都十分出色和明确。徐悲鸿意图建筑起一件典范的作品，它能有助于在他周围聚集起一群艺术家、一个流派。他也必须挺身成为在中国和法国的领导者。1933 年那张照片上面，徐悲鸿现身中国留法艺术学会的成员中间，如此就归结出徐悲鸿和其同胞们一起时，经由中国学生留学巴黎高美的这一成功现象而受到景仰和上升的地位。

中国在 20 世纪初对于西方的兴趣，也引出一股至少是部分地在文化和艺术层面推行西方化的发展倾向，在现代化的进程中甚至还纳入了一种较为突兀的文化同化形式。在这一对中国革命起到重要作用的历史进程中，留洋的学生们在催发新思想、新书写和新绘画模式的规划中扮演了运筹帷幄的角色。然而，相较一个简单的，对于外国接收和模仿的程式循环，中国艺术家们还是能沿用一些被精心选取并引入的技术和美学要素，来为中国自身的一些规范目标所用。这一取舍和民族化的工作，在 20 年代和 30 年代有所增多。在艺术上，比如通过“回归秩序（retour à l' ordre）”这样一股潮流，似乎有必要重回中国水墨，即便这方面创作实践还是凭靠在西方所学获的知识方法（素描、色彩、现实画、解剖、人体、历史题材等）。

在这一视野中，我们认为学院派艺术，主要为现实主义和自然主义的流派，也包括当时的各种变化风格，在中国艺术现代化的过程中，应被视作一个重要元素。巴黎高美定格了中国艺术家在法潮流的重要一部分。冒着打破历史围障一角的危险[30]，我们认为这一在波拿巴街、在 1910 年到 1950 年之间兴盛的中国留学现象，更多是滋养了一种人道主义的美学观念。

注释：

① 摘自学生 FAN YING 的个人档案资料，他是第二位注册入读巴黎高美的中国学生。来自法国国家档案材料，高等美术学院档案编号 AJ/52 1183。

② 容闳是 19 世纪时赴国外学习的中国第一人。1915 年他以中文发表题为《西学东渐记》的著作，详述了他在美国的生活，从中能看到“西学”这一名称，以及从日本发源的“东渐”（渐向东方）的说法。

③ 蔡元培．华法教育会之意趣(1916年3月29日于巴黎)[M]. 高平叔．蔡元培全集：第2卷．北京：中华书局，1984: 414-416.

④ 蔡元培．《学风》杂志发刊词 [M]. 高平叔．蔡元培全集：第 2 卷．北京：中华书局，1984: 338.

⑤ *Le Journal de Shanghai*（《法文上海日报》），1927 年至 1940 年在中国刊行，是在远东代表法国利益的喉舌机构。法国国家图书馆网站可查，在上海徐家汇的前耶稣会藏书楼中则保存有书面文档。

⑥ 19 世纪时，中国的大多数天主教传教士都是法国人，他们从法国方面得到认可，拥有对天主教社群的保护权。

⑦ 援引自 1937 年 M. Grobois 题为“Le problème de la langue française en Chine”的报告。J. Weber (éd.). La France en Chine (1843-1943)[M]. Nantes: Presses académiques de l'ouest, 1997: 108, 128.

⑧ 李超士．演讲法国美术 [J]. 申报，1919-12-25: 3.

⑨ A. Warnod., Comoedia, 27 janvier 1925；安德烈·瓦尔诺德（André Warnod）在《现代的艺术，巴黎的学校》（*L' art d' à présent - L' École de Paris*）一文中创立了“巴黎画派”的名称。他同时指出：“美术学院的教学简直让人不报希望（l' École des Beaux-Arts offre un enseignement sans espoir）。”

⑩ B. Labat-Poussin, C. Obert. Archives nationales. Archives de l' École nationale supérieure des beaux-arts. Paris: Centre historique des archives nationales, 1998. Sous-série AJ/52: École nationale supérieure des beaux-arts.

Sun Chun-mei(来自台南大学)撰写过一张《1911 至 1950 年间留学法国的中国艺术家名单》，部分内容发表于同名展览画册《在巴黎的中国艺术家》（*Artistes chinois à Paris*），2011 年，第 236—237 页。

⑪ 先期的研究没有一个详细分析过战后——也就是 1945 至 1957 年——档案编号为 AJ/52 1353 画室的学生名单，此份档案之前还有编号为 AJ/52 248 的材料，记录更早的就学情况。

⑫ 比起画室的注册名单而言，预备班中的注册名单有更多的断裂而不齐全，需要综合 AJ/52 572、AJ/52 573 和 AJ/52 973 等多份文件来查看。

⑬ 存在两类名单：一是年度摘要性的绘画、雕塑类以及预备班部分的到课表格（如 1910 到 1921 年间的 AJ/52 473）；二是每个画室自有的签到名单，按周进行考量［如 AJ/52 556，是苏弗尔皮（J. Souverbie）画室的到课情况］。

⑭ 巴黎高美实际不向艺术家颁发文凭（这与建筑师的情况相反），官方竞考录取也与注册入画室学习并无关联。其入学机制迄今仍让相当一部分外国学者感到费解。人们怎能在一所精英院校实践十年以上的，而不取得一张文凭呢?

⑮ 四个画室中，每个都有三十余名学生学习。雕塑的学习人数则较少。加上预备班的人数，学院在绘画和雕塑系共接收百名左右学生；学院对面则有成千名建筑系的学生（须知巴黎高美曾是一所建筑学院），他们大多数分散在校外的创作室中。

⑯ 中国留法艺术学会（l' Association des artistes chinois en France）启事 [J]. 艺风：卷一，1933-8-31.

⑰ 《平静》或《渔村暴风雨之后》，作于 1923 年，后遗失，作品的风格延续吕西安·西蒙的一路创作方式。复制图见于朗绍君编撰《中国名画家全集——林风眠》．石家庄：河北教育出版社，2002: 44.

⑱ Exposition chinoise d' art ancien et moderne, organisée sous le patronage du Commissaire général de la République à Strasbourg et du Ministre plénipotentiaire de Chine en France, Palais du Rhin mai – juillet 1924[R]. Reliure inconnue, 1924.

⑲ 关于斯特拉斯堡的展出，柯律格（Craig Clunas）的评述在我们看来很值得探究，具体来说就是因为他既对中国学生大量留学巴黎高美的情况并不知情，同时也不熟悉斯特拉斯堡当时在法国的民族谋划中所具有的特殊位置。莱茵宫（Le Palais du Rhin）这个展出地，在一战后充当了巴黎高美的联络地的角色，尤其建筑师在其中十分活跃。参阅 C. Clunas. Chinese Art and Chinese Artists in France (1924-1925)[J]. Arts asiatiques, 1989, 44: 100-106.

⑳ 徐悲鸿笔战详文《惑》及其后续，自 1929 年 4 月 22 日起刊发于《美展》杂志。

㉑ Exposition de la peinture chinoise – Exposition d'art chinois contemporain: Paris, Musée du Jeu de Paume, mai-juin 1933, organisée par le Musée des écoles étrangères et contemporaines à Paris.

㉒ 徐悲鸿．徐悲鸿自述 [M]. 悲鸿随笔．南京：江苏文艺出版社，2007: 12-13. 徐悲鸿每周日都会去讷伊的帕斯卡·达仰－布弗莱家里拜访。

㉓ 近年来有学者对这一理念做了专门阐述，参见 M. Espagne. La notion de transfert culturel. Revue Sciences/Lettres [En ligne], 2013, 1.

㉔ 1917 年，徐悲鸿在东京曾遇见中村不折（Nakamura Fusetsu），这位画家在朱利安画院学习过。

㉕ 一个广泛得到认可的例子就是徐悲鸿画的“马”系列，中国的“写意”和西方的“写实”实现了谐调一致。

㉖ 对于这一儒家思想和基督教传统之间的关系，我们想到的是“人”和他的牺牲。在徐悲鸿理念中，“悲天悯人”的概念，尤在艾中信的评著中得到赞赏，详见艾中信．徐悲鸿研究 [M]. 上海：上海人民美术出版社，1984: 43-44.

㉗ 20 世纪 20 年代的罗马大奖作品与徐悲鸿早期的油画作品相对照，有十分显著的相似之处：前者有艾米尔·波姆（Emile Beaume）所画的《圣安东尼的殉葬》（L' Ensevelissement de Saint Antoine，1921 年），或者皮埃·杜考·德拉埃（Pierre Ducos de la Haille）所画的《幸运和富足女神走出农耕地头》（La Fortune et l'Abondance sortant du sillon creusé par le laboureur，1922 年），后者则是徐悲鸿的《奴隶与狮》（1924 年）、《田横五百士》（1928—1930 年）以及《徯我后》（1930—1933 年）。

㉘ Philippe Comar. Figures du corps, une leçon d' anatomie à l' École des beaux-arts de Paris[M]. Paris: Beaux-Arts de Paris éditions, 2008.

㉙ Chang-Ming Peng. Fernand Cormon's Cain: Epic Naturalism In Nineteenth-Century History Painting[G]. Twenty-first-century perspectives on nineteenth-century art: essays in honor of gabriel p. Weisberg. New York: University of Delaware Press, 2008: 238-246.

㉚ 苏利文（Michael Sullivan）的一些先锋论作中，一度将法国对中国的现代性变革的影响降低至最少，也对学院派艺术受到轻视的事实遮掩其辞。徐悲鸿作为画家，被视作法国和学院派艺术的产物，却并未得到文论家的重视。

“He [Xu Beihong] may have been a passionate patriot and a dedicated teacher, but he was not passionate or single-minded, as were Liu Haisu and Lin Fengmian, about the only thing that in the end matters to be a painter-painting itself. As a result, his work is seldom more than merely competent.”参见 M. Sullivan. Art and artists of twentieth-century china[M]. Berkeley: University of California Press, 1996: 72.

《奴隶与狮》画稿

纸本素描
47.5cm × 63cm　1924 年
徐悲鸿纪念馆藏

巴黎国立高等美术学院对所有学生免费教学，一视同仁，唯一区别是校内的罗马大奖竞赛不允许外国学生参加。这张画稿画于 1924 年，是同名油画作品的创作稿，应该是徐悲鸿根据罗马大奖竞赛的要求准备的作品。

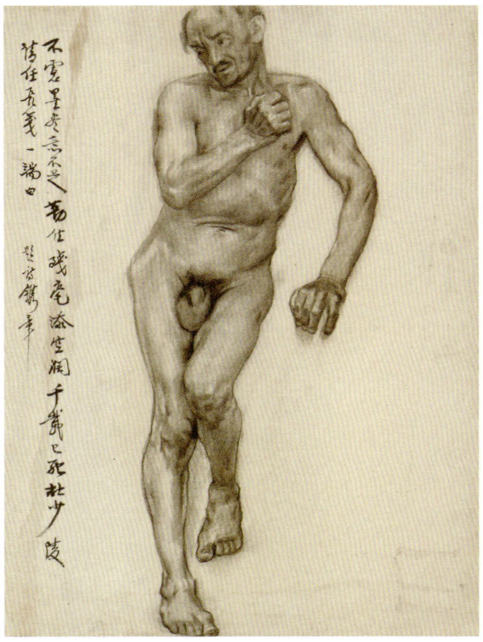

《奴隶与狮》画稿
纸本素描 / 63cm × 47.5cm
20 世纪 20 年代 / 徐悲鸿纪念馆藏

《奴隶与狮》画稿
纸本素描 / 58.5cm × 42cm
20 世纪 20 年代 / 徐悲鸿纪念馆藏

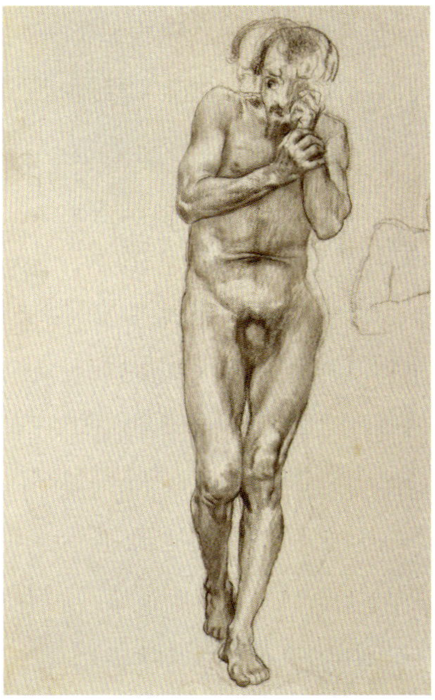

《奴隶与狮》画稿
纸本素描 / 58.5cm × 36.3cm
20 世纪 20 年代 / 徐悲鸿纪念馆藏

狮子

纸本素描

41cm × 62.5cm　1922 年

徐悲鸿纪念馆藏

马夫与马

纸本素描
62.3cm × 47.3cm　20 世纪 20 年代
徐悲鸿纪念馆藏

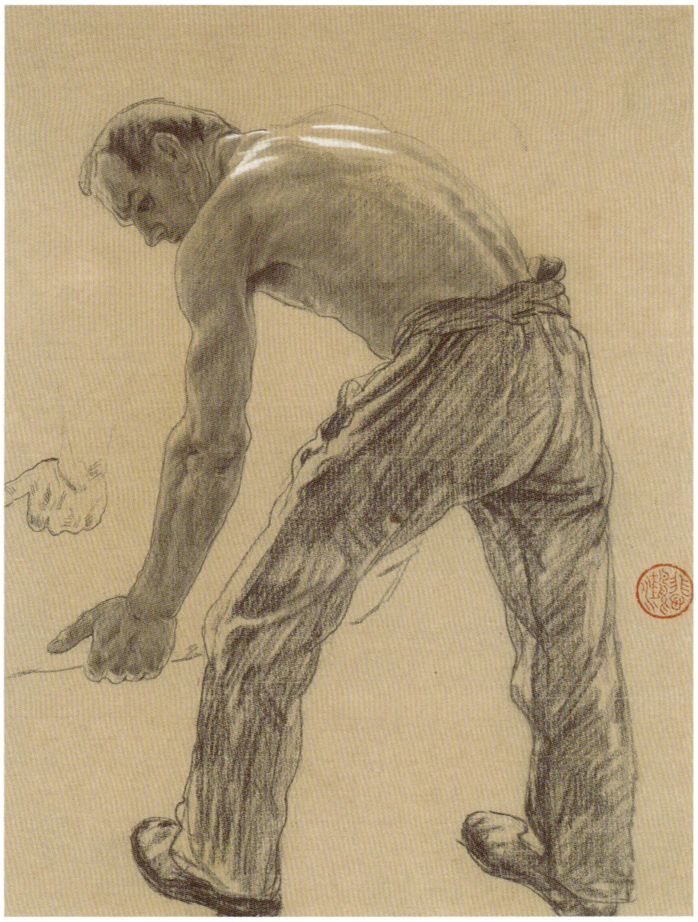

法国工人

纸本素描
49cm × 34cm　20 世纪 20 年代
徐悲鸿纪念馆藏

黑马

纸本素描
38cm × 24.5cm　20 世纪 20 年代
徐悲鸿纪念馆藏
▶

《秦琼卖马》画稿

纸本素描
47.5cm × 62.5cm　1931 年
徐悲鸿纪念馆藏

1928 年夏，徐悲鸿代国民党中央党部招考美术工作人员，出一题为《秦琼卖马》，目的是要求艺术家能够综合驾驭形象。这幅素描似为回应此举而作，同时也含有时局不明而使英雄落魄的寓意。

秦琼卖马的故事见于《隋唐演义》及《说唐》。隋朝末年，时任山东历城县捕盗都头的秦琼，奉公差押解 18 名人犯到山西潞州充军，其中一名人犯在途中发病而死。到了潞州府，刺史蔡大人对照历城县发的公文，向秦琼要 18 名人犯，既不听他的解释也不相信同行犯人的证词，言外之意是秦琼放走了要犯，待查清后才能发给批票回文。等待回文的秦琼，困居潞州客店，很快便身无分文，无奈之下，忍痛卖掉跟随他多年的黄骠马和金装双锏。这是一个英雄落魄的故事，与好马不得人识的意思有很大的相似性。如果说伯乐与九方皋是对识才者的赞美，那么秦琼卖马就是对落魄英才的同情。前者表达的是渴望世有伯乐的理想，后者表达的是世无明君、怀才不遇的愤懑。比较起来，后者更有现实批判性。

《风尘三侠》画稿

纸本素描
32cm × 22cm　1940 年
徐悲鸿纪念馆藏

徐伯阳、金山合编《徐悲鸿年谱》记录，1930 年 12 月 1 日“在《国立中央大学半月刊》发表《风尘三侠》”，这是有关此件作品最早的记录。这张素描稿是为《风尘三侠》中的红拂所做的头像习作，应该是有模特儿的。

“风尘三侠”是对虬髯客、李靖、红拂女三位侠客的合称。初见于唐代传奇《虬髯客传・四》。这个故事在民间特别是戏曲中流传很广。故事说，隋炀帝骄奢淫逸，大臣杨素助纣为虐。身怀大志并深通兵法谋略的李靖，为杨素府中一执红拂的侍婢张氏所倾慕，随之出奔太原。途中红拂女与豪侠虬髯客相识并结为兄妹，于是三骑并马浪迹天涯。后三侠辅佐李世民成就功业。虬髯入扶余国自立为王，李靖做了唐朝的宰相。

有学者认为：“徐悲鸿对《风尘三侠》的兴趣，很可能源于其少年时代看戏或读书的记忆。”（华天雪）

陈散原像

纸本素描

47.5cm × 31cm　1930 年

徐悲鸿纪念馆藏

陈散原像

纸本素描

48cm × 32cm　1928 年

徐悲鸿纪念馆藏

《箫声》画稿

纸本素描

48.5cm × 31.7cm　1924 年

徐悲鸿纪念馆藏

▶

C'est un musicien qui peignit la minute :
Le paysage a l'air de sortir de la flûte.
Fernand Gregh
甲子深秋写碧微镜中 悲鸿

睡

纸本素描
31.5cm × 47.5cm　1924 年
徐悲鸿纪念馆藏

自画像

纸本素描
41cm × 27.5cm　1925 年
徐悲鸿纪念馆藏

自画像

纸本素描
31cm × 23cm　1926 年
徐悲鸿纪念馆藏

自画像

纸本素描
32.5cm × 48.5cm 1922 年
徐悲鸿纪念馆藏

甘地像
纸本素描 / 23.8cm × 19.2cm / 1940 年
徐悲鸿纪念馆藏

甘地像
纸本素描 / 19.3cm × 25.5cm / 1940 年
徐悲鸿纪念馆藏

甘地像

纸本素描
23.8cm × 20cm　1940 年
徐悲鸿纪念馆藏

1940 年 2 月 17 日，经泰戈尔介绍，徐悲鸿会见甘地，并为甘地作黑垩笔画《甘地像》，甘地高兴地在画上签了名。

泰戈尔像

纸本素描
25cm × 19.5cm　1940 年
徐悲鸿纪念馆藏

泰戈尔像
纸本素描 / 23.2cm × 19cm / 1940 年
徐悲鸿纪念馆藏

泰戈尔像
纸本素描 / 25cm × 19.5cm / 1940 年
徐悲鸿纪念馆藏

泰戈尔像
纸本素描 / 46.3cm × 33.5cm / 1940 年
徐悲鸿纪念馆藏

泰戈尔后院

纸本素描
19.4cm × 25.5cm　1940 年
徐悲鸿纪念馆藏

徐夫人廖静文像

纸本素描
21.5cm × 14.5cm　1943 年
徐悲鸿纪念馆藏

徐夫人像

纸本素描
36cm × 27.5cm　1943 年
徐悲鸿纪念馆藏

荀富荣像

纸本素描
37cm × 26.5cm　1950 年
徐悲鸿纪念馆藏

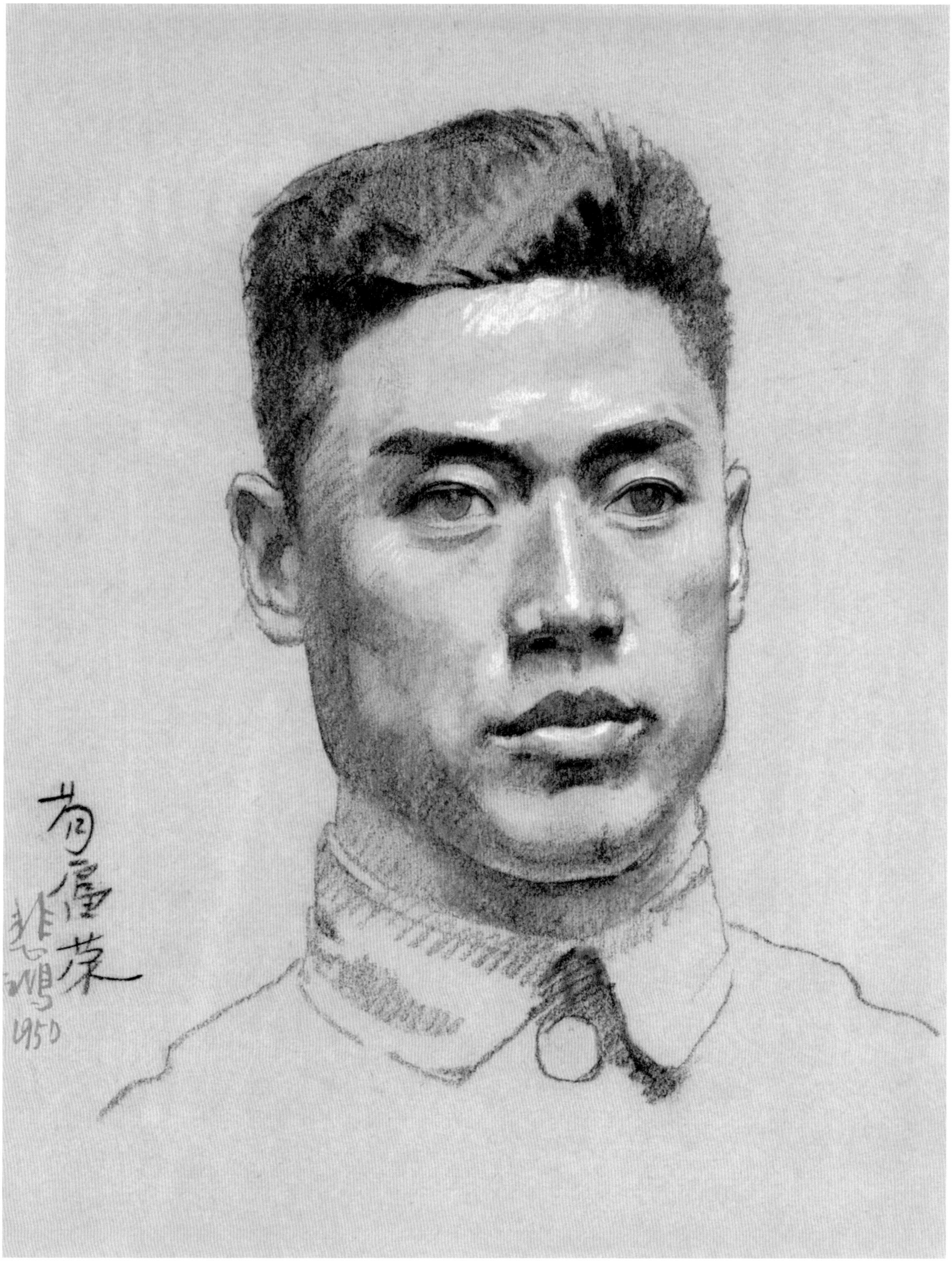

曲以祯像

纸本素描
42cm × 30cm　1950 年
徐悲鸿纪念馆藏

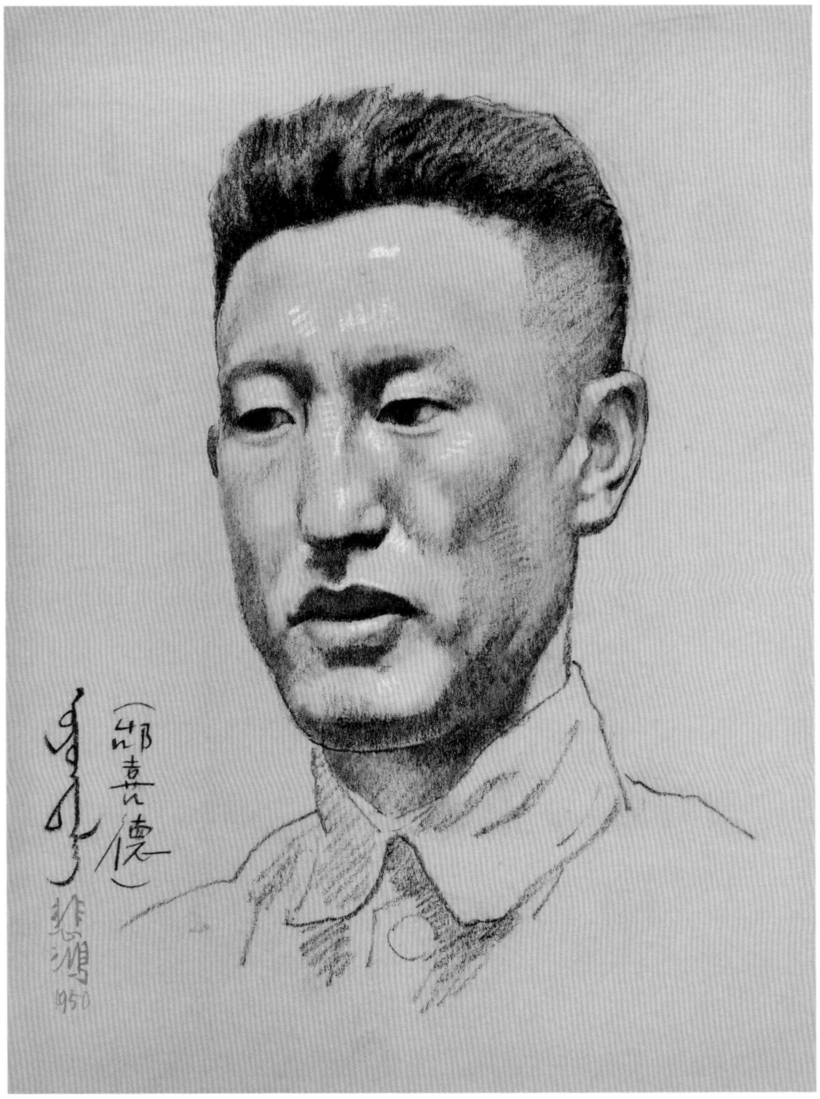

邰喜德像

纸本素描
37.5cm × 28cm　1950 年
徐悲鸿纪念馆藏

赵国有像

纸本素描
42cm × 29.8cm　1950 年
徐悲鸿纪念馆藏

李长林像

纸本素描
37.5cm × 27.5cm　1950 年
徐悲鸿纪念馆藏

贺敬德像

纸本素描

29.2cm × 23.5cm　1951 年

徐悲鸿纪念馆藏

两年极严格之素描仅能达到观察描写造物之静态，而捕捉其动态，尚须以积久之功力，方克完成。

素描为一切造型艺术之基础，但常常了事，仍无功效，必须有十分严格之训练，积稿千百纸方能达到心手相应之用。

——《新国画建立之步骤》，据北平记者招待会书面发言、传单整理，
1947 年 10 月，王学仲教授供稿

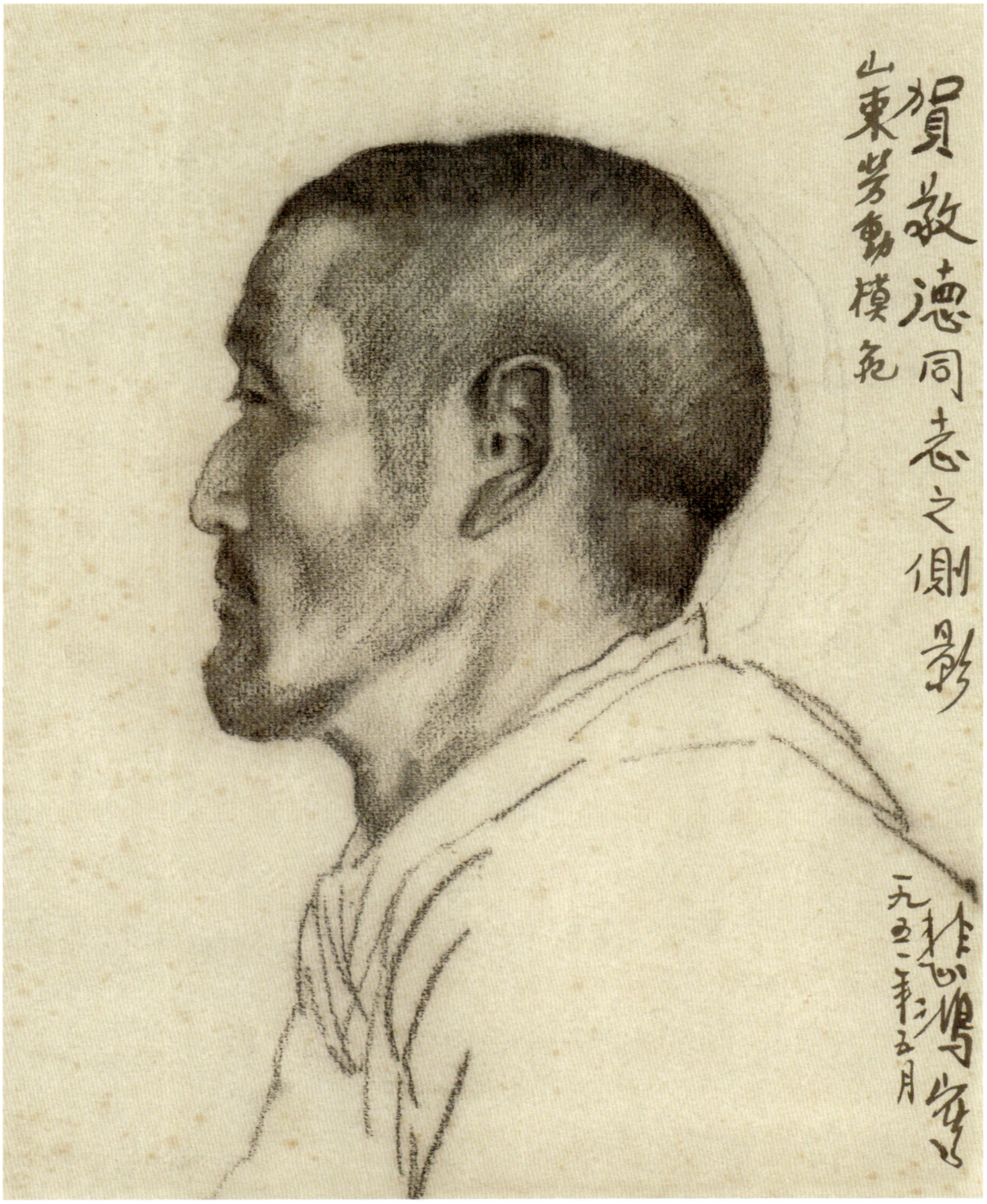

任继东像

纸本素描
31cm × 25cm　1950 年
徐悲鸿纪念馆藏

李长发像

纸本素描
25.5cm × 18.5cm　1950 年
徐悲鸿纪念馆藏

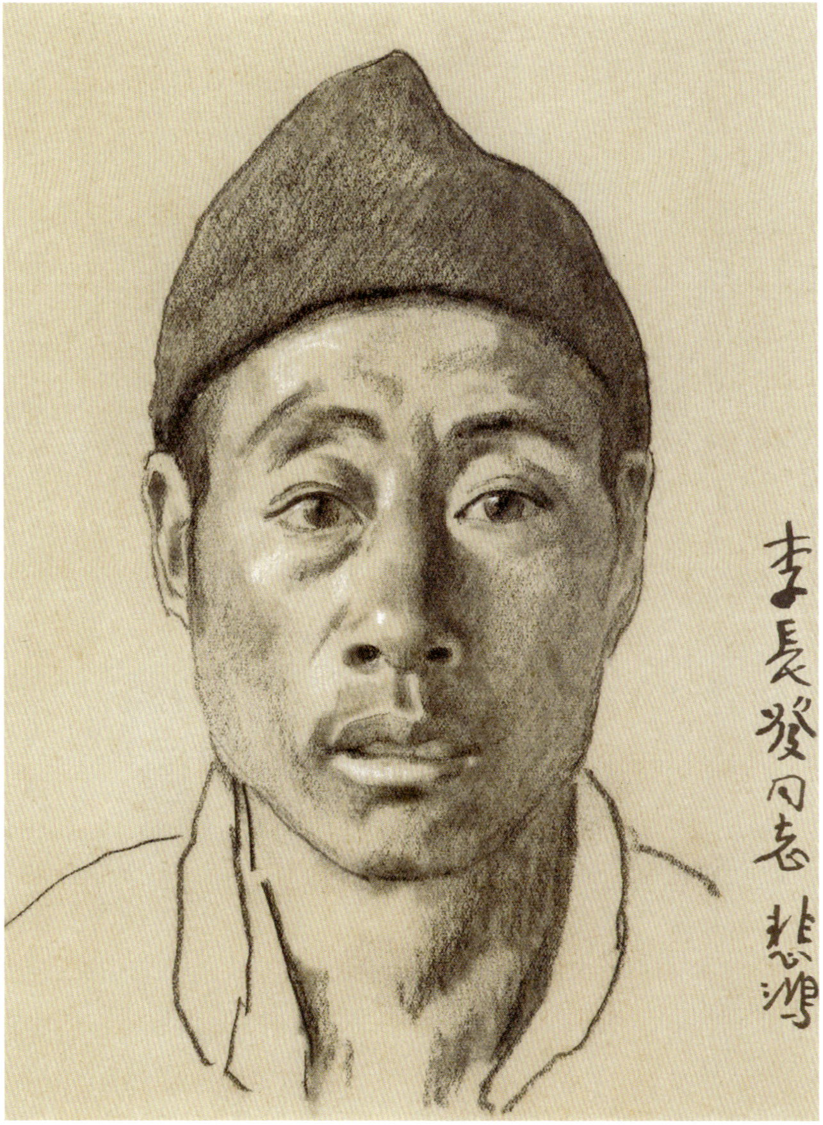

鲁迅与瞿秋白

纸本素描
63cm × 48cm　1950 年
徐悲鸿纪念馆藏

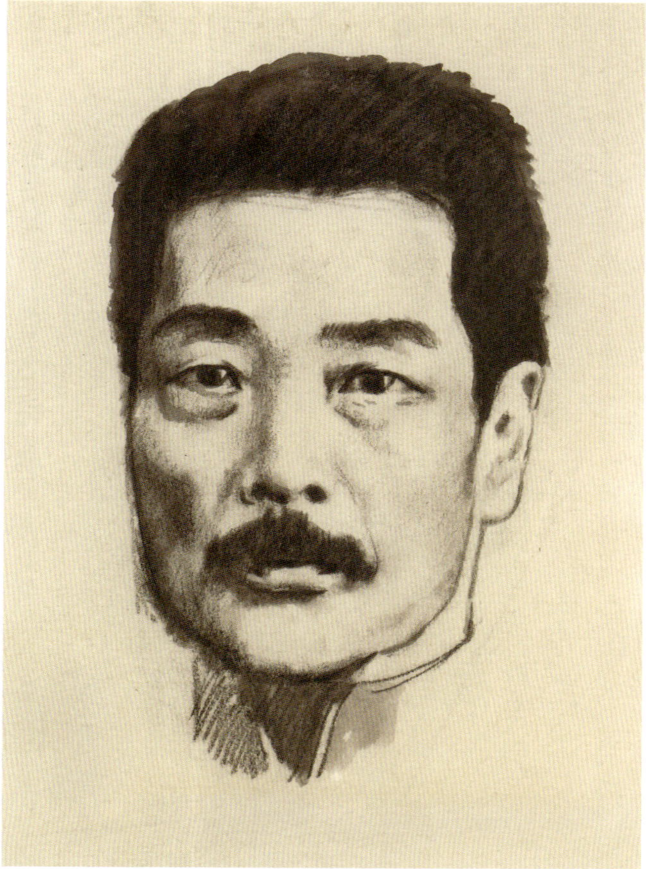

鲁迅头像
纸本素描 / 35cm × 25cm / 1952 年
徐悲鸿纪念馆藏

《鲁迅与瞿秋白》画稿
纸本素描 / 34.5cm × 48cm / 1951 年
徐悲鸿纪念馆藏

秋白後魯迅年紀小十七歲
穿秋衣
根据许广平同志谈话 秋白与鲁迅会见时穿華装
原定尺寸改变

儒雅沉雄

对徐悲鸿书法的认识，一般常见于他作品的题跋，很少看到他单独的书法作品，为此，本章呈现徐悲鸿各时期各种形态的书法精品，主要包括楹联、信札、诗词书法等，同时还收录徐悲鸿常用印章三十六枚，以方便学界及公众对徐悲鸿书法艺术有一个综合而全面的了解。

徐悲鸿自七岁起跟随父亲徐达章习字，二十一岁成为康有为的入室弟子，在康氏家中遍览名碑，深受康氏书法及书学主张影响。又因其早年随父习帖，故并不囿于碑学，进而取法帖学，碑帖互用而相合的书风之路，使徐悲鸿的书体将行草的洒脱妙曼一变而为儒雅，将篆隶的浑厚端庄一变而为沉雄，进而自成一家。

作为 20 世纪上半叶文艺界的重要人物，徐悲鸿的社会交往极为丰富，文艺活动也非常频繁，他与社会各界著名人士之间的书信往来，无论其内容还是书体，一直深深吸引学界和公众的浓厚兴趣，此次从多家学术机构借得徐悲鸿与友人的信札，其中大多为首次公开出版。这批信札不但可从生活化的视角呈现鲜活的悲鸿形象，尤其具有极高的艺术价值和文献价值，从中可见 20 世纪上半叶知识分子的社会习性和文化人之间的交往风气。

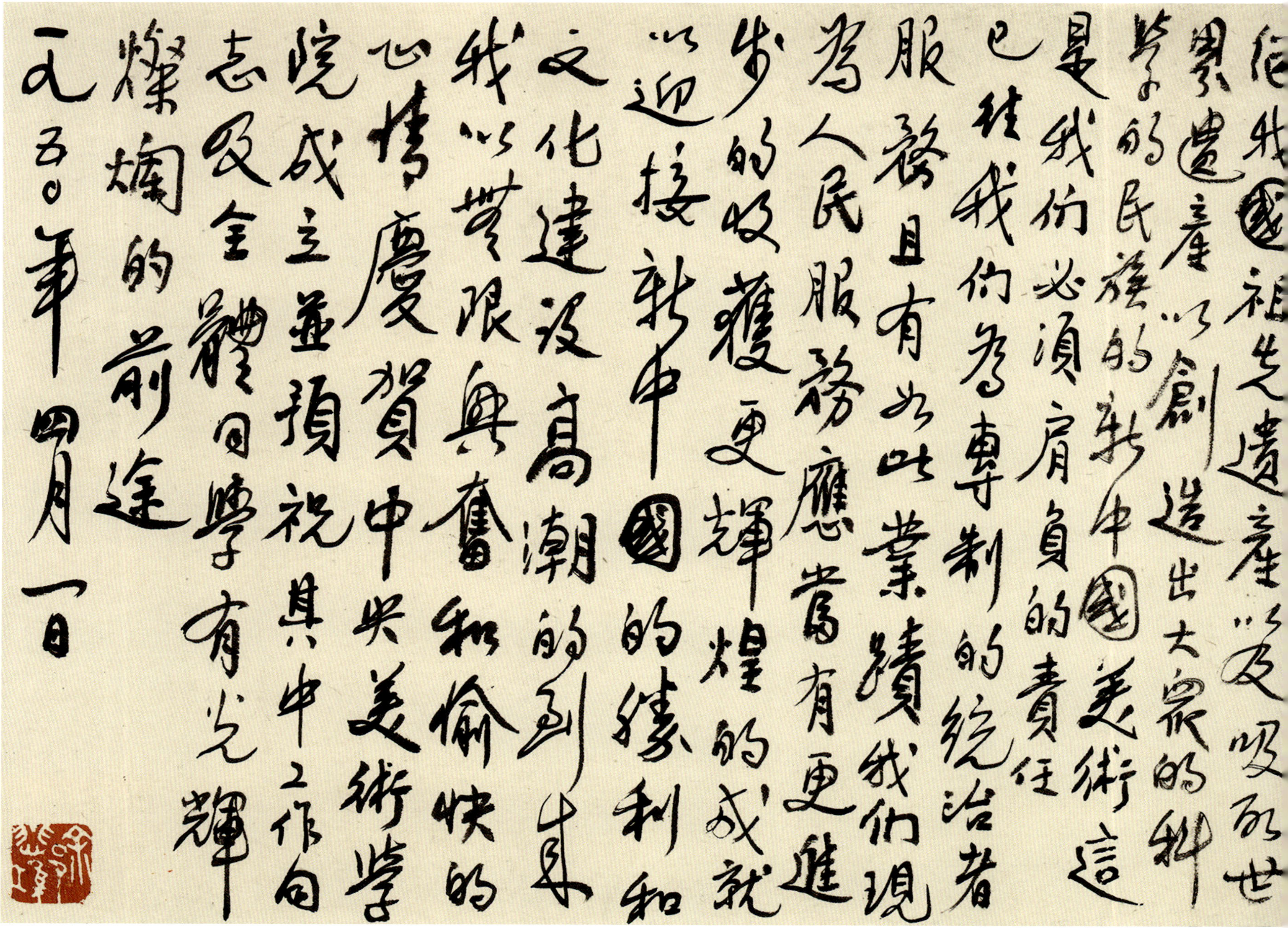

中央美术学院成立献辞

纸本墨笔
33cm × 94cm　1950 年
徐悲鸿纪念馆藏

钤印：
徐悲鸿（白文方印）

释文：
中央美术学院成立献辞
徐悲鸿

我国数千年受专制封建长期统治，人民自无幸福可言，但在文化部门造形（型）美术上是有成绩的，当然这是劳动者的成绩。诚如周扬同志所说：皇宫虽是皇帝要盖的，但它是由劳动人民的手造成的。我以为对于我国文化，大半可以用如此看法。

现在人民做了主人，一切为人民服务。毛主席指示我们首先应为工农兵服务，因为世界是他们创造的。我们又有共同纲领：“启发人民的政治觉悟，鼓励人民的劳动热情。”方向明确，我们再来整理、批判、承继我国祖先遗产，以及吸取世界遗产，以创造出大众的、科学的、民族的新中国美术。这是我们必须肩负的责任。

已往我们为专制的统治者服务，且有如此业绩，我们现为人民服务，应当有更进步的收获、更辉煌的成就，以迎接新中国的胜利和文化建设高潮的到来。我以无限兴奋和愉快的心情庆贺中央美术学院成立，并预祝其中工作同志及全体同学有光辉灿烂的前途。

一九五〇年四月一日

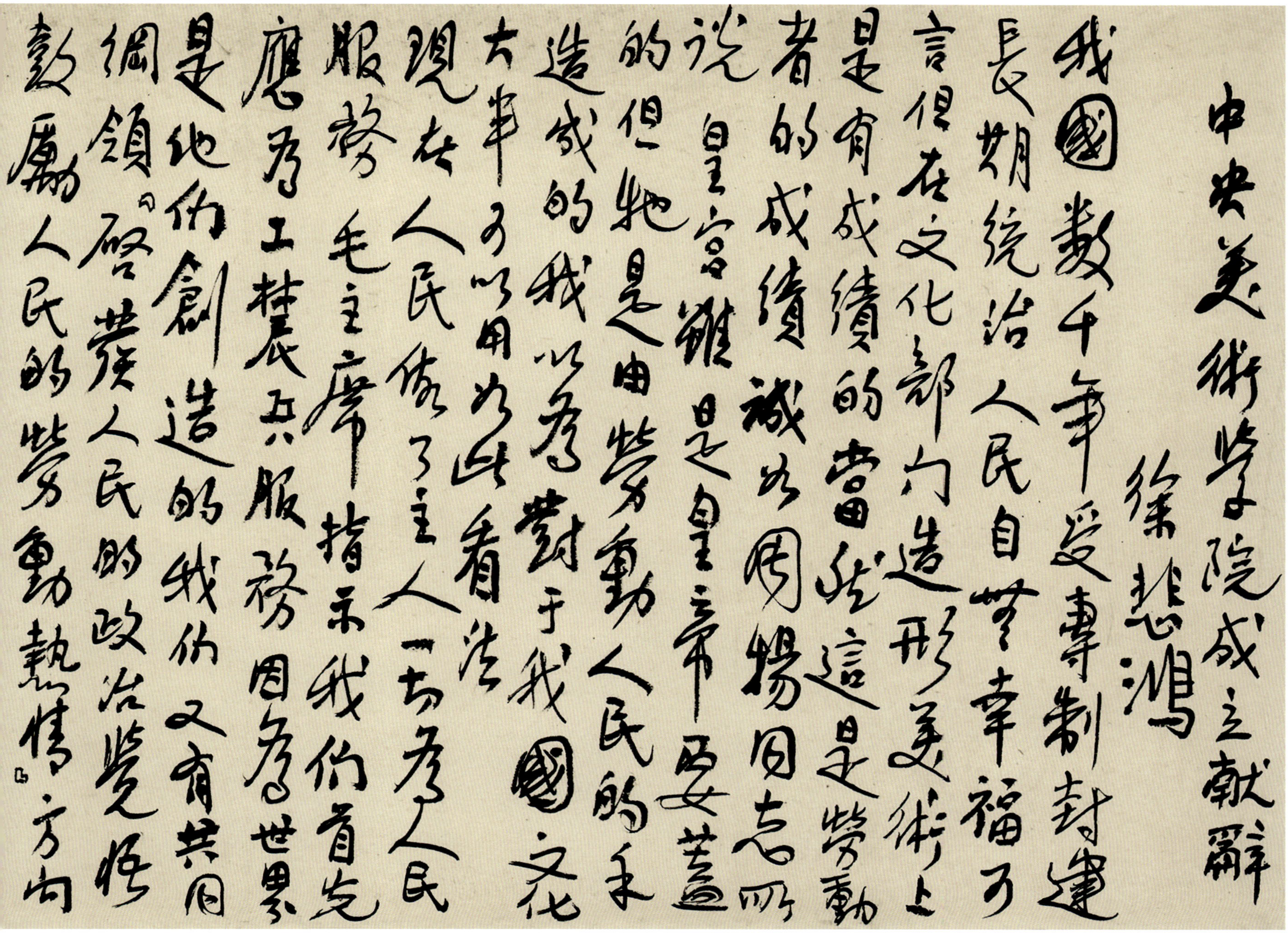
中央美術學院成立獻辭
徐悲鴻
我國數千年受專制封建
長期統治人民自無幸福可
言但在文化部門造形美術上
是有成績的當然這是勞動
者的成績以周揚同志所
說皇宮雖是皇帝要蓋
的但牠是由勞動人民的手
造成的我以為對于我國藝
大半可以用此看法
現在人民做了主人一切為人民
服務毛主席指示我們首先
應為工農兵服務因為世界
是他們創造的我們又有共同
綱領啟發人民的政治覺悟
鼓勵人民的勞動熱情方向

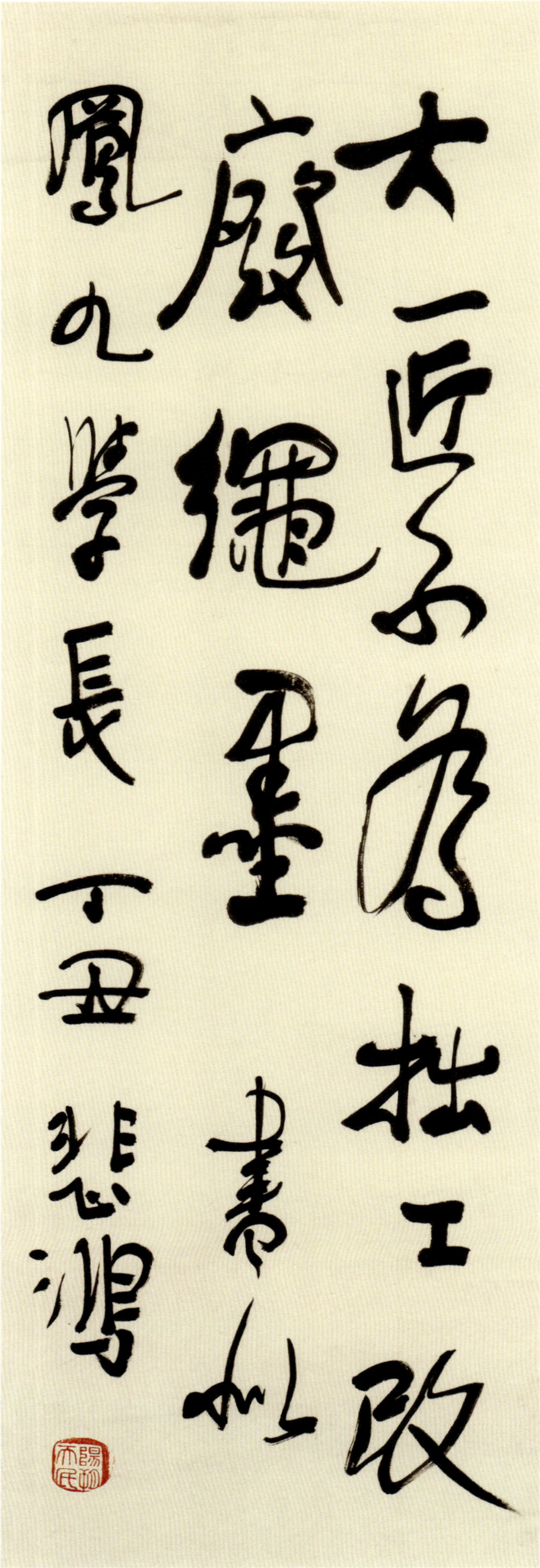

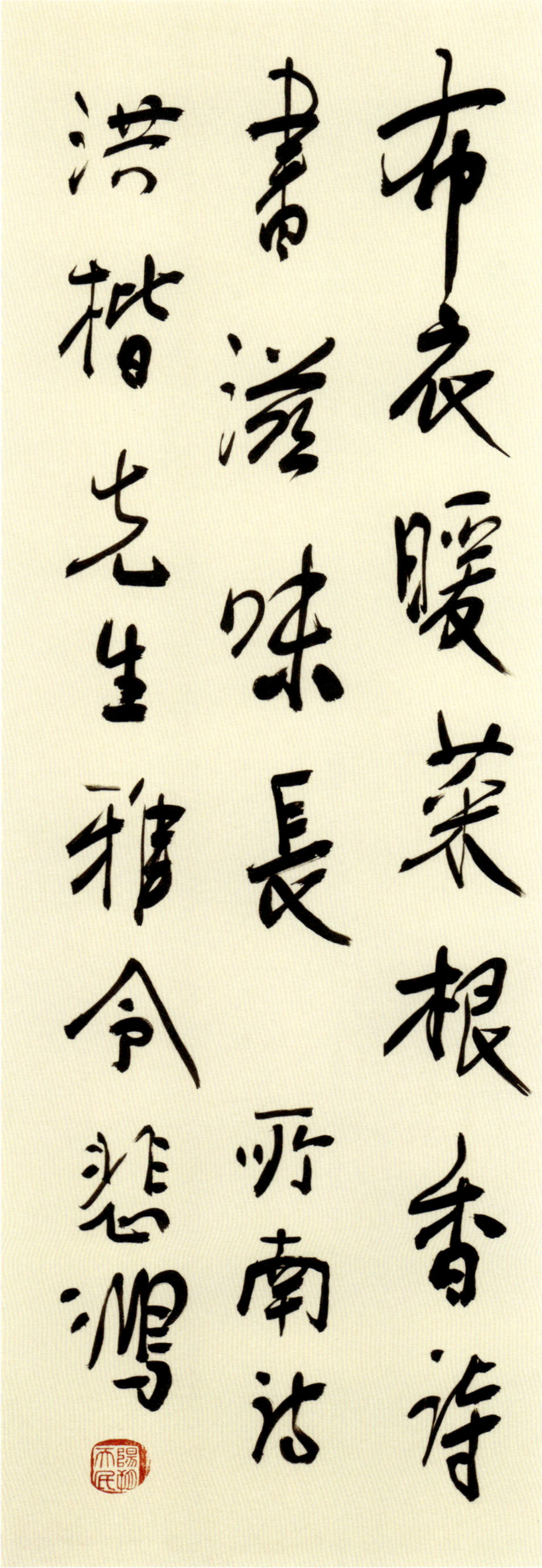

行书

纸本墨笔

100cm × 34cm　1937 年

徐悲鸿纪念馆藏

释文：

大匠不为拙工改废绳墨。书拟凤九学长。

丁丑。悲鸿。

钤印：

阳朔天民（朱文方印）

行书（所南翁诗）

纸本墨笔

102cm × 35cm　年代不详

徐悲鸿纪念馆藏

释文：

布衣暖，菜根香，诗书滋味长。

所南诗。洪楷先生雅令。悲鸿。

钤印：

阳朔天民（朱文方印）

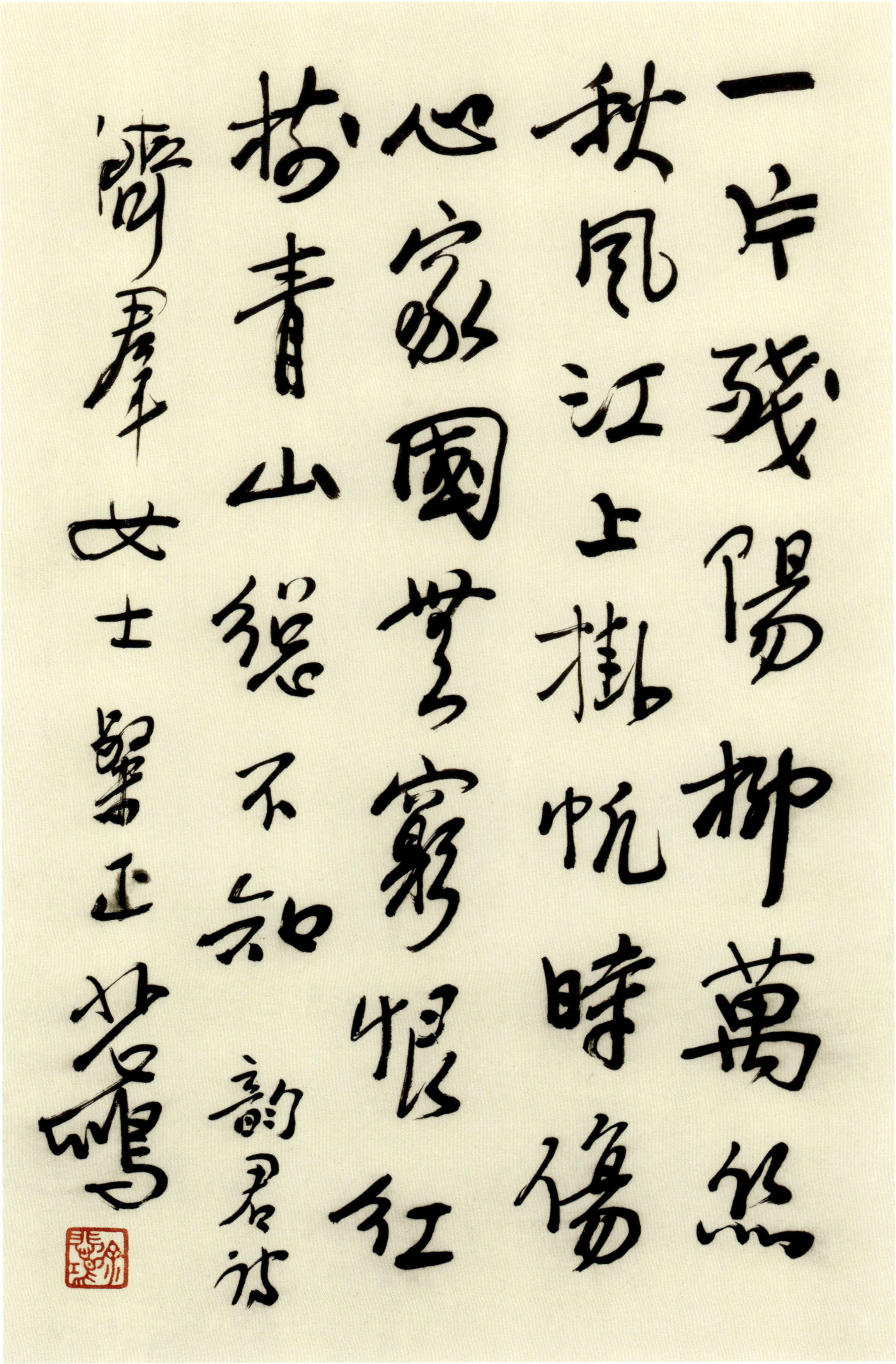

行书

纸本墨笔
61cm × 39cm　年代不详
徐悲鸿纪念馆藏

释文：
一片残阳柳万丝，秋风江上挂帆时。伤心家国无穷恨，
红树青山总不知。
韵君诗。济群女士粲正。悲鸿。

钤印：
徐悲鸿（朱文方印）

行书（为人民服务）

纸本墨笔
119cm×59cm **20** 世纪 **50** 年代
徐悲鸿纪念馆藏

释文：
全心全意为人民服务。
悲鸿。

钤印：
徐悲鸿（白文方印）

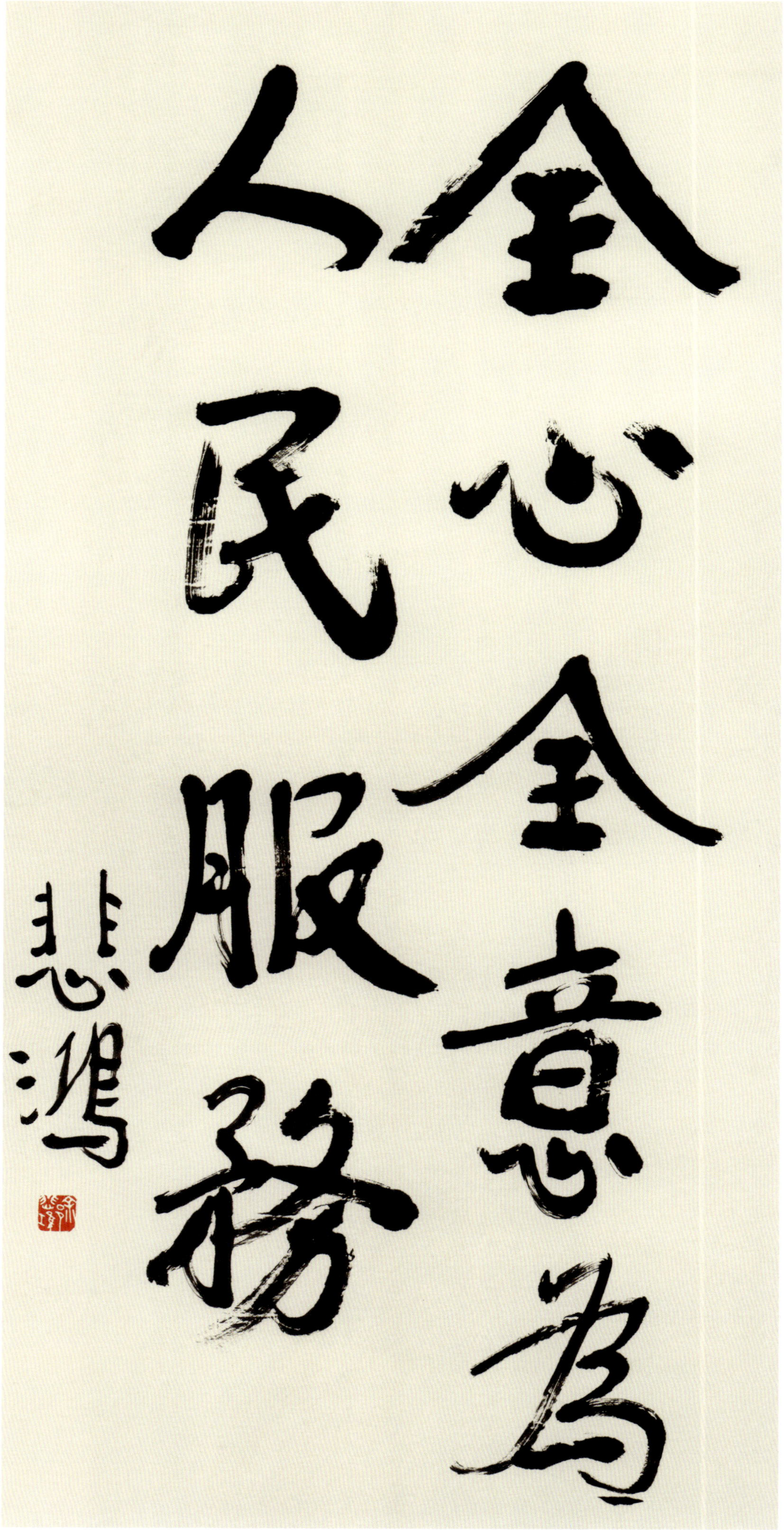

五言对联

纸本墨笔
107cm × 25cm × 2
年代不详
徐悲鸿纪念馆藏

释文：
一怒定天下，千秋争是非。
承泉先生正书。
悲鸿集明人句。

钤印：
独与天地精神往来（白文方印）
其声无以散（白文方印）
吞吐大荒（白文方印）
悲鸿（朱文方印）
悲鸿之印（白文方印）

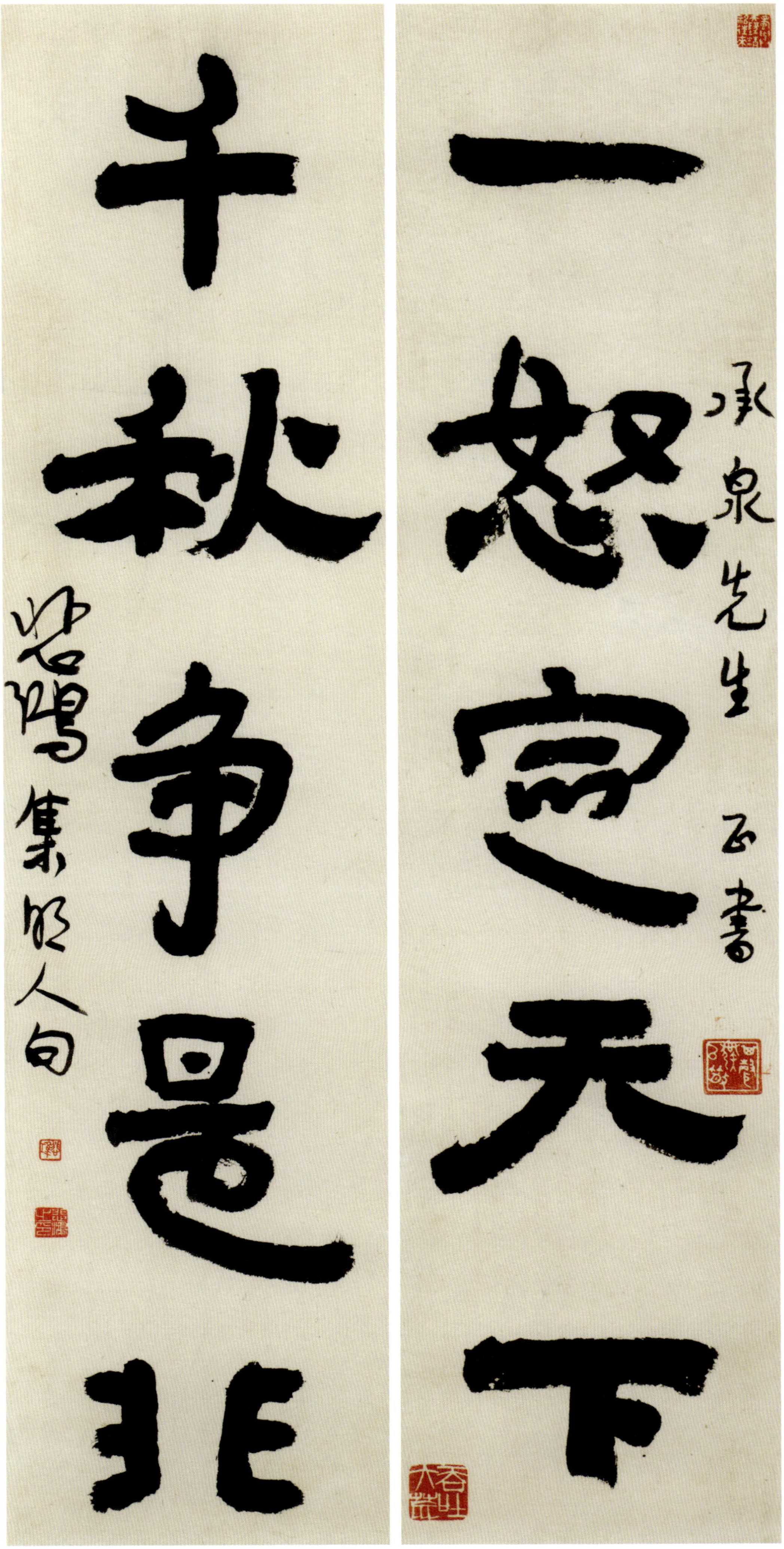

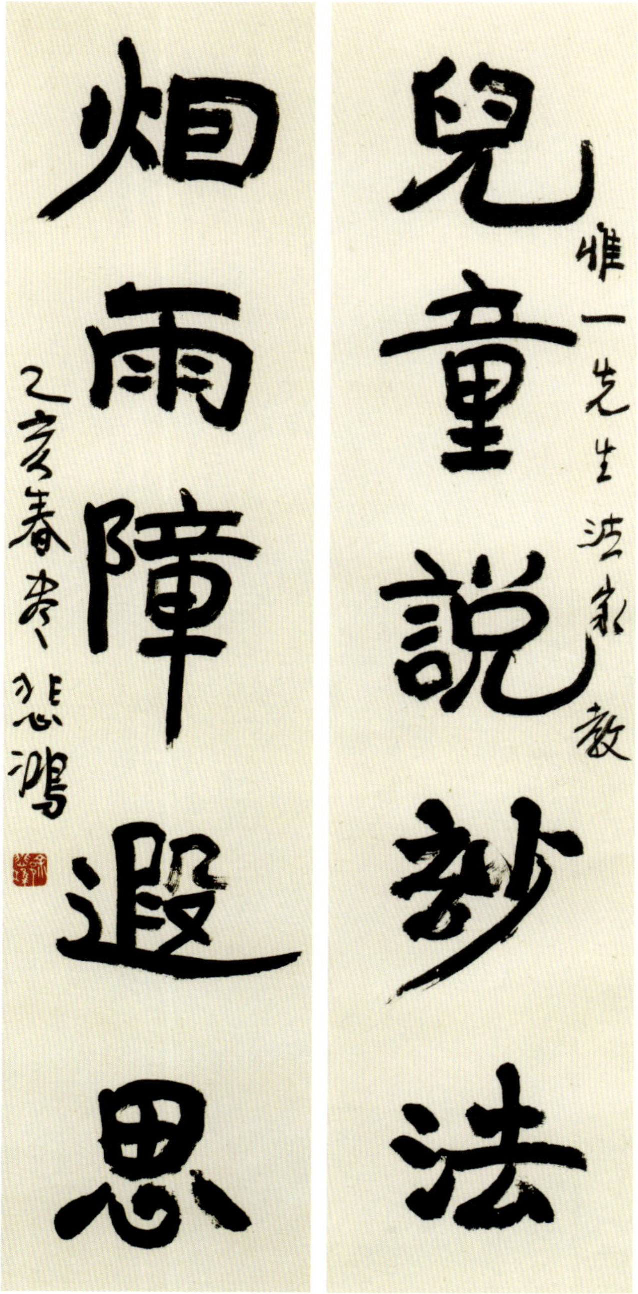

五言对联

纸本墨笔

111cm × 26cm × 2　1935 年

徐悲鸿纪念馆藏

释文：

儿童说妙法，烟雨障遐思。

惟一先生法家教。

乙亥春尽。悲鸿。

钤印：

徐悲鸿（白文方印）

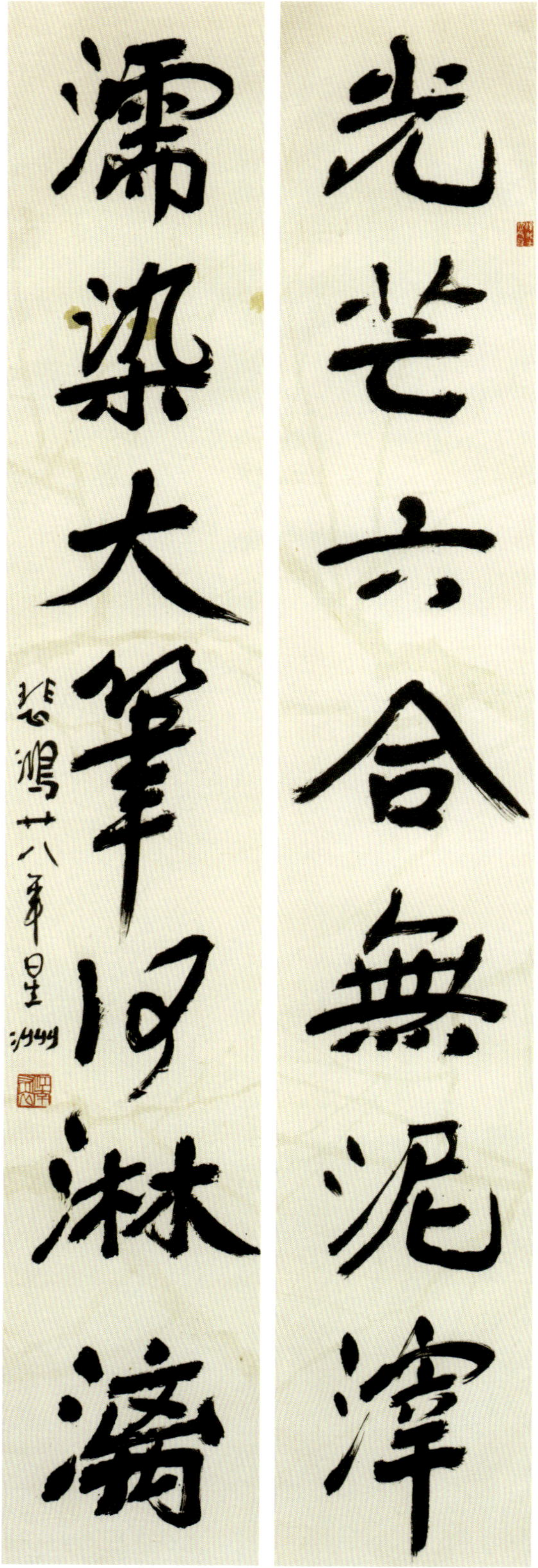

七言行草联

纸本墨笔

216cm × 36cm × 2　1939 年

徐悲鸿纪念馆藏

释文：

光芒六合无泥滓，濡染大笔何淋漓。

悲鸿廿八年星洲。

钤印：

谓我士也罔（白文长方印）

江南布衣（朱文方印）

书鲁迅语联

纸本墨笔
132cm × 32cm × 2　年代不详
徐悲鸿纪念馆藏

释文：
横眉冷对千夫指。俯首甘为孺子牛。
悲鸿书鲁迅语。

钤印：
徐悲鸿（白文方印）

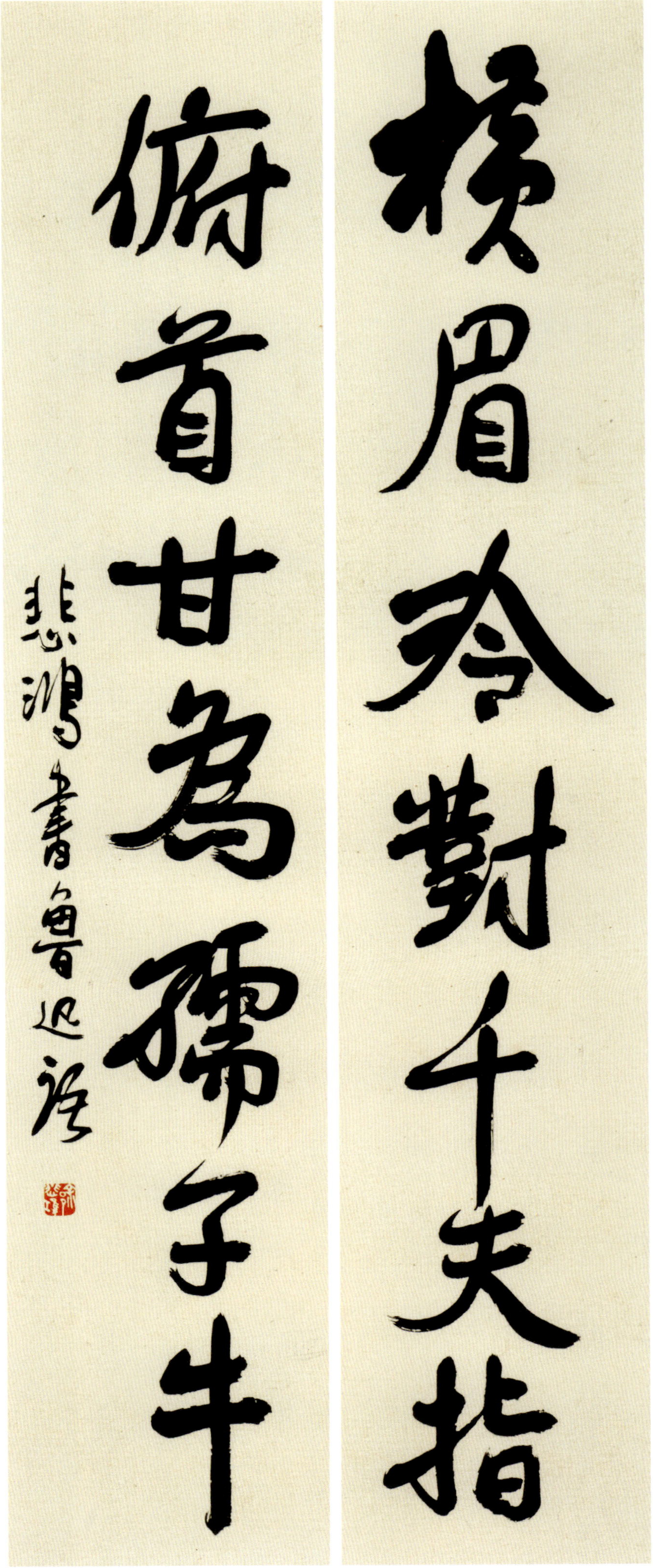

徐悲鸿致白蕉信

私人藏

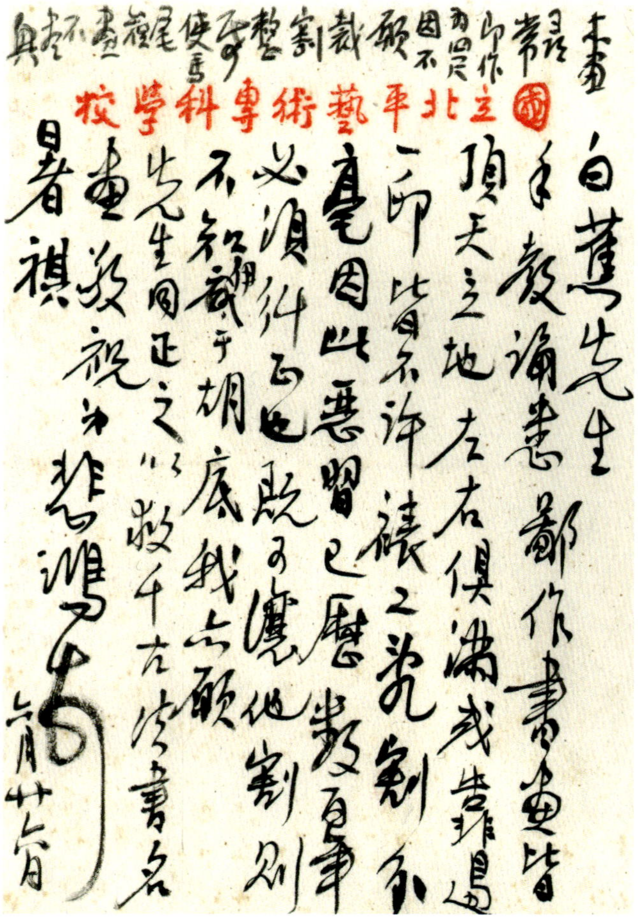

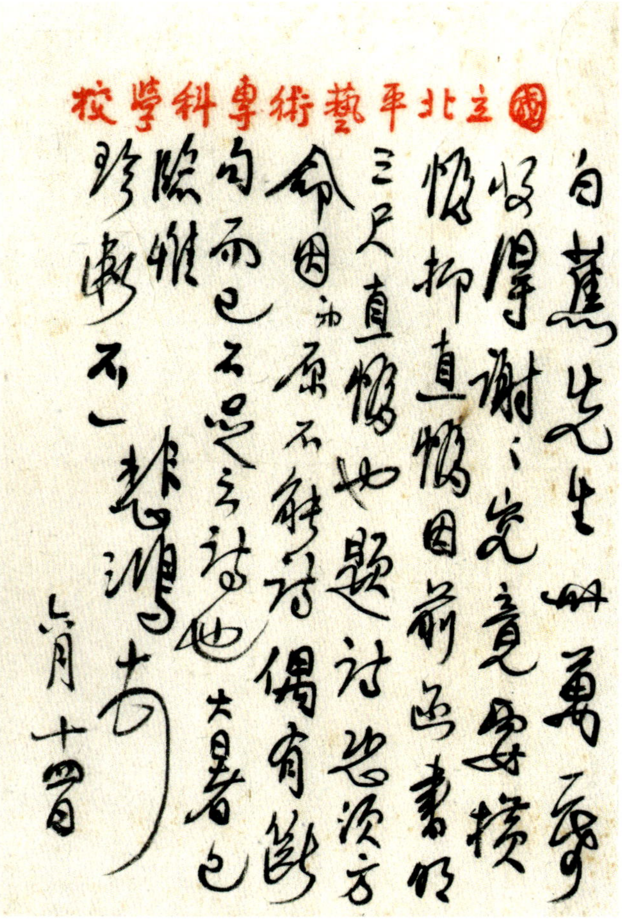

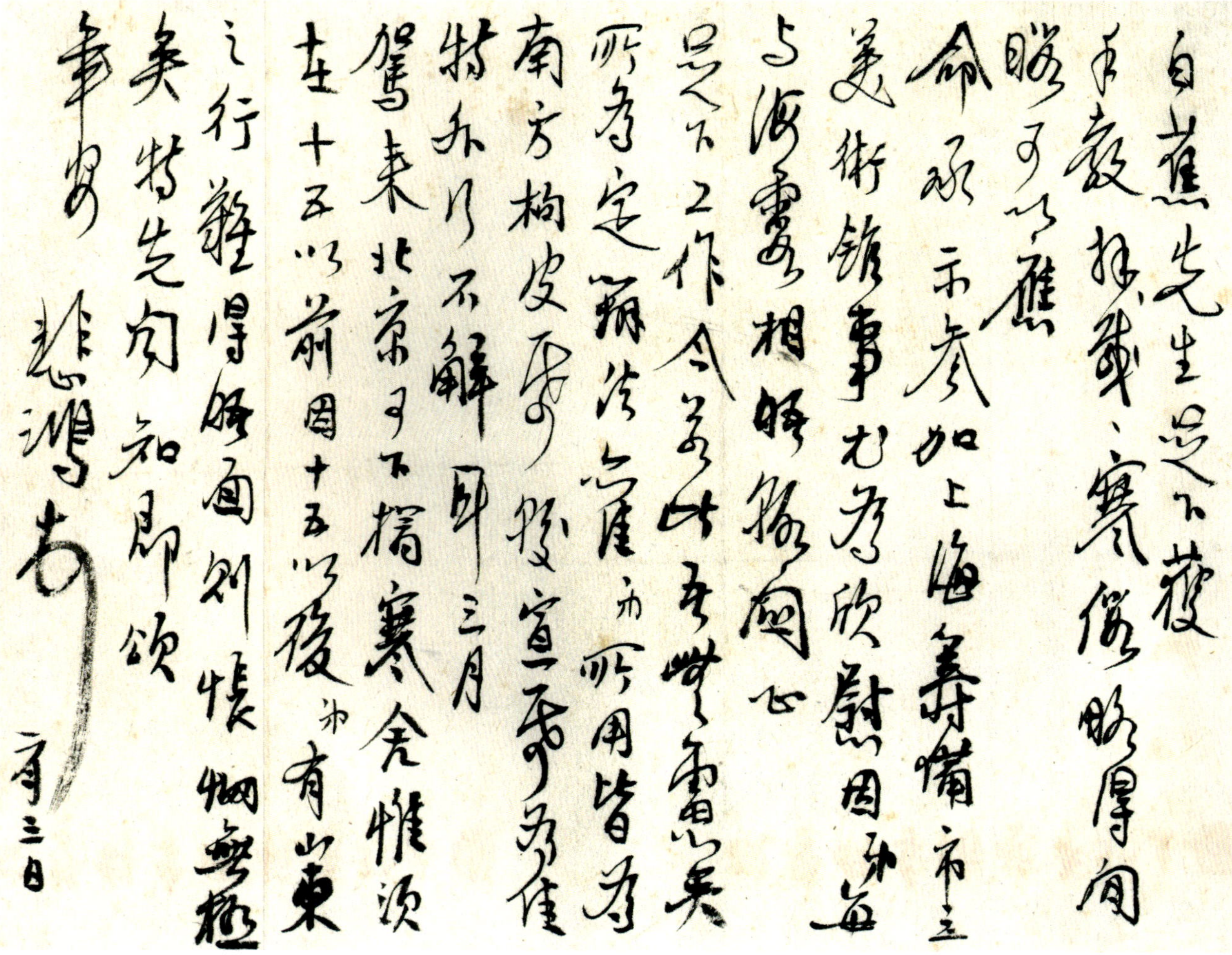

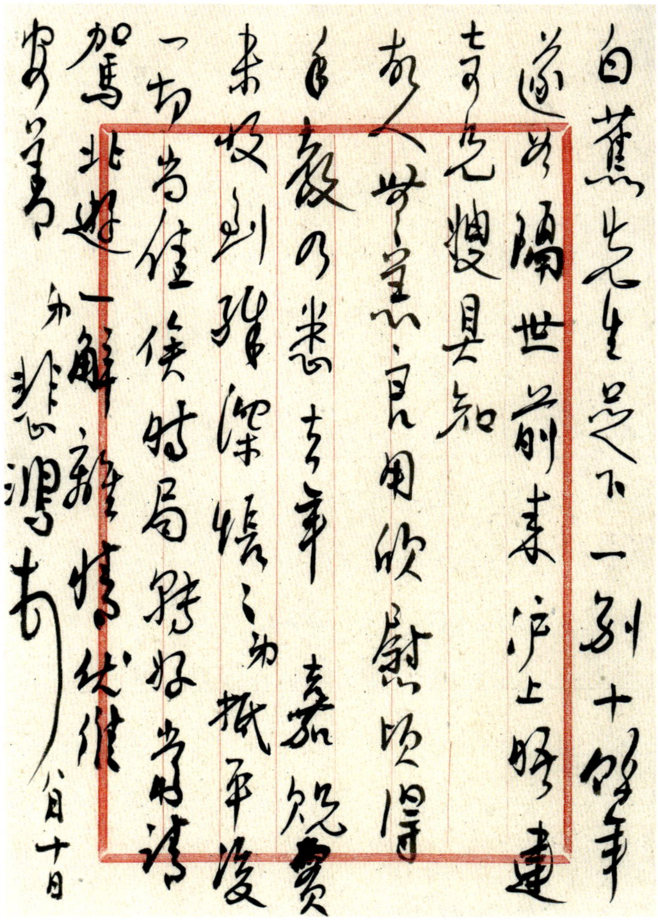

白蕉先生足下：一別十餘年，遂如隔世。前來滬上，晤達吉兄嫂，是知故人無恙，且用欣慰。頃得自敘，乃悉去年嘉貺實未收到，殊深悵悵。弟抵平後一切尚佳，俟時局轉好，當請駕北遊，一解離情。伏維安善。弟悲鴻頓首

八月十日

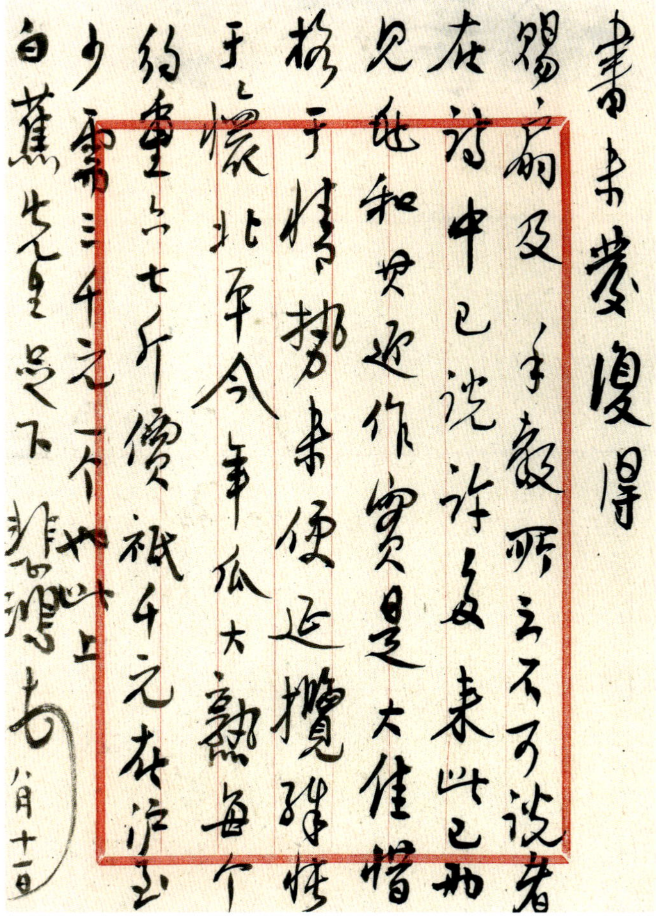

書來敬復。得賜扇及手教，所云不可說者，在詩中已說許多。來此已兩見，甚和，其近作實是大佳，惜格于情勢，未便延攬，殊耿耿于懷。北平今年瓜大熟，每個約重六七斤，價祇千元，在滬至少需三千元一個也。此上

白蕉先生足下 悲鴻頓首

八月十一日

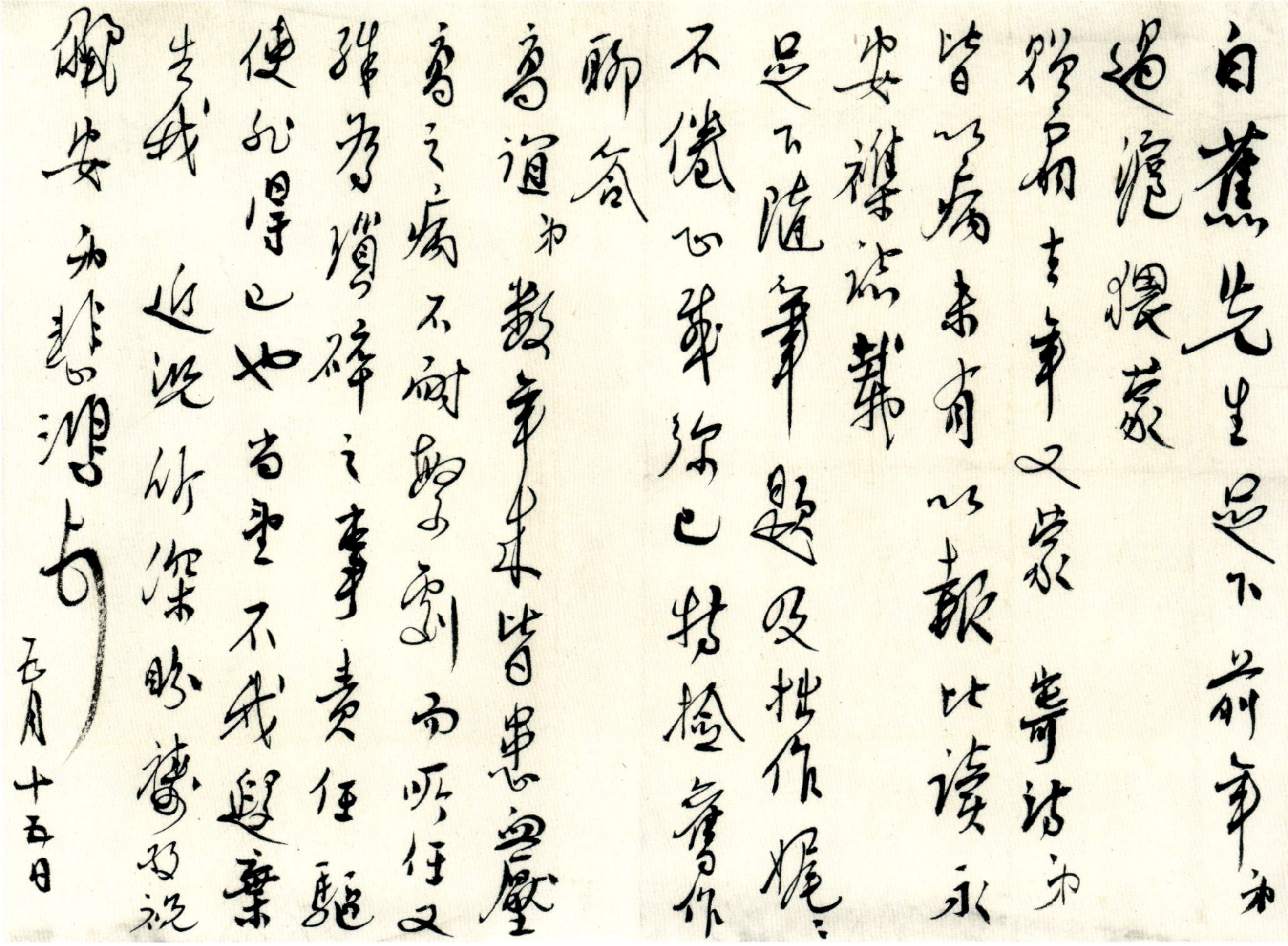

白蕉先生足下：前年弟過滬，猥蒙贈扇，去年又蒙寄詩，弟皆以為未有以報。比讀永安雜誌，藉（？）足下隨筆題及拙作，媿媿。不[illegible]已特檢舊作聊答高誼。弟數年來皆患血壓高之病，不耐繁劇，而所任又雖為瑣碎之事，責任頗不使弟得已也。尚望不我遐棄，告我近況，所深盼。藉頌儷安。弟悲鴻頓首

五月十五日

徐悲鸿致陈子奋信

天津博物馆藏

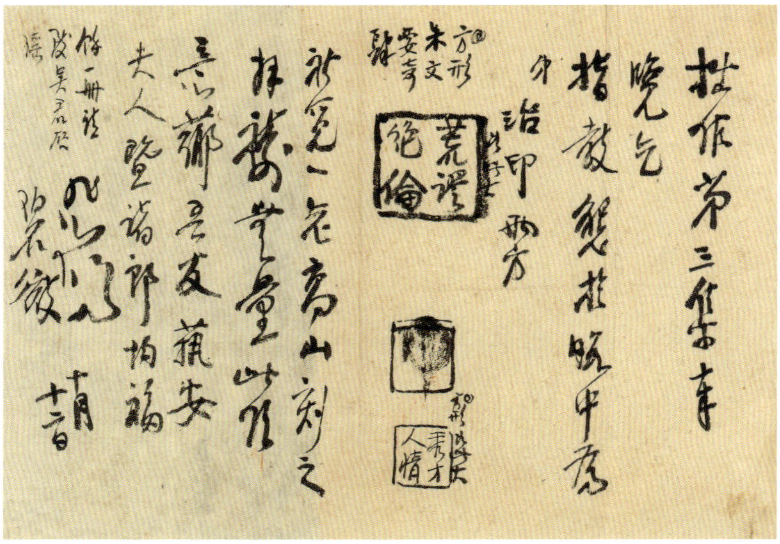

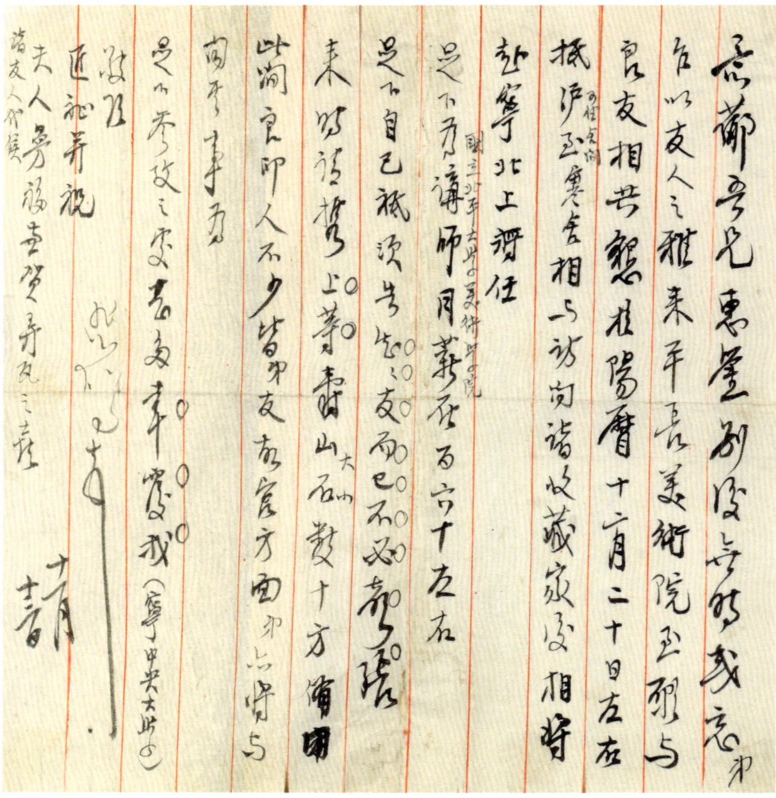

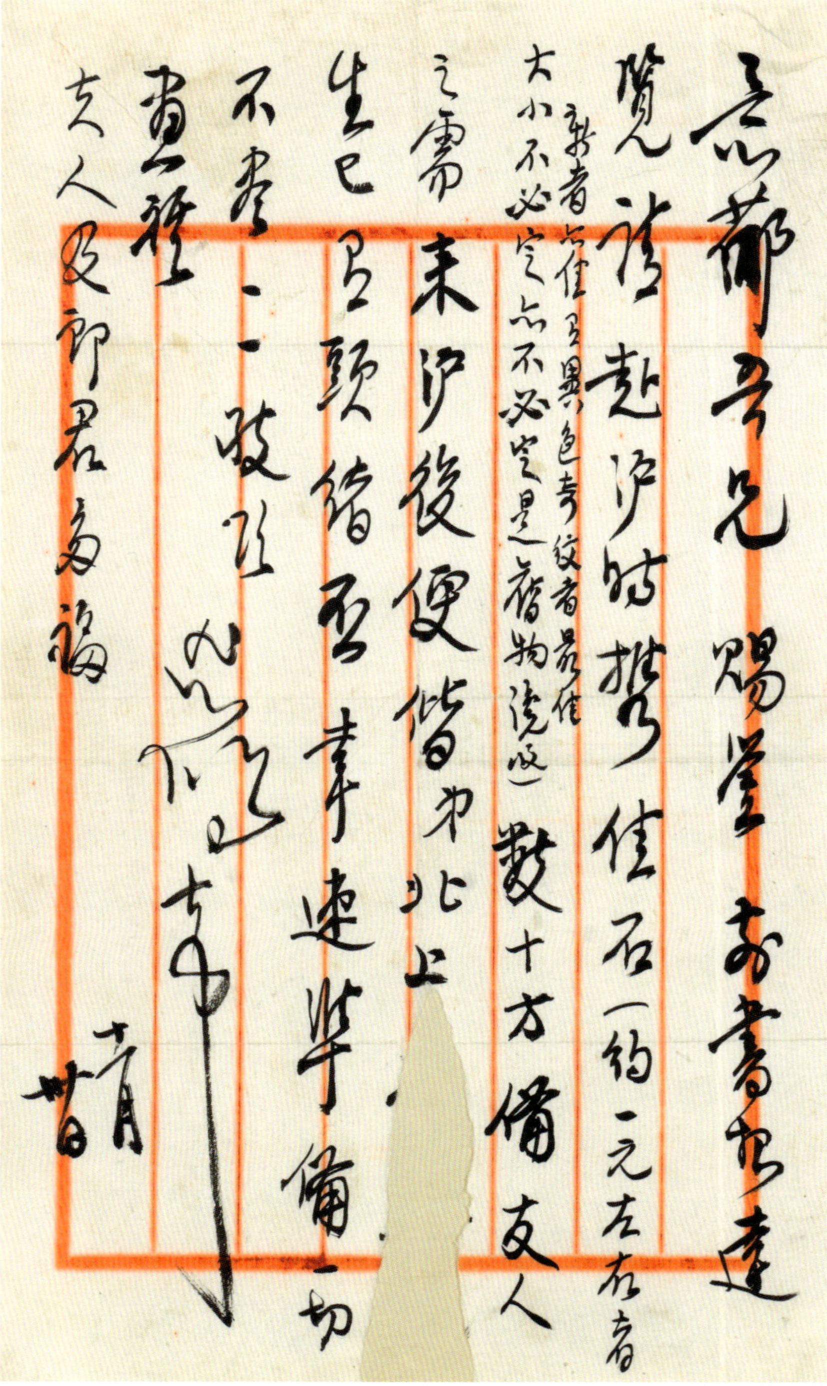

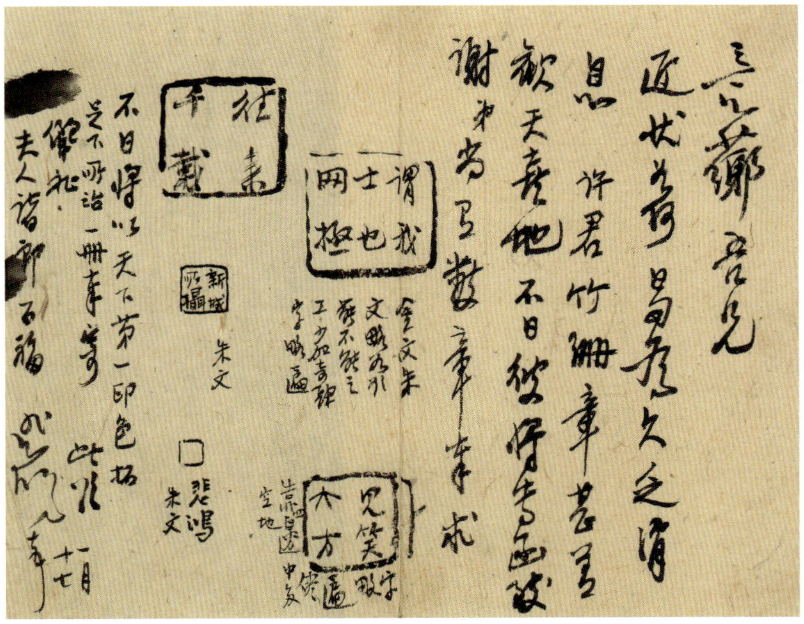

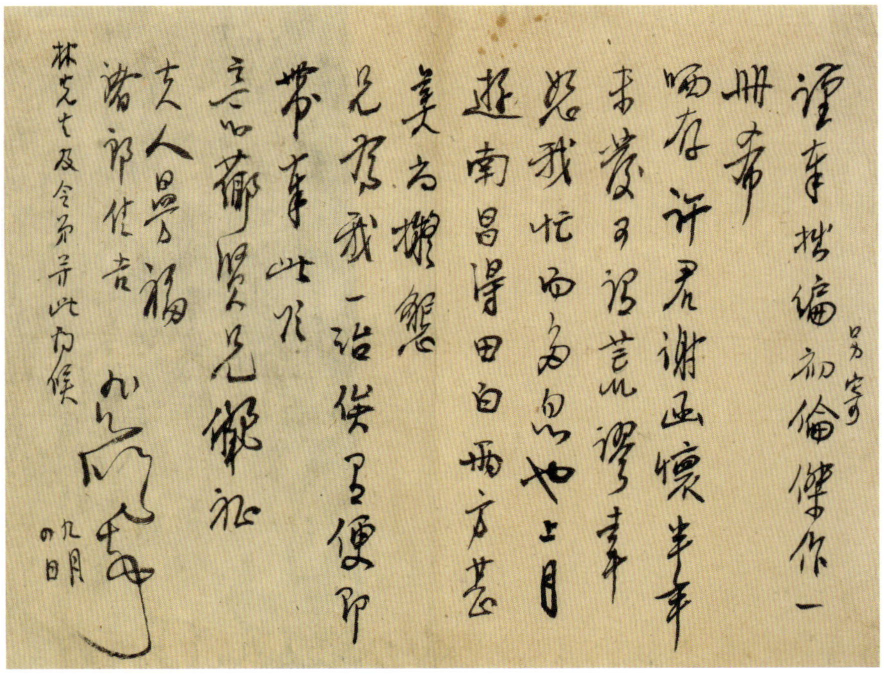

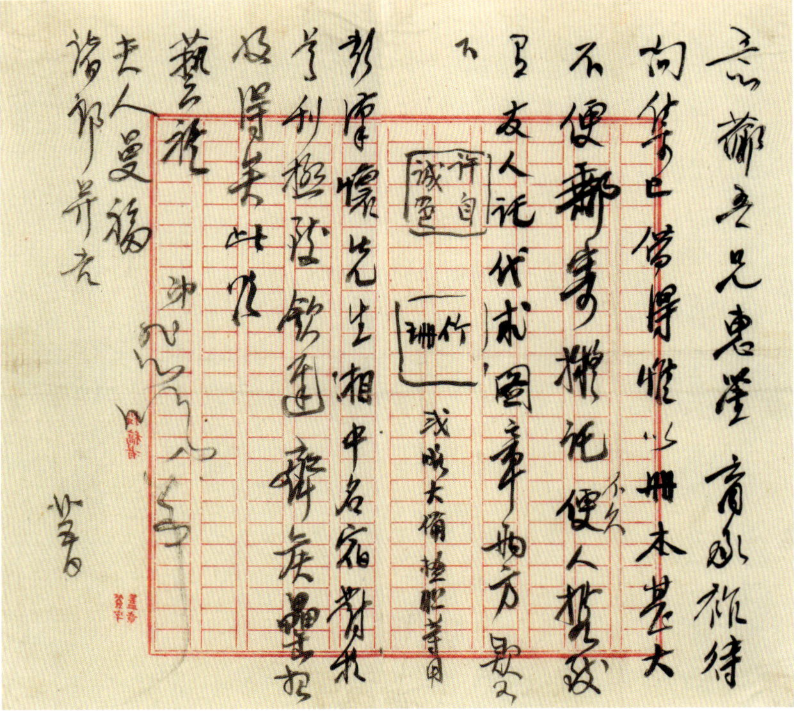

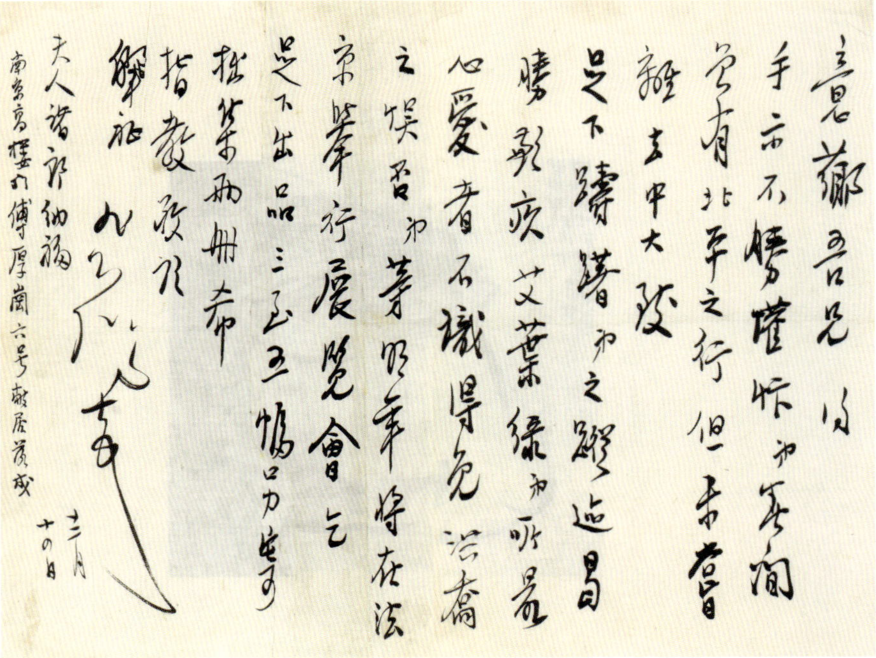

徐悲鸿致陈子奋信

天津博物馆藏

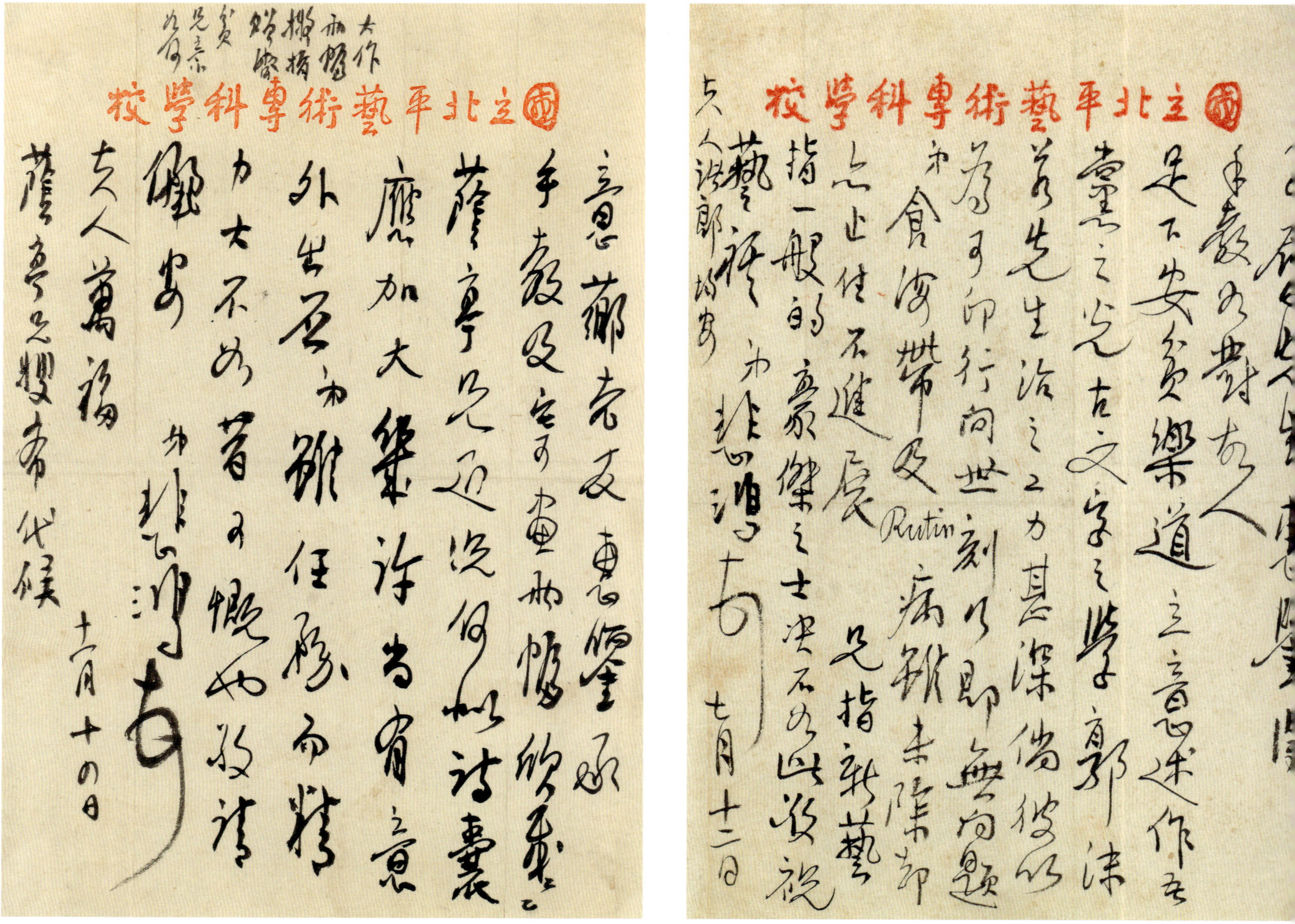

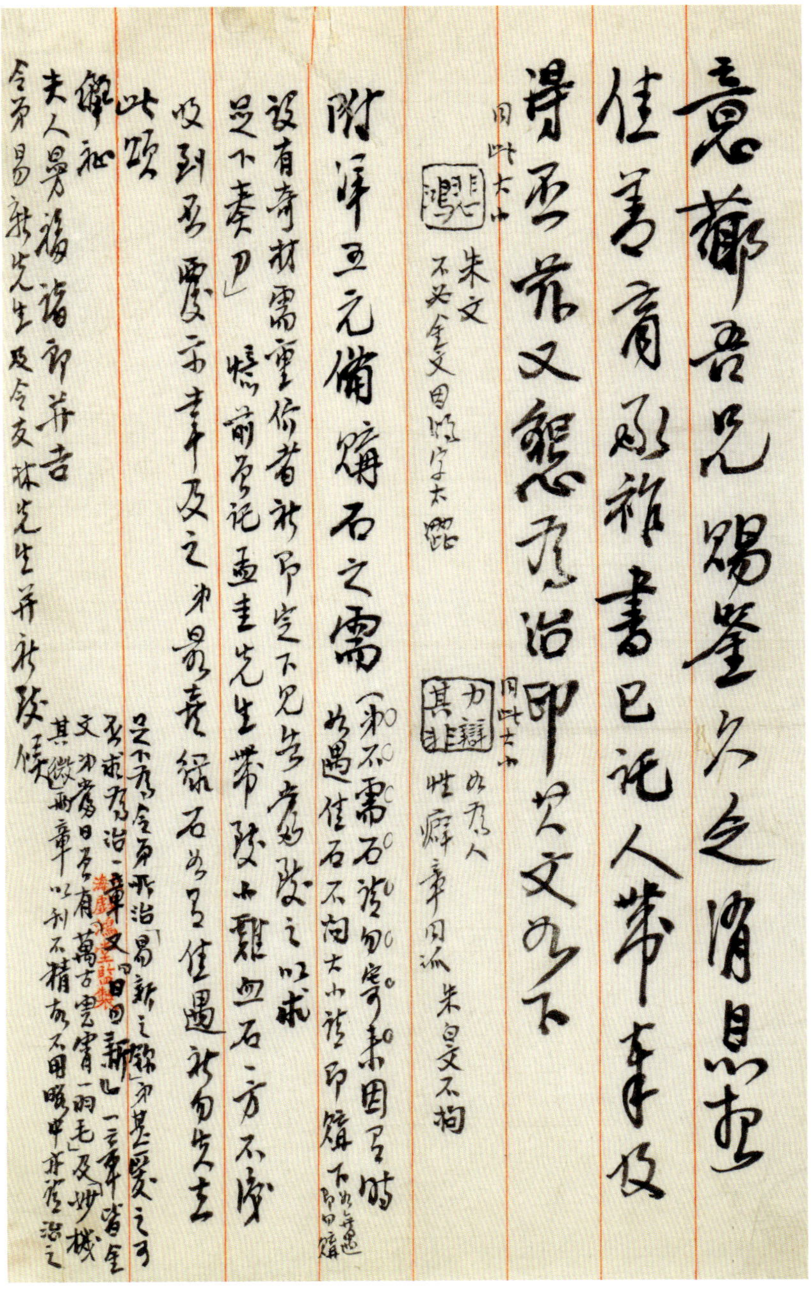

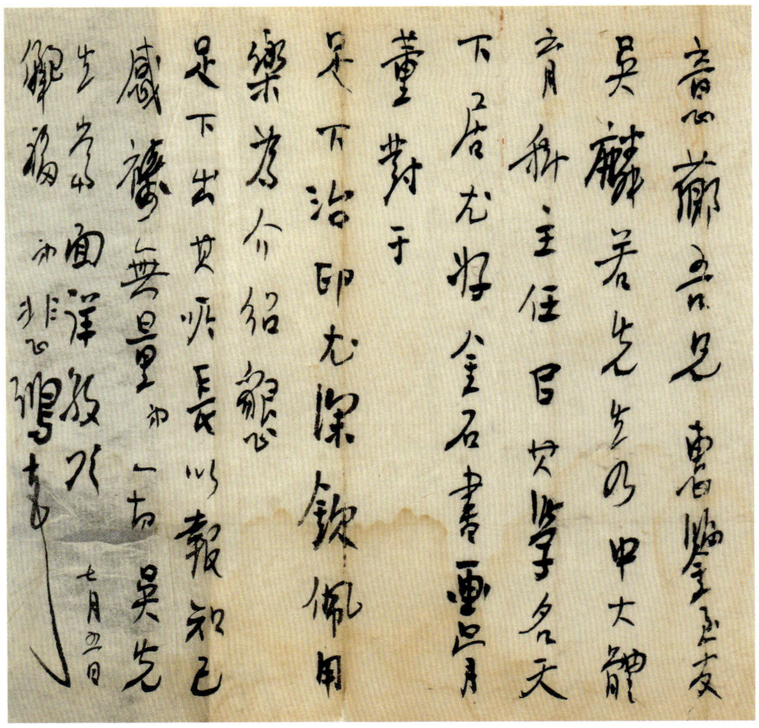

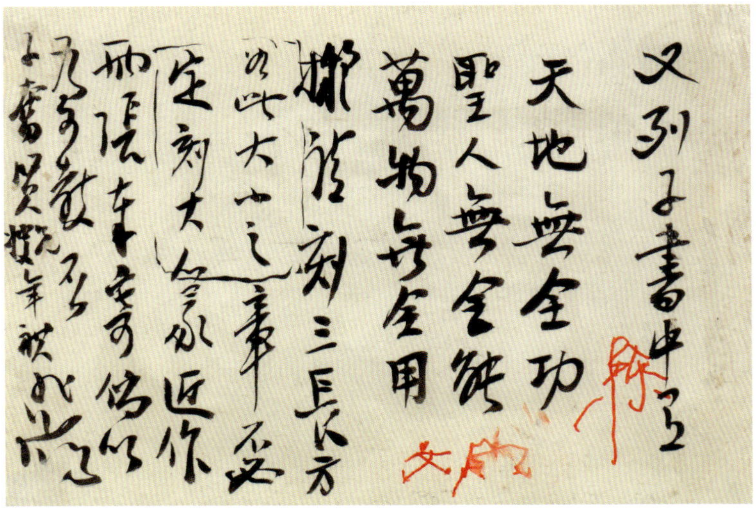

又列子書中言

天地無全功

聖人無全能

萬物無全用

徐悲鸿致陈子奋信

天津博物馆藏

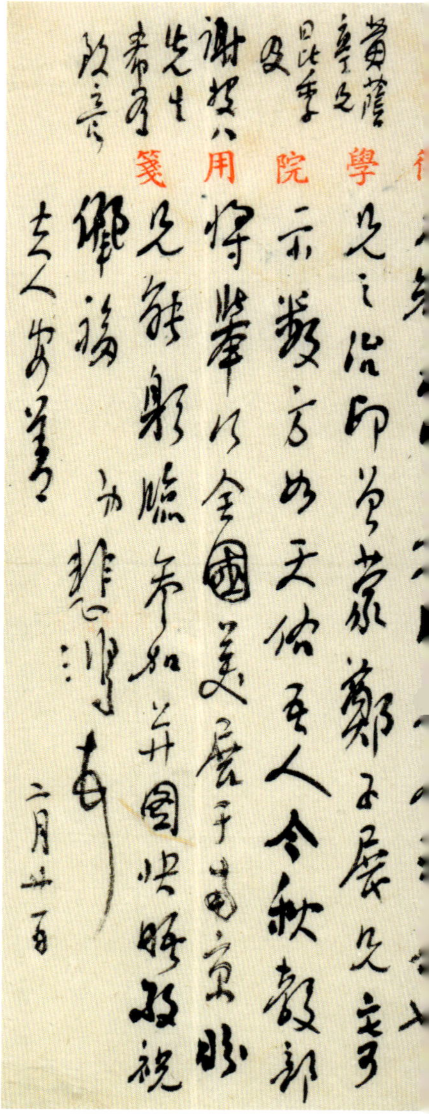

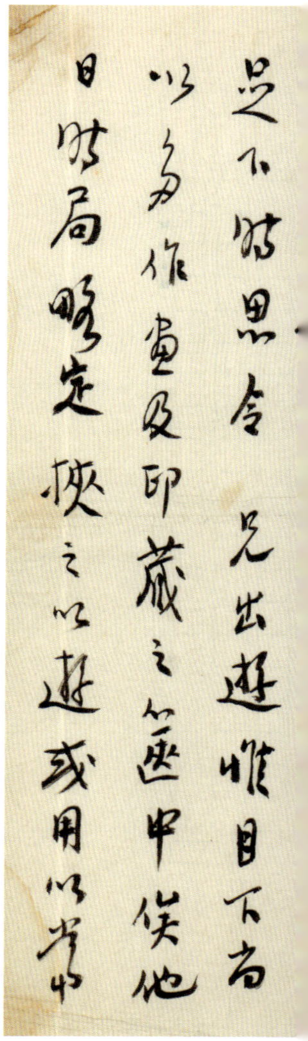

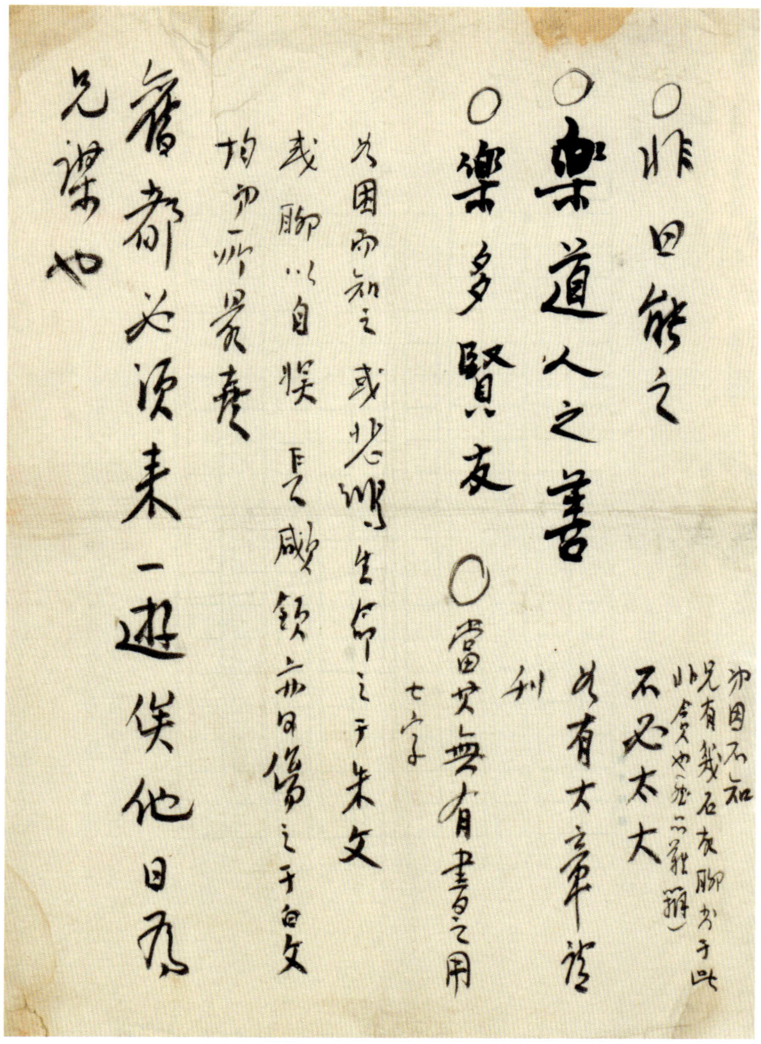

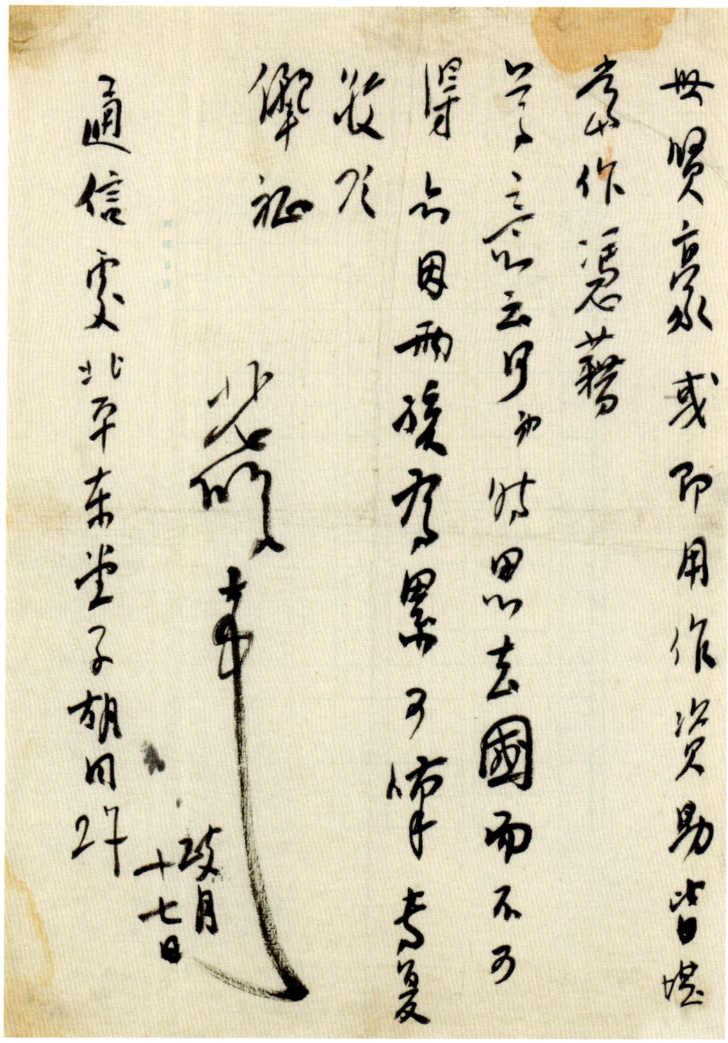

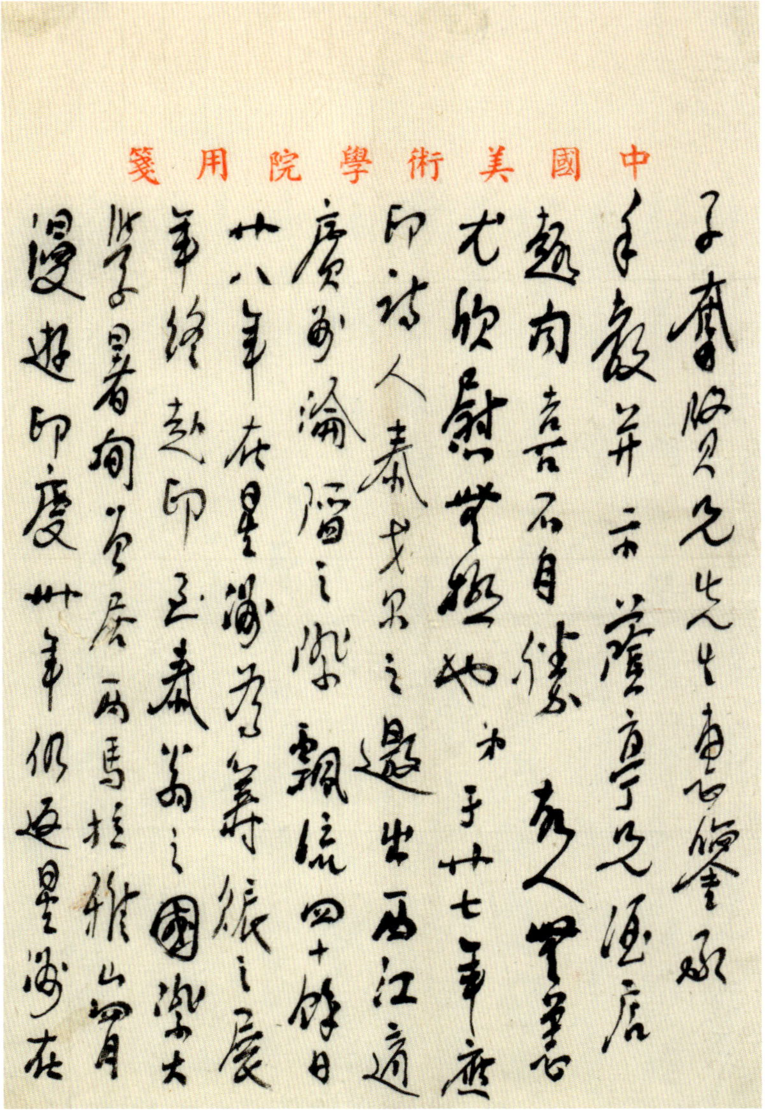

中國美術學院用箋

子奮賢兄先生惠鑒：承
手教并示蘆亭兄座右
趣甸，喜不自勝。故人無恙，
尤欣慰無極也。弟于廿七年應
印詩人泰戈爾之邀出西江，適
廣州淪陷之際，飄流四十餘日，
廿八年在星洲為籌賑之展，
年終赴印，在泰翁之國際大
學暑假，向首居西馬拉雅山，日
漫遊印度。卅年仍返星洲，在

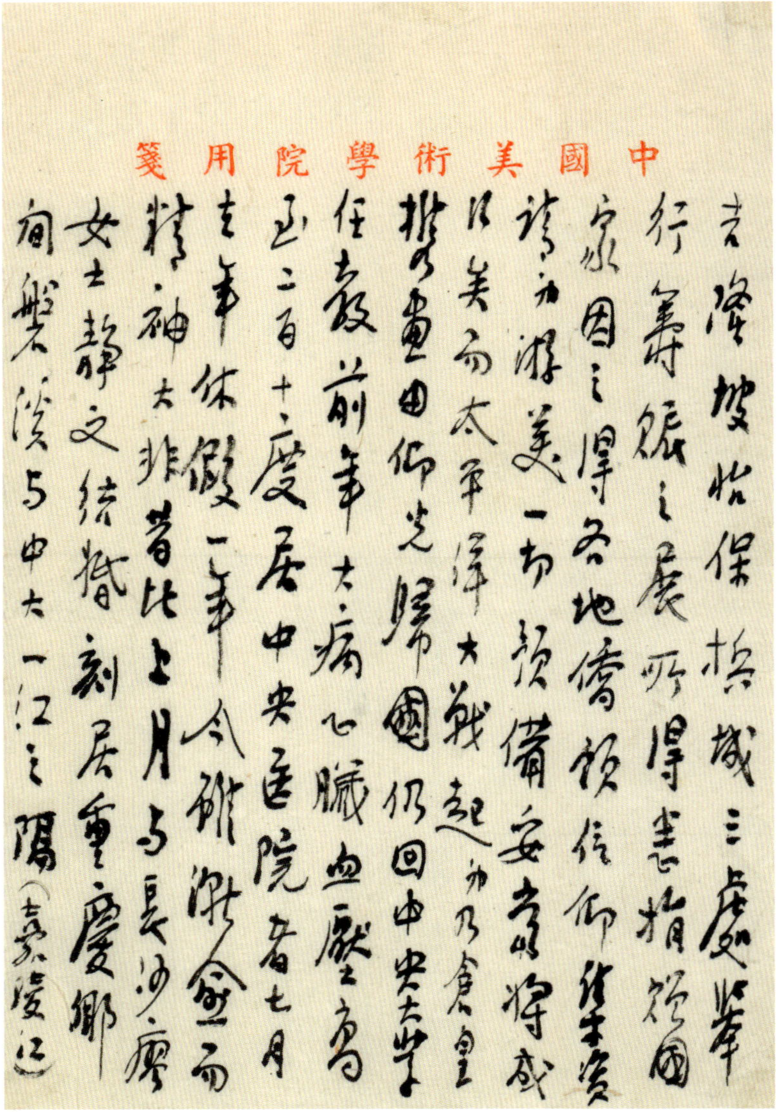

中國美術學院用箋

吉隆坡、怡保、檳城三處舉
行籌賑之展，所得書籍捐國
家，因之得各地僑領信仰，集資
請弟游美一切，預備安當，將啟
程，美而太平洋大戰起，弟乃倉皇
挾畫由仰光歸國，仍回中央大學
任教。前年大病，心臟血壓高，
至二月十慶居中央醫院者七月，
去年休假一年，今能灑翰而
精神大非昔比。上月與長沙廖
女士靜文結婚，刻居重慶鄉
間磐溪石家大一院之陽（嘉陵江

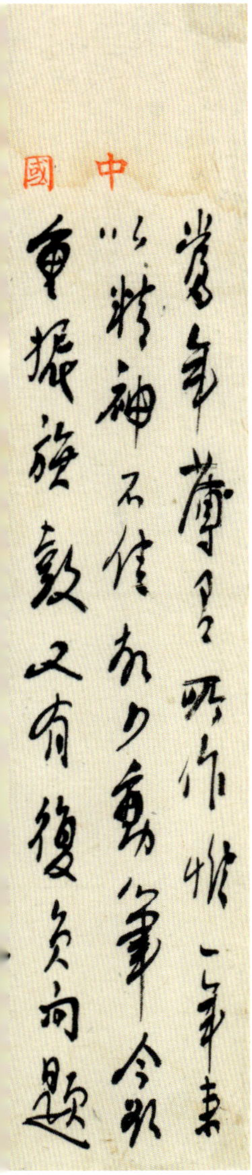

中國

岸），每年暑假所作惟一年來
以精神不佳，不力動筆，今歌
重振旗鼓，又有復負向題

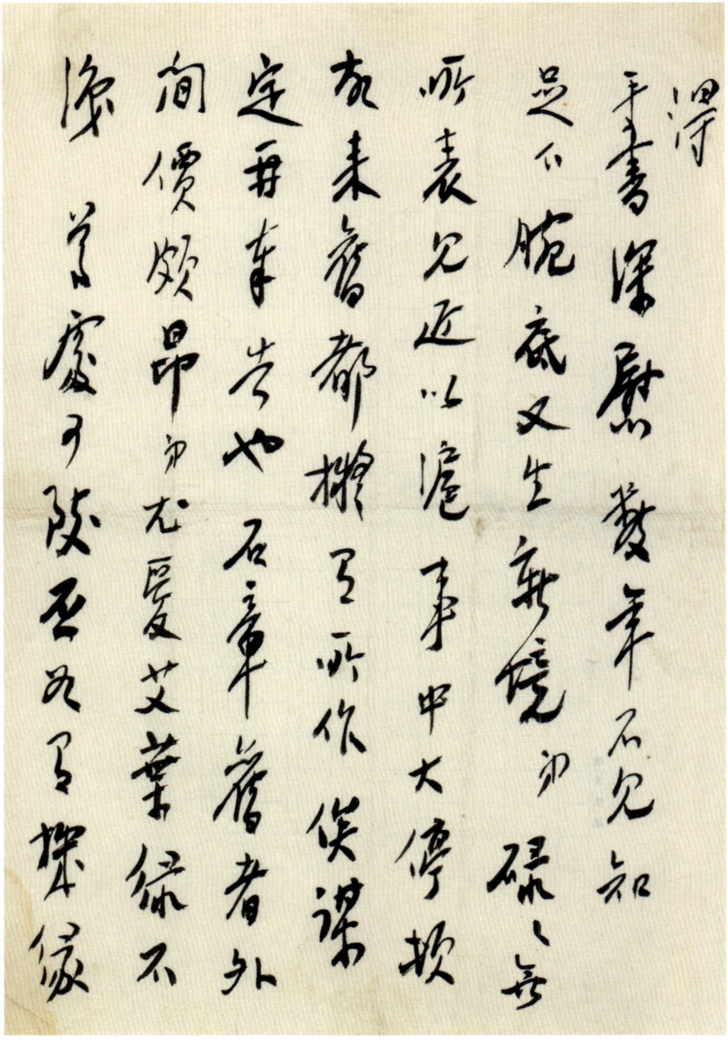

得
手書深慰，數年不見，知
足下既成文先生新境，弟發發無
所表見，近以從事中大停頓
教來重都，擬了所作供諸
定普本家，否則嘗者外
間價頗昂，弟尤覺艾葉綠不
涂前處了陳舊九了探微

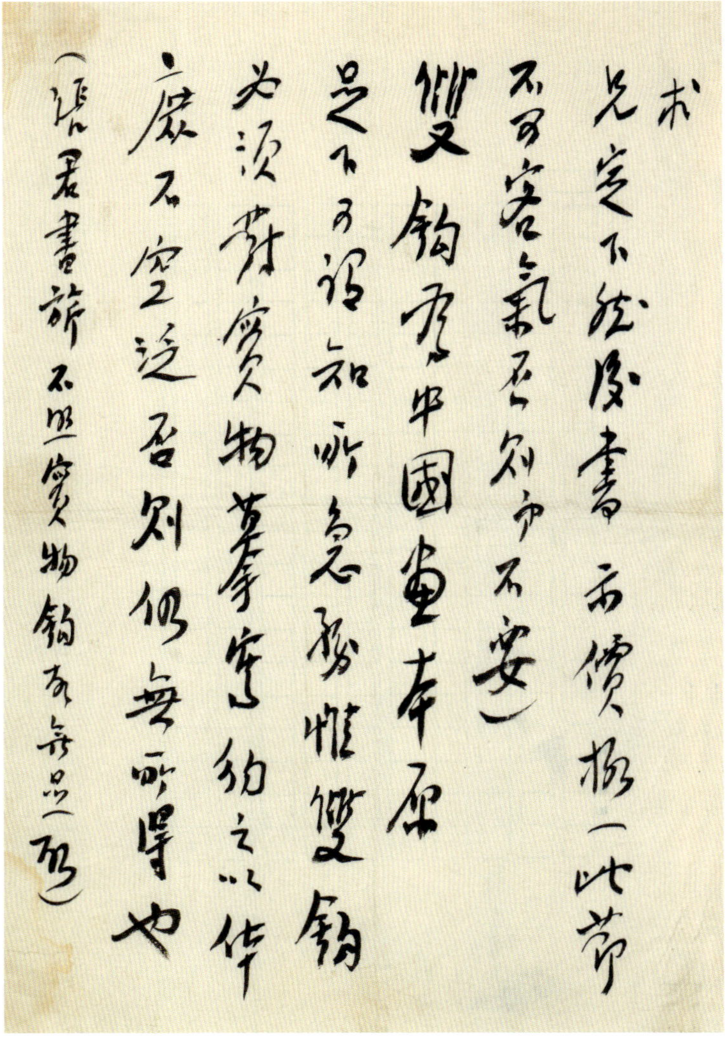

求
兄定下然後書，而價格一此節
不可客氣，否則弟亦不安。
雙鉤有中國畫本原，
足下可詳知所急務，惟雙鉤
必須對實物摹寫，切之以作
廣不空泛，否則仍無所得也。
（張君書訪不必實物，鉤本無異也。）

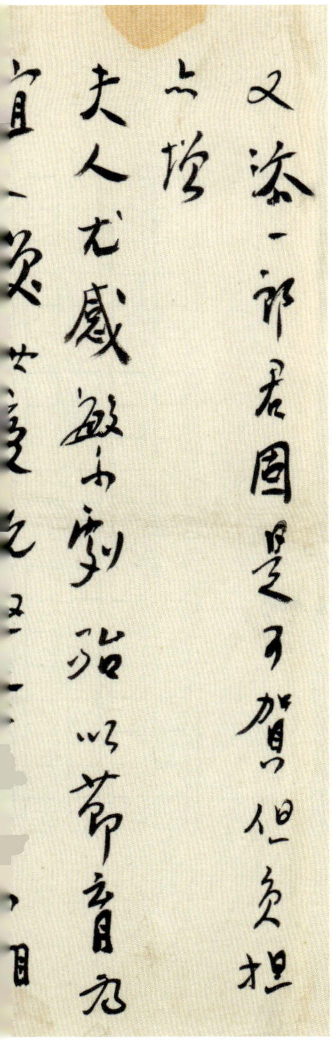

又漆一部君園是可賀，但負擔
上塔
夫人尤感，敬以劉貽以節育丸
宜一...

徐悲鸿致吴作人信

吴作人基金会藏

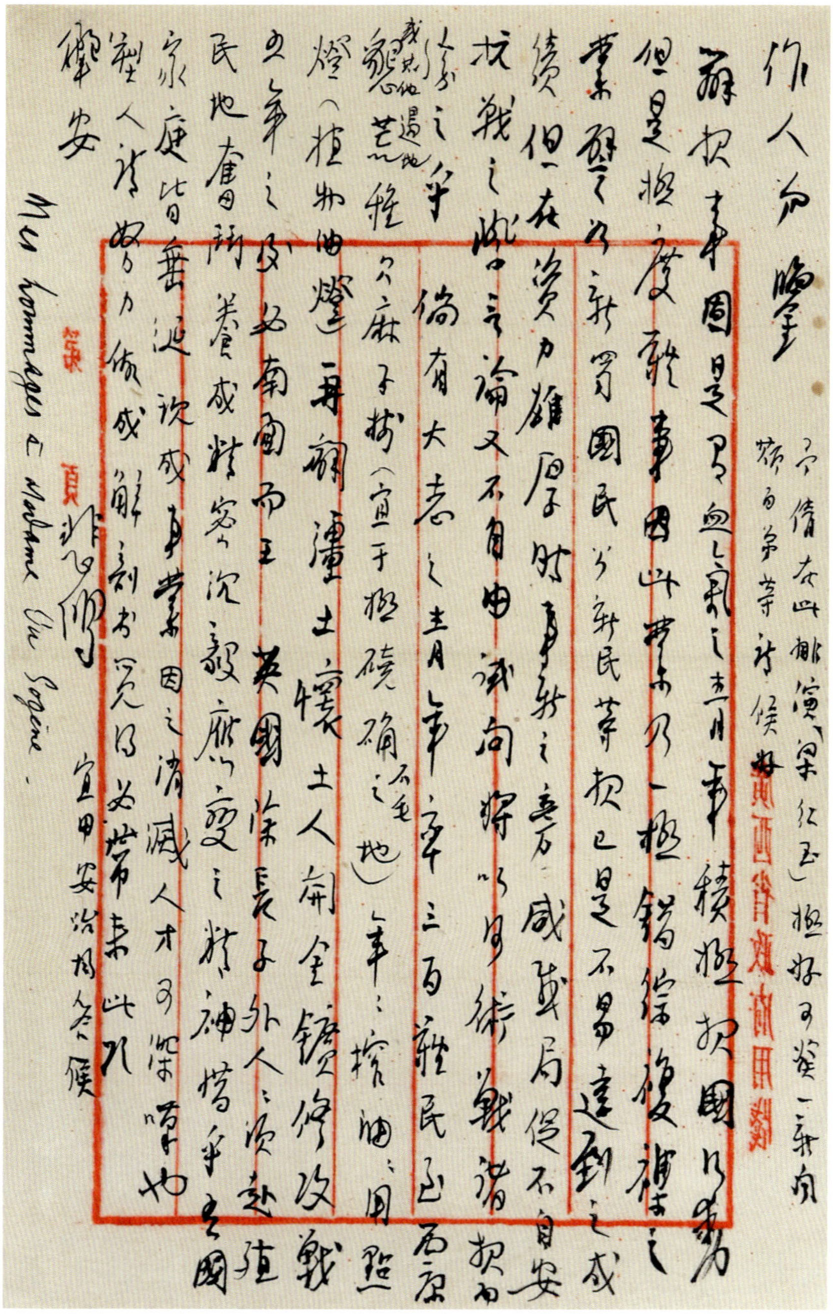

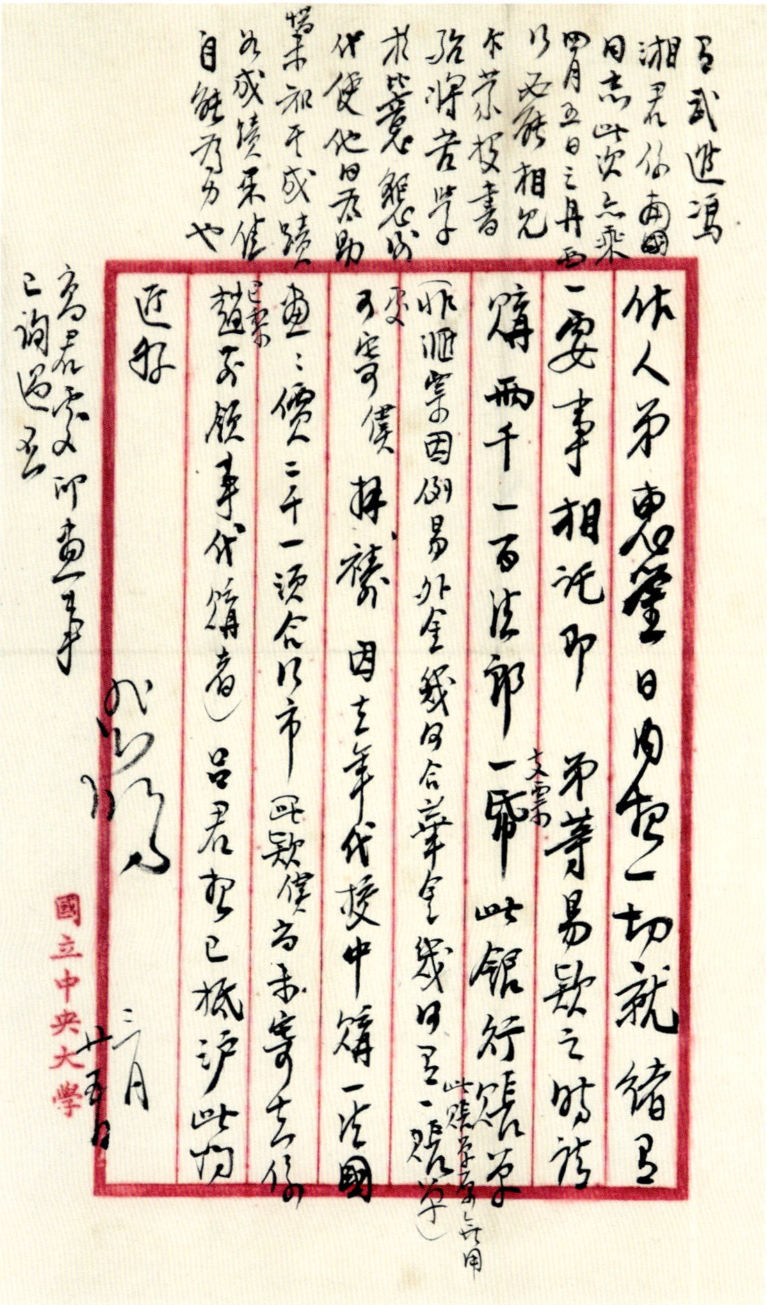

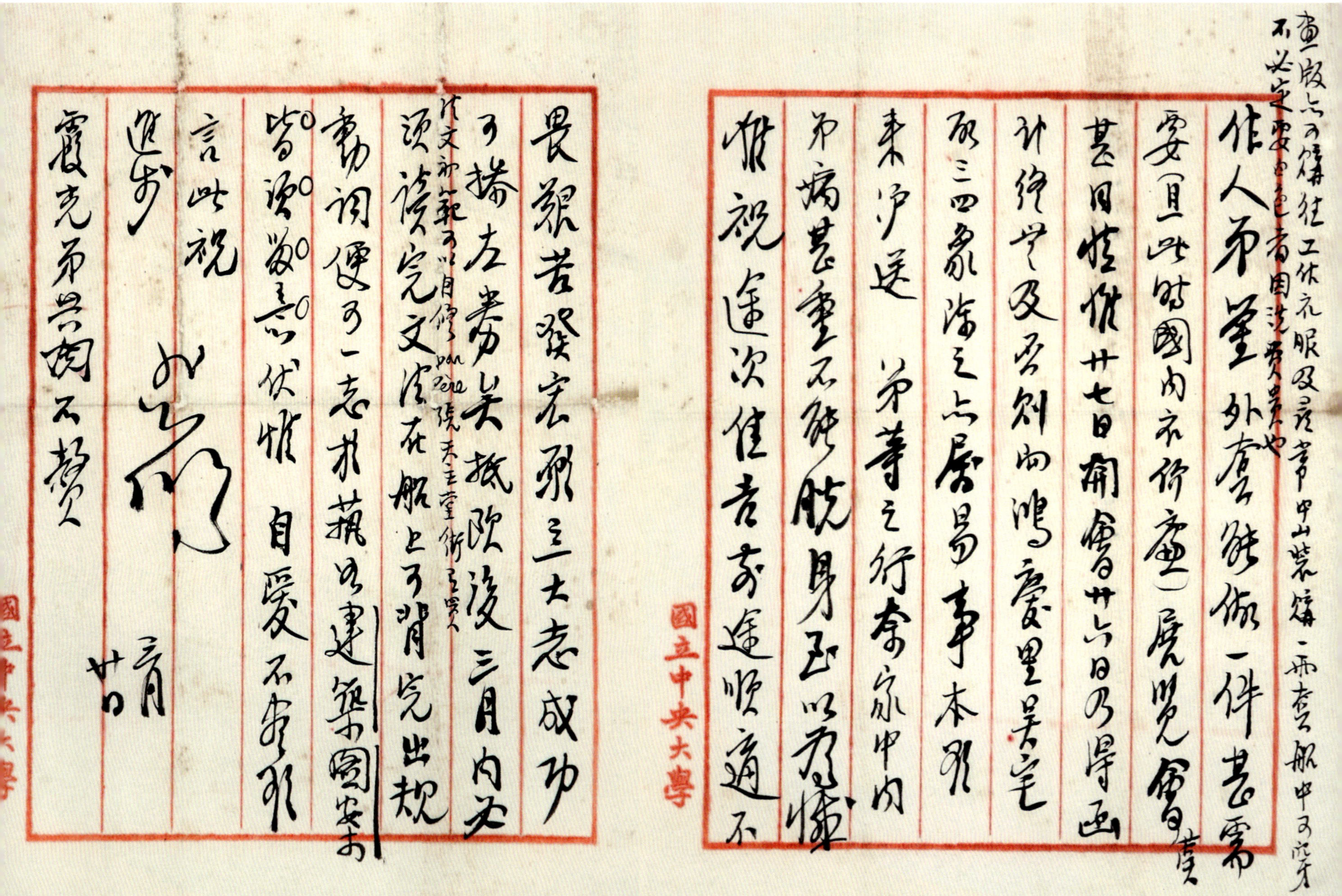

畫一段亦可儘往工作衣服及毛衣帶中山裝儘一兩套船中可穿不必定要西裝省因洗費太貴也

作人弟鑒：外套能做一件甚需要（且此時國內衣價奇昂），展覽會甚因性悵，廿七日開會，廿六日乃得函，計總覺及尋到向鴻慶里吳宅取三四張，沿之亦屬易事。本擬來滬送弟等之行，奈家中內弟病甚重，不能脫身，至以為憾。敬祝途次佳吉，前途順適。不

畏難，若發宏願，立大志，成功可攜左券矣。抵歐後三月內須讀完文法（法文初級可以自修，Van Pere 張天主堂街之要人），在船上可背完出規動詞，便可一志於藉此建築圖案。望努力奮志，伏惟自愛不宣。

此祝

進步

家倫

二月廿日

霞光弟無函不贅

國立中央大學

國立中央大學

吴作人基金会藏

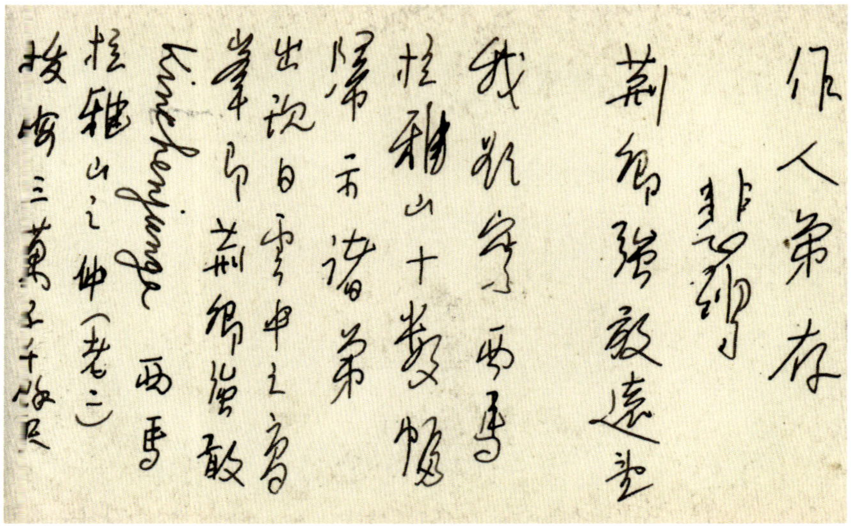

作人弟存

悲鸿

荆生张敬远并

我欲写两马

挂雍山十数幅

归示诸弟

出现白云中之高

峯乃荆生张敬

Kinchenjunga

挂雍山之仲（老二）

按为三万几千呎

两马

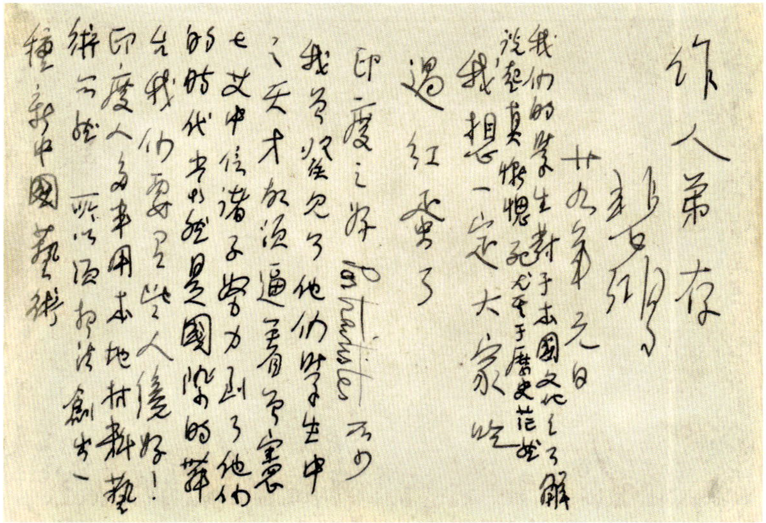

作人弟存

悲鸿 廿九年元日

我们的学生对于本国文化之了解

说起真惭愧尤其于历史茫然

我想一定大家吃过红蛋了

印度之好 Santiniketan 有四

我着紧见了他们学生中

之天才教须通晓印度文艺

七艾中信诸子努力到了他们

的时代出然是国际的华

先我们要学人家好！

印度人多半用本地材料艺

术的所以须知法创出一

种新中国艺术

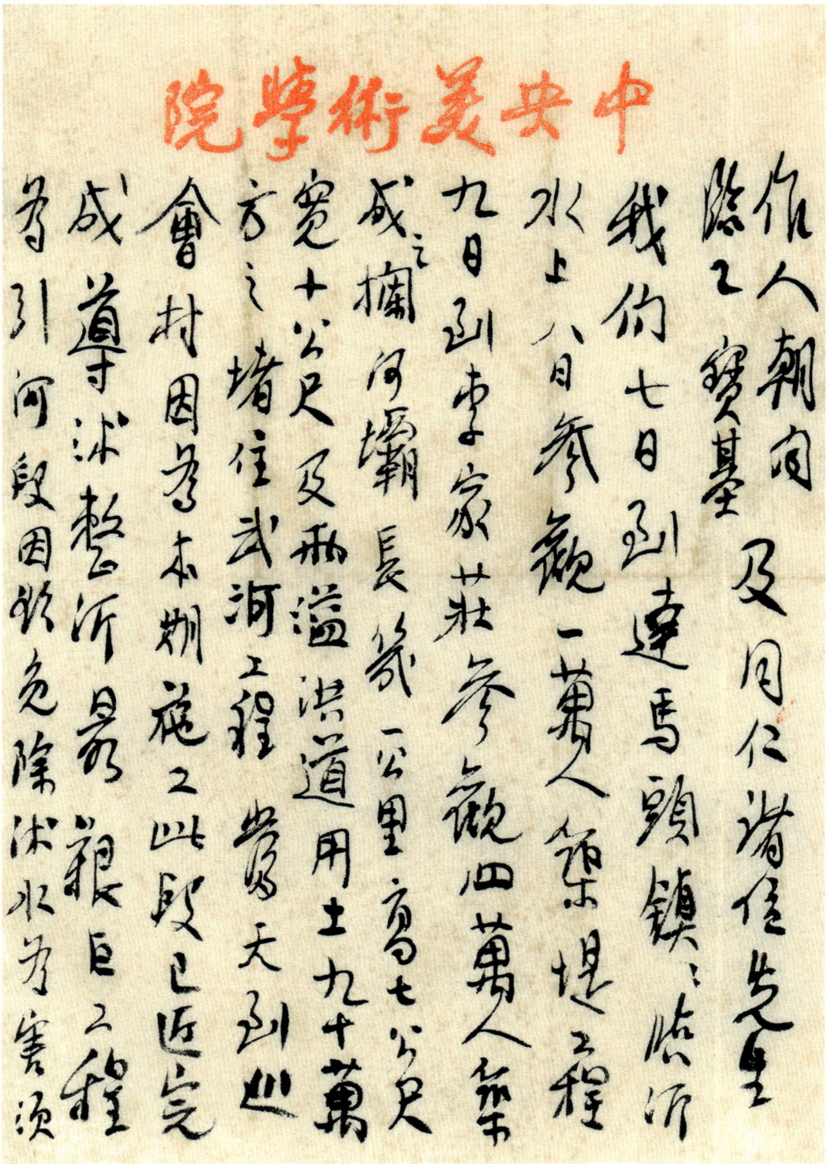

中央美術學院

作人朝向

路乙贤基 及同仁诸位先生

我们七日到达马头镇，临沂

水上八日参观一万人筑堤工程

九日到李家庄参观四万人筑

成之拦河坝长几一公里高七公尺

宽十公尺及两溢洪道用土九十万

方之堵住武河工程费天到此

会村因为本期施工此段已近完

成 尊沭整沂最艰巨之工程

为引河段因欲免除沭水为害须

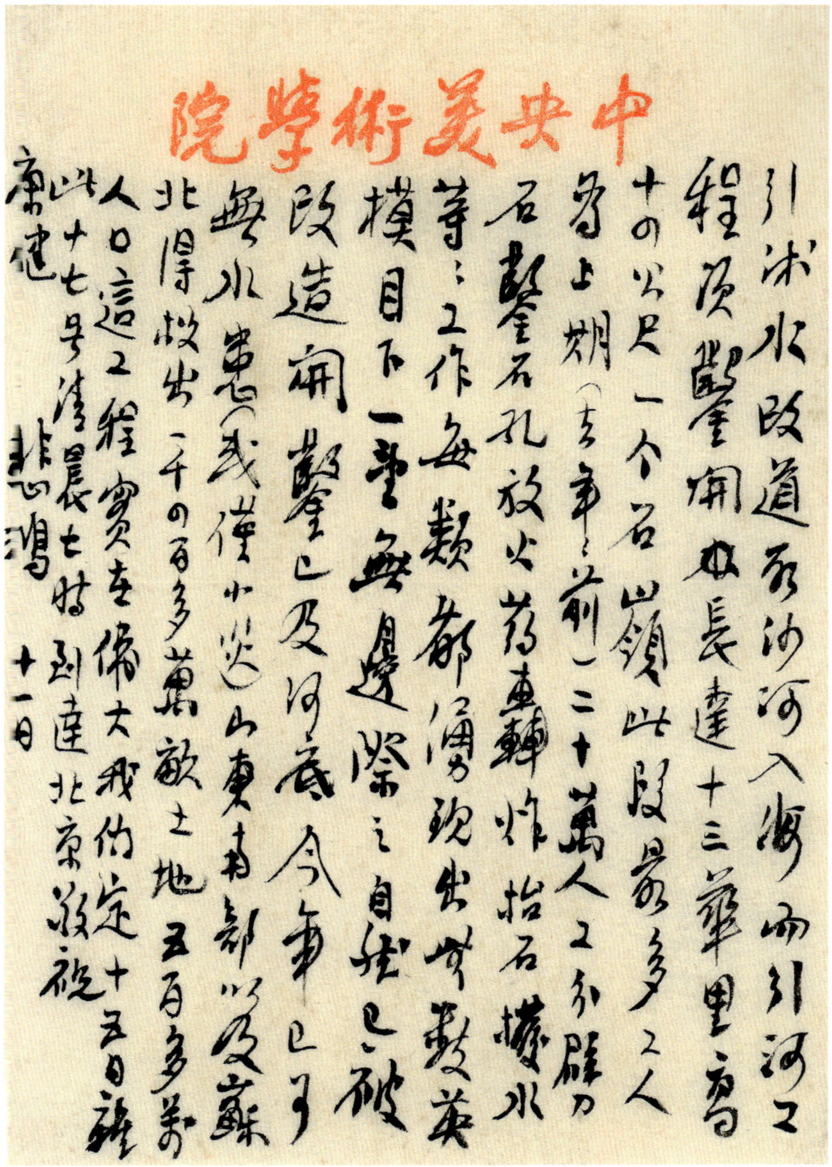

中央美術學院

引沭水改道另行河入海而引河工

程须凿开长达十三华里高

十四公尺一个石岭此段最多之人

为上期（去年之前）二十万人工分时用

石凿石孔放火药轰炸抬石担水

等工作无数都涌现出许多英

模目下一半无遗然之自然已被

改造开凿已及河底今年已可

无水患（我偕小兴）山东南部以及苏

北得救出一千四百多万亩之地五百多万

人口这工程实在伟大我们决定十五日离

此十七号清晨七时到达北京敬祝

康健

悲鸿 十一日

为增做齐白石画集广告及
画集用纸事
1932 年 11 月 17 日

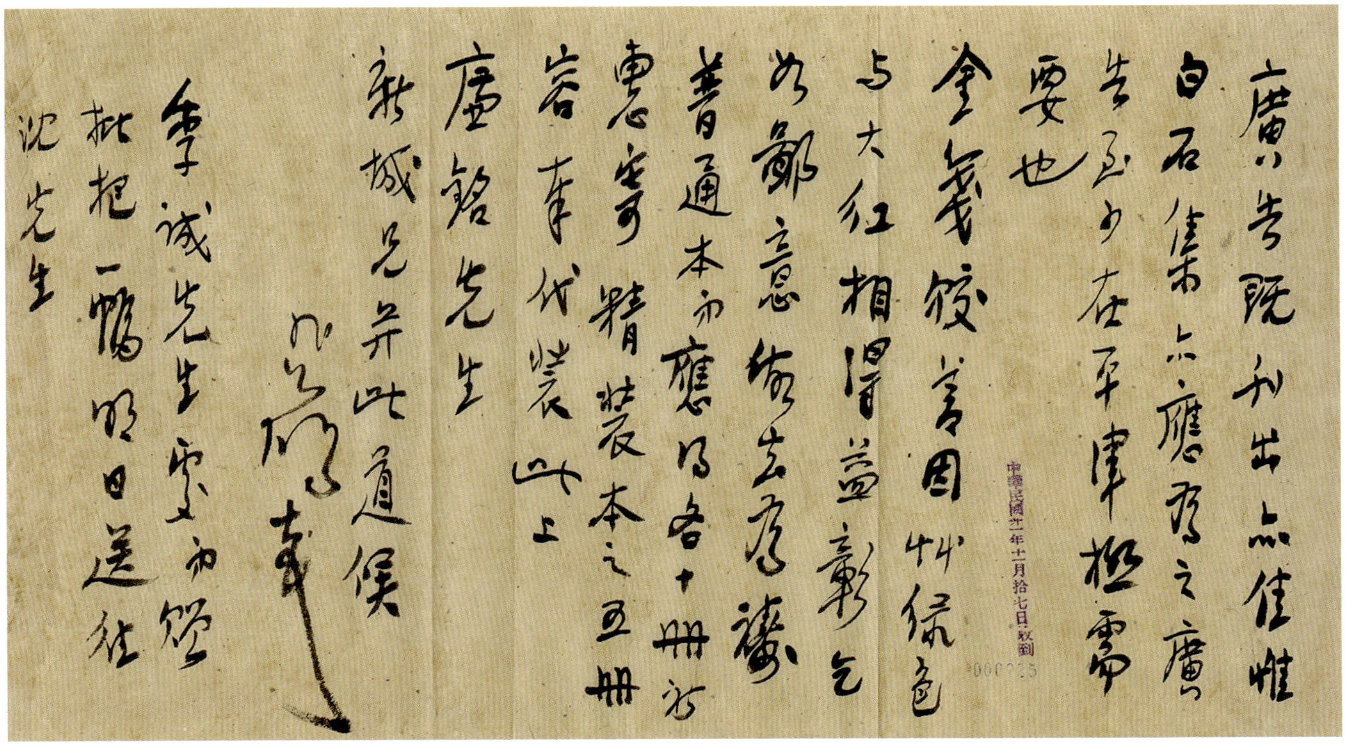

为苏联隐居博物馆（冬宫）
展览事
1934 年 8 月 20 日

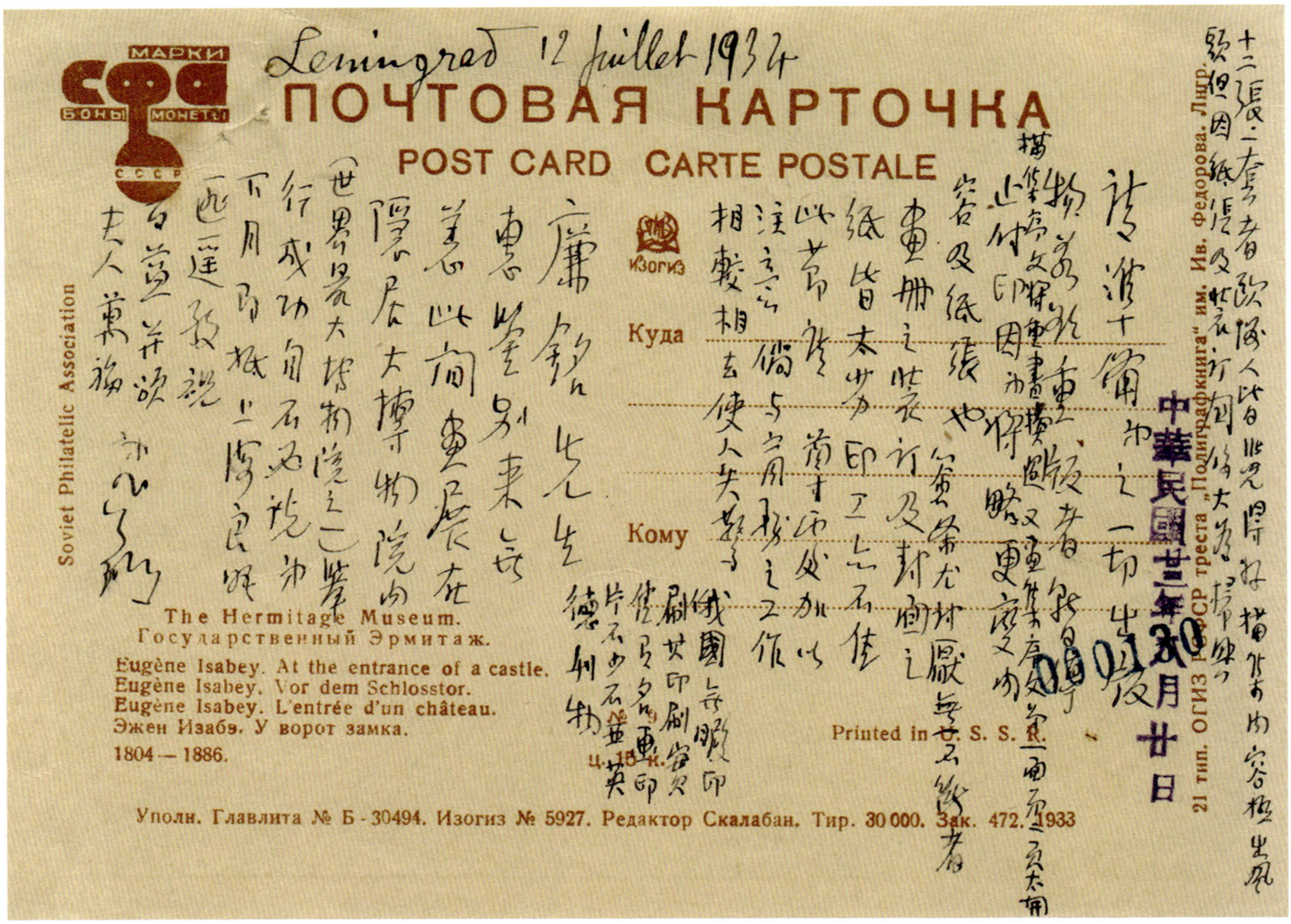
Leningrad 12 juillet 1934
МАРКИ
СФС
БОНЫ МОНЕТЫ
СССР
ПОЧТОВАЯ КАРТОЧКА
POST CARD CARTE POSTALE
ИЗОГИЗ
Куда
Кому
Soviet Philatelic Association
The Hermitage Museum.
Государственный Эрмитаж.
Eugène Isabey. At the entrance of a castle.
Eugène Isabey. Vor dem Schlosstor.
Eugène Isabey. L'entrée d'un château.
Эжен Изабэ. У ворот замка.
1804—1886.
Printed in U. S. S. R.
Уполн. Главлита № Б-30494. Изогиз № 5927. Редактор Скалабан. Тир. 30 000. Зак. 472. 1933
21 тип. ОГИЗ РСФСР треста „Полиграфкнига" им. Ив. Федорова. Лнгр.
中華民國廿三年八月廿日

徐悲鸿致舒新城信

为印齐白石画事
1931 年 8 月 31 日

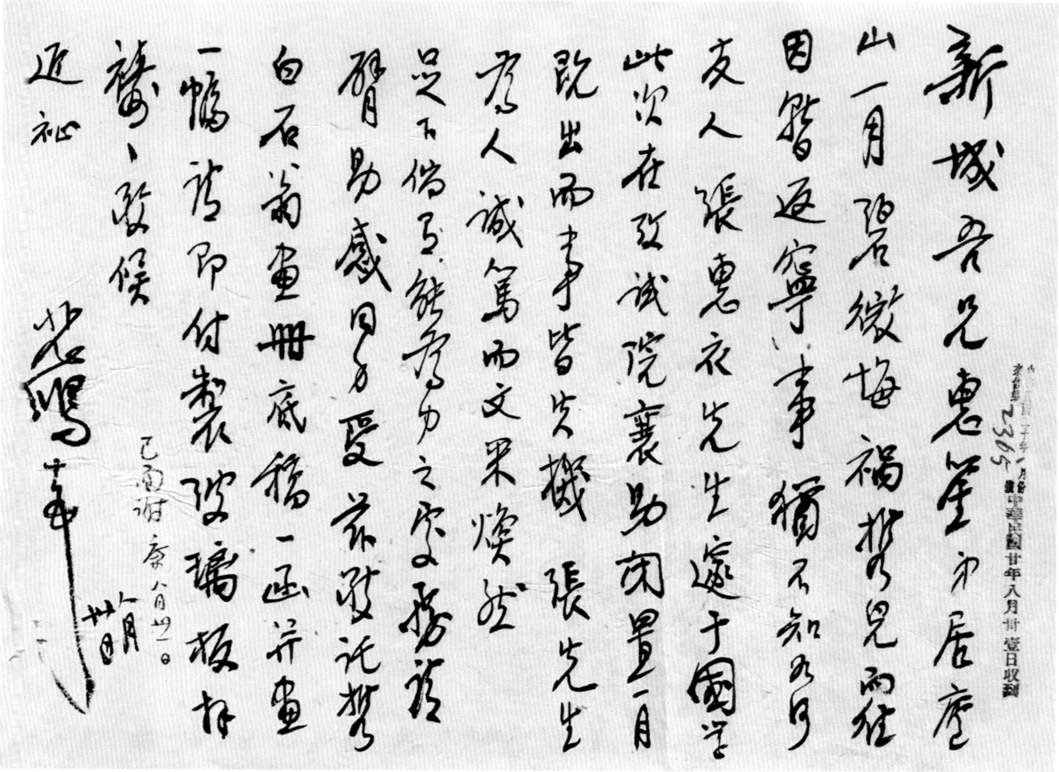

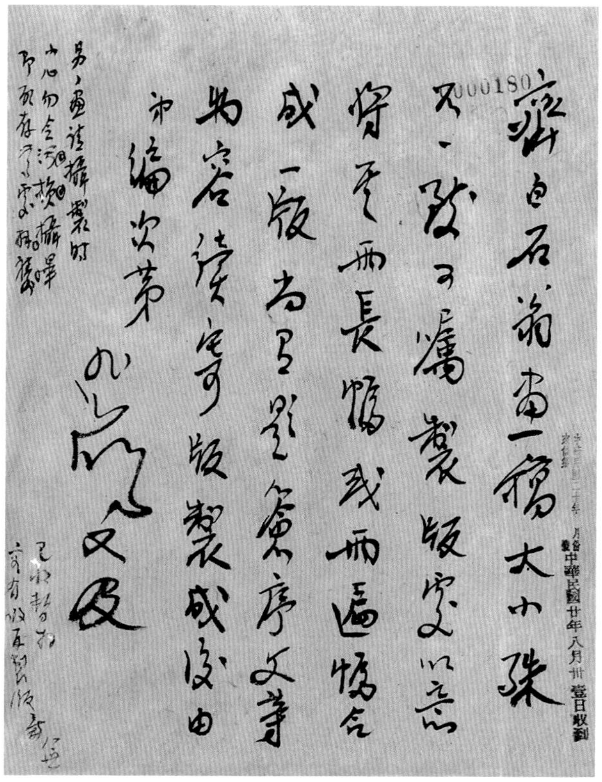

为画集出版事
1931 年 10 月 17 日

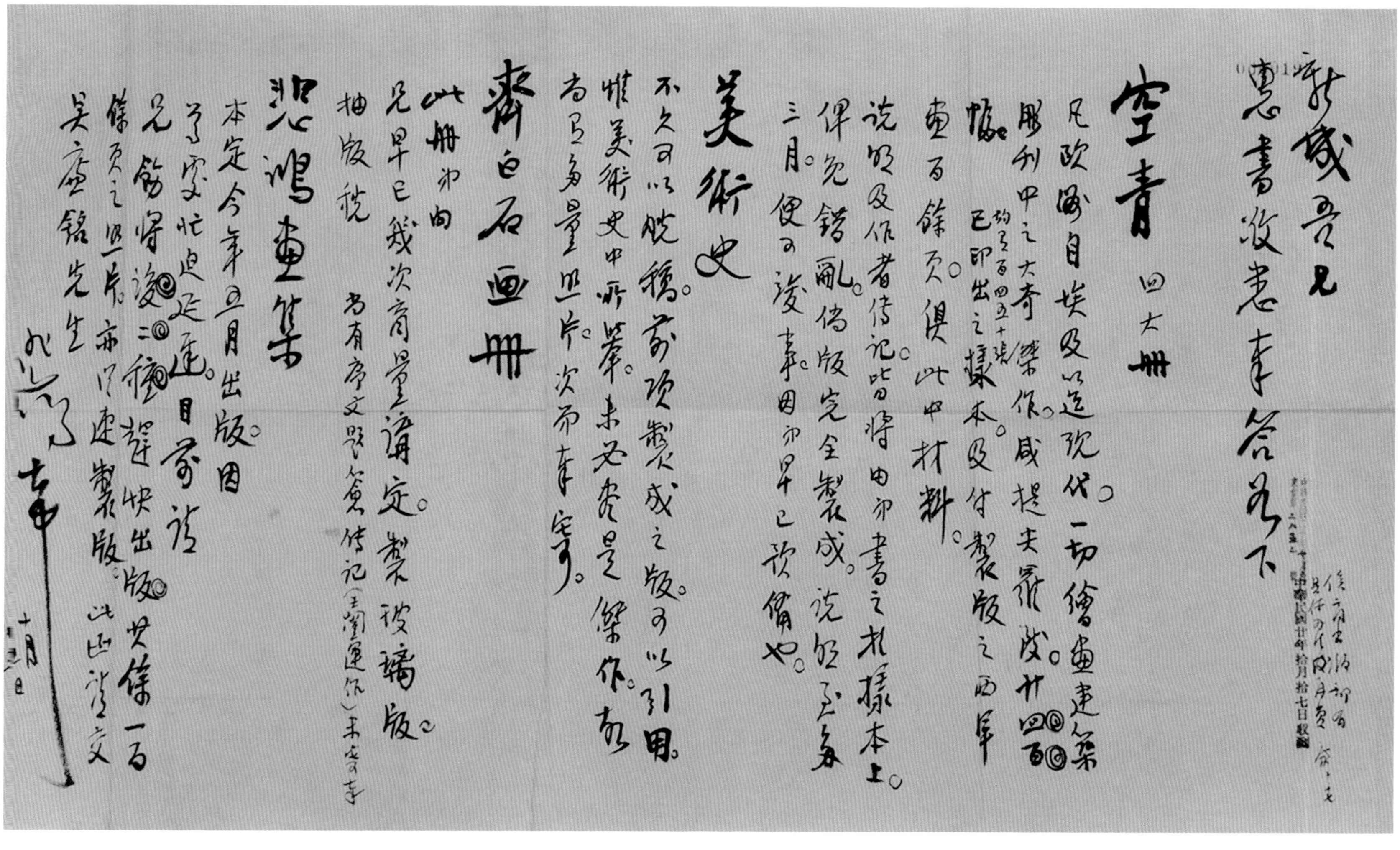

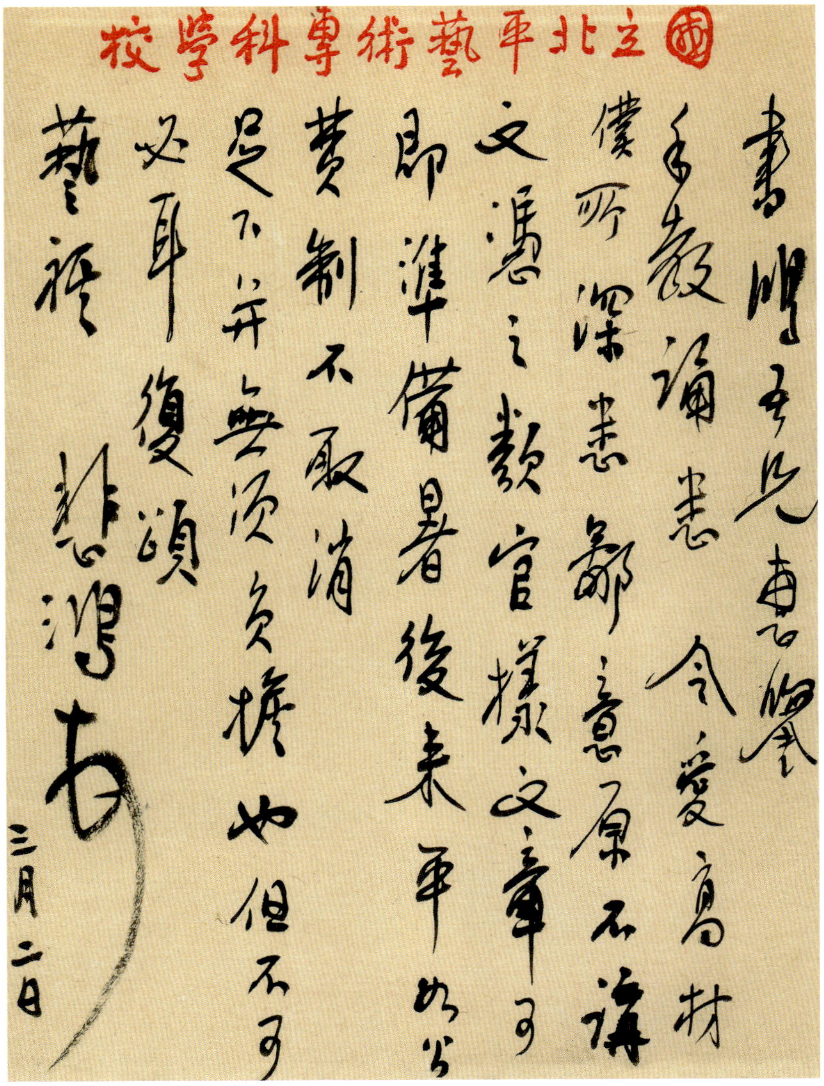
國立北平藝術專科學校

書鴻吾兄惠鑒：手教誦悉，令愛高材，儘可深造。鄙意原不講文憑之類官樣文章，可即準備暑後來平，如公費制不取消，是可並無須負擔也，但不可必耳。復頌
藝祺
悲鴻 頓首
三月二日

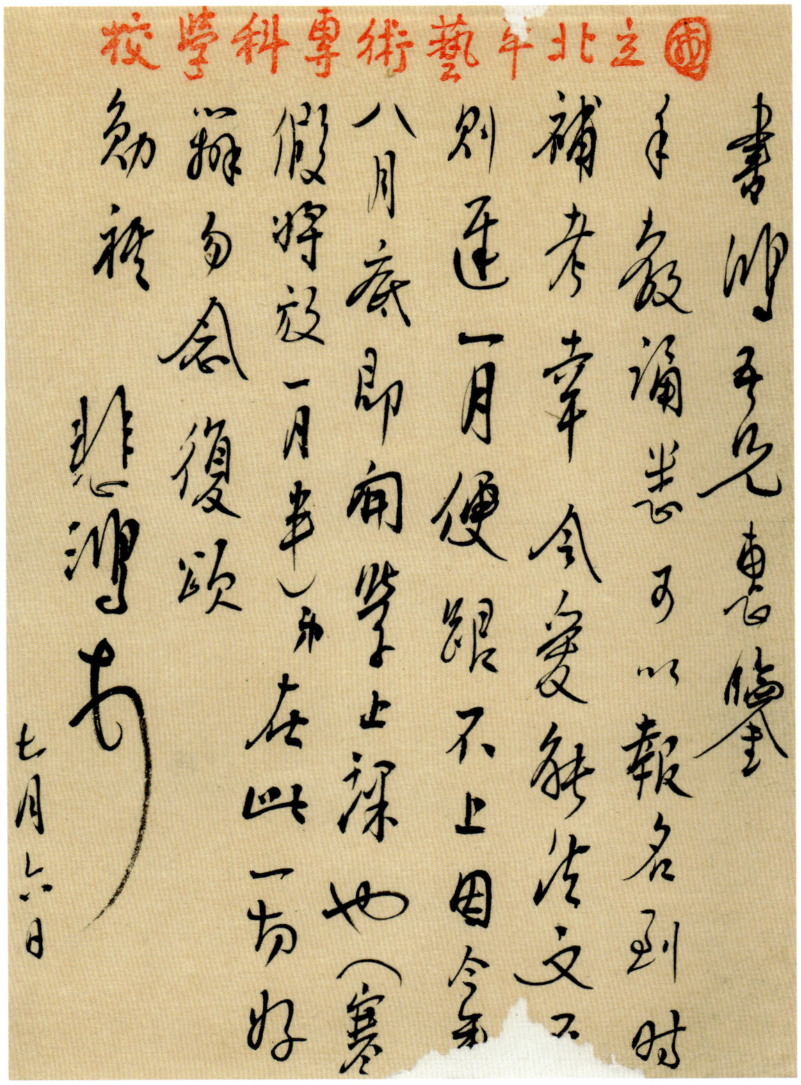
國立北平藝術專科學校

書鴻吾兄惠鑒：手教誦悉，可以報名，到時補考，幸令愛能作文，不則延一月便跟不上，因今年八月底即開學上課也（寒假將放一月半）。在此一切好辦，勿念。復頌
勳祺
悲鴻 頓首
七月六日

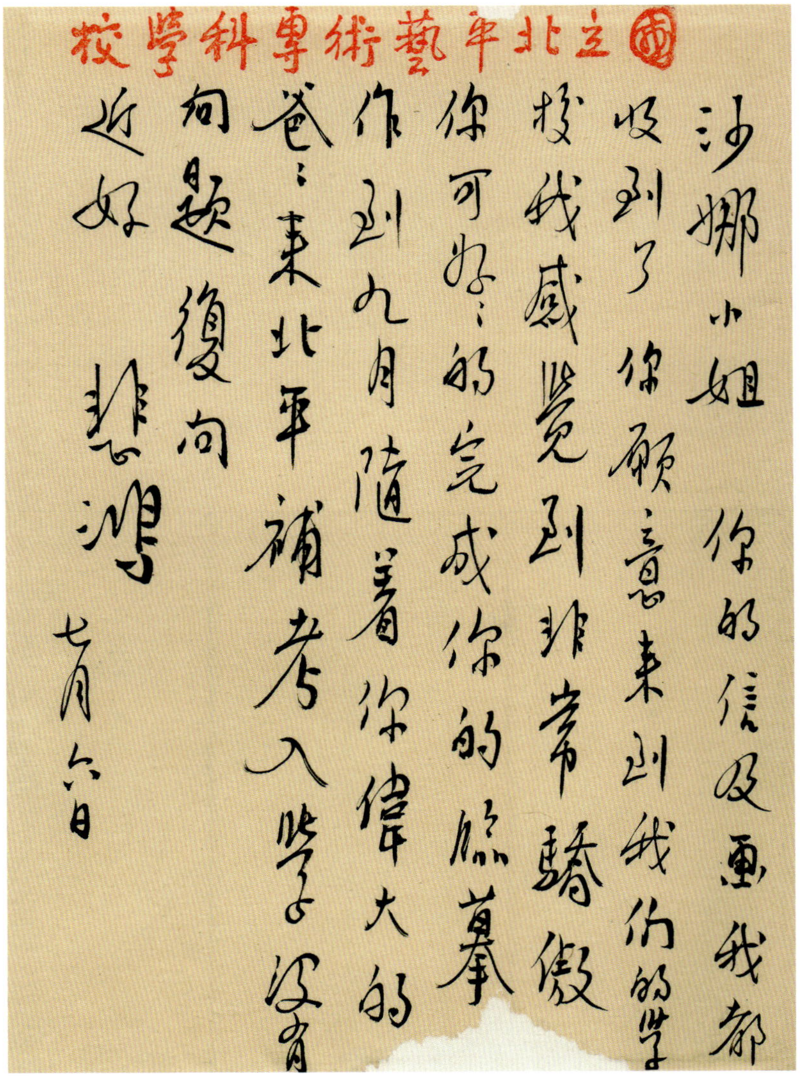
國立北平藝術專科學校

沙娜小姐：你的信及畫我都收到了，你願意來到我們的學校，我感覺到非常驕傲。你可好好的完成你的臨摹工作，到九月隨着你偉大的爸爸來北平補考入學，沒有問題。復向
近好
悲鴻
七月六日

徐悲鸿致常书鸿信

私人藏

▲

徐悲鸿致常沙娜信

私人藏

►

重回历史的现场

——大雅宝胡同甲 2 号的艺术生态研究

文／吴洪亮（北京画院副院长、北京画院美术馆馆长）

2016 年 3 月 31 日午后，笔者和李可染艺术基金会的王小丽造访了大雅宝胡同甲 2 号。我们围着金宝街、小牌坊胡同、小雅宝胡同转了一圈竟未能找到。当再次穿过小牌坊胡同，左转步入一条更小的巷子时，眼前出现了一座二层小楼，直觉告诉我，“找到了”。在楼边，一位大爷和一个大姐在收破烂儿，我问：“大雅宝胡同 5 号（就是过去的大雅宝胡同甲 2 号），是这儿吗？”回答是：“就是过去住了好多画家的？就从这个口进去。”那是一扇夹在两间平房中的院门，灰色的铁门上钉着一个绿色的破旧不堪的信报箱，显眼而刺激。我的心一紧，终于明白：李小可老师为什么死活不愿意再来造访这个凝固了他童年时光的旧地。大约在记忆中思念，总比在现实间痛楚还是要好过一些吧。我和小丽拿着经多位前辈修正所画出的位置图走入了这个三进的院落。大杂院的破败以及面目全非自不必说，一一核对各家的位置，的确已成难事。但说实话，按北京的发展速度，这个院子能保留到今天已是奇迹了。除了那株巨大的非常有历史感的槐树之外，我们竟然在院子里发现了一个画架。想来这应该是陈伟生老师的吧，只是老爷子出去了，没在。或许只有这个画架，还在证明着大雅宝胡同甲 2 号的身份。而让我以情感的方式进入的研究与思考也由此开始。

大雅宝胡同甲 2 号现状

“历史的现场包含着历史的逻辑，能否意识到它并遵循它的规律，对历史中人是挑战，对后世读史者同样也是挑战。”[①]大雅宝胡同甲 2 号就是这样一个具有“挑战”性的“历史的现场”。它承载了 20 世纪以来与中国美术史相关的许多人与事，对它的研究正是以另一种方式进入历史的逻辑，甚至这种逻辑有可能让我们重新感知那个时代以及那个时代的艺术与艺术家的关系，乃至其表象之下的深层状态。大雅宝胡同甲 2 号不仅具有这样的质地，而且它留给后人的信息是如此丰富与生动，它所具有的活性恰如一出戏剧，甚至在某种程度上符合亚里士多德《诗学》所引申出的“三一律”原则。故而本次研究也想在史实的基础上，变换一下文献的使用以及研究的方法，姑且把大雅宝胡同甲 2 号作为背景，每一个研究的时间节点，人物的进、出场，都视为别有深意的一幕戏加以叙述、分析，或许可以据此牵连、勾勒出 20 世纪中国艺术生态的一个侧影。

大雅宝胡同甲2号是位于北京东城区东南部大雅宝胡同内的一个三进的院落，如今的门牌是大雅宝胡同5号。大雅宝胡同东起建国门北大街，西至春松胡同。其北有小雅宝胡同。“雅宝”二字原为“哑巴”，因为此地曾居住过著名的哑巴而得名。“宣统”时以谐音雅化成为今天的称呼。大雅宝胡同“文革”中曾被称为蓬勃胡同。现在胡同所在地已改建为金宝街。1946年开始，此地成为北平艺专的教师宿舍，1950年中央美术学院成立，继续作为美院的宿舍，前后数十年住过几十位艺专、美院的师生及家属。北平艺专的校址位于校尉胡同5号，今已成为协和医院的一部分。两地距离约两公里，步行大概二十多分钟。

细究大雅宝胡同甲 2 号作为这些艺术家居住地的原因，宋步云在《仰之弥高，钻之弥坚》中曾写道：“旧艺专没有教职员宿舍，为了教员教学方便，生活安定，徐先生嘱咐我一定设法廉价购置宿舍。我协助徐先生多方联系，解决了宿舍问题，先生这才放心。”在宋先生的《年表》中也记述了当时购置或租用的宿舍不止一处：水磨胡同、洋溢胡同 14 号院和 47 号院、煤渣胡同、火神庙胡同、罐儿胡同及东总布胡同、大雅宝胡同、裱褙胡同等多处四合院。大雅宝胡同甲 2 号是其中之一。下文就将以大雅宝胡同甲 2 号所居住的艺术家、学者为线索拉开这一“历史现场”的大幕。

时间节点之一：1948 年

1948 年是大雅宝胡同甲 2 号第一次集中迎来入住者的一年。前一年住进这里的叶浅予是大雅宝的第一个艺专教授，他和夫人戴爱莲仅在这里住了约一年就另迁新居。叶浅予夫妇搬走后，董希文一家住进了他们先前的屋子。同年，滑田友、李苦禅、李可染、李瑞年等也纷纷入住大雅宝。几乎同时，毕业留校的韦江凡也住了进来。不过，在这乔迁之喜以前，他们才刚刚经历了一场北京艺坛的大风波——北平艺专三教授罢教事件，而牵涉其中的核心人物就有执掌北平艺专大权的校长徐悲鸿。以上所说诸人之所以住进大雅宝自然是因为他们是艺专教员，而他们之所以能成为艺专教员大多得益于徐悲鸿。因此，这批教员大多是新派人士，他们到北平艺专的价值不仅在于简单的教学，更有推进徐氏理念等内在原因。

1946 年徐悲鸿重组北平艺专，人事任免之事都要经过他的同意，教员们多是他直接邀聘。先说说最早进驻大雅宝胡同甲 2 号的叶浅予先生。他与徐悲鸿是老相识，早在 30 年代中期他们就在南京认识了，介绍人是当时上海一带赫赫有名的出版人邵洵美。当时的徐悲鸿已先后在南国艺术学院、中央大学、北平艺术学院等学校任教，是西画界的领军人物。叶浅予也以“王先生”等成功形象在漫画界占有一席之地。1944 年 5 月，叶浅予在重庆举办“旅印画展”，作品主要是他应邀访问印度时所画的一批国画速写人物。展览得到徐悲鸿的肯定，并撰文评述、赞扬。1947 年，从美国访问回来不久的叶浅予，应徐悲鸿邀聘出任北平艺专国画系教授。也就是在这一年，他住进了大雅宝胡同甲 2 号。

李可染与徐悲鸿结识是在抗战时期的重庆。当时重庆作为战时陪都，聚集了一大批文艺界人士，徐、李也在其中。1942 年，徐悲鸿偶然看到李可染的水彩风景画，极为欣赏，亲自写信并以水墨画《猫图》来交换。这一年，李可染开始画牧牛题材的作品，寄托家国情怀。在当年重庆的画家联展上，徐悲鸿甚至订购了一幅他的《牧童遥指杏花村》，两人的交流也越来越多。当时，徐悲鸿收藏有齐白石的作品，李可染常去借阅、参考，对其画风的转变影响颇多，也为此后 1946 年，李可染同时接到北平艺专和杭州艺专的聘书，最终选择北上，埋下了伏笔。

李苦禅与徐悲鸿的渊源要早许多。徐只比李年长几岁，但说起来却还有一段“师生”关系。1918 年，二十出头的李苦禅来到北京，入北京大学画法研究会学习西画。这时徐悲鸿尚未出国，在“画法研究会”教授素描和西画，李苦禅曾随其学习炭画，还临摹过徐氏的油画《搏狮》。1946 年，徐悲鸿邀请在济南工作的李苦禅到北平艺专，任国画系教授。

李瑞年 20 世纪 30 年代在比利时皇家美院学习时就结识了在那里留学的吴作人，回国后他又与王临乙同在战时迁于昆明的国立艺专任教，吴、王两位都是徐悲鸿的得意门生。1940 年，经吴作人介绍，正在教育部美术教育委员会任职的李瑞年结识了徐悲鸿。两年后，徐氏在重庆组建中国美术学院，李瑞年被徐聘为副研究员。1947 年，中国美术学院已被并入重组的北平艺专，李瑞年也在艺专担任教授。除了李瑞年，吴作人还是董希文的介绍人。1946 年，从敦煌归来不久的董希文，经李宗津、吴作人的介绍认识了徐悲鸿。徐悲鸿一向爱惜人才，对董希文的绘画才能非常欣赏，很快聘其为北平艺专副教授。徐悲鸿曾在《益世报》上发表文章《介绍几位作家的作品》，文中就盛赞董希文的《瀚海》《马叔衡像》等作品。

徐悲鸿对滑田友和韦江凡则有知遇之恩。1930 年，29 岁的滑田友创作了木雕《小儿肖像》，并将照片寄给徐悲鸿，结果受到徐悲鸿赞赏，两人当年即在南京见面。后经徐悲鸿帮助，滑田友成为雕塑家江小鹣的助手，正式开始了雕塑生涯。三年后，徐悲鸿赴法国举办展览，也带滑田友到欧洲留学。在徐的帮助下，滑田友成为巴黎国立高等美术学校的预备生，并结识了在法国学习的王临乙、吕斯百等人，从此开启了他的留学生涯。1947 年，吴作人赴法举办展览，受徐悲鸿委托，当面邀请滑田友回国任教。次年，滑田友回到了阔别十几年的祖国，出任北平艺专雕塑系教授。韦江凡出身贫寒，少年即成孤儿，从小学开始即以勤工俭学的方式读书。1942 年，他考入西安私立中华艺专学习美术，后来一边做美术教师，一边跟随赵望云学习中国画。1946 年，在徐悲鸿的帮助下，韦江凡先成为北平艺专的旁听生，后来又成为正式学生。他在校期间成绩优异，颇得徐悲鸿的器重，毕业后留校任教。

可见，第一批入住大雅宝胡同甲 2 号的艺术家都与徐悲鸿有着密切的关系，或是志趣相投的好友，或是一直辅助的晚辈。回望中国近现代美术史，徐悲鸿占据如此不可替代的重要位置，除了他本身的艺术以及艺术教育的成就之外，很大一部分要归功于他广结挚友、提携后进、培养人才方面的成绩。

再回到三教授罢教事件。1947年10月1日，北平艺专国画系教员秦仲文、李智超、陈缘督三人因对徐悲鸿重组艺专以来在国画教学、招生等方面采取的种种措施感到不满而罢课，并于次日，在《北平时报》上发文对徐悲鸿提出质询。这次的罢教事件，表面上看只是三位教员对徐悲鸿就任以来针对中国画教学的措施表示不满，核心的矛盾则是中国画改革过程中的观点之争。在这次事件中，我们能够明显看到徐悲鸿的态度从始至终都非常强硬，且最后以继续强力推行用素描改革中国画的措施而告终。暂且不论这次论战中的是非对错，其结果无疑显示了徐悲鸿此时在北平艺专乃至中国美术界不可撼动的坚实地位。之所以有这样的结果，与其此前接受的经验教训及重组艺专以来采取的种种措施是直接相关的。1928年徐悲鸿初掌北平艺专，即欲推行国画的写实主义主张，但是阻力甚大，并发生萧俊贤、陈半丁辞教事件。孤掌难鸣，新政难行，无奈之下徐悲鸿任职仅两个多月就只好辞职南下。这一次的教训不可谓不深刻，于是徐悲鸿1946年第二次执掌北平艺专之初，即辞退溥雪斋、胡佩衡、吴镜汀、溥松窗等颇有名望的传统派画家，并新聘叶浅予、李苦禅、李可染、宗其香、李斛等人教授国画。这些新聘教员如前文所介绍不仅大多与徐悲鸿私交甚笃，且都不属于国画中的传统一派。叶浅予是画漫画出身，40年代才转习国画；李苦禅早先学习西画，又曾求教徐悲鸿，后师从齐白石，而齐白石又为不少传统派所轻；李可染亦是先习西画，且到北平不久即拜入齐白石门下；宗其香、李斛更是早就接受了徐悲鸿的写实主义主张。可见，仅在国画一科，徐已将旧艺专的格局整个改变了，更不必说西画、雕塑各位教员的意见。1947年10月15日，当时全国美术会②的部分北平会员发表公开宣言，认为在罢教事件中北平美术会针对徐悲鸿的私人攻击实属不当，联名者十六人均为北平艺专教员，也都是徐悲鸿的亲信和学生，其中就包括李可染和李瑞年。由此可见，徐悲鸿重组艺专时亲聘的教员是经过深思熟虑和精心布局的，这些人当是他推行写实主义艺术主张的中坚力量，最早入住大雅宝的这批人即是其中不可忽视的重要力量。再加之徐悲鸿在当时政界、文化界的影响力与人脉关系，“三教授罢教事件”这场风波的最终结果是徐悲鸿完胜并不为奇。今天看来，这既是新旧势力、艺术观念的一次冲突，也是一次历史发展逻辑中无法回避的过程。而艺专教师在1948年前后集中入住大雅宝胡同甲2号，正意味着北平艺专的稳定与新时代的开始。

李可染在大雅宝卧室

50 年代初，徐悲鸿与李苦禅的合影

时间节点之二：1953 年

1953 年 9 月 26 日徐悲鸿因病逝世，而此前的四年间，他在获得无数尊崇与荣耀的同时，心中或许也有非常复杂的一面。1949 年，人民解放军进入北平。同年，华北大学三部美术系与北平艺专合并，

1946 年，徐悲鸿与北平美术作家协会同人合影，
协会中大部分为国立北平艺专教师

成立“国立美术学院”，并于次年正式更名为中央美术学院。身为首任院长的徐悲鸿本应是志得意满、大展宏图的时候，可新的政治环境和文艺政策却令他有些难以适应。三年前，他可凭绝对实力强行推动自己的写实主义艺术主张；而三年后，徐悲鸿却发现在新中国提倡的“文艺为工农兵服务”的现实主义艺术面前，他显得有些跟不上步伐，甚至有些开始边缘化了。1950 年，他创作《毛主席在人民中》，本欲参加在苏联举办的“中华人民共和国艺术展览会”，却未通过最终审查。同一时期，“他撰写的赞扬希腊罗马艺术传统的文章，被《美术》杂志以不合时宜为由拒绝发表”。[3]徐悲鸿这种出人意料的境遇或许是可以想见的，但对于那一历史节点的当事者无疑是个打击。1949 年，徐悲鸿在《介绍老解放区美术作品一斑》的文章中曾有过这样的表述：“我虽然提倡写实主义二十余年，但未能接近劳苦大众。”[4]这或许是句客气话，但实际的结果是他在艺术上和在实际对学校的管理上都受到了冲击。

徐悲鸿在艺术上的困境显然不是个例，大雅宝的艺术家们也同样面临着“改造”的课题。1950年，花鸟画不能够为无产阶级服务的声音就已经出现，擅长大写意的李苦禅饱受其苦。一次酒后，他挥笔给毛泽东写了一封长信，要求解决自己的不公正待遇问题。李与毛本是“留法勤工俭学会”时的同学，毛泽东特派中央办公厅田家英去找王朝闻、徐悲鸿等过问，算是解决了此事。李苦禅的个人待遇问题虽然得到处理，后来却被安排到陶瓷科和王青芳一起画瓷器，远离了中国画教学岗位。中国画改造显然还在继续，且进一步上升到政治要求和思想觉悟的纲线。此时在央美任职的国画家们正好处于改造的风口浪尖，面对着前人不曾面临的问题，无论是被迫还是主动，他们确确实实在传统、革新、中西、融合等命题上做出了不少探索。1951年，李可染与夫人邹佩珠共同起稿，最终李可染创作了一生唯一一张新年画《劳动模范赴北海公园》并获奖。而此前他在1949年以大写意的方式创作的人物画《领得土地证洗血千年泪》《老汉活到八十八才知军民是一家》等作品是受到质疑的。再有，新中国成立之后政府对古代石窟等文化遗产十分重视，多次组织考察团到重要石窟寺院考察。1952年，文化部组织考察团赴甘肃炳灵寺石窟，13位成员中有李瑞年、张仃、李可染三位“大雅宝”教师，在赴甘肃途中，他们还参观了龙门石窟、西安碑林、茂陵等古代遗迹。这次考察只是五六十年代众多石窟遗址考察中的一次，这些考察活动不仅是为了保护古代文化遗产，也是让新中国的艺术家能够吸收民族传统，创造出具有民族特色的艺术作品，其影响深远，不仅在中国画领域，更涉及油画、壁画的创作。1954年，央美把许多从事国画创作的教师集中起来进修，训练他们画模特儿、白描、勾勒等技巧，以便为今后的新年画、连环画等创作做准备。在这里进修的国画家里就有叶浅予、李苦禅、李可染等人。而那时的中央美术学院已然没有了中国画系的设置。李可染先生在教水彩，他试图以自己的方式改变中国画的窘境，请邓散木刻了“可贵者胆”“所要者魂”两枚印章，决心变革中国画。他与张仃、罗铭南下江苏、浙江、安徽等地写生，三个月后归来，在北海公园举办三人联展。李可染的作品尤为出众，在当时引起反响，黄永玉撰文《可喜的收获——李可染江南水墨写生画观感》进行评述。也是在这一年，彩墨画科从绘画系分出，发展为彩墨系，后又改为中国画系，奠定了今天中央美术学院国画系的基础。正是在这些改造实践的前提下，张仃于次年六月在《美术》杂志上发表《关于国画创作继承优良传统问题》一文，对国画界存在的“保守主义”和“虚无主义”两种现象做了分析。从他提出的改革中国画的方法步骤中，能够很明显地看出他正在继承传统与借鉴西方、写生与临摹之间寻求着平衡。1956年，中央美术学院成立中国画革新小组，张仃为组长，成员有李可染、叶浅予、蒋兆和。可以说在新中国成立初期的中国画革新中，大雅宝的艺术家确实做了不少事情，而且这其中也有一个细节值得注意，就是李可染在国画改革的过程中对邻居董希文意见的重视。因为当时认为中国画尤其是山水画较之西方的风景画表现力有明显的不足，而李可染希望通过写生可以改变山水画在此方面的不利因素，故而他常为此与董希文探讨，虽然两人未能达成完全一致，但在相互切磋中，李可染对中国画的视觉表现力有了更深刻的认识。经过三次重要的写生活动以及反复的实践，李可染在山水画方面的创作可谓独树一帜，他的《万山红遍》《漓江胜境图》《井冈山》等作品成为

20世纪中国艺术标志性的作品。

徐悲鸿去世的这一年，李苦禅搬出了大雅宝胡同，从此这里少了一位舞大刀、唱京戏的中国画家。这一年搬出的还有吴冠中。吴冠中是董希文在国立杭州艺专时的同学，他1947年留学法国巴黎国立高等美术学校，1950年毕业回国。董希文把吴冠中推荐进了中央美术学院。⑤

但是徐悲鸿与吴冠中这两个宜兴老乡显然话不投机。刚刚回国的吴冠中对国内环境并不了解，且艺术观点与徐悲鸿的个人主张和新中国的文艺政策颇有些“格格不入”。他虽然进入央美，却最终在 1953 年被调到清华大学建筑系教水彩，只教技术，远离意识形态。在此之前的 1952 年年底，李瑞年已应卫天霖之请到北京师范大学美术系执教，也搬出了大雅宝胡同。这也就形成了大雅宝胡同甲 2 号新中国成立后的第一次多位艺术家的人员更迭。

有人搬走，也有人进来。黄永玉和张梅溪夫妇就是这时候住进来的。黄永玉少年离家远游，在集美中学读书时就阅览群书，14 岁即加入中国东南木刻协会，在版画方面经验丰富。1947 年，他在上海加入中华全国木刻协会，次年又与夫人张梅溪到了中国香港，逐渐成名。1953 年，在表叔沈从文的劝说下到北京工作，在中央美术学院版画系任教，他重要的木刻作品《春潮》《阿诗玛》都是这一时期创作的。黄永玉的夫人张梅溪爱好艺术和文学，迁居北京后，张梅溪开始儿童文学创作，曾写有《在森林中》《好猎人》《绿色的回忆》《我的家在草原》等作品。70 年代末，她开始中国画、油画创作，后来还在香港举办过展览。1953 年，丁井文、郑学文夫妇也住进了大雅宝宿舍，此时李苦禅一家正好搬出，他们住的便是苦禅先生用过的一间房子。丁井文曾在河南艺术师专学习，当过美术教师，抗战爆发后他曾组织抗日游击队。1939 年丁井文到达延安，次年进入鲁艺美术系学习。40 年代中期开始，他长期在中央警卫团工作，其间还做过毛泽东女儿李讷的美术老师，与毛泽东、朱德、周恩来等领导人相熟。1949 年新中国成立后，丁井文重回老本行，先在中央美术学院工作，又于 1953 年主持筹建中央美院附中，并担任校长多年，对新中国的美术教育工作贡献良多。

不可忽视的是，在此前的一年，大雅宝胡同甲 2 号的多位艺术家都开始参与人民英雄纪念碑浮雕的创作。1952 年，人民英雄纪念碑工程启动，国家调集大批力量参与纪念碑建设，包括中央美院、中央美院华东分院在内的很多艺术家都参与进来。在大雅宝居住过的央美教员里，除雕塑家滑田友（此时已搬出大雅宝胡同）亲手创作浮雕《五四运动》外，彦涵、董希文、邹佩珠也都参与了画稿的设计、起草工作。彦涵设计了《胜利渡长江》的稿子，董希文和邹佩珠则参与了《武昌起义》的起稿工作。除了这些直接参与人民英雄纪念碑建设的艺术家外，曾在大雅宝居住过的王朝闻是纪念碑兴建前期的重要当事人。他在国立杭州艺专学习时，曾受教于刘开渠。得知修建人民英雄纪念碑的消息后，刘开渠先生给王朝闻写信，希望参加这项工作。此时的王朝闻已调任中宣部，并参与人民英雄纪念碑兴建委员会的成立工作。收到老师的来信，王立即向领导提出建议，最终确定由刘开渠主持纪念碑的雕塑创作。

从 1949 年 9 月 30 日奠基到 1958 年 5 月 1 日落成揭幕，人民英雄纪念碑凝聚了太多人的努力，也成为新中国成立以来第一个国家级大型公共艺术项目，被载入史册，而这其中也有多位“大雅宝”艺术家的贡献。

时间节点之三：1956 年

1956 年是新中国十分重要的一年，这一年“三大改造”完成，社会主义制度基本建立。而对于文艺界，它更是可喜的一年——毛泽东提出了“百花齐放，百家争鸣”的科学文化的方针政策，艺术家们在短期内拥有了一个相对自由的言论和创作环境。这一年也是大雅宝人员流动较大的一年，一批教员搬出，几个学生住了进来。

1956年，筹建一年多的中央工艺美院正式成立，中央美院的一批教师被调走。说到中央工艺美院的建立，张仃起到了非常重要的作用。张仃一家是1952年搬进大雅宝胡同的，在这里住了差不多五年。20世纪30年代，张仃曾在北平美术专科学校学习国画，抗战爆发后参加“抗日宣传队”，1938年到达延安。此后他先后在延安鲁艺、文艺界抗敌协会、华北大学三部美术系、东北画报社从事教学、文艺工作。1949年北平解放，张仃和王朝闻等一同参与北平艺专的接管工作，并于1950年正式任教于中央美术学院，担任实用美术系主任。在新中国成立初期的一年多里，他主持或参与完成了全国政协会徽、第一届政协会议纪念邮票、开国大典、国徽等一系列国家重大设计任务，可谓劳苦功高。1955年，中央工艺美术学院开始筹建，在原中央美术学院实用美术系、中央美院华东分院实用美术系、清华大学营建系等师资基础上，又吸收不少归国专家，最终于1956年正式成立。建院过程中，张仃一直担任主要工作，并于1957年调任中央工艺美院第一副院长。1956年，因调任工艺美院而从大雅宝宿舍搬出的还有祝大年、柳维和、袁迈和程尚仁。祝大年曾在国立杭州艺专学习国画，后到日本学习工艺美术，对陶瓷工艺钻研尤深。回国后，他始终致力于中国陶瓷事业的发展。1949年，应中央轻工业部部长黄炎培的邀请，祝大年到北京工作，先后任职于轻工业部、中央美术学院。他是“建国瓷”的主要制作人，对新中国陶瓷业的振兴功不可没。1956年中央工艺美院成立，祝大年调任工艺美院陶瓷系主任。柳维和、袁迈、程尚仁都是实用美术系的教员，他们最早在国立杭州艺专工作，50年代调到中央美院工作，1956年又都调到了中央工艺美院。

在这个特别的年份里，大雅宝胡同甲 2 号迎来了一对央美学生小夫妻——万曼和宋怀桂。万曼是保加利亚的留学生，1953 年毕业于索菲亚艺术学院后，又到中国留学，先后在中央美术学院和中央工艺美术学院学习。此时，中国已与社会主义阵营的国家建立了相对稳定的外交关系，也有一些国家派遣留学生。虽然人数很少，却是中国文化与国际交流的重要渠道之一。有位外国人住在大雅宝原本就是“稀罕物”，而更稀罕的是他还娶了位中国姑娘做夫人。宋怀桂是北京姑娘，在中央美术学院学习油画，住在大雅宝的董希文就是她的老师。一个是来自异国的青年小伙儿，另一个是美丽浪漫的中国女孩，两人情投意合、互生情愫，却因国籍问题而难以结合。最后，还是由敢打敢冲的宋怀桂给周恩来总理写信，在经过 4 个月的漫长等待之后，他们的结合成为总理亲批的跨国婚姻。1959 年，宋怀桂随万曼去了保加利亚，后来又移居法国。万曼回国后在自己的母校索菲亚艺术学院建立了壁挂系。改革开放后，万曼夫妇于 1986 年再次来到中国，出任浙江美术学院（现中国美术学院）的客座教授，万曼带领着当时一批青年教师创办万曼壁挂研究所，其中的谷文达、施慧等人后来成为中国当代艺术界非常重要的艺术家。2016 年，在杭州举办了首届纤维艺术三年展，大家公认 30 年前万曼创立的壁挂研究所正是这一重要的国际化艺术项目以及中国当代纤维艺术的摇篮。而万曼的夫人宋怀桂更成为中国改革开放后文化艺术界的标志性人物。她是皮尔·卡丹（第一个进入中国的法国服装品牌）的中方首席代表，甚至被誉为西方知名的中国时尚女王。她把法国时装、饮食文化带入中国，也第一次把中国模特儿带上了西方舞台，多次组织大型中华服饰文化秀，令全球时尚界开始关注中国。她还是北京市第一家中外合资餐厅马克西姆的创始人。在 20 世纪 80 年代，马克西姆餐厅在北京是最具人气的时尚之地，崔健曾在这里演出，也是很多明星的聚会场所。如今，万曼和宋怀桂的部分遗物据说已被即将建成的香港 M+ 美术馆收藏，成为可被研究的历史。

万曼和宋怀桂合影

20 世纪 50 年代后期的大雅宝胡同甲 2 号还住着另外一对国际夫妻，捷克斯洛伐克的贝亚杰和朝鲜女子李起顺。贝亚杰是版画系的研究生，据张仃之子张朗朗回忆，他是捷克斯洛伐克前国脚，曾带着大雅宝的孩子们横扫南小街。贝亚杰性格开朗，爱说爱笑，留学期间还参加过美院的团组织活动，李可染曾作过《钟馗图》相赠。贝亚杰还成为美院老师们晚画会“十张纸斋”的模特儿。[⑥]现存有吴作人、李斛两位先生用毛笔为贝亚杰所画的肖像。尤其是李斛先生在 1955 年为贝亚杰所画的作品，成为他写生的代表作被反复出版。

其实早在万曼和贝亚杰之前，就有捷克斯洛伐克学生海兹拉尔在中央美院学习了。海兹拉尔是捷克斯洛伐克研究齐白石的重要专家，他 1951 年到中国，曾先后在清华、北大学习中文。从 1953 年开始，海兹拉尔在学习中文的同时，也在中央美院跟随王逊先生学习美术史、中国民间艺术，也画画、做木刻。在此期间，海兹拉尔结识了李苦禅、李桦、李可染、张仃、林风眠、张光宇、黄永玉等著名艺术家，当然还有最重要的齐白石。据海兹拉尔回忆，他那时经常到大雅宝去和那里的老师们交流。他向李苦禅求教中国画的问题，曾说：“他所画的老松、仙鹤、菊竹以及荷池都令人神往。寥寥几笔便勾画出枯苇和珍珠鸡的轮廓，诗一般的意境。”1956 年 9 月，江丰校长、李可染教授、李苦禅教授、刘金涛老师以及同学们一同协助，为海兹拉尔和玳君举办了婚礼，黄永玉是他们的证婚人。海兹拉尔夫妇常到黄永玉家里做客，张梅溪的厨艺令他们赞不绝口。结婚后，当海兹拉尔夫妇准备回国时，黄永玉与梅溪专门请他们夫妇来家中做客道别。如今李玳君女士还保留着黄永玉邀请他们赴宴的请柬，是一张印有菊花的版画。旁边写着：“为了我们的友谊，为了太美的菊花的季节，请务必光临。”海兹拉尔和李玳君夫妇回到捷克斯洛伐克后，依旧与李可染、黄永玉等艺术家书信联系。现收藏于北京画院的齐白石画册《可惜无声》，即是可染先生在 1958 年寄给海兹拉尔的。1970 年，经过多年努力，海兹拉尔在捷克斯洛伐克出版了《齐白石》，这是在捷克斯洛伐克出版的第一本全面介绍齐白石艺术的重要著作。

1956 年的中国相对封闭，大雅宝胡同甲 2 号居住着像保加利亚的万曼、捷克斯洛伐克的贝亚杰、香港回来的黄永玉夫妇、曾经留学日本的王曼硕以及常来串门的海兹拉尔，可谓是四合院中的国际艺术交往平台。

20 世纪 50 年代，黄永玉一家与海兹拉尔在大雅宝胡同

时间节点之四：1973 年

1973 年，在大雅宝宿舍居住时间超过 20 年的两个人相继离开。不同的是，李可染搬到另一个地方，董希文去到了另一个世界。

1973 年 1 月 8 日，未满 59 岁的董希文在病床上从容离去，最后一句话："把我放平。"董希文从 1948 年搬进大雅宝，在这里住了 25 年，《开国大典》《千年土地翻了身》《红军过草地》《百万雄师渡长江》等重要作品都是在这里完成的。"文革"摧残了多少伟大的文学家、艺术家、知识分子，我们不得而知，但董希文无疑是其中的一个。且不说他的身体遭受过怎样的迫害，仅《开国大典》一画给他带来的精神折磨就非同一般。这件作品因主题内容的选择和艺术手法的成功，自诞生之日起就被视为新中国最重要的油画作品之一。因为这件作品他获得了巨大的荣誉，但也因这件作品他经受了太多的抑郁。1953 年 5 月，董希文与丁井文、周扬等一起到中南海怀仁堂陪同毛泽东、周恩来等中央领导观看美术作品。自此《开国大典》一直被视为油画民族化的代表作品。但仅仅一年后，"高饶事件"发生，董希文奉命将高岗从画上抹去。1971 年，已被确诊为癌症的董希文又再次接受上级指示去掉已被打为"叛徒、工贼"的刘少奇画像，改为董必武全身像，此时他心情极度矛盾、抑郁。然而改画并未结束，1972 年他再度奉命去掉画中某些人物，但此时的董希文身体状况已经极差，根本无力再去修改，只好在他的指导下，由靳尚谊临摹一张。董希文的离世带给后人的是对时代与个人命运的无尽的思考。

比董希文略幸运一些，他 25 年的老邻居李可染虽然也在"文革"中饱受冲击，但最终还是坚持了下来。李可染一家在这一年搬出了大雅宝胡同，迁居到三里河居住。此时已到"文革"后期，他于 1971 年奉周恩来总理的指示调回北京，有了再拾画笔的机会，不但给民族饭店和外交部分别绘制了巨幅的《阳朔胜境图》，而且还与吴作人一起接受访谈，并被整理为《李可染、吴作人谈齐白石》一文，发表于 1973 年第 12 期的香港《七十年代》上。一切看起来都是时来运转的好兆头，可是不幸马上就又到来。就在第二年，《李可染、吴作人谈齐白石》一文，被诬为"妄图否定无产阶级文化大革命的右倾翻案风"，而大受批判；《阳朔胜境图》也被指责为"黑画"。好在已经习惯了此前的游街、关牛棚等非人待遇，对于新一轮的批判李可染也能泰然处之，最终还是熬到了出头之日。只是他再也没有机会去征询董希文对自己作品的看法，再也没机会听到那位老邻居发表关于中、西画表现力的见解了。

同在这一年搬出大雅宝的还有住了近二十年的常濬一家。常濬之前在故宫博物院从事文物管理工作，1954 年被选调到中央美术学院，主持美院陈列室工作，负责保管、修复及历届美院毕业生的展览工作。据其子女回忆，常濬有时也到外面收购古玩字画，充实美院馆藏和教学范本。常濬本就擅长字画修复，后来又从苏联专家秋拉阔夫那里学会了油画修复，发表过相关文章，还修复过徐悲鸿早年的油画，以及国外来华展出不慎破损的油画作品。因工作调动，常濬一家于 1954 年住进大雅宝，1973 年迁出。

影响甚大的"黑画事件"发生于 1974 年，此事缘起是在 1973 年。当时不少国画家牵涉其中，大雅宝胡同的几位画家更是首当其冲。当时北京饭店在王府井大街附近修建了新楼，周恩来总理指示，安排一批画家为新楼做些装饰工作。此事由美术界的袁运甫、吴冠中、祝大年和黄永玉负责，众多画家参与其中。这时许多画家正值"五七干校"学习结束，能有作画的机会都非常高兴，却不想这一举动被"四人帮"利用，作为进一步攻击周恩来的工具。

从 1973 年底的密谋筹划，到 1974 年初姚文元批判根据周恩来指示精神所编的《中国画》画册，再到“黑画”展览在中国美术馆和人民大会堂展出，包括黄永玉、李可染、李苦禅、吴作人、黄胄、宗其香、许麟庐等多位画家的作品遭到批判。在这些所谓的“黑画”中，不仅有专为北京饭店所画的作品，还有从全国各处搜集上来的绘画，其中不少还是优秀之作，却都被作为反面教材上纲上线、大肆批判。其中首当其冲的就是黄永玉。他本是北京饭店装饰工作的组织者，所画猫头鹰并不是给饭店装饰的作品，却仍以“炮制者”之名遭到批判，因他所画猫头鹰睁一只眼闭一只眼，被诬为“仇恨社会主义革命现实，仇恨无产阶级文化大革命”。李苦禅在《荷花图》中画了八朵荷花和一只小鸟，结果那只鸟被指为暗讽江青称霸，而八朵残荷被说成八个样板戏没人看。此外，还有宗其香画的三只虎被附会为三虎成彪，为林彪翻案，黄胄的毛驴更成为他“驴贩子”的明证。如此种种，看似荒唐，却都切切实实地在当时发生了。这场“文革”后期的“黑画”风波，不仅给大雅宝的画家造成了进一步的精神打击，也是中国现代美术史上一场滑稽而悲哀的闹剧。

大雅宝胡同甲 2 号的艺术圈与齐白石

大雅宝甲 2 号从 20 世纪 40 年代开始居住的美术界知名人士，交游圈子都比较广，因此常常有不少文艺界的名人进进出出。除了校长徐悲鸿外，像齐白石、吴作人、萧淑芳、吴祖光、新凤霞、黄胄、黄苗子、郁风、沈从文、华君武、赵丹、黄宗英、郭沫若、于立群等都来过。特别是齐白石老人，既是画坛前辈，也是大雅宝人的共同老友。身为徒弟的李苦禅、李可染自不必说，叶浅予、黄永玉、张仃、王朝闻、范志超等也都与老人相熟。李苦禅为齐白石大弟子众人皆知，刚入门时，这位徒弟白天学西画，晚上学国画，结果几年间画艺精进，让老师高兴不已，溢美之词屡屡可见。李苦禅最擅大写意花鸟，白石老人曾有“英也过我，英也无敌，若老死不事大名，是无鬼神矣”的赞誉。如此师生可堪名师高徒中的典范了。李可染入门虽晚，却是老人晚年最为倚重的徒弟。1947 年，他在李可染的《牧童双牛图》上题：“中国画后代高出上古者在乾嘉间，向后高手无多。至同光间，仅有赵㧑叔，再后只有吴缶庐。缶庐去后约二十余年，画手如鳞，继缶庐者有李可染。今见可染画多，因多事饶舌，记数言，后五百年必有定论。”评价之高，在齐白石处当属罕见。李可染有一枚非常珍视的印章，是齐白石所赠，上刻一“李”字，旁边还有一个小圆圈。徒弟最初不解其意，问老师这个小圈作何解，老人答道：“你身边配有一颗珍珠啊！”可染、佩珠出双入对，感情甚好，老人刻的这枚图章不但匠意独运，更见一片童心。50 年代初，黄永玉搬进大雅宝不久，即经李可染介绍拜访了齐白石，还受到老人“一碟月饼，一碟带壳的花生”的招待。二人是湖南老乡，虽然从未相识，且年纪相差极大，却一起聊天、吃螃蟹，相谈甚欢。黄永玉创作过一幅木刻《齐白石像》，时间就在与老人相识不久的 1954 年。张仃与齐白石相识也是在新中国成立后，还收藏有齐老的画作精品，其中最珍贵的是那幅《葫芦》。此画上有题款“九十八岁白石”，学者王鲁湘认为此作当为白石老人之绝笔。据张仃回忆，白石老人逝世后，每隔一段时间，李可染夫妇、黄苗子夫妇以及张光宇兄弟等就会结伴去他那里欣赏此画，充满对老人的无限缅怀。说起藏画，范志超有一幅齐白石的《牡丹》，1951 年老人 89 岁生日时亲绘一幅牡丹赠之，并题“莲花心地，雪藕聪明”称赞。

叶浅予和齐白石相识是在 1935 年。当时叶浅予到北平，在一位金石家的介绍下见到齐白石，叶浅予以速写肖像赠齐，老人则以一小幅《拜石图》回赠。1947 年，叶浅予应徐悲鸿邀聘执教于北平艺专，此时齐白石亦为北平艺专名誉教授，叶浅予常到齐老家里做客、买画。北平解放前夕，溥心畬、齐如山（梅兰芳琴师）等先后规劝齐白石赴港台，老人犹豫未决，后来经叶浅予、徐悲鸿、李苦禅等劝说最终留在北平。50 年代初，齐白石之前的护士夏文珠出走，齐老非常感伤。叶浅予又出面帮忙，经过与美协领导商量，找来湖南的伍德萱陪老人走完了最后的旅程。王朝闻与齐白石认识是在 1949 年，据包立民在《漫话叶浅予》一书中所记，北平解放不久，叶浅予曾带艾青、江丰、王朝闻去访齐白石，起初齐老不知情况，还十

黄永玉
《齐白石像》

分紧张，待说明来意后，气氛缓和，老人还各赠画一张。不过根据简平所著《王朝闻传》中的记载，王朝闻认识齐白石要稍晚一些。1950 年，李可染发起艺专同人一同为齐白石祝寿，以纾解老人因家事纠纷而不快的心情。那天包括徐悲鸿夫妇在内的许多艺专教员都去道贺，王朝闻也在其中。简平说，就是在这一天，王朝闻结识了齐白石。此后王朝闻与齐白石的交往渐多，1953 年，他还受中宣部委派，转交毛泽东给齐白石的九十寿辰贺礼。二人结识后，王朝闻曾作多篇文章评述齐白石的艺术，并为齐白石纪录片的拍摄以及《齐白石全集》的出版花费过不少心力。

在 20 世纪四五十年代，能够把大雅宝的艺术家联系在一起的，除了徐悲鸿就是齐白石了。这种“联系”并非是以老人为中心的团体或画派，而是一种精神向导和榜样力量。齐白石自“衰年变法”之后，渐显大名，作品雅俗共赏的性质更加速了其声名的传播。抗战结束时，他已年近九十，凡是在京的文艺界人士无不想慕名拜访。20 世纪 50 年代，齐白石更成为无可争议的艺坛泰斗。在这样的情况下，白石老人已经成为当时艺术界的一个象征，他对周围人所产生的感染作用和凝聚力是无形而深远的。

大雅宝胡同甲 2 号的“艺二代”

大雅宝既是一个艺界人才的聚集地，也是人才培养地，在这里成长的孩子们有不少在以后的人生中都选择了艺术这条路。像李可染之子李小可、李苦禅之子李燕、黄永玉之子黄黑蛮就是当中的代表。李小可生于抗战后期的重庆，1946 年随父母到北京，是在大雅宝长起来的。受环境影响，他从小就喜爱中国画，70 年代开始照顾、协助父亲创作、生活、工作，也在父亲的指导下开始系统研习中国山水画。对于一个家学渊源深厚的艺术家而言，在先辈的成就之外走出一条自己的路子尤为不易，不过小可始终在这方面不懈努力。这些年来，他先后数十次深入西藏、青海、长江源头、黄河源头、甘肃等西部藏族地区与黄山、太行山、燕山等地，跋山涉水去实地写生及摄影创作。在继承中国艺术的传统、西方艺术的精华与其父亲所创立“李家山水”的同时，吸取外来艺术营养丰富其艺术的广度与深度。如今已是北京画院艺委会主任的李小可更以“水墨家园”为念，探寻着自己的、符合时代的绘画之路。李燕于 1958 年进入中央美术学院附中，后来又进入中央美术学院中国画系学习。在学生时代他就极为勤奋，常常在星期天去动物园画速写，一次就是好几十张。他画中的猴子、熊猫等各种动物都活灵活现、极尽情态，与写生方面的苦功是分不开的。苦禅先生在世时，常常教导李燕画境要高，就要注重整体修养，以古代的著名文人为榜样。受苦禅先生影响，李燕对文、史、哲、宗教、民俗等均有涉猎，特别是在易学、金石学、民俗学方面颇有研究。“博学而约取，厚积而薄发”，这是他一直以来的为艺之道。黄黑蛮生于 1952 年，比李小可、李燕都要小些，“文革”开始时他才刚刚小学毕业，却因父亲的原因成为“反革命”家属，常常要“交代情况”。他在北京时就开始随父亲学画，1978 年一家人回到香港，黑蛮在《美术家》杂志做助理编辑。80 年代去意大利留学，才算真正进入艺术学院，接受专业的美术训练。他曾在意大利学雕刻，也对油画十分感兴趣，并颇有建树。与父亲的“鬼才”不同，黄黑蛮在为人、从艺上都更“老实”。他的作品不张扬，却十分耐看，既继承了父辈作品里的人文气质，又对现代社会生活十分敏感，这在他的城市街道作品中就能看出。

1950 年，在大雅宝胡同甲 2 号庆祝白石老人 90 岁寿诞时合影，前排从左至右为：齐白石、李苦禅、李可染（抱女儿李珠）、邹佩珠（李可染夫人）、滑田友；后排从左二起至右依次为：解驭珍之母（王朝闻岳母）、李慧文（李苦禅夫人）及女儿李琳、齐良迟（齐白石四子）、范志超、廖静文、徐悲鸿、齐良已（齐白石五子）、王朝闻、滑田友之弟、李瑞年、叶浅予

除了以上三人外，大雅宝的孩子里从事与艺术相关活动的还有不少，如李可染之子李庚，李苦禅的女儿李健，黄永玉的女儿黄黑妮，董希文之子董沙贝，张仃之子张朗朗、张寥寥，彦涵之子彦东、彦冰，祝大年之子祝重寿和女儿祝重华、祝重喜等。他们的职业选择固然并不全因父母的缘故，但长辈们潜移默化的影响，以及自小所受艺术氛围的熏陶不能不说是一个重要原因。

结语

以研究的态度回望历史有两个核心问题：一是理念，以何种立场回望；二是方法，以何种方式进入。20 世纪的历史还是一段有温度的历史，因为太近很多问题还不能客观地厘清，更难完全地定义，所以此时更需要的是资料的整理、思考的举证。大雅宝胡同甲 2 号正是这样一个实在的、具有活性的地点。故而，笔者希望相对客观地回望。但由于研究时间以及能力所限，本文仅作为回望的开始。再有，笔者作为一个美术馆人习惯以展览的方式思考。因此，更关心情境与情境中的人和事，所谓知人论事，关心实物以及实物背后的“故事”，所研究的结果更希望是生动的而且可以交流的。

纵观从 20 世纪 40 年代末到 90 年代初，大雅宝胡同甲 2 号的三进院子，二十多间房子与中央美院的渊源超过 40 年，大雅宝胡同的人物，涵盖了中央美院学科建制的各个门类，所谓国、油、版、雕、史甚至是工艺美术。这里不仅是一个美院的宿舍，更是一个艺术圈、文化圈。它所建构出的小生态正是一处中国近现代美术史演进的“历史的现场”。

雅宝胡同甲 2 号的艺术家们在校是同事，回家是邻居。孩子们每天在一起哄闹，老人们在一块儿唠嗑，上班同行，在家谈艺，几十口人像是一大家子，从工作到生活都多了不少交集。也只有在这样的环境中，李可染可以时常征询董希文对自己作品的看法，黄永玉能够和李可染一起拜访齐白石，董希文能够和王朝闻讨论油画民族化的问题，大院里的人可以看李苦禅耍大刀，听李可染拉二胡，黄永玉拉手风琴，常濬、邹佩珠唱京戏……

这些仿佛是偶然的小事件，背后恰是历史的必然。这必然与校长徐悲鸿有关，与艺术发展的逻辑有关，甚至与大的历史进程有关。那些人物与事件初看起来仿佛是许多条平行线，却因为雅宝胡同甲 2 号，这些平行线成了交织线。可以这样说，交织的点越多，此地的历史价值就越大。应该说大雅宝胡同甲 2 号的艺术家们代表了 20 世纪中期中国艺术的主流样貌。他们艺术风格的形成在一个转折的时代，这其中有自我的追求，更有时代的要求，有主动的探索，也有被动的塑造，但他们在通变中求变通，这是某种人生的态度，更是对艺术执着的爱。

总之，大雅宝胡同甲 2 号是写在正史旁边的真实，是大历史中的小历史，但这部小历史足够作为大历史的精华版带我们进入那个时代的现场，触碰大历史的神经。

2016 年 5 月 2 日于南通有斐酒店

注释：

① 李鸿谷《1921 的历史现场》，《三联生活周刊》，2011 年第 26 期，第 32 页。

② “北平美术会”和“全国美术会”均为简称。根据沈子平《北平市美术会成立始末》考证，全国美术会全称叫作“中华全国美术会”，是国民政府组织的美术团体，1933 年在南京成立，初名中国美术会，1940 年更名为“中华全国美术会”。北平美术会 1946 年成立，初名“中华全国美术会北平分会”（各地均为中央分会），1947 年改为“北京市美术会”（全国均改为各地美术会，不用中央分会名义）。另外还有一个“北平美术作家协会”，以徐悲鸿为首，与“北平市美术会”有抗衡之势。

③ 朱京生《国立北平艺专三教授罢教与国画论争事件考察与研究（上）》，《民国美术研究》，2014 年第 12 期，第 31 页。

④ 徐悲鸿《介绍老解放区美术作品一斑》，收入徐悲鸿著《徐悲鸿论艺》，上海：上海书画出版社，2010 年，第 195 页。

⑤ 在吴冠中的自述《永无坦途》中有这样的记述，或许可以作为参考。

“离巴黎时，有人托我带点东西给滑田友，我找到大雅宝胡同中央美术学院的宿舍滑田友家。不意在院中遇见杭州老同学董希文，他显得十分热情，邀我到他家小叙，问及巴黎艺坛种种情况，最后提出想到我招待所看我的作品，我很欢迎。好像只隔一二天他真的去了旧刑部街，我出示手头的一捆油画人体，他一幅幅看得很仔细，说想借几幅带回去细看后再送回，当然可以，就由他挑选了带走。大约过了一星期或十来天，他将画送回，并说中央美术学院已决定聘我任教，叫我留在北京，不必回杭州去。”

“当时徐悲鸿任中央美术学院院长，徐一味主张写实，与林风眠兼容甚至偏爱西方现代艺术的观点水火不容，故杭州的学生也与徐系的学生观点相背。因之我对董希文说，徐悲鸿怎能容纳我的观点与作风。董答，老实告诉你，徐先生有政治地位，没有政治质量，今天是党掌握方针和政策，不再是个人大权独揽。董希文一向慎重严谨，他借我的画其实是拿到党委通过决定聘请后才送回的，用心良苦，我就这样进入了中央美术学院。”

⑥ 1953 年 11 月，在画家李宗津建议下，吴作人、萧淑芳夫妇将地处水磨胡同 49 号的自家住宅开辟为供美院教师练笔作画的场所，这一活动在课余的傍晚进行，故称“晚画会”。吴先生的家后被大家称作“十张纸斋”。晚画会坚持到 1957 年。在反右运动中，“十张纸斋”被批判为“裴多菲俱乐部”而被迫终止。

齐白石为徐悲鸿刻白文“吞吐大荒”印

边款：
悲鸿先生知余恩友正刊 庚午 齐璜

齐白石为徐悲鸿刻朱文“人犹有所憾”印

边款：
白石

齐白石为徐悲鸿刻白文“徐悲鸿”印

边款：
白石

齐白石为徐悲鸿刻朱文“江南布衣”印

边款：
悲鸿道兄 齐璜

杨仲子为徐悲鸿刻白文“谓我士也罔极”印

杨仲子为徐悲鸿刻白文“中心藏之”印

边款：
中子

杨仲子为徐悲鸿刻白文“徐悲鸿”印

边款：
中子

杨仲子为徐悲鸿刻白文“庄敬日强”印

边款：
中子

杨仲子为徐悲鸿刻朱文“永以为好”印

无边款

方介堪为徐悲鸿刻白文“阳朔天民”圆印

方介堪为徐悲鸿刻白文“阳朔天民”印

方介堪为徐悲鸿刻朱文“悲鸿”印

方介堪为徐悲鸿刻朱文“水精域”印

钱君匋为徐悲鸿刻白文“过而弗辞”印

钱君匋为徐悲鸿刻白文“妙机其微”印

白文“悲鸿之印”仿陈子奋

白文“大慈大悲”印

白文“好德”印

白文“嗜好与俗殊酸咸”印

白文“为人性癖”印

白文“孝子同姓名将同名美人同乡”印

白文“隐者”印

白文“有巢氏”印

简经纶为徐悲鸿刻朱文“徐”印

蒋维崧为徐悲鸿刻白文“非日能”印

王个簃为徐悲鸿刻朱文“悲”印

彭汉怀为徐悲鸿刻白文“魂气”印

彭汉怀为徐悲鸿刻朱文“见笑大方”印

张寿丞为徐悲鸿刻白文“居天下之广居”印

朱文“悲鸿心眼”印

朱文“悲鸿之画”印

朱文“癸巳”印

朱文“洁尘”印

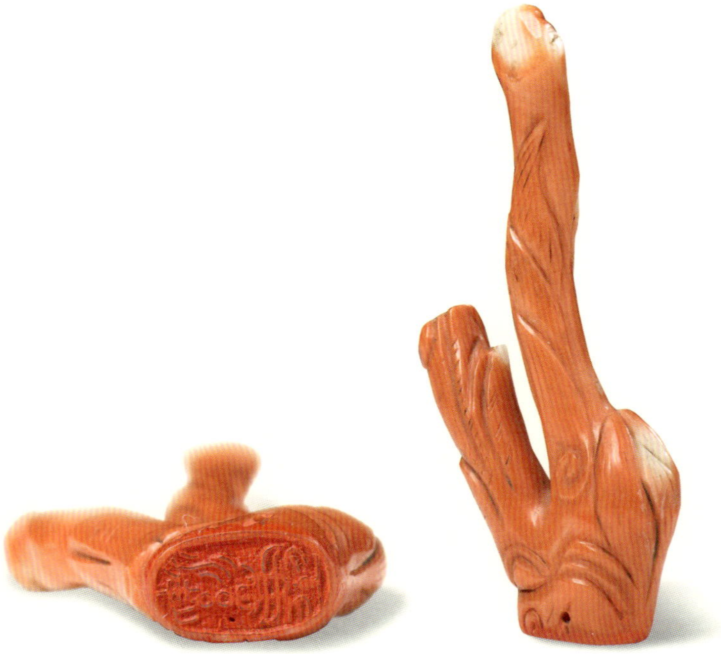

朱文“喜之又喜”印

朱文“壮夫所为”印

朱文“自强不息”印

唯诚笃，可以下切实功夫

——徐悲鸿先生提倡的工匠精神

文／张鹏（中央美术学院教授、《美术研究》副主编、学报编辑部副主任、中央美术学院丝绸之路艺术研究协同创新中心副主任兼秘书长）

1926 年 4 月，徐悲鸿先生在中华艺术大学讲演[①]，提出精确之研究、明晰之观察和表现之恰当，才能体现所谓力量，才是研究绘画之真精神。同时他也告诫学生，学巧便会故步自封，只有到精确之地步，方能获伟大之成功，提倡“研究艺术，务须诚笃”，“唯诚笃，可以下切实功夫”。此后的数十年，徐悲鸿先生高度赞扬、支持中国民间艺术和民间艺术家，或许就是在他们身上看到了这种诚挚的人生态度和笃专、精湛的技艺，这些也正为他所期待的中国画的改良提供了滋养和途径。

1932 年，他撰写《对泥人感言》[②]论述泥人张彩塑艺术和江西范振华木雕艺术，并购买了他们的作品。1948 年，徐悲鸿为李桦创作的“天桥人物”系列水墨画题写了诗跋，还收藏了其中的几件作品。[③] 1951 年，他又撰写了《剪纸艺术家陈志农先生》，把部分剪纸作品带到国外进行宣传。[④]

探访泥人张作品或许于徐悲鸿先生来说印象深刻，除在《大陆杂志》发表《对泥人感言》外，他还在 1932 年与胡适的通信[⑤]，以及 20 年后为陈志农先生撰写文章中屡次提及。令徐悲鸿先生特别关注的主要是三个方面：一是袖中捏像的写实功夫与作品；二是海内外博览会上为国争光；三是近距离地观察表现百姓和百姓生活。

19 世纪晚期以来，天津地方志和报刊媒体都对天津泥人张塑像技艺和作品进行了广泛的宣传和带有传奇色彩的报道，著名学者、教育家、天津士商代表严修 1921 年撰写的《张明山事略》，有“丸泥入握，谈笑间团捻为颇形”的形象记载[⑥]，更是影响深远，这也正是徐先生“夙闻泥人张可以袖中捏塑人像，有神情毕肖之奇能”的渠道。1932 年 4 月徐先生在南开大学做《世界美术之趋势与中国美术之前途》演讲后[⑦]，与张伯苓探访泥人张作品，得偿心愿。此外，徐先生还提到泥人张有大量表现伶人名角的作品，而京剧的萌芽、确立和形成，都与天津的市井生态有着密不可分的联系。泥人张戏曲作品除颐和园所存“八大件”之外，还有梅兰芳出演的《黛玉葬花》，或可与当年梅氏剧照的宣传海报相对照，而徐悲鸿先生亦有表现梅兰芳《天女散花》的画作。另外，现存旧照“老生三甲”之一余三胜的戏装和便装像也是泥人张最为人称道的戏曲作品之一。

徐悲鸿先生所说“美国赛会”，当指 1915 年的巴拿马赛会。晚清民国博览会是中国现代化进程的一面镜子，泥人张作品能得到广泛认可，应该说与其积极参与海内外的赛会、劝业会、博览会，投身工商业发展有密切的关系。[⑧] 1873 年中国开始参加国际博览会，而当时海关采办展品的权力由洋人掌控。1873 年维也纳的万国博览会、1903 年日本的大阪博览会、1904 年美国的圣路易斯世博会、1905 年比利时的列日博览会等，多采购表现吸鸦片、小脚妇人之类的陋俗民风的品质拙劣物品，引起国内有识之士和海外华人、留学生的强烈抗议。张元济痛斥中国参会乃是“故暴所短而欲人耻笑”[⑨]，胡适在《信心与反省》一文中开列了糟粕的名单，并特别指出：“究竟都是使我们抬不起头来的文物制度。”[⑩]于是 1905 年官方收回海关承办权，确定了赛品遴选标准，制定参赛章程与办法，中国的工商业发展正式走向世界的舞台。[⑪]在这样的背景下，泥人张彩塑作品亦以其精湛的技艺和精神上的感召力、教育意义而成为国内博览会的遴选对象，先后参加了 1906 年的天津劝业会、1910 年的南洋劝业会和 1914 年日本的大正博览会，获得奖项和广泛赞誉，从而产生了一定的艺术影响力。

海内外的实战演习为中国工商业积累了经验。1915 年在美国举办的巴拿马太平洋万国博览会上，中国一举斩获奖章 1 211 枚，为各国获奖之冠，也是历次赛会所罕见。在这次赛会上，中国出品最多、最广的是工艺馆，其中有代表性的 15 类手工艺品中有 3 类是天津选送，泥人张的作品名列其中。泥人张当时选送 16 件作品，包括编织女工、钟馗嫁妹等，获得了此次博览会的获奖证书以及直隶出品协会颁发的奖状。[⑫]

泥人张在巴拿马万国博览会上取得的成绩广为传颂。在 1932 年的探访中，徐悲鸿先生便购买了吹糖人、卖糕、卖卦、僧侣等 6 件表现“细民”的作品。他称赞泥人张近距离观察百姓生活，其观察之精到，与其做法之敏妙，信乎写实主义之杰作也，可以与世界上最大雕塑家相媲美，但同时也感慨怀此惊人绝技，而姓名尚没有人知道。徐先生由此赞叹古今千万匠工既明察造化机理，亦安心所业，这种诚实的态度和笃定的精湛技艺更是令人感慨和景仰。

探访泥人张作品之前一年，徐悲鸿先生赴江西游历，在八大山人故居欣赏到范振华的木刻雕像，后来托人购买了两件作品。1861 年九江开埠通商，冲击了江西的经济贸易发展，范氏家族立志振兴中华，以“范振华”为名开设店铺，并将繁体“華”字写成“蕐”字，表示众人奋斗，众志成城。“范振华”名号的声名远播是范氏三代人共同努力的结果，尤其第三代范庆云的作品最为人推崇，乃至后人常常以为范振华是范庆云的名号。徐先生当年探访的正是范庆云，购买的也是他的作品。徐悲鸿先生欣赏其木雕人像“简约而不琐屑”，并为他没有大型雕刻创作的机会而鸣不平。新中国成立以后，范庆云有了更多的创作机会，江西省档案馆至今还保存有范庆云的部分作品资料。[13]

除雕塑之外，徐悲鸿先生还关注另一种民间艺术形式——剪纸。1951 年徐先生发表文章高度评价陈志农的剪纸艺术：“陈先生是今日中国艺术界代表人物之一，因为他用民间艺术形式的剪纸工具，表现一个高级造型的心灵。”[14]陈志农以剪纸艺术表现老北京的众生百态，既有天桥的卖艺把式，也有胡同里的贩夫走卒。陈志农在小型的剪纸艺术中展现了极强的观察力、记忆力和想象力，他和泥人张、范振华一样，对外轮廓准确把握形成简约生动的造型，形神兼备。徐先生将其与曹雪芹相提并论，并在 1950 年携带了陈志农的五六十件作品展示给捷克、苏联等外国友人，弘扬和扩大民间艺术在国际间的影响。

中国画改良是徐悲鸿先生孜孜以求之所在，所以他才会念兹在兹于身边形形色色的艺术。1948 年新春之际，李桦先生应聘北平艺专近半年，携自己创作的十余件天桥水墨人物画请教徐悲鸿先生，徐先生称之“传神阿堵，真是佳作”，并在篇末为这套册页题写诗跋：“几个南腔北调人，各于薄技度余生；无端落入画家眼，便有千秋不朽情。”徐先生对这位 35 岁的“老前辈”赞誉有加：“课余画平市掇拾之小人物写影，刻画入微，传神阿堵，尤于人物之性格动作表情，俱细微体会，而出之以极简约之笔墨，洵高雅之杰作也。以此而言新中国画之建立，其庶几乎。”这从一个侧面反映了徐先生改良中国画的决心和路径。

今天梳理总结徐悲鸿先生对泥人张、范振华、陈志农以及李桦先生的水墨人物的评价，发现他们具有一些共性：一是以丰富多彩的人民生活为源头活水，二是诚实笃定的人生态度，三是长期磨炼出的精湛技艺，四是简约的造型语言和精致入微的表现力形成中国化的语境。在当时的历史背景下，徐先生带着一种新的目光和理想，观照中国传统文化和存在于民间文化中的真性情，就像他在《中国画改良论》这篇文章里面所说，深究真景物中的“形有不尽、色有不尽、态有不尽、趣有不尽”，为中国画改良寻找从理论到实践的途径和办法。在今天，徐先生等几代人百年来探索和建构的传统，更需要我们深入研究，发扬光大。

注释：

①《徐悲鸿在中华艺大讲演》，《申报》1926 年 4 月 5 日。
②徐悲鸿《对泥人感言》，《大陆杂志》第一卷第一期，1932 年 7 月 1 日。
③李桦《我与徐悲鸿先生》，《美术研究》1983 年第 3 期。
④徐悲鸿《剪纸艺术家陈志农先生》，收入《民间文艺集刊》第一册，1951 年。
⑤转引自彭飞《徐悲鸿与胡适交游考》，《荣宝斋》2012 年第 3 期。
⑥《严修年谱》，齐鲁书社 1990 年，第 439 页。
⑦《南大周刊》“副刊”第 5 期，1932 年 4 月 6 日。
⑧张鹏《天津泥人张彩塑与晚清民国博览会》，待刊稿。
⑨武原《中国出洋赛会预备办法议》1910 年 9 月，引自《张元济诗文》，商务印书馆 1986 年，第 182 页。
⑩胡适《信心与反省》，收入《民国丛书 第 1 编 96 综合类 胡适论学近著 第 1 集》，上海书店 1989 年影印本，第 479 页。
⑪引自《南洋劝业会文汇》，上海交通大学出版社 2010 年，第 15 页。
⑫严智怡辑《巴拿马赛会直隶观会丛编》（共 16 册），1921 年，直隶实业厅公署发行。
⑬孙晓晨编著《范振华雕塑》，江西人民出版社 2006 年。
⑭徐悲鸿《剪纸艺术家陈志农先生》，收入《民间文艺集刊》第一册，1951 年。

典守精粹

徐悲鸿终其一生不遗余力地保护中国传统文化，在有限的财力支撑下积累了蔚为可观的古代书画收藏，并珍之如“悲鸿生命”。这与他终生未了之夙愿——在中国建立美术馆以典藏守护中外精品杰作不无关系。公众可从徐悲鸿的书画收藏管窥他的艺术观——重写实画风，所藏人物画居多；轻名重品——不太看重是否出自名家之手，而是看作品的艺术水平高低。

本书从徐悲鸿所藏一千二百余件中国历代书画中，精选四十余幅精品，涵盖唐、宋、元、明、清，直至徐悲鸿同时代的名家作品。其中包括充满传奇色彩、艺术价值极高的《八十七神仙卷》，以及二十四卷《中国古代书画图目》中录入的十三件徐悲鸿藏品中之精品（本章图版中以“*”号标出），以飨读者。

徐悲鸿藏画，不但守护了中外精品杰作，使这些杰作承载了漫长历史的沧桑，驻留和封存了多少代人观赏研习的目光！更饱含徐悲鸿以艺救国、献身教育的拳拳之心。正是这些藏品，充分参与到徐悲鸿美术教育的实践中，使无数艺术学子开阔了眼界。

朝元仙仗图（仿作）

宋　原作传为武宗元作
绢本白描
58cm × 777.5cm
私人藏

八十七神仙卷

唐　佚名
绢本白描
30cm × 290cm
徐悲鸿纪念馆藏

朝元仙仗三卷述略

据《宣和画谱》载之《朝元仙仗》（有疑所谓五帝朝天残卷者，毫无根据），为北宋武宗元画，曾藏宣和内府，赵孟頫题跋其后。画实无款，尺寸颇大。又据黎二樵跋，则尚有一卷，笔法较武卷为粗，未言及尺寸。此二卷数百年来皆藏粤中，至武卷，最近“七・七”以前，在港为日本人以巨价收去云。

闻武卷颇古茂，宗法道玄遗矩，观越跋可见其推重之深。而武卷之即为宣和内府所藏，而又确系子昂鉴定，而题跋者度尚可信。但以全卷细审之，确是临本，特亦知武宗元之作，此是否徇何方请求，又果据何本临摹，则亦可得而知耳。

武卷中八十余人之注名亦甚可信，其所以为摹本者，约有数端。

一、卷中三帝均为主神，苟是创作，必集全力写之，显其庄严华贵之姿。此作画之主旨也。武宗元北宋名家，焉有不知？今武卷三主神，神情臃肿萎鄙，且身材短矮，矮于侍从女子，人世固不乏如是现象，究不称神而帝者气度，此传（卷）写之敝也。

二、卷末之金刚两足拖后，失其平衡，势将跌倒，此尤为依样画葫芦走失之明证。又有数神足太张开，前足太前向，胸太挺出，殊不自然，皆临本常有之病。

其外，则卷末笔法生涩，起卷则较生动，盖从后端起手，初不如意。创作者笔法前后必更一致，参看《八十七神仙卷》，显而易见。

武卷最后藏者罗岸览氏，曾以玻璃版印出，故得借以立论。

又武卷后有黎二樵一跋，设两卷武卷为画稿，断为真迹，真迹与否，以画原来无疑识不必辩；惟画稿云云，则卷中每神之上皆设方格为注名者，其非稿本明矣，界画亦欠精工。

大凡创作虽质朴，必充满灵气，摹本则往往形存而意失，两卷相较，优劣立判，不可同日而语。惟其他一卷，今无消息。武卷虽与吾卷同，但已久被认为《朝元仙仗图》，吾故名吾卷曰《八十七神仙卷》，其与武卷略异者，此卷前多一人（一头而已，不列缺），卷后武卷多一人，此卷卷尾显然为人割去，其中当然有重要意义，惟以既缺故不得而知。又武卷前之破邪力士左手执剑，《八十七神仙卷》者为右手，此亦待乎研究者也。

英伦藏画有唐昭宗乾宁四年（897 年）之张淮兴佛像，像下一弹琵琶女子与卷中仙乐队者全同，其要点乃在髻上冠鸟冠，殆可考也。廿七年岁尽，香港山村道中详参同异，明者自见，故非敝帚自珍之私也。吾又自省，倘人以武卷、吾卷合值，两以相易，吾必不与，且候河山奠定，献与国家，以为天下之公器乎。

悲鸿

本篇蒙星洲督学刘仰仁先生以英文译出，

书此志感。悲鸿识。

廿八年九月五日

八十七神仙卷（局部）

八十七神仙卷（局部）

八十七神仙卷（局部）

八十七神仙卷（局部）

八十七神仙卷（局部）

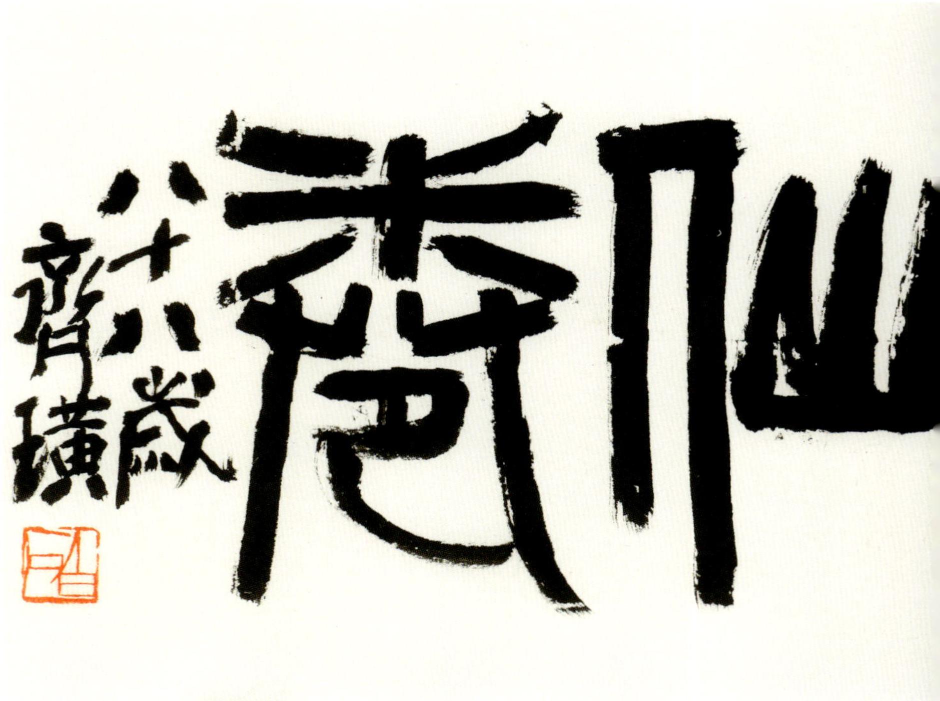

引首，齐白石书

钤印：
悔乌堂（朱文长方印）
白石（朱文方印）

释文：
八十七神仙卷。
八十八岁。齐璜。

跋一，徐悲鸿书

原作于 1938 年 8 月
1948 年重录

钤印：
悲鸿之印（白文方印）
戊子（白文方印）

释文：
此诚骨董鬼所谓生坑杰作，但后段为人割去，故又不似生坑。吾友盛成见之，谓其画若公孙大娘舞剑器，浑脱要如陆机、梁鼯行文，无意不宣而辞采娴雅，从容中道，倘非画圣，孰能与于斯乎？吾于廿六年五月为香港大学之展，许地山兄邀观德人某君遗藏，余惊见此，因商购致，流亡之宝，重为赎身。抑世界所存中国画人物无出其右，允深自庆幸也。古今画家才力足以作此者，当不过五六人：吴（道）玄、阎立本、周昉、周文矩、李公麟等是也。但传世之作如《帝王像》平平耳，《天王像》称吴生笔，厚诬无疑。而李伯时如此大名，未见其神品也。世之最重要巨迹，应推比人史笃葛莱藏之《醉道图》，可以颉颃欧洲最高贵名作。其外，虽顾恺之《女史箴》有历史价值而已，其近窄远宽之床，实贻讥大雅。

胡小石兄定此为道家《三官图》，前后凡八十七人，尽雍容华妙，比例相称，动作变化，虚阑干平板，护以行云，余若旌幡明器、冠带环佩，无一懈笔，游行自在。吾友张大千欲定为吴生粉本，良有见也。

以其失名，而其重要性如是，故吾辄欲比之班尔堆农浮雕，虽上下一千二百年，实许相提并论。因其惊心动魄之程度，

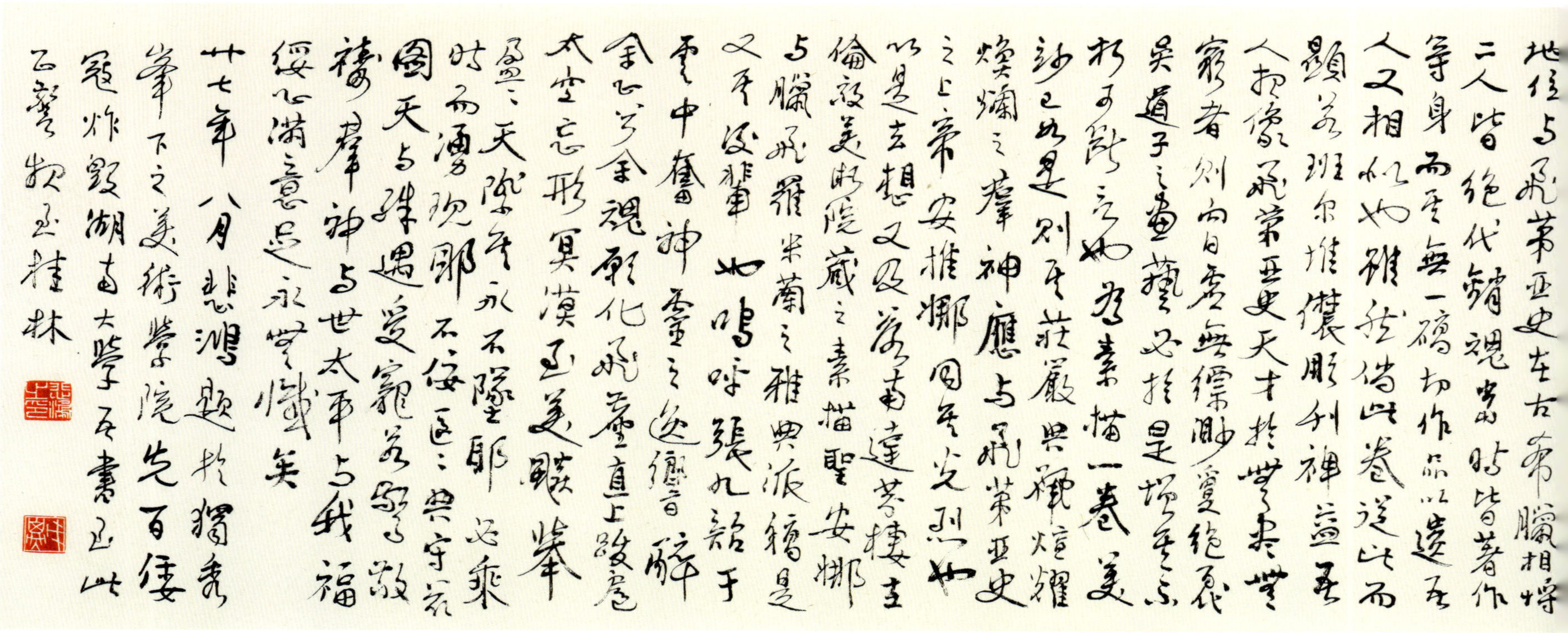

曾不稍弱也。吴道子在中国美术史上地位与飞第亚史（**Pheidias**，今译菲迪亚斯）在古希腊相埒，二人皆绝代销魂当时，皆著作等身，而其无一确切作品以遗吾人，又相似也。虽然，倘此卷从此而显，若班尔堆农雕刊，裨益吾人想象飞第亚史天才于无尽无穷者，则向日虚无缥缈，复绝百代，吴道子之画艺，必于是增其不朽，可断言也。为素描一卷，美妙已如是，则其庄严典雅、煊耀焕烂之群神，应与飞第亚史之《上帝安推娜》同其光烈也。以是玄想，又及落南达芬栖（**Leonardo da Vinci**，今译列奥纳多·达·芬奇）在伦敦美术院藏之素描《圣安娜》与腊飞罗米兰（**Raphael Santi**，今译拉斐尔·桑蒂）之《雅典派》稿，是又其后辈也。呜呼！张九韶于云中，奋神灵之逸响，醉余心兮。余魂愿化飞尘直上，跋扈太空，忘形冥漠，至美飙举，盈盈天际，其永不坠耶。必乘时而涌现耶！不佞区区，典守兹图，天与殊遇，受宠若惊，敬祷群神，与世太平，与我福绥，心满意足，永无憾矣。

廿七年八月悲鸿题于独秀峰下之美术学院。先一日，倭寇炸毁湖南大学，吾书至此正警报至桂林。

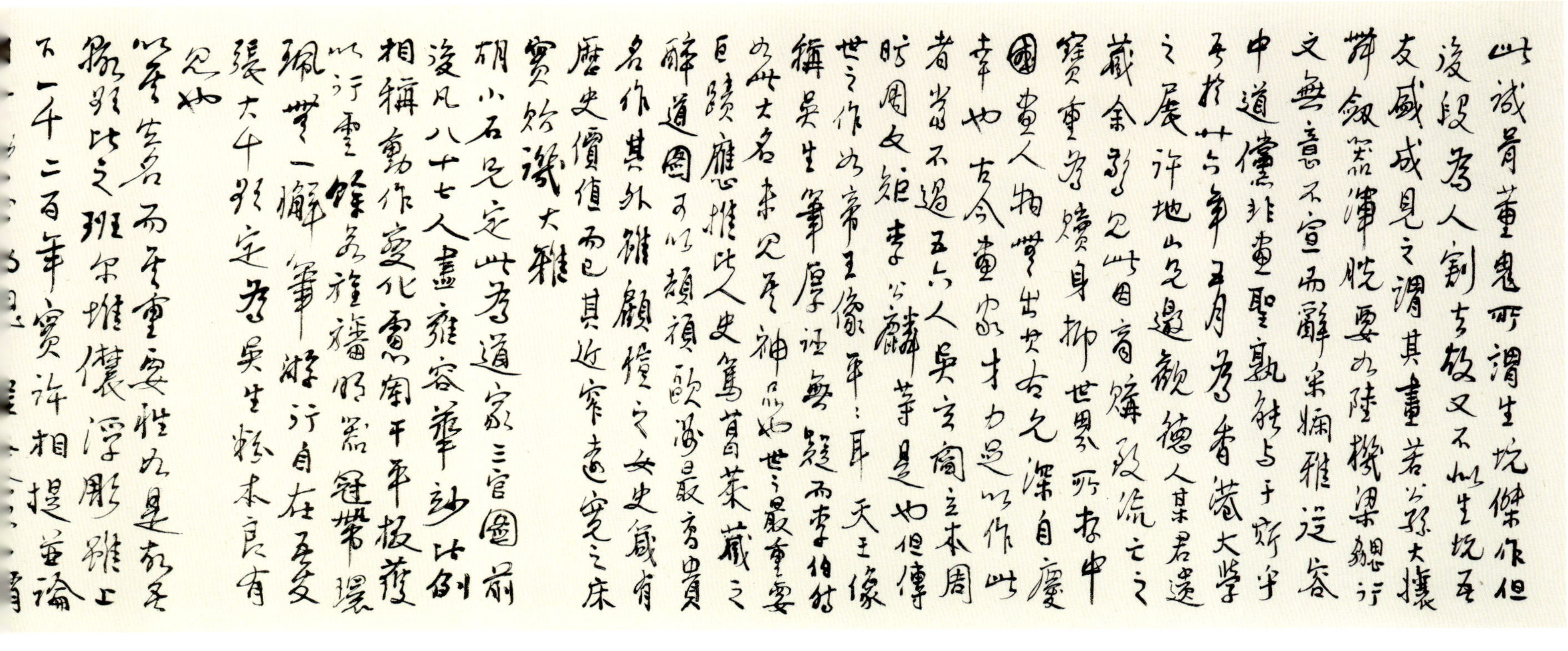

跋二，徐悲鸿书

1948 年 10 月

钤印：
徐悲鸿（白文方印）
困而知之（朱文方印）

释文：
得见神仙一面难，况与侣伴尽情看。人生总是葑菲味，换到金丹凡骨安。

是年，吾应印度诗翁泰戈尔之邀，携卷出国，道经广州，适广州沦陷，漂流西江四十日，至年终乃达香港。翌年走南洋，留卷于港银行铁箱中，虑有失也，卒取出偕赴印度。曾请囊达赖尔波司以盆敢利文题文。廿九年终，吾复至南洋为筹赈之展，乃留卷于圣地尼克坦。卅年欲去美国，复由印度寄至槟城，吾亲迎之。逮太平洋战起，吾仓皇从仰光返国，日夜忧惶，卒安抵昆明熊君迪之馆，吾于云南大学楼上。卅一年五月，吾举行劳军画展。五月十日，警报至此，画在寓所，为贼窃去。于是魂魄无主，尽力侦索，终不得。翌两年，中大女生卢荫寰告我，曾在成都见之。乃托刘德铭君赴蓉，卒复得之。唯已改装，将“悲鸿生命”印挖去，题跋及考证材料悉数遗失。幸早在香港付中华书局印出。但至卅五年胜利后返沪，始及见也。

想象方壶碧海沉，帝心凄切痛何深。相如能任连城璧，负此须眉愧此身。

既得而愧恨万状，赋此自忏。

卅七年十月重付装前书。悲鸿。初版印出之第二跋已赠舒君新城。

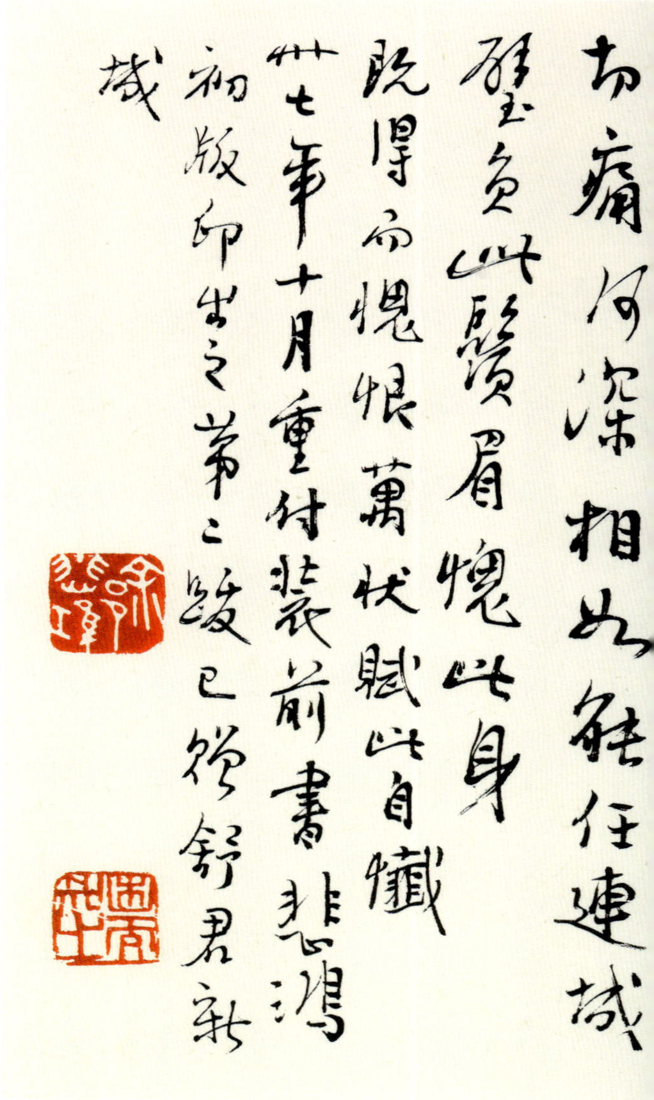

跋三，张大千书

1948 年 11 月

钤印：
蜀郡张爰（白文方印）
大千居士（朱文方印）

释文：
悲鸿道兄所藏《八十七神仙卷》，十二年前，予获观于白门，当时咨嗟叹赏，以为非唐人不能为。悲鸿何幸得此至宝。抗战既起，予自故都违难还蜀，因有敦煌之行，揣摩石室六朝隋唐之笔，则悲鸿所收画卷，乃与晚唐壁画同风，予昔所言，益足征信。曩岁，予又收得顾闳中画《韩熙载夜宴图》，雍容华贵、彩笔纷披。悲鸿所收者为白描，事出道教，所谓《朝元仙仗》者，北宋武宗元之作，实滥觞于此。盖并世所见唐画人物，惟此两卷，各极其妙。悲鸿与予并得宝其迹，天壤之间，欣快之事，宁有过于此者耶？嘉平月蜀郡张爰大千父。

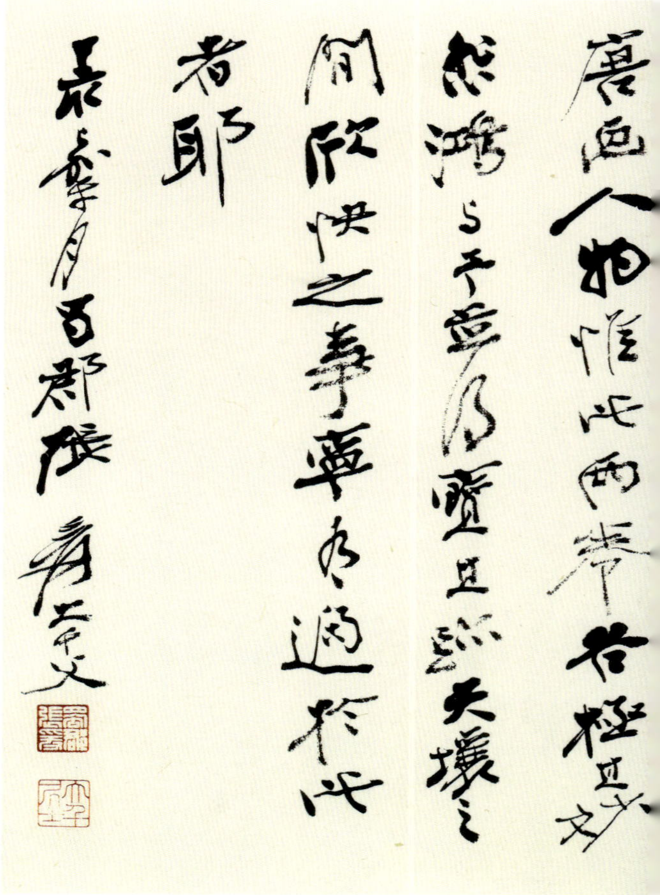

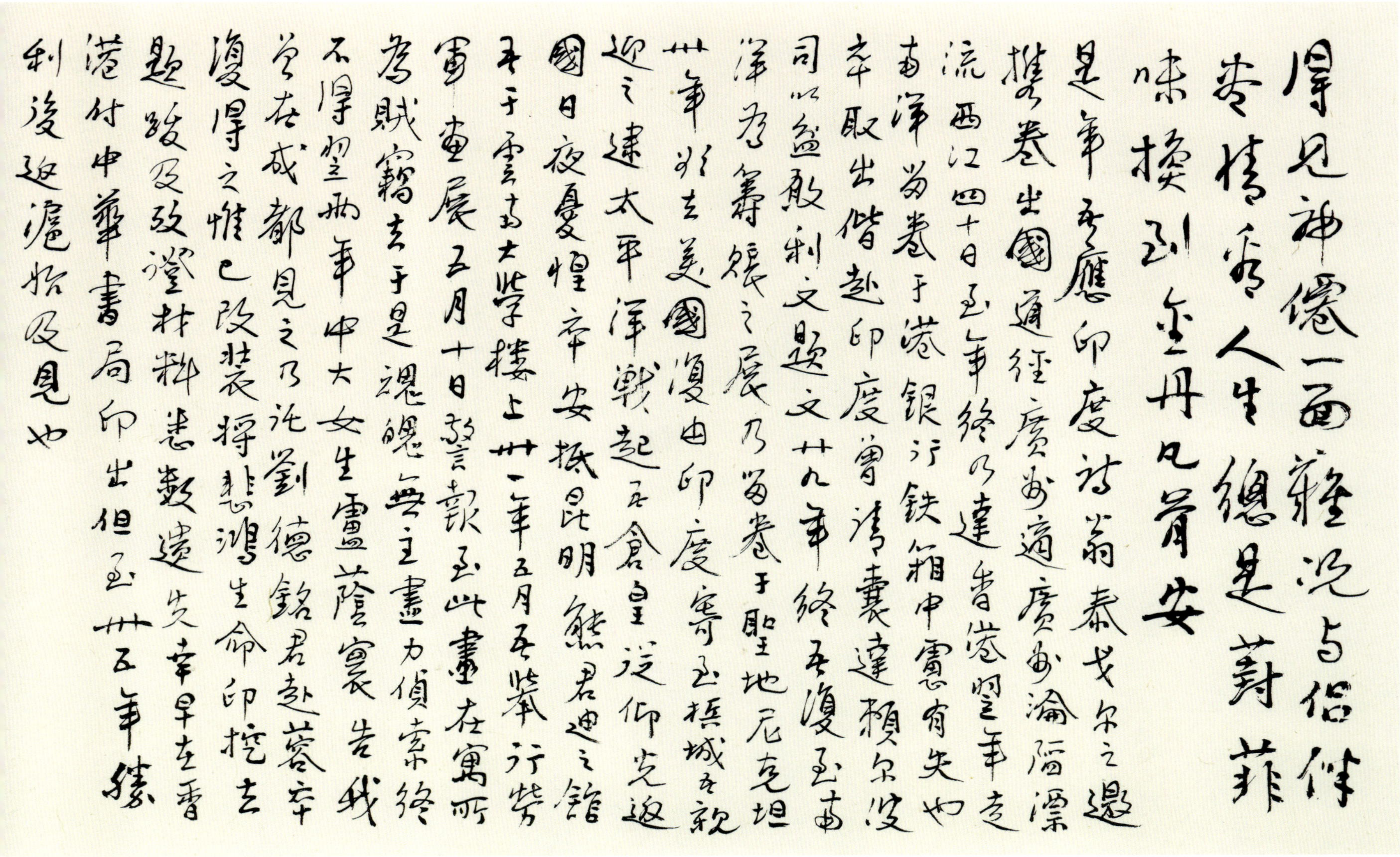

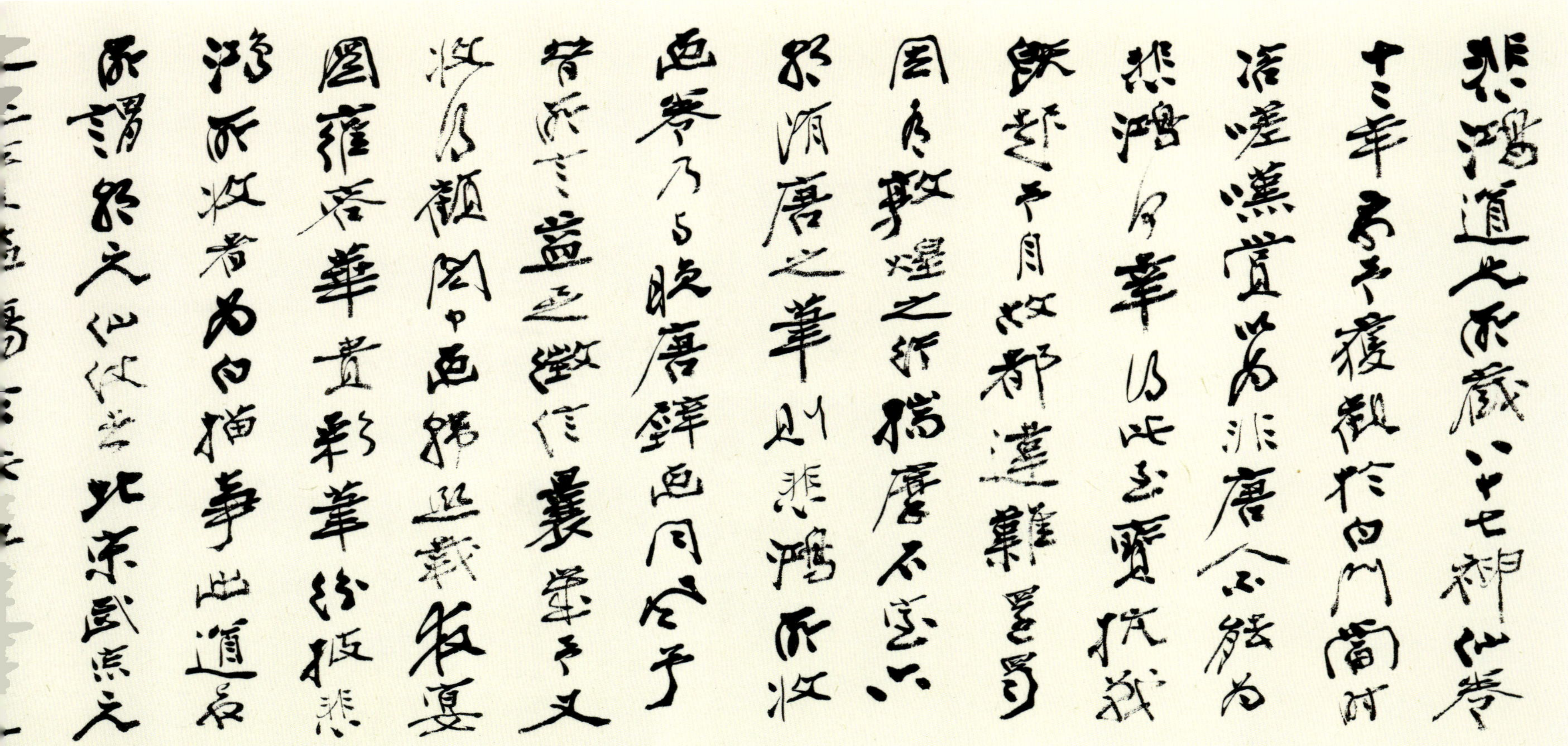

跋四，徐悲鸿书

1949 年 1 月

钤印：
悲鸿（朱文方印）

释文：
戊子十月即卅七年十一月初，大千携顾闳中所写《韩熙载夜宴图》来平，至静庐共赏，信乎精能已极，人物比例亦大致相称。而衣冠服饰、器用什物皆精确写出，可以复制。藉见一千余年前人生活状态，如闻其声息气味，此其可贵也。至于画格，只如荷兰之 **Jan Steen**（扬·斯特恩），至多 **Metsu**（梅特苏），所谓 **Printure de genre**（风格派），若吾卷则至少当以 **Fra Angelico**（安吉利科修士）或 **Botticelli**（波提切利）方能等量齐观，此非中国治艺术者可得窥见也。

同年腊月十二日，悲鸿装竟题记。

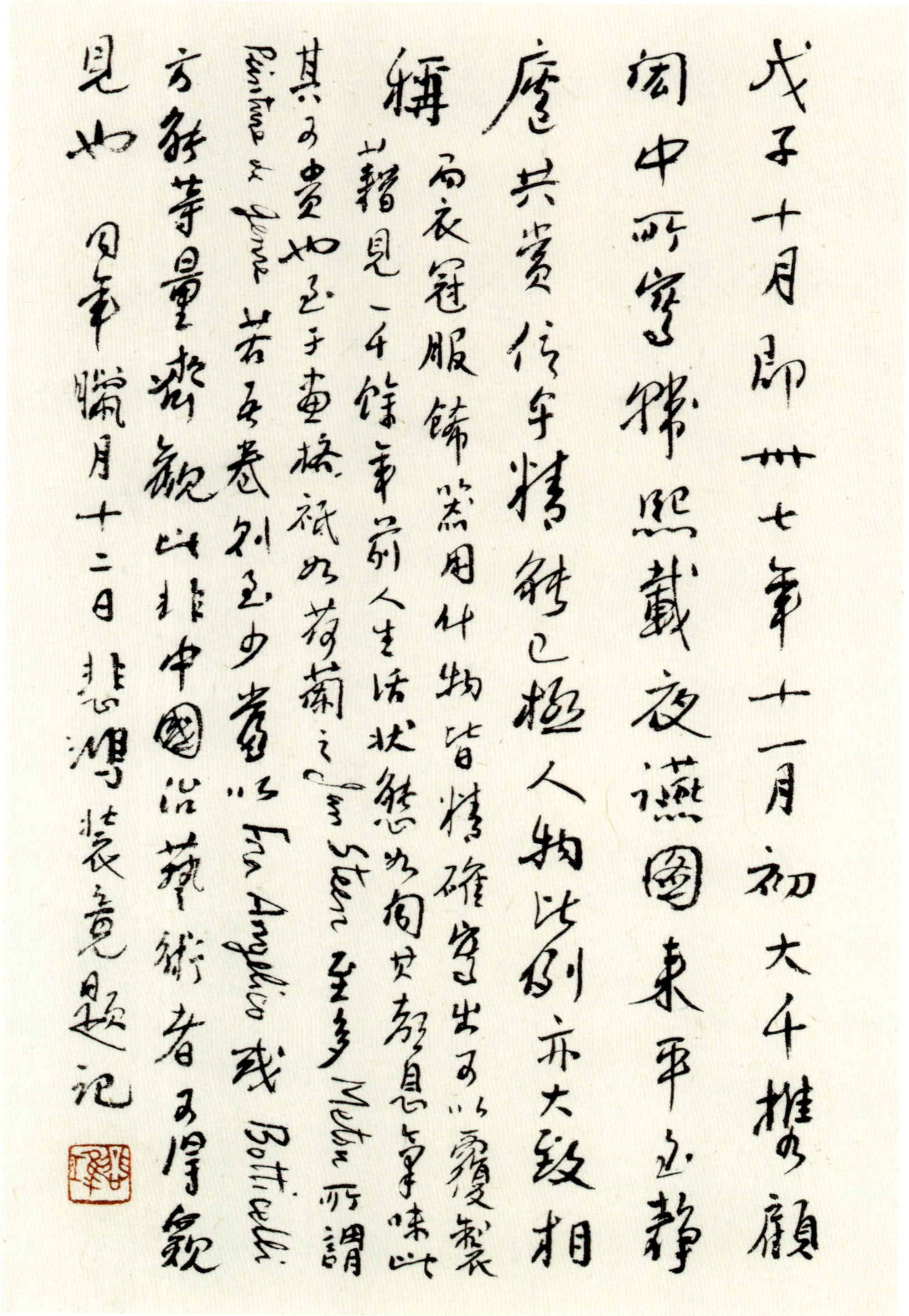

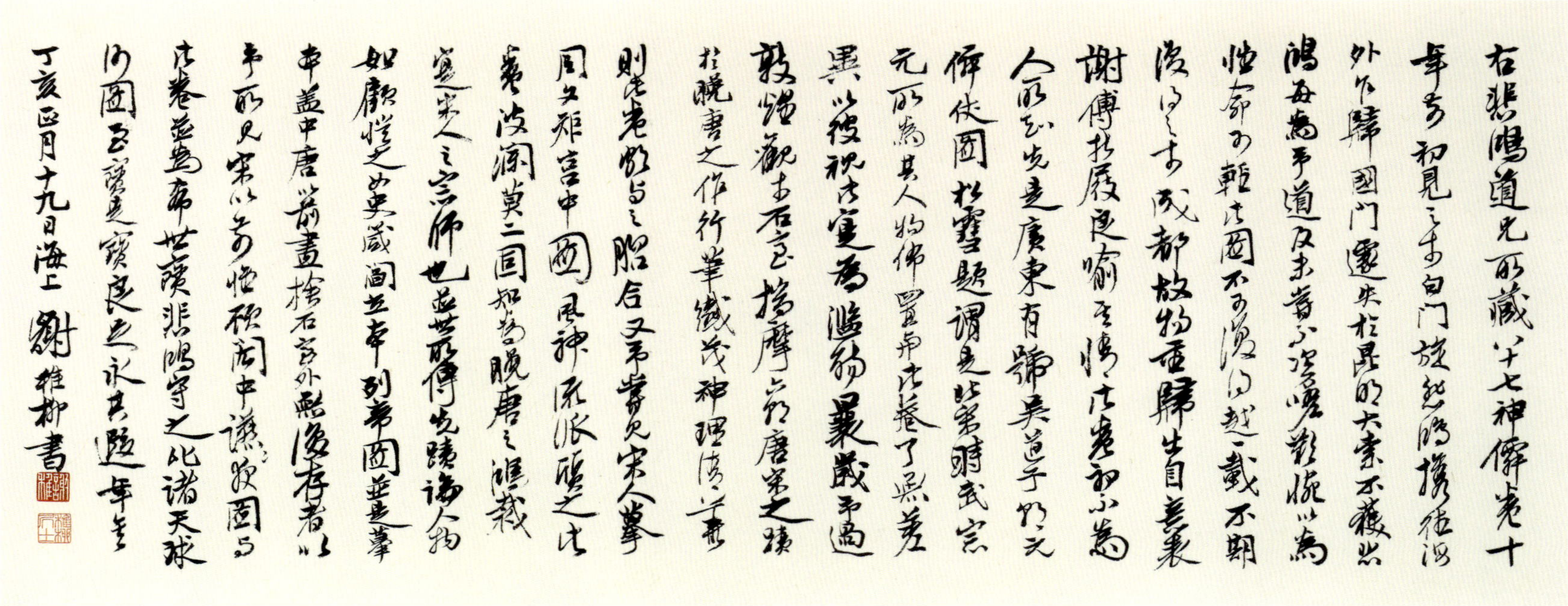

跋五，谢稚柳书

1947 年

钤印：
谢稚（白文方印）
稚柳居士（朱文方印）

释文：
右悲鸿道兄所藏《八十七神仙卷》，十年前初见之于白门，旋悲鸿携往海外，乍归国门，遂失于昆明，大索不获，悲鸿每为予道及，未尝不咨嗟叹惋，以为性命可轻，此图不可复得。越一载，不期复得之于成都，故物重归，出自意表，谢傅拆屐，良喻其情。此卷初不为人所知，先是广东有号吴道子《朝元仙仗图》，松雪题谓是北宋时武宗元所为，其人物布置与此卷了无差异，以彼视此，实为滥觞。曩岁，予过敦煌，观于石室，揣摩六朝唐宋之迹，于晚唐之作，行笔纤茂，神理清华，则此卷颇与之吻合。又予尝见宋人摹周文矩《宫中图》，风神流派质之此卷，波澜莫二，固知为晚唐之鸿哉，实宋人之宗师也。并世所传先迹，论人物如顾恺之《女史箴》、阎立本《列帝图》，并是摹本，盖中唐以前画，舍石室外，无复存者。以予所见，宋以前惟顾闳中《夜宴图》与此卷并为稀世宝。悲鸿守之，比诸天球、河图至宝，是宝良足永其遐年矣。

丁亥正月十九日海上，谢稚柳书。

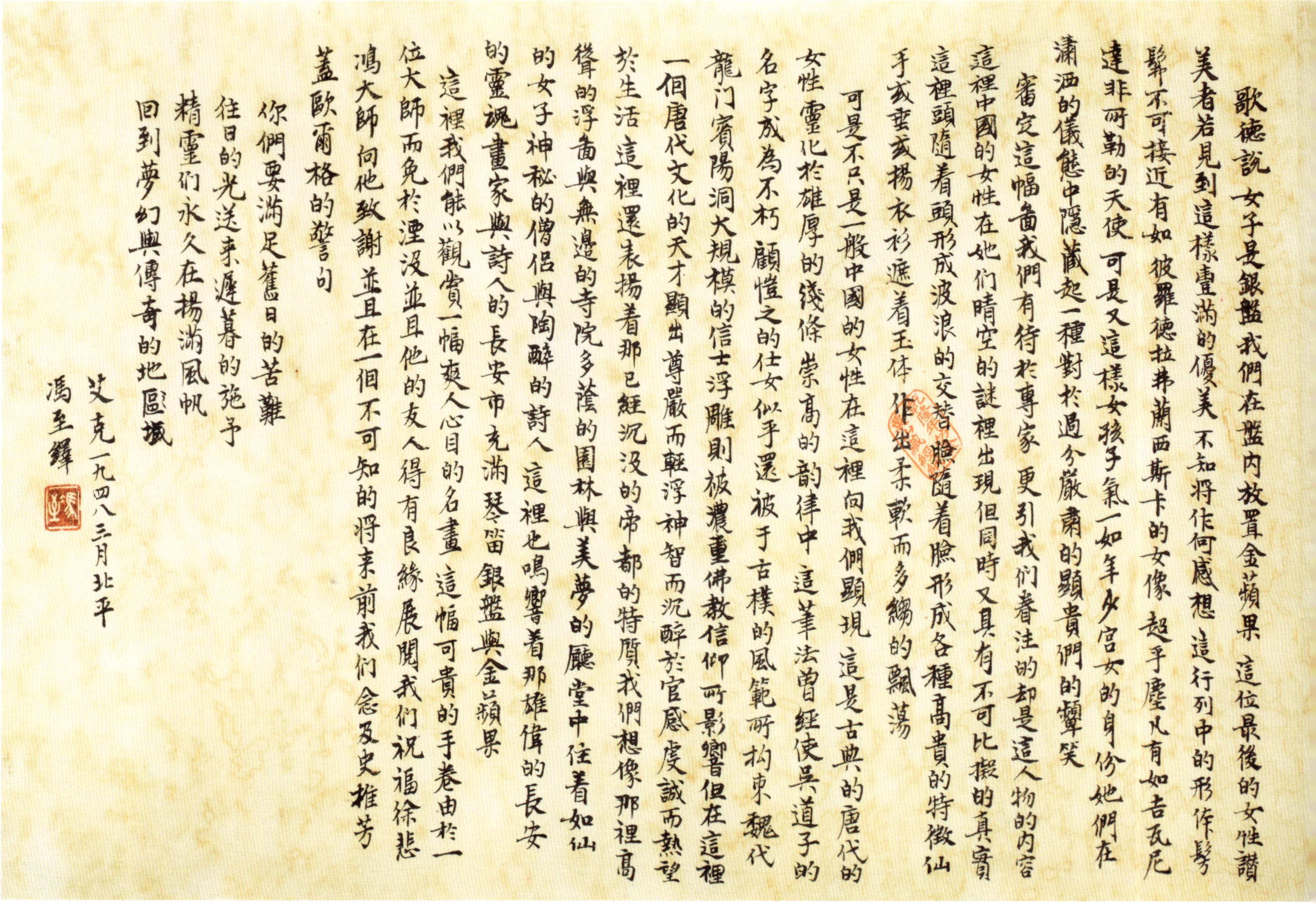
歌德説女子是銀盤 我們在盤內放置金蘋果 這位最後的女性讚
美者若見到這樣豐滿的優美 不知將作何感想 這行列中的形体彷
彿不可接近有如 彼羅德拉弗蘭西斯卡的女像 超乎塵凡有如吉瓦尼
達非所勒的天使 可是又這樣女孩子氣一如年少宮女的身份她們在
瀟洒的儀態中隱藏起一種對於過分嚴肅的顯貴們的顰笑
審定這幅畫我們有待於專家 更引我們眷注的却是這人物的內容
這裡中國的女性在她們晴空的謎裡出現但同時又具有不可比擬的真實
這裡頭隨着頭形成波浪的交替臉隨着臉形成各種高貴的特徵仙
手或垂或揚衣衫遮着玉体作出柔軟而多綿的飄蕩
可是不只是一般中國的女性在這裡向我們顯現 這是古典的唐代的
女性靈化於雄厚的綫條崇高的韵律中 這筆法曾經使吳道子的
名字成為不朽 顧愷之的仕女似乎還被于古樸的風範所拘束 魏代
龍门賓陽洞大規模的信士浮雕則被濃重佛教信仰所影響但在這裡
一個唐代文化的天才顯出尊嚴而輕浮神智而沉醉於官感虔誠而熱望
於生活 這裡還表揚着那已經沉沒的帝都的特質我們想像那裡高
聳的浮圖與無邊的寺院多蔭的園林與美夢的廳堂中住着如仙
的女子神秘的僧侶與陶醉的詩人 這裡也鳴響着那雄偉的長安
的靈魂畫家與詩人的長安市充滿琴笛銀盤與金蘋果
這裡我們能以觀賞一幅爽人心目的名畫 這幅可貴的手卷由於一
位大師而免於湮沒並且他的友人得有良緣展閱我們祝福徐悲
鴻大師向他致謝並且在一個不可知的將來前我們念及史推芳
蓋歐爾格的警句
你們要滿足舊日的苦難
往日的光送來遲暮的施予
精靈們永久在揚滿風帆
回到夢幻與傳奇的地區域
艾克一九四八三月北平
馮至譯

跋六、跋七，古斯塔夫·艾克、冯至书

钤印：
艾克之印（白文方印）
冯至（白文长方印）

冯至译文：
歌德说女子是银盘，我们在盘内放置金苹果，这位最后的女性赞美者，若见到这样丰满的优美，不知将作何感想。这行列中的形体，仿佛不可接近，有如彼罗德拉弗兰西斯卡（**Piero della Francesca**，今译皮耶罗·德拉·弗兰切斯卡）的女像，超乎尘凡；有如吉瓦尼达非所勒（**Fra Angelico**，今译安杰利科修士）的天使，可是又这样女孩子气，一如年少宫女的身份，她们在潇洒的仪态中隐藏起一种对于过分严肃的显贵们的颦笑。

审定这幅图，我们有待于专家，更引我们眷注的却是这人物的内容。这里中国的女性在她们晴空的谜里出现，但同时又具有不可比拟的真实。这里头随着头形成波浪的交替，脸随着脸形成各种高贵的特征，仙手或垂或扬，衣衫遮着玉体，作出柔软而多绉的飘荡。

可是不只是一般中国的女性在这里向我们显现，这是古典的唐代的女性灵化于雄厚的线条、崇高的韵律中。这笔法曾经使吴道子的名字成为不朽。顾恺之的仕女似乎还被于古朴的风范，所构东魏代龙门宾阳洞大规模的信士浮雕则被浓重佛教信仰所影响。但在这里，一个唐代文化的天才显出尊严而轻浮，神智而沉醉于官感，虔诚而热望于生活，这里还表扬着那已经沉默的帝都的特质，我们相像那里高耸的浮图（屠）与无边的寺院，多荫的园林与美梦的厅堂中住着如仙的女子、神秘的僧侣与陶醉的诗人。这里也鸣响着那雄伟的长安的灵魂，画家与诗人的长安市充满琴笛银盘与金苹果。

这里我们能以观赏一幅爽人心目的名画，这幅可贵的手卷由于一位大师而免于湮没，并且他的友人得有良缘展阅。我们祝福徐悲鸿大师，向他致谢，并且在一个不可知的将来前，我们念及史推芳盖欧尔格（**Stefan Anton George**，今译斯特凡·格奥尔格）的警句：

你们要满足旧日的苦难，往日的光送来迟暮的施予。
精灵们永久在扬满风帆，回到梦幻与传奇的地（区）域。

古斯塔夫·艾克，北平，**1948**年**3**月
冯至 译

Die Frauen, sagt Goethe, sind silberne Schalen, in die wir goldene Äpfel legen. Was würde der letzte Frauenlob beim Anblick solchen Übermaßes von Anmut empfunden haben! Die Gestalten dieser Prozession scheinen unnahbar wie die Damen des Piero della Francesca, unirdisch wie die Engel des Fra Giovanni da Fiesole, und doch so mädchenhaft, wie junge Hoffräulein eben sind, wenn sie ein Kichern über allzu feierliche Würdenträger unter heiterem Anstand zu verbergen wissen.

Die Deutung der Darstellung überlassen wir dem Forscher. Um so mehr ergreift uns der menschliche Gehalt. Hier erscheint chinesisches Frauentum mit all seinen ätherischen Rätseln, zugleich aber in all seiner unvergleichlichen Wirklichkeit. Kopf folgt hier Kopf in wogendem Wechsel; Antlitz fügt sich zu Antlitz in vielfach vornehmem Gepräge; Geisterhände tragen und schwingen; Gewänder, die alle reizenden Glieder verbergen, bauschen sich im weichen, faltigen Schweben.

Doch nicht nur chinesische Weiblichkeit im allgemeinen spricht hier zu uns. Es ist die Weiblichkeit der klassischen T'ang-Zeit, vergeistigt im kühnen Linienspiel, in den erhabenen Rhythmen, welche den Namen des Wu Tao-tzu unsterblich machten. Die Frauen des Ku K'ai-chih scheinen noch wie gebannt von archaischer Sitte. Der großartige Stifterzug des Wei-zeitlichen Pin-yang-Reliefs in Lungmen ist bewegt von mächtigem Buddha-Glauben. Hier aber kündet sich der Genius einer höfischen T'ang-Kultur, hoheitsvoll und frivol, geistig und sinnestrunken, fromm und lebensgierig zugleich. Hier blüht noch das Wesen der versunkenen Kaiserstadt, deren ragende Pagoden und endlose Tempelhöfe, deren schattenreiche Gärten und traumschöne Hallen wir uns bevölkert denken von feenhaften Frauen, geheimnisvollen Priestern und berauschten Geisteshelden. Hier tönt noch die Seele des gewaltigen Ch'angan, einer Stadt der Maler und Dichter, voller Harfen und Flöten, voller Silberschalen und goldener Äpfel.

Hier dürfen wir ein trostreiches Bild betrachten. Von einem großen Künstler wurde diese kostbare Rolle der Vergessenheit entrissen und, zu guter Zeit, seinen Freunden dargeboten. Wir beglückwünschen Meister Hsü Pei-hung und danken ihm. Und gerne gedenken wir vor einer dunklen Zukunft der Mahnung Stefan Georges:

Bescheidet euch mit alten Leidensregeln, der Glanz, der war, bringt wenn auch späte Spende,
Die Geister kehren stets mit vollen Segeln zurück ins Land des Traums und der Legende!

Gustav Ecke, Peiping, März 1948.

* 罗汉

佚名
绢本设色
134cm × 68cm 北宋
徐悲鸿纪念馆藏

画心鉴藏印：
八十七神仙同居（朱文方印）

裱边徐悲鸿题跋：
此定是北宋高手所作。而霉烂已甚。戊子夏日为吾发见。因得救出。灿然生辉。不减李公麟巨迹。诚生平快意事之一也。卅七年寒冬。悲鸿呵冻题于北平静庐。
钤印：
徐悲鸿（白文方印）

从 1983 年 6 月开始，国家文物局组织全国七位著名书画鉴定家成立鉴定小组，对中国大陆重要的文博单位及部分大学所藏书画作品进行了 1949 年后规模最大的的调查、鉴定工作，并统一编写出版目录、图录，为期八年，其主要成果就是二十四卷的《中国古代书画图目》，自 1985 年至 2001 年出版完毕。该套丛书发表了 35 700 件书画作品的图片，第一卷包括 13 件徐悲鸿纪念馆的藏品 (1 件宋画罗汉、10 件明画、2 件清画，本章以 * 号标出)。

此是北宋高手所作而霉烂已甚戊子夏日予发见因得救出燦然生辉不减李公麟巨迹诚生平快意事之一也
卅七年寒冬悲鸿呵冻题于北平
静庐

罗汉（局部）

朱云折槛图

佚名
绢本设色
133cm×76cm　宋代
徐悲鸿纪念馆藏

画心鉴藏印：
□□之印（朱文方印）
蕉林（朱文方印）
观其大略（白文方印）
云舫书画（白文方印）
洪洞董云舫金石书画（朱文长方印）
八十七神仙同居（朱文方印）
悲鸿生命（朱文方印）

裱边徐悲鸿题跋：
此幅曾入多种著录。实是北宋人华贵手迹。故宫藏另一本章法全同但逊其高古之趣。此幅不知何时何故致画中直断。将槛柱损坏。迨 **1950** 入吾手。乃为之重装移正并属黄君懋忱补笔。
就画而言。诚为中国艺术品中一奇。其朱云与力士挣扎部分神情动态之妙。举吾国古今任何高手之任何画幅俱难与之并论。此不待著录考证。始重其声价也。吾八十七神仙卷宣达雍和肃穆韵律。此则传抗争紧张情绪。而此二奇并归吾典守。为吾精神之慰藉。自谓深幸已。庚寅重阳。悲鸿。
钤印：
徐悲鸿（白文方印）
见善如不及（白文长方印）

朱云折槛图（局部）

* 双鹤图

佚名
绢本设色
153cm × 102cm 宋代（“图目”中标为明代）
徐悲鸿纪念馆藏

画心鉴藏印：
八十七神仙同居（朱文方印）

* 芙蓉水禽图

佚名
绢本设色
126cm × 83cm 宋代（“图目”中标为明代）
徐悲鸿纪念馆藏

画心鉴藏印：
八十七神仙同居（朱文方印）

裱边徐悲鸿题跋：
此幅当为黄居寀。易元吉辈名手所绘。流传至今。可谓幸事。但最后尚遭妄人加款。殊为厄运。兹由李君苦禅介我得之。良深庆慰也。悲鸿。丙戌岁阑。
▶

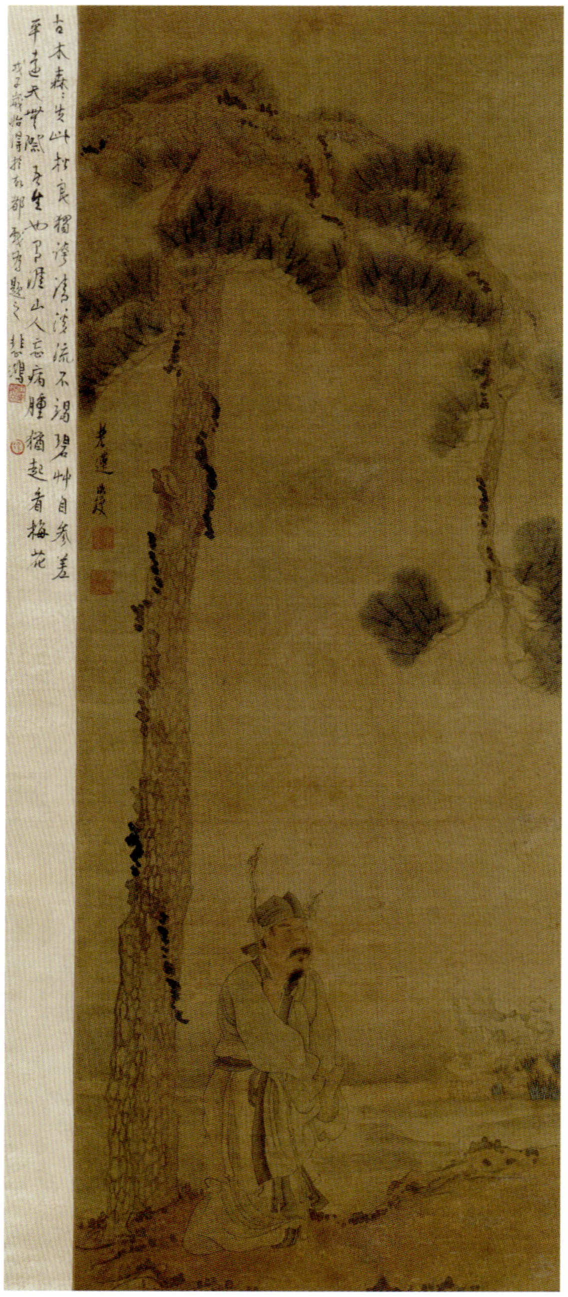

* 高士图

陈洪绶
绢本设色
113.5cm × 35.5cm 明代
徐悲鸿纪念馆藏

题款：
老莲。洪绶。
钤印：
章侯（白文方印）
陈洪绶印（白文方印）

裱边徐悲鸿题跋：
古木森森。生此松良。独跨清溪流不竭。碧草自参差。
平远天无际。吾生也有涯。山人忘病肿。犹起看梅花。
戊子岁始得于故都。戏为题之。悲鸿。
徐悲鸿钤印：
江南布衣（朱文方印）
徐（朱文圆印）

* 采菊图

陈洪绶
纸本墨笔
170cm × 38.5cm 明代
徐悲鸿纪念馆藏

题款：
云溪老迟洪绶画于翻经阁。
钤印：
章侯（朱文方印）

画心鉴藏印：
希之（朱文方印）
休宁朱之赤珍藏图书（朱文长方印）
朱之赤（白文方印）
东南之美（朱文方印）
朱卧庵收藏印（朱文长方印）

题跋：
罢官陶令出门去。两个侏儒冠服随。视察收成好半日。借瓶养得菊花归。
此幅题字大佳。罗叔言想以此收之也。**1950** 冬日。
悲鸿笑题。

* 仙侣图

陈洪绶
绢本设色
101cm × 48.5cm 明代
徐悲鸿纪念馆藏

题款：
道心韵事。平生自许。名花美人。晨夕与处。其为仙耶。人耶。吾目中少见此侣。洪绶题。
钤印：
章侯氏（白文方印）
洪绶之印（白文方印）

画心鉴藏印：
暂属悲鸿（朱文方印）

* 右军书扇图

佚名
绢本设色
136cm × 78cm 明代
徐悲鸿纪念馆藏

题款：
李公麟。羲之书扇图。
钤印：
天水（双龙方印）

画心鉴藏印：
秋麓玩赏（朱文方印）
王时敏鉴藏书画印（白文方印）
八十七神仙同居（朱文方印）

裱边徐悲鸿题跋：
此为中国画中罕见之妙迹。画中人物若老姥。神情之耽心。童子之尽力。反衬出右军气度高华。意态潇洒。不必定是李伯时手笔。自清逸可爱。而举古之任何高手。殆无以加乎此也。作者又以健笔易市廛为旷野。以夸张画中主人清兴。特令人难以想象。倘另换一种纵横之笔。其效果为何如耳。**1949** 岁晚。薛君慎微惠贻。实八十七神仙卷后十年最快心之收获也。悲鸿记。
钤印：
徐悲鸿（白文方印）

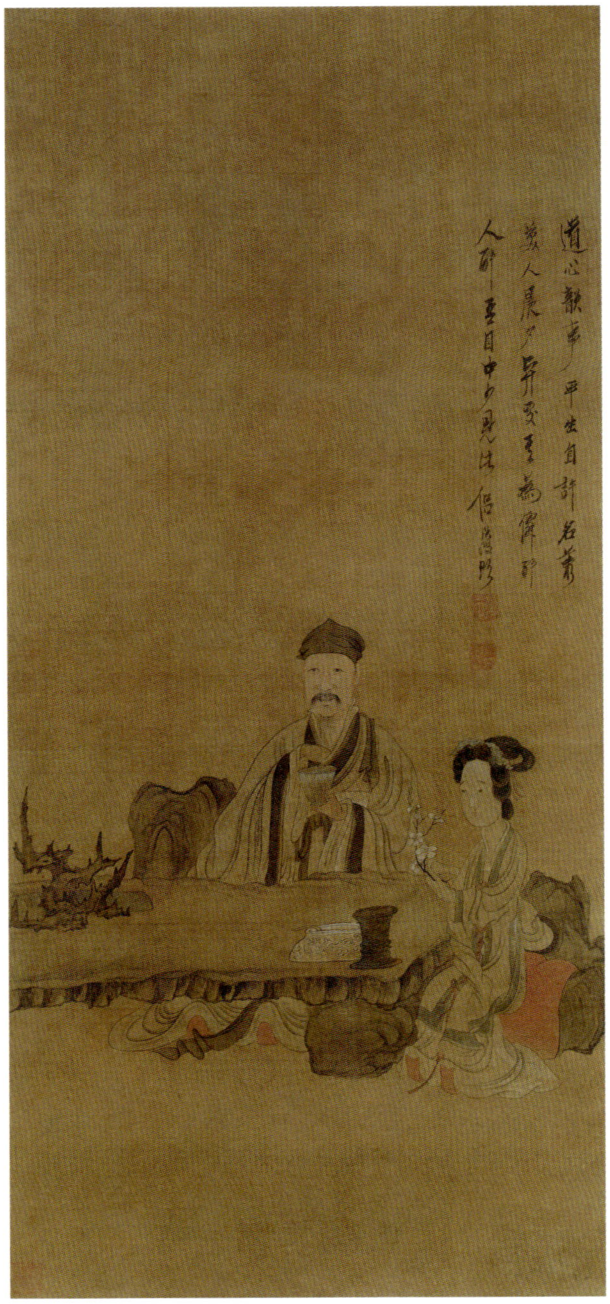

* 雨山

盛丹
纸本墨笔
163.5cm × 50cm 明代
徐悲鸿纪念馆藏

题款：
仿米家笔意。时乙未夏。盛丹。
钤印：
盛丹之印（朱文方印）
古香庵（白文方印）

* 秋林落照

顾懿德
绢本设色
93cm × 36.5cm 明代
徐悲鸿纪念馆藏

题款：
秋林落照。壬子冬十月写于醉茗斋。顾懿德。
钤印：
懿德（朱文圆印）

题跋：
原之写秋林落照。笔法苍润。不忝虎头后裔也。其昌题。
钤印：
董其昌（朱文方印）
太史氏（白文方印）

* 芦雁

汪海云
绢本设色
166cm × 86.5cm 明代
徐悲鸿纪念馆藏

题款：
海云。

画心鉴藏印：
中国美术学院保藏印（朱文方印）
孝有家藏（白文方印）

* 寒鸭睡凫图

凌云翰
绢本设色
187cm × 93cm 明代
徐悲鸿纪念馆藏

题款：
癸酉夏日写。凌云翰。

* 鸭

牛石慧
纸本墨笔
111cm × 65cm 清代
徐悲鸿纪念馆藏

题款：
牛石慧写。
钤印：
法慧之印（白文方印）
行庵（白文方印）

画心鉴藏印：
八十七神仙同居（朱文方印）

裱边徐悲鸿题跋：
关于牛石慧之一切传说。多属无稽之谈。余以为。牛石慧乃八大山人前名。而八大山人乃牛石慧之后名也。余在廿年前曾至江西青云谱八大故居。见其遗象丰颧浓髯。想见其高。元负奇气。中国画人中在其前虽有青藤。但完整之作极少。惟八大独往独来。得大自在。真中国画史上之奇人也。而牛石慧即其人。尝见其画鹿。不可能为八大以外之人。只因其负牛名之时短。作品传世少。未为人十分注意耳。**1950** 重装此画。因题。悲鸿。
钤印：
见善如不及（白文长方印）

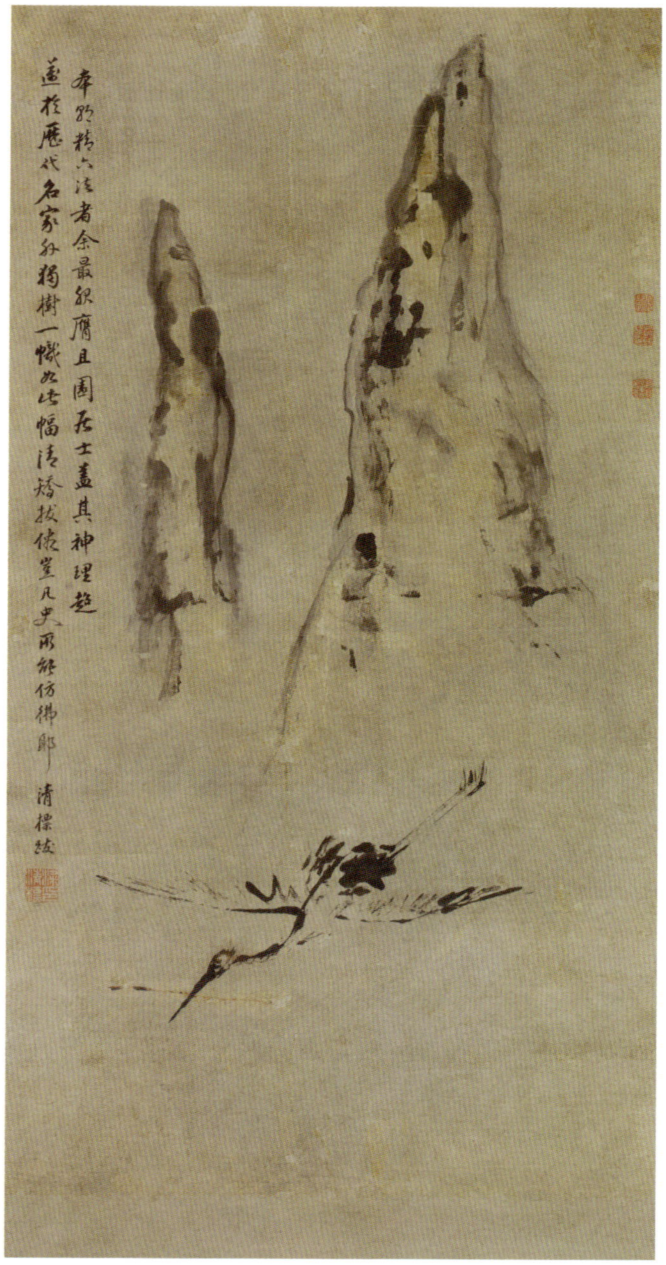

仙鹤

高其佩
纸本墨笔
69cm × 36.5cm 清代
徐悲鸿纪念馆藏

无款。
钤印：
且园（朱文方印）
指头蘸墨（白文方印）
物微意不浅（白文方印）

题跋：
本朝精六法者。余最服膺且园居士。盖其神理超迈于历代名家外。独树一帜。如此幅清矫拔俗。岂凡史所能仿佛耶。清标跋。
钤印：
梁清标印（白文方印）

芦雁

边寿民
纸本设色
126cm × 60cm 清代
徐悲鸿纪念馆藏

题款：
于陵于陆羽缤纷。岂逐菰蒲野鹜群。昨日秋风看矫翮。
一行冲破碧天云。
并题为完老学长兄。弟寿民。
钤印：
颐公（白文长方印）
寿民（白文方印）

裱边题跋：
寿翁先生六十大庆。千里以此为祝并嘱题。乙亥嘉平月。
左良识。
钤印：
左良（朱文方印）
袁象□（朱文方印）

猫

恽寿平
绢本设色
66cm × 50cm 清代
徐悲鸿纪念馆藏

题款：
甲子麦秋苕华馆戏作。寿平。
钤印：
恽寿平（白文方印）
正叔（朱文方印）

题跋：
偃草雄风势壮哉。怒猊腾掷下苍苔。于今社鼠应难捕。
闲看花阴蛱蝶来。
己巳清和下浣过毗陵。客馆见南田此本。深得黄筌钱选
之致。戏为题。王翚。
钤印：
王翚（白文方印）

不分远近 直聚丘壑

——从徐悲鸿藏画管窥其艺术史观

文／黄宗贤

此文借用徐悲鸿先生的“不分远近，直聚丘壑”作为题目，着重从他的藏画管窥其艺术史观。本文主要谈三个问题：一、徐悲鸿是改良者还是尚古者？二、徐悲鸿有什么样的艺术史观？三、影响徐悲鸿艺术史观的要素。

首先谈第一个问题，徐悲鸿是一个改良者还是一个尚古者？这似乎并不是立即可以明确回答的。在大家的心目中，徐悲鸿作为中国画改良者的形象好像是明确的。早年的徐悲鸿接受了“五四”新文化的影响，确立了求真求实的美术思想，他不仅在油画上始终如一坚持写实主义，而且在中国画上倡导改良。他在早年的《中国画改良论》一文中就明确提出“古法之佳者守之，垂绝者继之，不佳者改之，未足者增之，西方画之可采入者融之”的观点。徐悲鸿在艺术教育上对写实主义“一意孤行”地倡导与坚守，在中国画的改良中，致力于中西合璧，将西方写实的元素同中国画相结合，建构中国画的新体系。他曾经说过“以中国纸墨用西洋画法写生，自中大艺术系迁蜀后始创之”。在我们心目中，徐悲鸿在中国画创作上是一个立新求变的革新者。但是，当西方的现代主义风起云涌，学院写实主义被边缘化后，他却在中国的美术教学中坚持学院写实主义，对现代主义绘画持强烈的排斥态度。他曾将塞尚、马蒂斯等现代主义大家的作品比喻为“吗啡”和“海洛因”。面对风起云涌的西方绘画艺术的变革大潮，徐悲鸿似乎又是一个守旧者。这种看似矛盾的现象，其实在徐悲鸿的观念里得到了调和。他在西方绘画上的“拒新”和中国画上的“厚古薄今”都是出于一种价值取向，这就是对写实主义的崇尚与坚守。他在《中国画改良论》中就明确说“画之目的，曰‘惟妙惟肖’，妙属于美，肖属于艺”。徐悲鸿对这种认识的坚持，未曾改变过。所以，他对凡非写实性的西方现代艺术不感兴趣。

在对待中国传统绘画方面，徐悲鸿在抨击末流文人艺术的同时，却对更久远的唐宋绘画艺术推崇备至。这也是缘于他对“自然主义”艺术的偏好。他以此为尺度打量艺术史，必然会得出这样的认识：“中国画学之颓败，至今日已极矣。凡世界文明理无退化，独中国之画在今日，比二十年前退五十步，三百年前退五百步，五百年前四百步，七百年前千步，千年前八百步。民族之不振可慨也夫！”这种“近不如古”“厚古薄今”的艺术史观，表面上看，是一种逆时性文化选择，其实他坚持的是“观察造物”的艺术观，反对的是“八股”式艺术。

徐悲鸿的“退步”观，似乎将宋之后的文人画贬低了，否定了。因而有人认为徐悲鸿对文人画是持否定态度的。但是，有时文本话语，特别是某一篇文章的话语并不能真实反映话语主体真正的或者说全面的艺术史观。作为收藏家的徐悲鸿，其收藏的价值取向更能真实地反映其艺术的评判标准和艺术史观。徐悲鸿在收藏方面对艺术作品的选择就是在用这种标准和史观在评判艺术、裁判历史、褒贬人物。

徐悲鸿一生收藏了1 200多幅（卷）古代藏品。通过徐悲鸿收藏的作品和部分收藏作品上的画跋看，他在中国画创作实践上坚持改良，但是，他又是一个绘画传统的尊崇者，其“尚古”的爱好与兴致高于许多同时代的艺术改良派人物。其每每遇到心仪的古画，都不惜血本而尽力得之，并常在所得的作品上兴致盎然地题跋，表达他的兴奋之情和对作品由衷的赞美。徐悲鸿收藏《八十七神仙卷》的经历在此不再赘述了。他对于《八十七神仙卷》这件“流亡之宝”不仅“重为赎身”，而且将其视为“悲鸿生命”。他在所藏的宋、无款的《罗汉图》上欣然题上“灿然生辉，不减李公麟巨迹，诚生平快意事之一也”。他在获得视为“北宋人华贵手迹”的《朱云折槛图》后，将之与《八十七神仙卷》一同视为瑰宝，欣然题写“此二奇并归吾典守，为吾精神之慰藉，自谓深幸已”。

徐悲鸿对古画的好尚与收藏的热情，出自他对中国传统绘画的深度了解与造诣，也折射出他汇集古典佳作，承继文脉的一种责任。如他在郑板桥的《衙斋听竹》画跋中所说：“重先贤之遗迹而为艺苑葆余光也。”“尚古”与“改良”或曰“创新”，并非矛盾的，因为古今并非是划分艺术高低的尺度。借古开今，常常都是社会、文化变革者采取的一种策略，况且，在“五四”前后，康有为“以复古为创新”的主张不仅深刻地影响了徐悲鸿，也是当时许多文化艺术精英所持的观点。

第二个问题是徐悲鸿有什么样的艺术史观。通过对其收藏作品的分析以及部分作品上的跋文的解读，再结合其画论来看，徐悲鸿在对待传统绘画的态度和价值判断上，有其明确的艺术史观，这主要体现在以下几点上：

（一）开放包容的艺术史观。徐悲鸿对古画的收藏，并非仅仅关注他极力推崇的唐宋绘画作品，对宋之后的包括文人画也一样看重，彰显出包容、多元的艺术史观。他对文人画并没有排挤鄙视的态度，也就是说在绘画收藏方面并非是以文人画或非文人画作为评判的尺度。其收藏的众多作品，既包括《八十七神仙卷》《罗汉图》等道释人物画，也包括山水花鸟画；既有院体风格的画，也有不少文人画作品；既有画坛名家遗迹，也有名分不大的画家的作品。他不仅收藏了沈周、文徵明、唐寅、仇英等“明四家”的多幅佳作，也收藏了清代石涛、髡残、金农、郑板桥等诸家的画作，并对他们的作品赞赏有加。其在文徵明的《秋到江南》画跋上以“匠心独运，妙造自然”的话语给予高度的评价。在他认为是朱耷的《鸭》一画上题道：“中国画人中在其前虽有青藤，但完整之作极少，惟八大独往独来，得大自在，真中国画史上之奇人也。”可见他对八大山人也充满了敬意。

（二）整体上肯定文人画。徐悲鸿对待传统绘画并非仅仅是以“自然主义”作为重要的评判尺度，其对文人画更多的是褒扬。他抨击、否定的是他认为“言之无物”“舍弃真感”的末流文人画。徐悲鸿不分远近，对富有活力与生机的艺术作品都给予充分的肯定。对于被称为文人画鼻祖的王维和“墨戏”推崇者的米芾，徐悲鸿都给予了高度的评价。他认为：“大诗人王维的出世，建立了新的中国画派。”在他看来，米芾的画“不啻法国近代印象主义作品，早于欧洲印象派的产生达几百年，也可以算奇迹了”。他对于明清以来的文人画也多褒扬，曾说：“古之文人画，缘由其高贵价值，不必征诸古远，即如冬心之桃花，未见其匹也。板桥画竹，亦维持记录至于今日。便无胸襟，纯以艺论，二人已足不朽！”在徐悲鸿的藏品中，明清文人画占据了相当的比例，对于“明四家”“清初四僧”“扬州八怪”等文人画家的作品都有所收藏，并在一些作品的题跋中洋溢着褒扬之意。

（三）品评的最高标准——“师造化”。徐悲鸿并非是以写实与否来衡量作品的，而将“师法造化”视为中国绘画最有价值的品格与传统。“不分远近，直聚丘壑”，在造化中捕捉生机与机趣，这才是徐悲鸿收藏艺术的尺度。他在早年的《中国画改良论》中写道：“夫画者，以笔、色、布、纸，几微之物，而穷天地之象者也。造化之奥赜、繁丽、壮大、纤微有迹象者，于画弥不收。故须以慧根人竭毕生之力研究之。”在徐悲鸿看来好的艺术或艺术家应是“或穷造化之奇，或探人生究竟，别有会心，便产杰作”。他所批判的是毫无创新和鲜活生命力的八股之风。他在 1943 年 3 月 15 日《时事新报》发表的《新艺术运动之回顾与前瞻》一文中指出：“绘画原是职业，从文人画得势，此业乃为八股家兼职。……凡文化上一切形式，苟离其真意，便成乡愿；八股当然成为乡愿正式代表——于是真正画家，被贬为不受尊敬之工匠。”徐悲鸿所说的“八股”画风，就是指“不解观察造物，却不可不识古作家作风与派别”的泥古之风、因袭风气。文人画本身不仅不是他排斥的对象，而且对有建树的文人画家赞不绝口，他批判的是不自然缺乏鲜活体验感的摹古泥古的画坛现象。他遗憾地表示：“若有人尽量搜集三百年来之中国画，为以盛大展览，吾敢断定其中百分之九十二为八股之山水。其中有极为稀少之人物画。”在徐悲鸿看来，三百年间，像八大山人、石涛、石谿、郑板桥、金农这样有创造性的画家太少了。

（四）对中国传统人物画和界画情有独钟。在徐悲鸿看来，文人画兴起之后，人物画变得“极为稀少”了。因而他对中国传统人物画和界画的收藏高度重视。这种取向不仅仅在其多篇文章中体现出来，在对自己收藏的他认为是仇英的《梅妃写真图》的喜爱以及对仇英的评价上也可见一斑。在徐悲鸿看来，仇英是五百年来人物树石界画方面最具功力的画家之一。为了得到此难得的工整的界画，不惜“借债收之”。徐悲鸿在多篇文章里对界画在文人画兴盛的背景下而衰微感到遗憾。这一观点与康有为的认识一致，康有为认为：“中国近世之画衰败极矣”，究其原因，“惟中国近世以禅入画，自王维作《雪里芭蕉》始，后人误尊之。苏、米拨弃形似，倡为士气。元、明大攻界画为匠笔而摈弃之”。放弃界画并非仅仅是排斥一种技法和画风，而是失去了艺术的严谨态度。在康有为看来：“士大夫作画安能专精物体，势必自写逸气以鸣高，故只写山川，或间写花鸟。率皆简率荒略，而以气韵自矜。”徐悲鸿看重传统界画的“法度”，也强调人物塑造的“惟妙惟肖”，因而他对吴道子、陈老莲的人物画也颇有微词，而对仇英的《梅妃写真图》格外喜欢，对仇英也给予了充分的肯定。

（五）一以贯之的艺术史观。徐悲鸿的艺术趣味与评判标准具有一贯性和整体性。所谓的一贯性，就是其年轻时所形成的艺术史观至其功成名就后，基本没有改变，从另一个角度体现了他“一意孤行”的艺术个性。所谓的整体性，就在于其在收藏、创作、论画、教学等方面保持了价值认同的一贯性。

我要谈的第三个问题是影响徐悲鸿艺术史观的要素。徐悲鸿的艺术史观的形成与康有为等文化精英的艺术思想影响有关，也与其独特的艺术经历和20世纪前期中国特定社会文化语境有着密切的关联性。

徐悲鸿“近不如古”“厚古薄今”的艺术史观，直接受到了康有为艺术史观的影响。众所周知，徐悲鸿与康有为的关系很特殊，康有为是他的精神导师和心目中永远的偶像，在他整个艺术思想观点里面，许多就直接来源于康有为的言论。比如他的《中国画改良之方法》发表于1918年，康有为的《万木草堂藏画目序》是1917年发布的，徐悲鸿一定深受康有为这篇文章思想观念和话语方式的影响，所以两篇文章里面的语气、观点完全一致。康有为的文章开篇就说“中国近世之画衰败极矣”，徐文一开篇则写道：“中国画学之颓败，至今日已极矣。”康有为在其文章里面有一个基本的判断：“宋人画为西十五纪前大地万国之最”，而徐悲鸿直接把这种观点用另外一种话语表达，说“吾国自唐宋以来，为自然主义在艺术最昌盛时代”。中国艺术如何才可以转换生机得以复兴？在徐悲鸿看来，“我们应该继承汉人雄奇活泼之风格，我们的绘画，应当振起唐人博大之精神，我们的图案，应绍述宋人之高雅趣味”。谈到宋人的高雅趣味，想到了我在景德镇一个村庄里的一个陶瓷小作坊的感受。作坊主人是毕业于北京大学的考古专业的硕士。她从北大一毕业走进了一个叫进坑的小村庄，她才发现这是她心目中的景德镇，于是她毅然住进了进坑村。她想以她的方式来激活、恢复那种中国人特有的优雅生活方式。她身体力行地担负起了重构优雅生活的使命。她没进村前，总有村民不断地挖宋窑遗址。进村后，她首先教育村民千万不要再挖了，说服政府来投资，让农民更好地生活。同时，她把收藏的那些宋代的瓷器做了一个小博物馆，请来自世界各地的非常有名的瓷文化学者和专家做公益讲座。我走的那一瞬间，我品味到了宋代的优雅，真的像回到了那个年代，时间突然消失了，有一种穿越感。我想用徐悲鸿这句话“宋人之高雅趣味”来描绘这种体验是再恰当不过的了。其实文化是文本，是思想观念的理性建构或感性表达，更是一种生活方式。

谈到徐悲鸿及“五四”前后流行的艺术史观，多多少少折射出了中国传统艺术史观的惯性思维。从中国艺术史文本上看，时常流溢出一种“近不如古，厚古薄今”，贬近褒古的现象，在艺术实践中往往强调隔代遗传、跨代移植，总是认为眼前的不如以前的好，近处的不如远处的好。所以在“五四”时期，许多文化艺术精英对眼下的、刚刚过去不久的，往往是贬低的，而推崇唐宋时期的艺术。这是我们评判历史时最容易出现的一种思维方式。就像我们今天评判学术和社会一样，常说物欲横流，世风日下，其实在20世纪80年代中期，当时的《中国青年报》也在讨论“世风之下”的问题，大家也很焦虑。但是今天，许多人却在追忆和怀念那个时代，觉得那是一个追求文化、有理想的时代。

当然，徐悲鸿对文人画末流的批判，对“自然主义”艺术的推崇，最根本的还是受“科学”与“民主”思想影响的结果。科学与民主是“五四运动”的两面思想旗帜，这两面旗帜在艺术上相对应的就是写实与大众化。即在那个年代，写实就意味着科学与进步，所以从康有为、陈独秀、蔡元培到徐悲鸿，无不推崇写实主义，而对不求写实的文人画则给予抨击。在康有为看来，“率皆简率荒略，而以气韵自矜”的文人画不能“与今欧美、日本竞胜”。沈逸千痛感中国人崇尚清淡出世，使得天才的画家都往山水的路上跑，人物画没有得到应有的发展，以至“数千年来无数画家，有正义感的，大众的和对历史文化上有伟大贡献的作品，可以说是极为稀少”，这是中国画的“先天不足”。徐悲鸿在《新艺术运动之回顾与前瞻》一文中，再次对断送了“吾国传统之自然主义”的“无病呻吟”文人画予以痛斥，更为因抗战而使写实主义一统天下感到欢欣鼓舞。

总而言之，从徐悲鸿的收藏来看，他并不排斥文人画，他有些文章的判断，并不能真实反映其艺术的好尚，言与意并不完全对应。“师造化”，即对自然的兴感、清新的独创精神，才是他评判历史与艺术的重要标准。由此，他对唐宋艺术的高度认同和尊崇源于他的这样一种观念和思想。徐悲鸿的艺术史观是很包容的，也是很开放的，这种开放包容的精神不仅仅体现在他言说的观点里，更体现在他对收藏作品所持的态度上。

风雨归舟

金农
纸本墨笔
126cm × 54.5cm 清代
徐悲鸿纪念馆藏

题款：
风雨归舟。仿宋马和之行笔画之。以俟道古者赏之于烟波浩渺中也。七十四翁杭郡金农记。
钤印：
金氏寿门（朱文方印）

画心鉴藏印：
魂气（白文长方印）
悲鸿所得（朱文方印）
大千好梦（朱文方印）

裱边徐悲鸿题跋一：
还家幸得托便舟。此番遭逢礼教害。何苦大雨蹲船头。舱中为有堂客在。
冬心命我解释如此。悲鸿心得。
钤印：
见笑大方（朱文方印）

裱边徐悲鸿题跋二：
此乃中国古画中奇迹之一。平生所见。若范中立溪山行旅、宋人雪景、周东村北溟图。与此幅可谓现世界所存在中国山水画中四支柱。古今虽艳称荆关董巨。荆董画世尚有之。巨然卑卑。俱难当吾选也。**1938** 初秋。大千由桂林挟吾董源巨帧去。**1944** 春。吾居重庆。大千知吾所爱。其藏中精品冬心此幅。遂托目寒赠吾。吾亦欣然。因吾以画品为重。不计名字也。**1950** 悲鸿记其因缘如此。
钤印：
徐悲鸿（白文方印）
见善如不及（白文长方印）
八十七神仙同居（朱文方印）

風雨歸舟

课子图

徐达章
纸本设色
81cm × 51.5cm 清代
徐悲鸿纪念馆藏

题款：
光绪三十有一年。岁次乙巳中秋之月。澹我斋主人自绘并题。
荏苒青春卅七年。平安雨字谢苍天。无才济世怀惭甚。书画徒将砚作田。平生淡泊是天真。木后同居养性情。切愿康儿勤学问。读书务本励躬行。求人莫若求诸己。自画松阴课子图。落落襟怀难写处。光风霁月学糊涂。白云留住出山心。水秀峰青卧此身。琴剑自娱还自砺。寸心千古永怀真。
钤印：
徐印达章（白文方印）
成之（朱文方印）
达章（白文长方印）
成之（朱文方印）
同治己巳生（白文方印）
小隐西亭桥畔（白文长方印）
云淡风清（朱文长方印）

逸少饲鹅图

郑散
绢本设色
34.5cm × 250cm 清代
徐悲鸿纪念馆藏

题款：
逸少饲鹅图。硕严仁棣同道正之。甲子长夏仿任伯年大意。郑散。
钤印：
郑散之印（白文方印）
玄黄色相（白文长方印）

山水

徐达章
纸本设色
168cm × 48.5cm　清代
徐悲鸿纪念馆藏

题款：
白乐天隐居香山。尝有诗云。万山回绕一峰深。到此常修苦行心。自扫雪中归鹿迹。天明恐有猎人寻。恻隐之心溢于言表。扩而充之仁不可胜用也。阳羡成之。徐达章谨写。并志以应后学云。
钤印：
成之金石诗书画（朱文圆印）
徐达章（白文方印）
诗酒生涯（白文长方印）

眉寿图

黄慎
纸本设色
131cm × 45.5cm　清代
徐悲鸿纪念馆藏

题款：
寄取桓玄画一厨。草堂仍是旧规模。胆瓶自插梅花瘦。长忆春风乞鉴湖。黄慎。
钤印：
黄慎印（白文方印）
恭寿（朱文方印）

画心鉴藏印：
八十七神仙同居（朱文方印）
兢庐鉴藏（朱文方印）

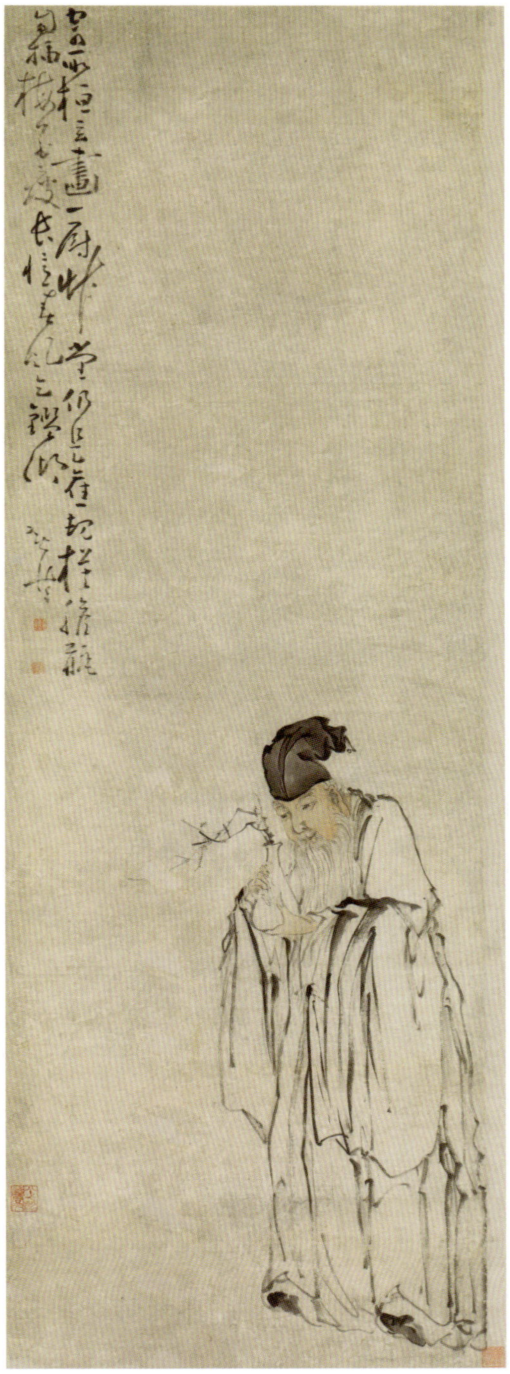

* 绣龙图

任熊
绢本设色
84.5cm × 38cm　清代
徐悲鸿纪念馆藏

题款：
咸丰丙辰三月。任渭长。
钤印：
渭长（朱文方印）

画心鉴藏印：
蛟川映雪书屋孙珍藏（朱文方印）

女娲炼石图

任伯年
绢本设色
118cm × 66cm　清代
徐悲鸿纪念馆藏

题款：
光绪戊子仲春吉日。山阴任颐伯年甫。
钤印：
任伯年（白文方印）
颐印（白文方印）

画心鉴藏印：
暂属悲鸿（朱文方印）
▼

东山丝竹

任伯年
纸本设色
119.5cm × 41cm 清代
徐悲鸿纪念馆藏

世代书香

任伯年
纸本设色
182cm × 92cm 清代
徐悲鸿纪念馆藏

题款：
光绪己丑长至后三日。闵孝子画法于古香室扇市西楼。
山阴任颐伯年甫呵冻记。
钤印：
任押（朱文椭圆印）
任颐私印（白文方印）

画心鉴藏印：
八十七神仙同居（朱文方印）
悲鸿欢喜赞叹欣赏之章（白文方印）

松

虚谷
纸本设色
67cm × 27cm 清代
徐悲鸿纪念馆藏

题款：
虚谷。
钤印：
三十七峰草堂（朱文椭圆印）

芭蕉雀

任伯年（徐悲鸿补飞雀）
纸本设色
124cm × 33cm 清代
徐悲鸿纪念馆藏

题款：
伯年先生遗作。悲鸿缀一鹳鸽于上。乙卯初夏。
钤印：
鸿爪（朱文圆印）

花卉

吴昌硕
纸本设色
33cm×43cm×2 近现代
徐悲鸿纪念馆藏

上片题款：
破袈裟法。缶。
钤印：
吴俊之印（白文方印）

下片题款：
墙根菊花可酤酒。吴昌硕。
钤印：
俊卿大利（白文方印）

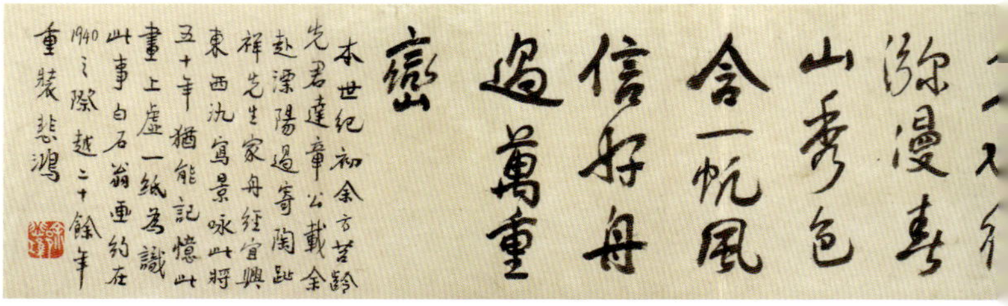

山水

齐白石
纸本墨笔
48cm × 82cm 近现代
徐悲鸿纪念馆藏

题款：
白石。
钤印：
白石翁（白文方印）

裱边徐悲鸿题跋：
春水绿弥漫。春山秀色含。一帆风信好。舟过万重峦。
本世纪初。余方苕龄。先君达章公载余赴溧阳。过寄陶趾祥先生家。舟经宜兴东西氿。写景咏此。将五十年。犹能记忆此画。上虚一纸为识此事。白石翁画约在 **1940** 之际。越二十余年重装。悲鸿。
钤印：
徐悲鸿（白文方印）

山水诗画

齐白石
纸本墨笔
72cm × 29cm 近现代
徐悲鸿纪念馆藏

题跋：
少年为写山水照。自娱岂欲世人称。我法何辞万口骂。江南独有老(倾胆）徐君。谓吾心手出异怪。鬼神使之非人能。最怜一口敌（反）万众。使我衰颜满汗淋。白石山翁并题。新句非题此画句也。借以补空。
钤印：
阿芝（朱文方印）
齐大（朱文方印）
前题句中谓徐君即谓悲鸿先生也。因补记赠之。壬申冬。璜时居京华。
钤印：
老白（白文方印）
◀

烛鼠自称

齐白石
纸本设色
26cm×34cm×2 近现代
徐悲鸿纪念馆藏

上片题款：
濒生。
钤印：
白石（朱文方印）

下片题款：
自称。八十七岁白石。
钤印：
老白（白文方印）

水禽

潘天寿
纸本设色
153cm×41cm 近现代
徐悲鸿纪念馆藏

题款：
悲鸿先生道正。二十一年石榴开花。
懒头陀寿作于西子湖上。
钤印：
天授之印（白文方印）
三门湾人（白文方印）

西园雅集

傅抱石
纸本设色
54cm × 150cm　近现代
徐悲鸿纪念馆藏

题款：
癸未八月。傅抱石写于东川金刚坡下。
钤印：
傅（朱文长方印）
抱石之印（白文方印）
抱石入蜀后作（朱文方印）
踪迹大化（朱文方印）

山水

黄宾虹
纸本设色
87.5cm × 41cm 近现代
徐悲鸿纪念馆藏

题款：
戊子春月。悲鸿先生鉴正。八十五叟宾虹。
钤印：
黄宾虹（白文方印）
片石居（白文长方印）

山水

吴湖帆
纸本设色
70cm × 34cm 近现代
徐悲鸿纪念馆藏

题跋：
自香光倡南派而抑马夏后三百年来。几成北宗绝响。实马夏有马夏之工力。倪黄有倪黄之高致。近代因娄东盛行。遂有提倡马夏而抑娄东之论调。此皆窄见。非至言也。马夏迄今七百余年。其真迹绝无仅有矣。近人每观北宋画。辄曰此马也、此夏也。实皆南宋人之滥觞。倪黄真迹亦如是耳。幸娄东法门尚能窥其一脔。故曰。甯学南宗无牵率以求北派。偶寓北宗之适余意者。试笔以寄。悲鸿道兄以为何如。壬申冬。吴湖帆。

钤印：
湖帆书画（白文方印）
梅景书屋（朱文长方印）
猫癖（朱文长方印）
▶

巫峡清秋

张大千
纸本设色
107cm × 29cm 近现代
徐悲鸿纪念馆藏

题跋：
巫峡清秋。仿王晋卿笔。佑宸仁兄法家属。张爰。
井络高秋隐夕晖。片帆处处忆猿啼。有田治道不思归。白帝彩云天百折。黄牛浊浪路三迷。音书人事近来疑。浣溪纱。大千居士再题。

钤印：
张爰私印（白文方印）
蜀客（朱文方印）
大千（白文方印）
大风堂（朱文方印）
苦中作乐（白文方印）
▶

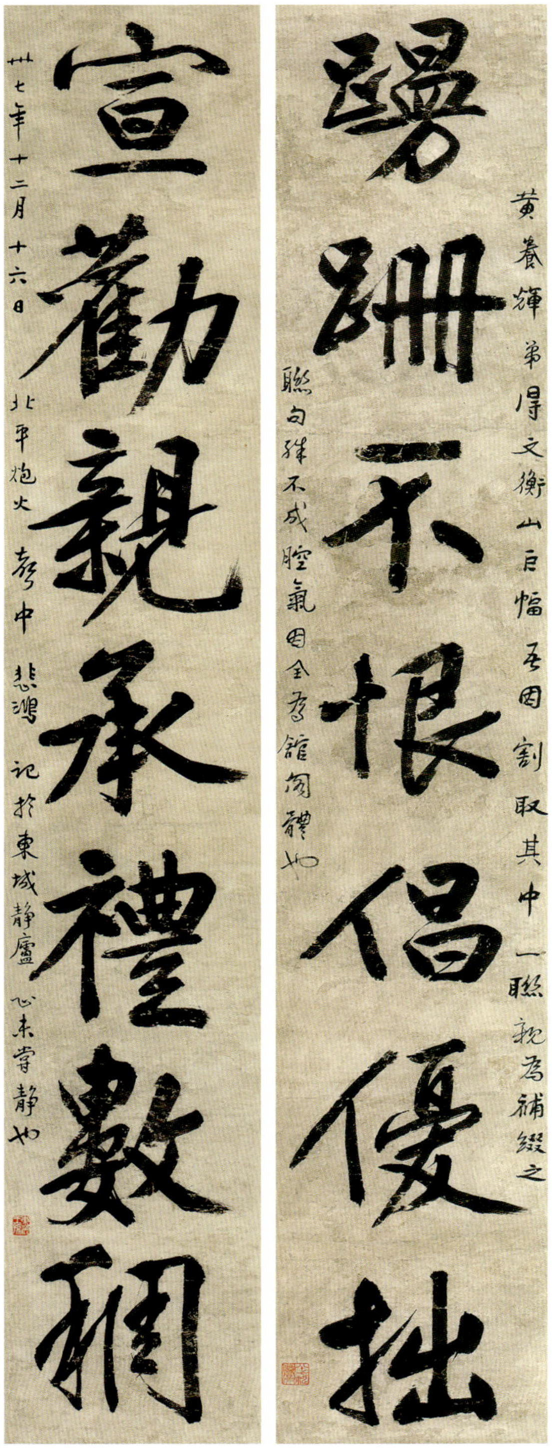

七言对联

文徵明
纸本墨笔
154cm × 24.5cm × 2　明代
徐悲鸿纪念馆藏

释文：
蹒跚不恨倡优拙，宣劝亲承礼数稠。

徐悲鸿题跋：
黄养辉弟得文衡山巨幅。吾因割取其中一联亲为补缀之。联句殊不成腔气。因全为馆阁体也。
卅七年十二月十六日。北平炮火声中。悲鸿。记于东城静庐。心未尝静也。
钤印：
八十七神仙同居（朱文方印）
东海王孙（白文长方印）

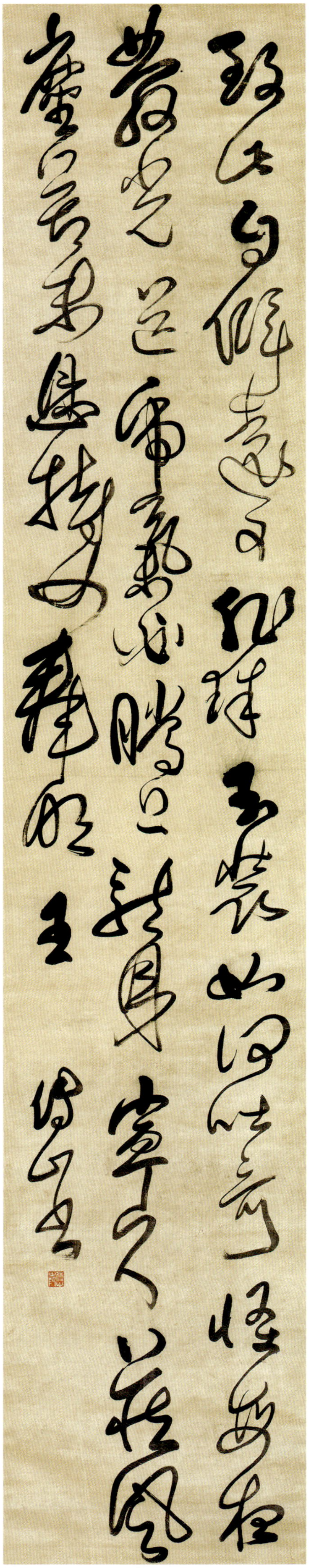

草书

傅山
纸本墨笔
266cm × 46cm　清代
徐悲鸿纪念馆藏

释文：
致此自僻远，又非珠玉装。如何吐奇怪，每夜发光芒。虎气必腾卓，龙身宁久藏。风尘苦未息，持汝奉明王。
傅山书。
钤印：
傅山之印（白文方印）

写生入神

康有为
纸本墨笔
近现代
徐悲鸿纪念馆藏

释文：
写生入神。悲鸿仁弟于画天才也，写此送其行。康有为。
钤印：
康有为（朱文方印）
维新百日出之十六年三周大地游遍四洲经三十一国行六十万里（朱文方印）

题跋：
岁丁巳。先生年六十。时吾欲游日本。先生书此送行。即用孙君伯兰旧笺。复辟之前月也。人事如梦。今二十年矣。以无岁月。特为识之。丁丑春初。寓居桂林。捡理旧物。不禁慨然。悲鸿。
钤印：
徐（朱文长方印）
悲鸿（白文方印）

1917 年，徐悲鸿东渡日本，研习日本绘画。临行前，康有为书赠题词：写生入神。

少女（《哈姆雷特》剧中人）

达仰
布面油画
73.5cm × 56cm　1877 年
徐悲鸿纪念馆藏

男人体

达仰
布面油画
78.5cm × 49cm　19 世纪下半叶
徐悲鸿纪念馆藏

女人像

达仰
布面油画
53cm × 40cm　1877 年
徐悲鸿纪念馆藏

女人像

贝纳尔
布面油画
41m × 33.5cm　约 **1930** 年
徐悲鸿纪念馆藏

头像

康勃夫
布面油画
34cm × 26.5cm　年代不详
徐悲鸿纪念馆藏

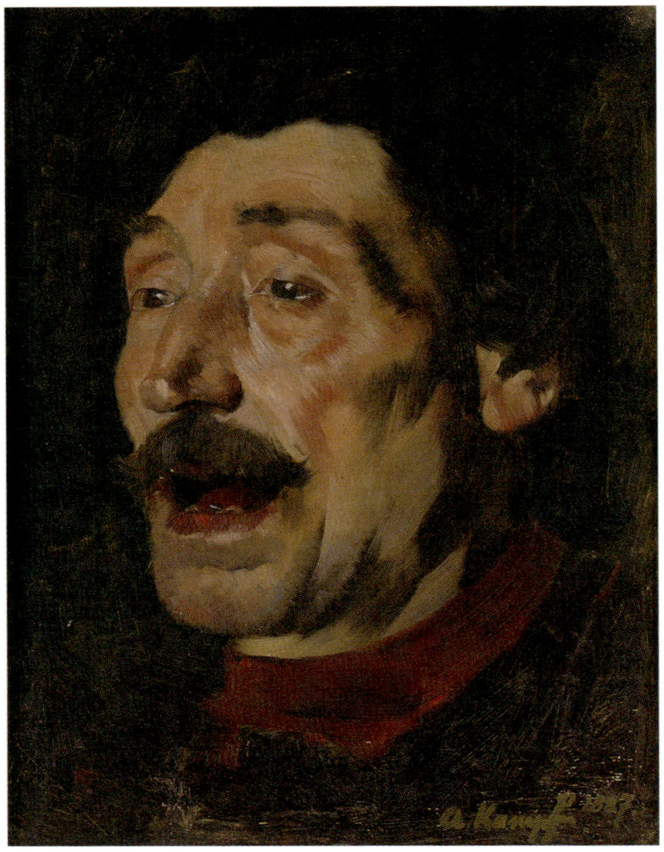

终生为师

作为 20 世纪杰出的美术教育家，徐悲鸿在理论与实践中形成了一套明确而完整的艺术主张，被学界称为写实主义体系，他以“独持偏见，一意孤行”的坚定信念奉行之。他曾多次强调自己的艺术实践坚持教学第一、创作第二的原则，可见徐悲鸿对美术教育的重视程度。

徐悲鸿通过创办美术学校，在十几所公私美术学校、社团先后任教，带师生外出写生，演讲，发表文章，在国内外举办展览等多种活动进行美术教育，并亲自培养和扶助了一批有成就的艺术家，如吴作人、王临乙、吕斯百、孙宗慰、齐振杞、冯法祀、艾中信、韦启美、李斛、宗其香等。

从国立北平艺专到中央美术学院，徐悲鸿在艺术和美术教育的盛年，把大量精力放在广揽人才、学科发展和学校建设上，为新中国美术教育呕心沥血，直至生命的最后一刻。他的教育思想曾产生过深远影响，至今仍具有强大生命力。

1918 年（戊午）　23 岁

2 月

应李石曾之邀任孔德学校义务美术教师。

3 月 8 日

拜访蔡元培先生，被聘为北京大学画法研究会导师。

4 月 19 日

下午四时至五时，在校长室讲演《画之美与艺》。（《北京大学日刊》）

4 月 23 日

在《北京大学日刊》发表《美与艺》讲演词一篇。

5 月 14 日

下午五时至七时在画法研究会会所演讲《中国画改良之方法》，提出："古法之佳者守之，垂绝者继之，不佳者改之，未足者增之，西方绘画之可采入者融之。"

5 月 23 日

《北京大学日刊》开始连载徐悲鸿在北京大学画法研究会的演讲稿《中国画改良之方法》至 25 日止。

"秋季（画法研究会）会员增至七十余人，学中国画者五十二人。除一人兼习二者八人。实学国画者四十四人，其中从徐学人物画者四人，学水彩画者二十二人。画法研究会始分为甲乙丙丁戊五部，会员各就本部中举部长一人，称曰某部部长。徐先生分工指导丁部会员作人物画和水彩画。"（《北京大学日刊》）

10 月 12 日

下午四时在理科第一教室出席秋季始业典礼，并致辞："画会此次会员，总数比上半年几增倍余。今后吾会之精神，不可不于美术界负一种特别之责任。中国美术界，消沉已极，以所有美术，不足以称美术，故国人亦不重视。今后吾北京大学画法研究会，当导中国美术入于正轨，使不合法之印刷品，不复出现。我希望今日到会者，皆有此责任，将来多出纠正美术界之人才。"（《北京大学日刊》）

1922 年（壬戌）　27 岁

初冬

给康有为、蔡元培去信，建议筹款五万块，为国家办一个美术馆。未得到支持。

1918 年，徐悲鸿担任北京大学画法研究会导师，与会员一起合影

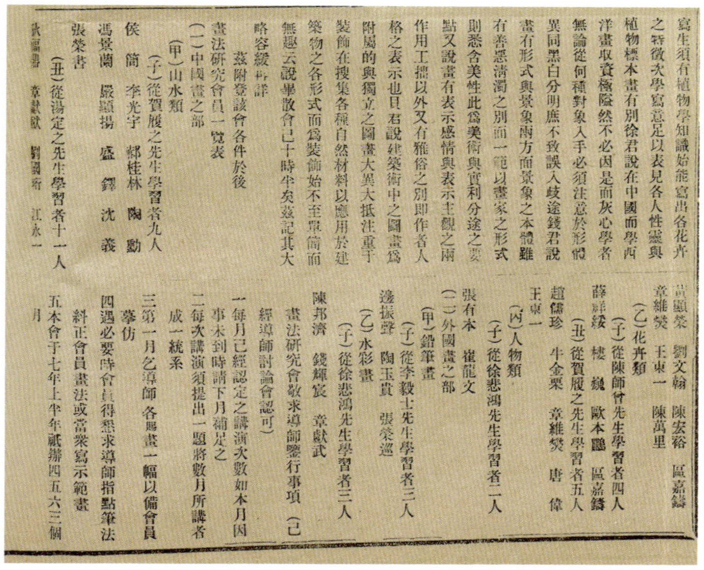

寫生須有植物學知識始能寫出各花卉之特徵次學寫意足以表見各人性靈與植物標本畫有別徐君說在中國而學西洋畫取資極險然不必因是而灰心學者無論從何種對象入手必須注意於形體異同黑白分明庶不致誤入歧途錢君說畫有形式與景象兩方面景象之本體雖有善惡清濁之別而一經以畫家之形式則悉含美性此爲美術與實利分途之要點又說畫有表示感情與表示主觀之兩作用工描以外又有雅俗之別即作者人格之表示也貝君說建築術中之圖畫爲附屬的與獨立之圖畫大異大抵注重于裝飾在搜集各種自然材料以應用於建築物之各形式而爲裝飾始不至單簡而無趣云說畢散會已十時半矣茲記其大略容緩再詳

茲附登該會各件於後

畫法研究會會員一覽表

(一)中國畫之部

(甲)山水類

(子)從賀履之先生學習者九人

侯　簡　李光宇　鄒桂林　陶　勳

馮景蘭　嚴顯揚　盛　鐸　沈　羲

張榮書

(丑)從湯定之先生學習者十一人

章獻猷　劉園甫　江永一

黃顯榮　劉文翰　陳宏裕　區嘉鑄

章維熒　王東一　陳萬里

(乙)花卉類

(子)從陳師曾先生學習者四人

薛祥綏　樓　巍　歐本鵬　區嘉鑄

(丑)從賀履之先生學習者五人

趙儒珍　牛金粟　章維熒　唐　偉

王東一

(丙)人物類

(子)從徐悲鴻先生學習者二人

張有本　崔龍文

(二)外國畫之部

(甲)鉛筆畫

(子)從李毅士先生學習者三人

邊振聲　陶玉貴　張榮巡

(乙)水彩畫

(子)從徐悲鴻先生學習者三人

陳邦濟　錢輝宸　章獻武

畫法研究會敬求導師鑒行事項（已經導師討論會認可）

一 每月已經認定之講演次數如本月因事未到時請下月補足之

二 每次講演須提出一題將數月所講者成一統系

三 第一月乞導師各賜畫一幅以備會員摹仿

四 遇必要時會員得懇求導師指點筆法糾正會員畫法或當衆寫示範畫

五 本會于七年上半年祇辦四五六三個月

画法研究会职员一览表

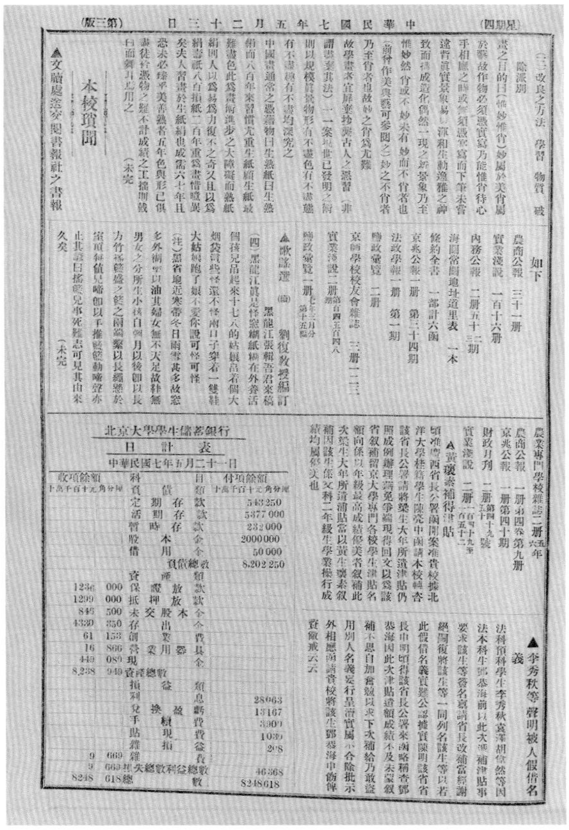

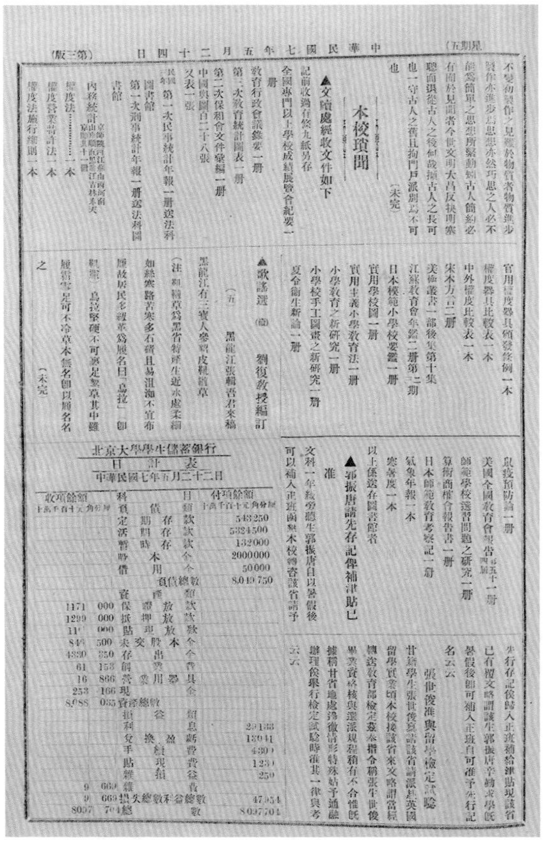
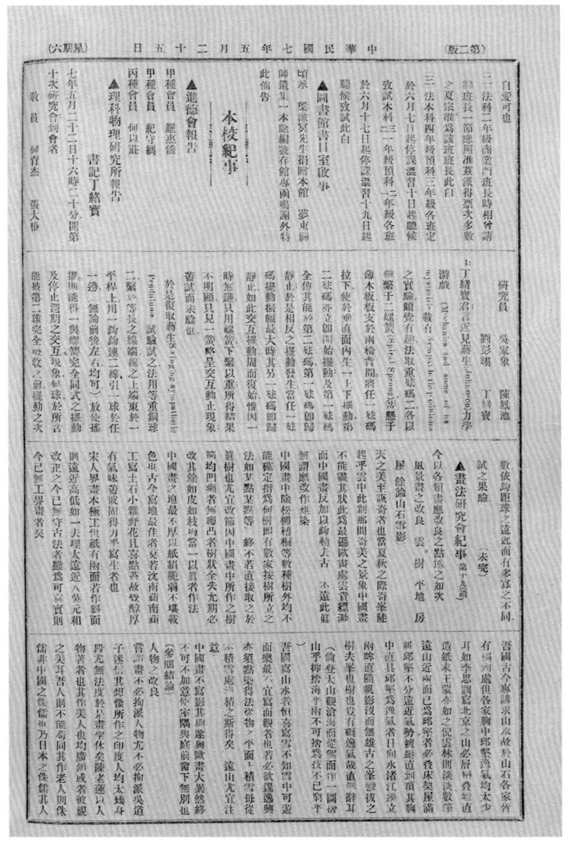
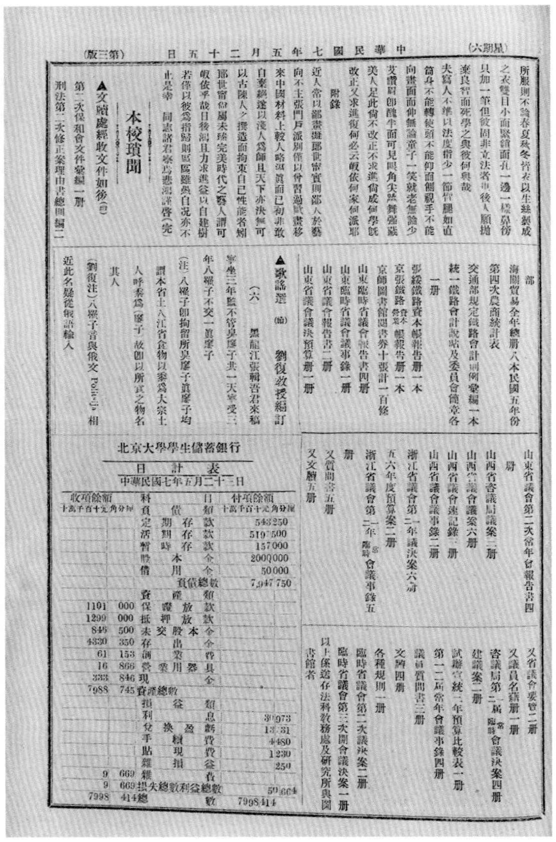

《北京大学日刊》发表的《中国画改良之方法》演讲词

1926 年（丙寅） 31 岁

3 月 7 日

应上海新闻学会之邀，在上海三马路慕尔堂社交室，演讲《美术之起源及其真谛》。

3 月 7 日

《时报》在《徐悲鸿君学术研究之谈话》一文中，详细介绍了徐氏谈话内容，其中再次呼吁建立美术馆。

3 月 13 日

应上海开洛公司之邀，在该公司电台演讲《美之解剖》。

4 月

应邀至中华艺术大学演讲《世界艺术之潮流与中国艺术之现状》，极力提倡艺术运动。

4 月 2 日

下午二时应邀赴慕尔堂社交厅东亚艺术展览会演讲，讲题为《欧洲艺术之博览会概况》。

4 月 4 日

以中华艺术大学教授之身份赴该校讲演，演讲中心为：研究艺术，必须诚笃，研究绘画者的第一步功夫即为素描。

4 月 8 日

应邀出席上海函授大学之欢宴会，并被聘为教授。首由吴凯声演讲函授大学之重要，继由徐先生详述函授艺术之方法，提议函授学员奖励法与创办上海函授大学图书馆。

4 月 17 日

应邀赴大同大学演讲。

4 月 21 日

《申报》发表《徐悲鸿君对于国画之意见——在大同大学演说竞进会之演说辞》全文。

1927 年（丁卯） 32 岁

2 月

向中法庚子赔款委员会提交《艺院建设计划书》，提出美院初建时之收藏名单。

9 月 23 日

中华艺术大学为力谋校务之进展，除原有教授外，特添徐悲鸿担任西洋画兼理论教授。

9 月

应田汉之邀，任上海艺术大学的校董和教授。

11 月中旬

应上海艺术大学外国文学教授田汉之邀赴艺大讲学。在观看各班学生的成绩时，发现了吴作人的画，认为吴作人“有非凡之观察力和创作力”。

初冬

南京国立第四中山大学（中央大学前身）艺术系推叶季英、吕斯百、徐风 3 位学生到沪拜访徐先生，请徐先生至该系任教。

冬

应田汉之邀与田汉、欧阳予倩商定将南国电影剧社改组为南国社，并扩大范围，设文学、绘画、音乐、戏剧、电影五个部，主要致力于戏剧活动。

1928 年（戊辰） 33 岁

1 月

应田汉之邀，参与筹办南国艺术学院。以原上海艺术大学部分师生为基础，改艺术大学为南国艺术学院，徐悲鸿主持画科，欧阳予倩主持戏剧科，田汉主持文科。

1 月 26 日

南国艺术学院筹备就绪，并租定爱咸斯路（今永嘉路）371 号弄内石库门大宅和沿马路的 377—381 号（均为单号）房屋作为校址。采用教师指导下的学员自学制度，设立文学、戏剧、绘画三科，分别由田汉、欧阳予倩、徐悲鸿任主任，田汉任院长。

2 月 5 日

在《中央日报》的《摩登》副刊发表《艺院建设计划书》一文，提出在我国建立美术馆的设想。

2 月 17 日

与田汉、欧阳予倩及孙师毅诸师商定课程。

春

应南京江苏大学（中央大学的前身）之聘，兼任该校艺术教育专修科美术教授。在为他举行的欢迎会上，他要求学生重视素描基础的锻炼，强调坚持现实主义的道路。每周来校两个上午。

约王临乙到该校艺术系读书，并提供生活费用。

时常将自己的作品或西方绘画的复制品，陈列在南国社室供同学观摩，并不时对某一西方重要画派、画家及某些作品重点介绍。

6月

推荐蒋兆和到中央大学艺术系任教，把他安排在自己的画室兼书房住宿，并竭其所藏中外名作，让他饱餐，使他从西方现实主义艺术史中汲取了营养。常与蒋兆和剪烛夜话，促膝谈心，使他坚定了现实主义的方向。他们的友情，也成为美术史上的佳话。

7月

与张聿光、朱应鹏、张道藩、关良、谭华牧等，被中华艺术大学聘为校务行政委员兼各科教授。

8月下旬

经徐先生建议，黄孟圭决定福建省教育厅以官费派中央大学学生吕斯百、王临乙赴法留学。

8月

应邀进入福建省第一届美术展览会筹备征集委员会，广交福建美术界知名人士。在诸多作品时，特别欣赏陈子奋的篆刻，并决意寻访陈子奋。

9月23日

在中华艺术大学出席上海艺术协会第一届展览会审查委员会议。

9月

在沪参加上海艺苑研究所。

接北平大学校长李石曾之聘书，拟应聘出任该校艺术学院院长一职。

秋

在中央大学礼堂讲演，首讲在法国巴黎学画时生活之艰苦、学习之勤奋，又提出了在艺术教育上，应坚持严格的素描练习和忠实于对象的写实精神。

10月

应北平大学校长李石曾之聘，接受北平大学艺术学院院长之职务。

11月15日

正式接任北平大学艺术学院院长之职务。该院时有中画、西画、戏剧、音乐、图案5个系，每系2个班，全院学生二百余人。徐先生在就职演说中即提出增加预算经费，增添建筑、雕刻两系。

1929年（己巳）　34岁

1月上旬

被聘为全国美术展览会总务委员。

1月18日

与北大5名财政专家、16名重要职员被聘为北平大学本部预算委员会委员，积极进行复校建校活动。

1月24日

因学校体制（时称“大学院”）及校长人选问题，北平大学再次爆发学潮，加之党务纠纷，有人利用学生，使学校枝节丛生，徐氏的教学主张无法贯彻，约于月底或学期结束辞职南返。

4月10日

以全国美展总务委员身份，在上海出席教育部主办的第一届全国美术展览会。

4月23日

在上海《美展汇刊》第5期发表《惑》（致徐志摩的公开信），揭露形式主义绘画在资本主义社会的商品性质，认为这种艺术是倒退的。徐志摩同时发表《我也“惑”——与徐悲鸿先生书》一文，对徐悲鸿的文章提出异议。

4月25日

徐志摩致函刘海粟，报告他与悲鸿先生的论战情况，谓：“《美展》三日刊已出六期，我嘱每期寄十份，想早见。文字甚杂，皆清磬在张罗，我实无暇兼顾。我与悲鸿打架一文，或可引起留法艺术诸君辩论兴味。如有文字，盼多多寄来！《新月》随时可登。悲鸿经此，恐有些哭笑为难。他其实太过，老气横秋，遂谓天下无人也。”

4月27日

函答徐志摩，进一步阐述其美术主张。

4月29日

再致徐志摩一函，对徐志摩称他为“古道人”提出反驳。

5月1日

李毅士在《美展》第八期发表《我不“惑”》一文。

5月10日

在《美展》增刊发表《惑之不解（二）》（致徐志摩的公开信）。杨清磬在《美展》增刊发表《惑后小言》。

5月

带领中大艺术科绘画班高年级学生赴镇江写生。

6月2日

在南京通俗教育馆出席中大学区中等学校艺术展览会开幕典礼。和李毅士等七人被聘为审查委员，时常到会场参观、品评，以备最后评判参考。

10月22日

参与中央美术会第一次画展筹备会议。

10月25日

《中央日报》在《中央美术会》消息中云：“中大吕凤子、徐悲鸿、李毅士等，感于首都艺术空气之沉寂，特发起组织中央美术会。业于十月六日成立。”

1929 年，徐悲鸿在中央大学与南国社部分同人合影

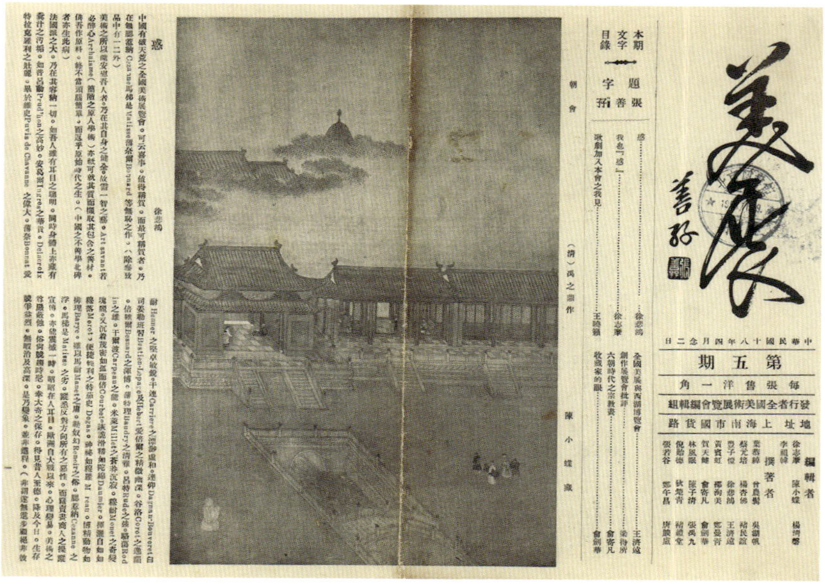

1929 年 4 月 22 日，徐悲鸿《惑》发表于上海《美展汇刊》第 5 期

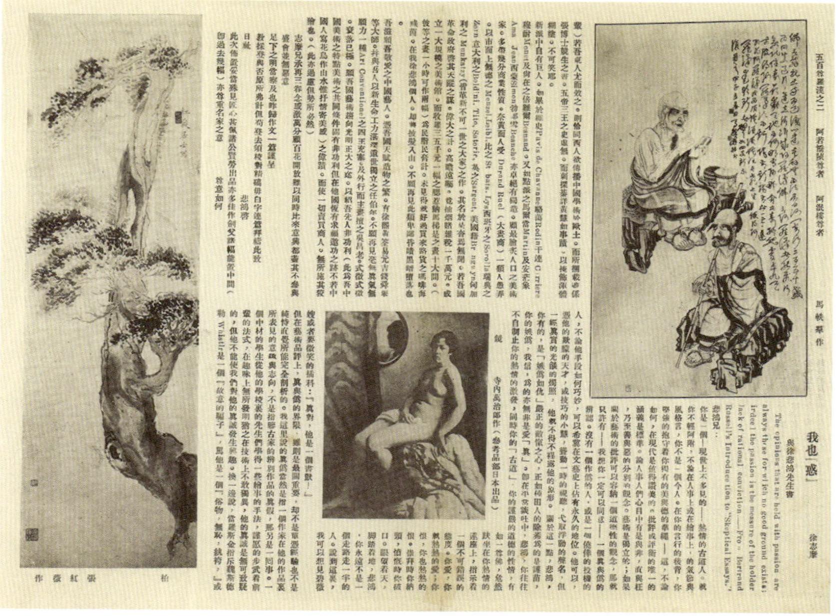

1929 年 4 月 22 日，徐志摩《我也“惑”——与徐悲鸿先生书》发表于上海《美展汇刊》第 5 期

1929 年 5 月，徐悲鸿《惑之不解（二）》发表于上海《美展》增刊

1930 年（庚午） 35 岁

1 月 16 日

在《国立中央大学半月刊》发表《艺院建设计划》一文。

1 月

起草中央美术会宣言。

2 月 24 日

被上海文艺学院聘为教授，校长黄宾虹。该院的前身是人文艺术大学。

4 月

在《良友》杂志第 46 期发表《悲鸿的自述》一文。

9 月

得江苏高邮县小学教师滑田友寄来所雕儿童像照片请求指导。

10 月

带领中大艺术科学生到栖霞师范参观，并做讲演。

冬

得知比利时画家美术学院有一个“庚款助学金”的名额，经多方设法，使吴作人进该院“巴恩天工作室”，使吴的学习、生活有了保障。

1931 年（辛未）　　36 岁

4 月 1 日

路过天津，应邀赴南开大学讲演。

5 月 23 日

和潘玉良带领中央大学艺术科绘画班毕业参观团到天津。参观天律美术馆第八次美术展览及北洋画报社等，遍访收藏家并拜访舌画家黄二南。

5 月下旬

与潘玉良带领中大艺术科毕业生抵北平参观。在参观故宫博物院、游览名胜时，适时给学生指点，还介绍学生与音乐家兼篆刻家杨仲子相识，带领学生听了二胡演奏家刘天华的演奏，拜访了齐白石，当他向齐白石介绍说张安治也会作诗时，齐当即写诗赠张。

7 月上旬

主持中大艺术科美术专业新生招考，在主考的素描结束的次日早晨，就把试卷和分数当众公布给考生，这种做法在当时是少见的。

1932 年（壬申）　　37 岁

5 月

到苏州美术专科学校参观和演讲，并征集名画家的精品。

11 月 18 日

在南京中央饭店出席王棋举办的艺术界及艺术人士宴会。同时建议在南京建造一所规模宏大的美术馆，收藏及陈列名家艺术品。

11 月

于南京撰《中国今日急需提倡之美术》一文。

冬

编成《徐悲鸿选画范》三种，其序题为《新七法》。在此序中，对画法要点写得比较完整，体现了他绘画教学体系的基本精神，是学习他关于绘画基本练习法的宝贵资料。其新七法是：一、位置得宜；二、比例正确；三、黑白分明；四、动态天然；五、轻重和谐；六、性格毕现；七、传神阿堵。

是年

和颜文樑建议共同筹款建立一个奖学金基金，以便奖励勤奋向上、成绩优良的清寒学生。颜表示支持。因徐悲鸿赴欧举行中国画展，此事未能实现。

为征集名画出国展出，奔走于南京、苏州、上海、杭州、北平等地。征集到国内当时名画家，如齐白石、王一亭、张大千、陈树人、张聿光、方药雨、汪亚尘、许士骐等人作品共六百余件。

（左）1931 年 5 月，徐悲鸿与中央大学艺术科绘画班毕业参观团在天津

（右）1930年 1 月 16 日，徐悲鸿在《国立中央大学半月刊》发表《艺院建设计划》一文

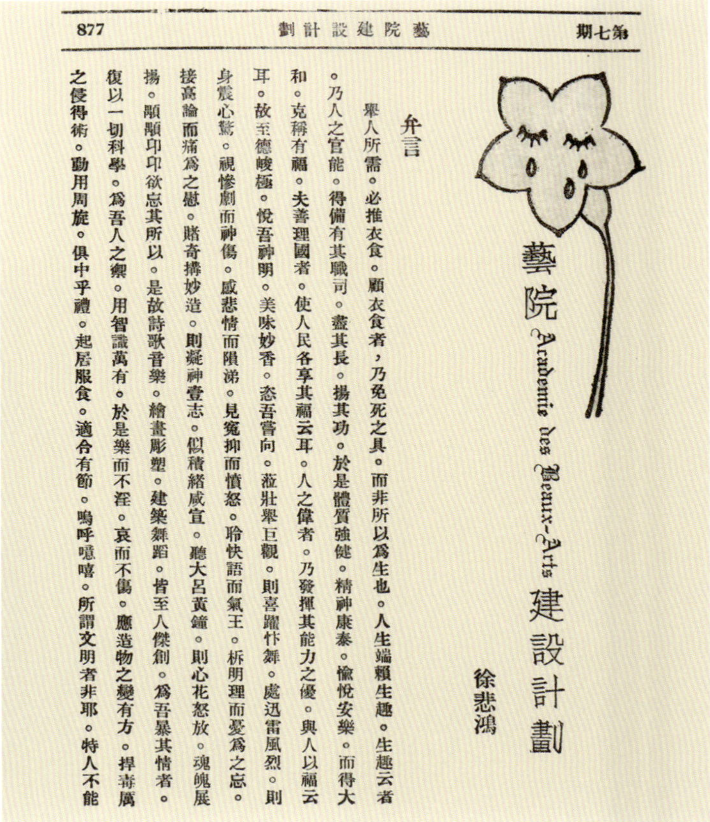

第七期　　藝院建設計劃　　877

藝院 Academie des Beaux-Arts 建設計劃

徐悲鴻

弁言

舉人所需。必推衣食。顧衣食者，乃免死之具。而非所以爲生也。人生端賴生趣。生趣云者。乃人之官能。得備有其職司。盡其長。揚其功。於是體質強健。精神康泰。愉悅安樂。而得大和。克稱有福。夫善理國者。使人民各享其福云耳。人之偉者。乃發揮其能力之優。與人以福云耳。故至德峻極。悅吾神明。美味妙香。悆吾嘗向。葢壯舉巨觀。則喜躍忭舞。處迅雷風烈。則身震心驚。視慘劇而神傷。感悲情而隕涕。見寃抑而憤怒。聆快語而氣王。析明理而憂爲之忘。接高論而痛爲之懟。睹奇搆妙造。則凝神壹志。似積緒咸宣。聽大呂黃鐘。則心花怒放。魂魄展揚。顚顚卬卬欲忘其所以。是故詩歌音樂。繪畫彫塑。建築舞蹈。皆至人傑創。爲吾暴其情者。復以一切科學。爲吾人之禦。用智識萬有。於是樂而不淫。哀而不傷。應造物之變有方。捍毒厲之侵得術。勯用周旋。俱中乎禮。起居服食。適合有節。嗚呼噫嘻。所謂文明者非耶。特人不能

1933 年（癸酉）　　38 岁

5 月 15 日

在《新中华》发表《中国今日急需提倡之美术》一文。

1934 年（甲戌）　　39 岁

11 月

发表《在全欧宣传中国美术之经过》一文。

再次向南京政府大声疾呼筹建美术馆。

1934 年，徐悲鸿在南京中央大学梅庵六朝松前与师生合影

1935 年（乙亥）　　40 岁

1 月 26 日

答南京《朝报》记者问，指出："我国在文化方面年费数千万元，但国立美术馆迄今尚付阙如，且亦无人注意及之，殊为极大之遗憾……本人为我国艺术界之前途计，现拟以己之力，向各方奔走，而筹募美术馆之基金（预算约十万元）。如美术馆能早日完成，则各国名画展览，即拟在该馆内举行。"

又说："本人现尚有一个愿望，即会合艺术界之同志组织一美术会，而以发扬光大我国固有艺术精神为宗旨。盖我国历代之艺术作品，其振作奋发之精神，似非现代作品所可同日而语。值兹民族颓靡，人心沉醉之时，我以为复兴中国文化工作，与复兴民族应有同等重要之意义。"

4 月 8 日

应金陵大学之请，在该校演讲。

10 月 13 日

在《中央日报》发表《中国美术会第三次展览》一文，对政府不重视美术事业提出尖锐批评。

11 月 11 日

在桂林省立高中演讲。

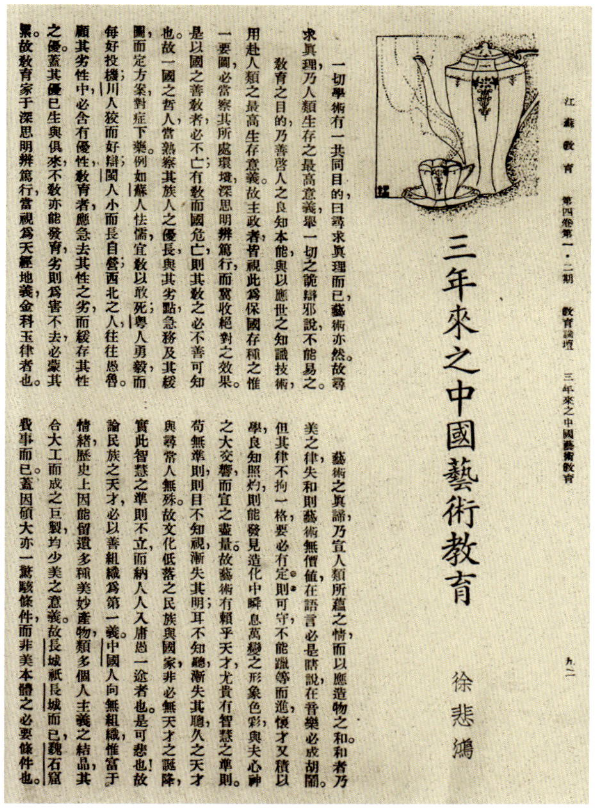

江蘇教育　第四卷第一・二期　教育論壇　三年來之中國藝術教育　九二

三年來之中國藝術教育

徐悲鴻

一切學術有一共同目的，曰尋求真理而已，藝術亦然。故尋求真理，乃人類生存之最高意義，舉一切之詭辯邪說，不能易之。

教育之目的，乃善啓人之良知本能，與以應世之知識技術，用赴人類之最高生存意義。故主政者皆視此爲保國存種之惟一要圖，必當察其所處環境，深思明辨篤行，而冀收絕對之效果。是以國之善教者必不亡；有教而國危亡，則其教之必不善可知也。故一國之哲人，當熟察其族人之優長與其劣點，急務及其緩圖，而定方案，對症下藥。例如蘇人怯懦，宜敎以敢死；粵人勇毅而每好投機；川人狡而好辯；閩人小而長自營；西北之人，往往愚魯。顧其劣性中，必含有優性，教育者應急去其性之劣，而緩存其性之優。蓋其優已生與俱來，不教亦能發育，劣則爲害不去，必蒙其累。故教育家于深思明辨篤行，當視爲天經地義，金科玉律者也。

藝術之真諦，乃宜人類所蘊之情，而以應造物之和。和者乃美之律，失和則藝術無價值，在語言必是瞎說，在音樂必成胡鬧。但其律不拘一格，要必有定則可守，不能躐等而進。懷才又積以學，良知照灼，則能發見造化中瞬息萬變之形象色彩，與夫心神之大交響，而宜之盡量。故藝術有賴乎天才，尤貴有智慧之準則。苟無準則，則目不知視，漸失其明；耳不知聽，漸失其聰。久之天才與尋常人無殊。故文化低落之民族與國家，非必無天才之誕降，實此智慧之準則不立，而納人人入庸愚一途者也。是可悲也！故論民族之天才，必以善組織爲第一義。中國人向無組織，惟富于情緒，歷史上因能留遺多種美妙產物，類多個人主義之結晶。其合大工而成之巨製，均少美之意義。故長城祇長城而已，魏石窟栽事而已。蓋因碩大亦一驚駭條件，而非美本體之必要條件也。

（左）1935 年，徐悲鸿在《江苏教育》发表《三年来之中国艺术教育》一文

（右）1935 年，徐悲鸿与张大千（后排站立者右一）等人在黄山合影

1936 年（丙子） 41 岁

春

带领中央大学艺术科绘画班师生吕斯百、冯法祀、张安治、孙宗慰等及友人沈宜甲和一摄影家赴黄山写生。

4 月 14 日

《中央日报》刊出《徐悲鸿拟辞中大教授》一文："中大艺术教授徐悲鸿，担任该校教授以来，悉心擘画，至为努力，最近以感于环境不适，决意辞去该校教授职务，该校艺术科同学闻讯，以徐教授对于艺术教学极为认真，此次突萌辞意，实为该校同学之一大损失，爰特发起挽留徐教授，务使徐教授担任课务。"

7 月 5 日

主持广西第一届美术展览。会场分广西省博物馆、广西省教育会、南宁女子中学三处，盛况空前。

1937 年（丁丑） 42 岁

8 月下旬

返南京中央大学上课，受到师生的热烈欢迎。在教学上，对学生的要求仍极为严格。他要求学生的素描习作高度准确，不允许有一线之差。

9 月 23 日

接到校方迁校通知，决定跟中央大学西迁重庆，并动员和安排家属随校西迁。

11 月中旬

中央大学艺术科在重庆复课后，徐悲鸿感叹说："中大损失最大的莫过于我们的系了！"下课后常走到每个同学的画桌、画架旁边看同学们的作业。

（左）20 世纪 30 年代摄于南京

（右）1936 年，徐悲鸿在中央大学艺术系人体写生课上与师生及模特儿合影

1936 年 5 月 16 日，徐悲鸿赴桂前与中央大学艺术系绘画班师生在中大浣花屋顶合影

（左）徐悲鸿与中央大学学生在一起

（右）于中央大学任教时的徐悲鸿

（左）徐悲鸿在石家祠堂前

（右）1938 年春，徐悲鸿与中大艺术系绘画班同学于重庆沙坪坝松林坡合影

1938 年（戊寅）　43 岁

4 月

支持和鼓励吴作人等青年美术教师去五战区前方画战争素材，反映抗战实况，用以教育后代。

5 月

回重庆中央大学上课。课余奋笔作画，接待学生来访。常把案头的画册拿给同学们看，指导同学们应该怎样翻阅画册。

7 月中旬

离重庆赴桂林。一边整理画件，准备出国举办抗日筹赈画展，一边协助广西省教育厅督学满谦子和张安治举办广西中学艺术教师暑期进修班。亲自讲课，并引导学员欣赏他带去的大量艺术珍品，指导学员画人体、练素描。他对学员要求严格，十分强调基本功的训练。

7 月 20 日

由渝返桂林，为广西中等学校艺术教师讲习班授课一个月，该讲学班集中了广西全省八十多位艺术教师。

1939 年（己卯）　44 岁

2 月 11 日

在新加坡青年励志社出席新加坡华人美术研究会举行的欢迎茶会。席间演说中国艺术的三大原则。

2 月 13 日

应邀赴中正中学演说，勉励学生培养“大丈夫”精神。

3 月

《徐悲鸿选画范 · 人物》《徐悲鸿选画范 · 动物》《徐悲鸿选画范 · 风景 · 静物》3 册（活页），由中华书局在桂林发行，共选国内外名画 87 幅，每幅均加简短扼要按语，说明画法的特点，体现了他绘画教学体系的基本精神。

10 月

协助黄梦圭创办敬庐学校，并题“敬庐”校额。

1939 年，新加坡华人美术研究会与徐悲鸿（外圈左二）在芽龙路 167 号二楼聚会，左四为会长张汝器

20 世纪 40 年代初，徐悲鸿摄于重庆

1940 年，徐悲鸿赴印度举办展览和讲学，这是他与印度大文豪泰戈尔先生的合影

1941 年，作画中

40 年代的徐悲鸿

1940 年（庚辰）　　45 岁

12 月 26 日

应邀在青年励志社月会中演讲艺术问题。

1941 年（辛巳）　　46 岁

2 月 13 日

在中华女子中学演讲《艺术的意义与作画的方法》，说自己是“提倡写实，以现实为出发点，而求达到艺术的目的”。

2 月 15 日

上午十一时，在中华中学演讲五十分钟，题目是《生于忧患，死于安乐》。

2 月 21 日

在青年画家李青萍陪同下到坤成女子中学演讲《画家的派别》，论述了绘画流派产生的原因，介绍了“写实主义”“外光派”“印象派”“野兽派”等流派及其对中国的影响。

1942 年（壬午）　　47 岁

6 月下旬

回到重庆中央大学，受到艺术系全体师生的热烈欢迎。

10 月

于重庆磐溪筹办研究性质的中国美术学院，筹备处设于重庆，工作所设于磐溪，并制定聘请研究员三章约法：“一、须有可见人之作品五十件以上；二、文笔流畅；三、须有利人之事实，至少与人知其倾向，应聘以后，更有详明之义务及权利规定，不欲国枉费一钱，亦不加任何不合理之束缚于艺术家。”自任研究员兼院长，另聘有研究员齐白石、张大千，副研究员有吴作人、张安治、黄养辉、王临乙、吕斯百、陈晓南、费成武、张倩英、李瑞年、宗其香、孙宗慰、冯法祀等。

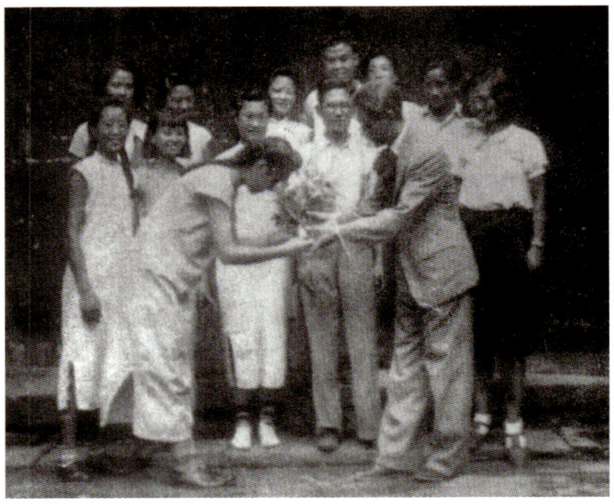

（左）1942 年，徐悲鸿在东南亚举办抗日筹赈画展后归来，在重庆与中央大学艺术系部分师生合影

（右）1942 年 6 月 30 日，在南洋举办抗日筹赈画展返中央大学后接受学生献花

（左）1943 年，中央大学艺术系学生与徐悲鸿合影

（右）1943 年夏，徐悲鸿和卢开祥在青城山天师洞合影

1943 年（癸未）　48 岁

3 月 15 日

在重庆《时事新报》发表《新艺术运动之回顾与前瞻》一文，回顾了中国美术发展的过程。

7 月 19 日

率领中国美术学院部分人员去灌县青城山避暑兼作画。

秋

当得知广西当局下令停办艺术教师训练班时，致函广西当局，希望爱护广西这一株艺术教育的幼苗。

11 月

在中央大学艺术系教室上课时，他走到吴山画的人体素描跟前，仔细地、静静地观察模特儿，再对照吴的画，在手和脚部的位置，用木炭画了几处要害，然后在纸旁边写了“注意精到，切忌浮泛”几个字。

年末

在中大艺术系教室看到学生陈艮的国画《梅林晨曲》，大为赞赏，并欣然题书画记云：“雪里芭蕉或梅伴棕树，只四川有此文章，四川人未必知也。陈艮弟此作，不特取材新颖，而作法亦稳炼，全幅和谐，亦群雀均具依人之态，绝可爱玩。”

当看过冯法祀新作《铁工厂》《第一把锤手》《开山》和战地写生多幅后，除肯定了冯的作品，又说：“这些画，群龙无首，你应选出一张画，进行加工创作。”并帮助冯挑选了油画速写《开山》，要冯立即着手大幅油画创作。

1944 年（甲申）　49 岁

2 月 17 日

在中央图书馆主持中国美术学院筹备处第一届美术展览会。展至 21 日止。

2 月 22 日

在重庆《中央日报》发表《中国美术学院筹备志感》一文，介绍美术学院的发起和筹备经过。

2 月

委托中国美术学院的副研究员兼秘书张安治草拟了一个该院的发展规划，其中包括招收学员、派遣留学人员、附设研究馆等。

3 月 25 日

在重庆《中央日报》发表《中国新艺术之展望》一文。

3 月 25 日

为《中央大学艺术学系系讯》第 1 号作序。

1945 年（乙酉）　　50 岁

秋

在中央大学主持国画专业的“名作临摹”课。

冬

经多次与有关方面交涉，以中英庚子赔款董事名义派中国美术学院四位副研究员张安治、陈晓南、费成武、张倩英赴英国研究美术。新中国成立后张安治、陈晓南回国任教，费成武与张倩英结为夫妻，定居英国。

冬

由于国民政府的法币不断贬值，中央大学经费困难，以徐氏所藏绘画在重庆中央图书馆做一次展览，用门票收入弥补办学经费。后来法币继续猛跌，庚款本息俱不值钱，学院近于停顿。徐先生接掌北平艺专后，校门虽然挂着中国美术学院的牌子，已是名存实亡。

是年

常对学生谈：在中国，要学西洋画就必须先把中国画学好，作为一个中国画家，应该懂得中国画，懂得中国画的历史。又说：“中国的画家，无论是画中国画，还是画西洋画，最好能掌握中国画的意境和概括能力，同时掌握西洋画的色彩和造型能力，而这两个画种的基本功，可以在一个画家身上并存，也可以在自己的作品中起作用，取长补短，时间长了就可能形成自己的风格，走出自己的路来。”

1946 年（丙戌）　　51 岁

暮春

应教育部之聘，决定接管国立北平艺术专科学校。

初夏

致宋步云一函，邀其赴北平任职。

6 月上旬

因病住进南京第一医院，在养病期间，曾聘李桦、叶浅予、李瑞年、黄养辉、艾中信、李可染、李苦禅、李斛、周令判、董希文、王临乙、滑田友、戴泽、韦启美、梁玉龙、庞薰琹、周祖湘等人去北平艺专任教（有人因故未到或迟到）。

6 月上旬

托李宗津捎给在上海的吴作人一函，请吴任北平艺专教务长，函曰：“吾已应教育部之聘，即将前往北平接办日伪的北平艺专。余决意将该校办成一所左的学校，并已约叶浅予、庞薰琹、李桦诸先生来校任教，至于教务主任一职，非弟莫属。务希允就，千祈勿却。至盼！”

7 月 12 日

致王少陵一函，言：“弟应部聘为国立北平艺术专科学校校长，日内即去接事。惟以久病之身（前年起患血压高），处危乱之境，深自惴惴，唯恐不胜其任。足下归来，幸来助我！语堂先生久乏消息，亦不悉其地址，请以其住址见告，并为致意，拜感不尽。赐书请经寄国立北平艺术专科学校。”

1944 年 6 月，徐悲鸿与中央大学（重庆）艺术系部分教师及 44 届毕业班合影

徐悲鸿在野外写生

7 月中旬

在汪亚尘家约学生吴作人等及美术界朋友共商接办北平艺专事宜。广聘艺专教师。又看望了黄警顽，当得知黄失业在家，决定将黄带往北平艺专任职。

7 月 31 日

抵北平。北平艺专校址在北平东总布胡同十号的一座旧王府里，房屋很挤，教室很小，光线很暗，又没有操场。上任后便考虑更换新校址。

8 月初

正式就任国立北平艺专校长。又聘黄宾虹教授国画理论。

9 月

在北平艺专开学典礼上，根据美术系新生在“将来志愿”栏中多填“农”“商”一事发言：“我看了你们的志愿，为什么没有一个人填写要成为一个中国的大画家，一个顶顶了不起的大画家呢？大家应该志气作中国的大画家。”

10 月 16 日

下午三时在朝阳门大街励志社交谊室，出席北平美术家协会成立大会，并任大会主席，出席者另有吴作人、王临乙、宋步云、孙宗慰、刘铁华、李瑞年等二百余人。被推为协会主席，另聘齐白石为名誉主席。

10 月下旬

著名画家叶浅予偕夫人戴爱莲，由美返国抵沪，徐悲鸿立即聘叶为北平艺专中国画系主任。

10 月 30 日

在艺专办公室，接见经三个月长途跋涉来报考艺专的韦江凡。新生虽已开学，翻看了韦速写的难民流亡图后，便决定收他为艺专旁听生，当知其没有经济来源、生活不能自给时，即安排其半工半读。

11 月

聘知名音乐家赵梅伯、老志诚担任北平艺专音乐教授。

于国立北平艺术专科学校任教时的徐悲鸿

1946 年，与北平艺专和北平美术工作者协会同人摄于北平艺专

1946 年 5 月，与中央大学艺术系师生合影

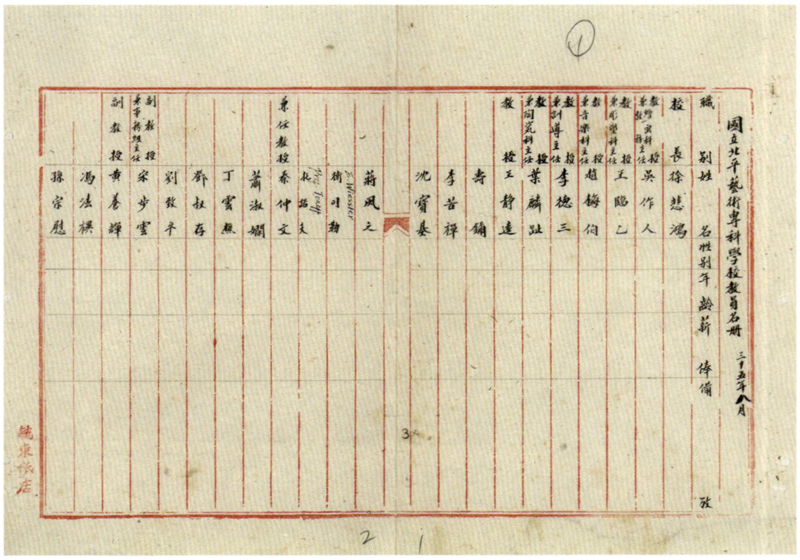

國立北平藝術專科學校教員名冊 三十五年八月

職別 姓名 性別 年齡 薪俸

校長 徐悲鴻
教授兼繪畫科主任 吳作人
教授兼彫塑科主任 王臨乙
教授兼音樂科主任 趙梅伯
教授兼訓導主任 李德三
教授兼陶瓷科主任 葉麟趾
教授 王靜遠
壽鑈
李苦禪
沈寶基
蔣風之
衛司勒 E. Wiessler
[illegible]
兼任教授 秦仲文
蕭淑嫻
丁雲樵
鄧叔存
劉致平
副教授兼事務組主任 宋步雲
副教授 黃養輝
馮法祀
孫宗慰

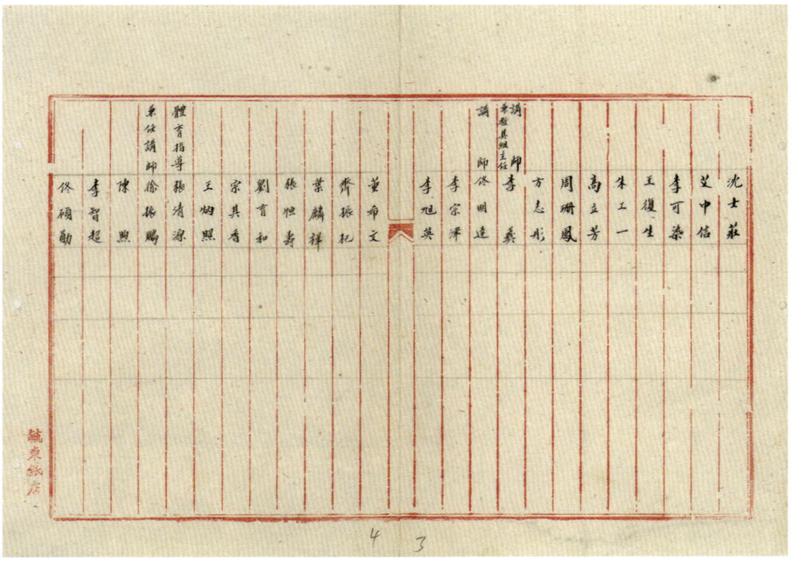

沈士莊
艾中信
李可染
王復生
朱工一
高立芳
周珊鳳
方志彤
講師兼教具組主任 李燊
講師 佟明達
李宗津
李旭英
董希文
齊振杞
葉麟祥
張[illegible]壽
劉育和
宗其香
王炳照
體育指導 張清濂
兼任講師 徐振鵬
陳熙
李智超
佟頤勛

1946 年 8 月，《国立北平艺术专科学校教员名册》

1947年（丁亥）　52岁

1月3日

在天津《益世报》创办《艺术周刊》，并题刊头。该刊每逢星期五出版，徐悲鸿撰《献辞》曰“艺术乃德性之表现”。

发表《推荐旅居南洋画家》一文，指出我国艺术家工作于南洋者大有人在，“若司徒乔、郑可两君，尤其著名者”。

2月

为避免国民党特务对吴作人的迫害，劝吴赴欧小游，并要吴替艺专办三件事：一、在国外给艺专图书馆买一些美术图书及画册；二、邀请在巴黎久居的滑田友回国任教；三、到卢浮宫临摹德拉克洛瓦的《但丁游地府》。又托吴回国过香港时，将寄存在中华书局的《八十七神仙卷》照相带回。

3月2日

复常书鸿一函，对其女儿常沙娜准备报考国立北平艺术专科学校表示欢迎，并说：“令爱高材，仆所深悉，鄙意原不讲文凭之类官样文章，可即准备暑后来平。”

3月25日

今日为美术节，北平艺术界于上午十时在中山公园来今雨轩开庆祝大会，徐悲鸿任大会主席，并致辞重申他的现实主义主张。

《北平日报》在《今日美术节艺专举办画展》消息中言：“本日美术节，国立艺专今起在稷园中山堂举行师生画展，全部出品二百余件，内多精品，徐校长悲鸿并将多年精粹参加展览，旧日名作《九方皋》、后期成功作品《愚公移山》尤为难得珍品。”

3月27日

在《华北日报》发表《造化为师》一文，谓：“艺之来源有二：一曰造化，一曰生活。”

3月29日

北平艺术专科学校部分教授及学生，曾呼吁请求改艺专为艺术学院，徐悲鸿则不同意，谓：“艺专已于去年将三年制改为五年制，投考资格，改良初中毕业，盖学画原以十五六岁为宜，如改学院，按教育部令须招高中毕业学生，高中毕业学生宁愿考好大学，不愿考艺专，不如招初中毕业生，多学两年，改学院事，我不赞成。”

春

经人介绍，在北京帅府园找到适合做艺专校址的房子，但此处居住着一支国民党军队，便决定请北平行辕主任李宗仁帮忙，李派一位副官去落实。

主持北平艺专全体大会，欢迎留法雕刻家滑田友回国任教，并介绍他在国外的成就说：“田友《出浴》是罗丹的再现，是当代中国雕刻家的荣誉。”还亲自为滑田友戴上花环。

7月6日

复常沙娜一函，谓：“你的信及画我都收到了。你愿意来到我们的学校，我感觉到非常骄傲，你可好好的完成你的临摹工作，到九月随着你伟大的爸爸来北平补考入学，没有问题。”复常书鸿一函，对其女儿沙娜拟投考国立北平艺术专科学校，表示欢迎，并请他报名时补考。

7月21日

复刘勃舒一函，指出，学画最好以“造化为师”。函外，还特地附一张信笺，上面仔细地画出了马的头、颈、蹄和前后足的画法，并在刘画上题字寄还。

9月4日

是日至6日，在重庆《世界日报》发表《世界艺术之没落与中国艺术之复兴》一文，该文原为8月2日在北平广播电台学术讲座之原文。

9月

为加强学生们的基础训练，提出无论是学油画、雕塑或国画，均需学习一二年素描。这在北平美术界引起不少抵制。

10月2日

北平《世界日报》《新民报》等，均刊载北平艺专国画组秦仲文、李智超、陈缘督三位兼职教员的文章，认为校长徐悲鸿减少国画学生及国画授课钟点乃摧残国画，遂提出备忘录，宣布即日（二日）罢教，要求重视国画，再招学习国画新生，增加钟点，如无圆满答复，不能复课，并控诸北平美术协会及诸老前辈。

10月3日

北平《新民报》发表《徐悲鸿“画家”论》。在该文中，徐悲鸿对罢教三教员指责的各点分别予以解答，并称：我的计划是，让一个学生至少学会人物画像、翎毛、动物、山水、花草等多少类基本的素描，不一定专和某一位先生学习，要培植起能担当“文艺复兴”重担的人才。几位先生停止上课乃是不了解我的计划。

10月15日

下午三时徐悲鸿在本校公开举行记者招待会。首由学生代表发言，声称：北平艺专在国画教学上的特色和观念的改革，是使国画接近生活，革除某些中国画的架空内容；其次是技术上的改革，以素描为基础，并打破一味临摹的劣习。徐悲鸿书面发言《新国画建立之步骤》等，阐明教育与艺术主张，批驳以陈志超、秦仲文、陈缘督等为代表的北平市美术协会对他的攻击和所谓“摧残国画”的说辞。

10月17日

在《中央日报》发表《建立新国画基础》一文。

12月23日

为文金扬编著的《中学美术教材及教学法》一书题笺，并撰前言。

年末

北平艺专国画系应届毕业生孙其峰、刘蔚二人在北平中山公园举行毕业联合画展，徐悲鸿亲自到场参观，并为画展题了“一时瑜亮”四个字作为鼓励，而且买了他俩每人两幅画，以资鼓励和支援。

20 世纪 40 年代后期，徐悲鸿与师生摄于北平东总布胡同国立北平艺专

1948 年，徐悲鸿与齐白石、吴作人、李桦摄于北平

1948 年（戊子）　53 岁

1 月 1 日

北平艺专的教师来拜年，再次与他们谈北平国画界的情形及国画改造的问题，并批评了一些老国画家的保守思想。认为国画从内容到笔墨都应有新的创造。尤其是人物画，必须刻苦学习人体写生，然后才能达到形神兼备。当李桦谈到正画一套《天桥人物》组画时，徐悲鸿表示一定要看。

1 月 17 日

致俞云阶一函，针对俞寄来要求指教的新照片，耐心地给以指教。除肯定了新作的长处，又指出欠缺的地方，再用极有说服力的道理给以指正。

2 月 13 日

在天津《益世报》发表《叶浅予之国画》一文，谓：“中国此时倘有十个叶浅予，便是文艺复兴大时代之来临了！”

初春

在徐悲鸿的主持下，国立北平艺专迁入帅府园的房子。

3 月 25 日

下午四时在洋溢胡同吴作人的寓所出席北平美术作家协会年会，出席者另有吴作人、李可染、李瑞年、李苦禅、黄养辉、叶正昌、叶浅予、刘铁华、边濯冰等三十余人。年会由吴作人主持，徐悲鸿被推为名誉会长。

4 月 27 日

为李桦《天桥人物》组画写序：“几个南腔北调人，各呈薄持度余生；无端落入画家眼，便有千秋不朽情。”

4 月 30 日

在天津《益世报》发表《复兴中国艺术运动》一文。

5 月 1 日

发起北平艺专、中国美术学院、北平美术作家协会三团体的联合美展，在中山公园中山堂举行。由徐悲鸿与吴作人、叶浅予主持，展品有西画、国画、图案画共约四百件。报刊认为这是革新派画家向保守派画家的一次示威。

5 月 7 日

在天津《益世报》发表《介绍几位作家和作品》一文，介绍中国美术学院、国立北平艺专、北平美术作家协会联合举办的美术展览之部分画家与作品。

10 月 8 日

中国现代画展预展在纽约大都会艺术博物馆举行，由中国艺术研究会及中国国际文化合作会主办。会前共发出请柬约四千份，并请顾维钧及中国驻纽约总领事张群平主持开幕典礼。

12 月 7 日

参与发起组织的“一二 · 七”艺术学会成立于北平，徐被推为会长。该会是北平解放前夕成立的一个大型综合艺术团体，因于 12 月 7 日成立，故得会名。学会的目的是团结组织北平美术界人士，准备迎接北平解放，迎接新中国的到来。

12 月

得到国民党政府发的“应变费”，将“应变费”收下而发放给师生员工，一直坚持到和平解放北平。

1949 年（己丑） 54 岁

1 月中旬

出席傅作义将军召集的北平大专院校校长会议，当傅提出何去何从的问题时，徐悲鸿第一个声明不走，要留在北平迎接解放，并说："北平是驰名中外的文化古都，不战则可以保存这个名城。"

1 月 31 日

北平和平解放，继任北平艺专校长。

3 月

在本校参观老解放区美术作品展览，对王式廓的套色木刻《改造二流子》赞不绝口，对冯真的年画《娃娃戏》、林岗的《赵桂兰》、罗工柳的油画《地道战》等，亦感欣喜，并给予鼓励。

派北平艺专高年级学生到沈阳鲁迅艺术学院做学生，学习解放区和工农结合的经验。

倡议油画系开设领袖像课程，并亲自指导。

4 月 3 日

在天津《进步日报》发表《介绍老解放区美术作品一斑》一文，指出："我敢断言：新中国的艺术，必将以陕北解放区为起点。"

5 月 25 日

回到北京，对到车站迎接的宋步云说："这件东西最重要，千万要保护好！这是一匹马的解剖石膏模型，我回国途中辗转多少地方，都是这样抱着它，你把它送到学校教具组保管，供教学使用。"

6 月初

邀艺专部分师生到家中，并双手捧出一件丹麦皇家陶器厂制作的"山林神蛙"给学生欣赏。送给侯一民一册库克雷尼塞画册，送给李天祥一册柯托夫画册，说是根据李天祥的路子选的。还对曾善庆说："没有找到对你路子的画册，只是留个纪念吧！"

6 月 13 日

在天津《进步日报》发表《在苏联捷克参观美术的简略报告》一文。

7 月 2 日

是日至 19 日，在北平出席中华全国文学艺术界联合会第一次代表大会。

7 月 21 日

中华全国美术工作者协会成立，选出徐悲鸿等 41 人为全国委员。

7 月 23 日

被选为中华全国美术工作者协会主席，副主席为江丰、叶浅予。

7 月

再次派学生到沈阳鲁迅艺术学院学习。

8 月 10 日

致刘汝醴一函："弟倘不得志于杭州（势实甚难），可来南京中大艺术系，因其中无主，此乃我为新中国艺术建业之地，得弟主持，正可释然，望早从事。"

9 月

请赴鲁艺学习返校同学向全校报告"留学"的体会。

秋

给周恩来总理写信，要求派艺专的师生参加当时在北京郊区展开的土地改革运动。

当赴沈阳鲁艺学院学习的同学返校后，即令同学们趁着记忆还清楚，赶快搞创作，他说时间久了，印象就淡薄了。他主张搞创作酝酿和准备要充分，画的时候则要一气呵成。

10 月

王学仲来请教素描，徐悲鸿鼓励开导说："古人云，哀莫大于心死……"并鼓励王进入北平艺专墨画科学习。

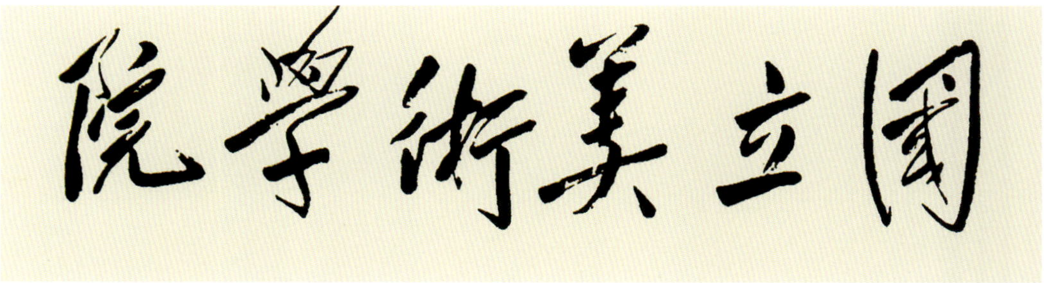

1949 年，毛泽东应徐悲鸿之请为国立美术学院题写校名

11 月 1 日

原北平艺专音乐系迁往天津，并入国立音乐学院。

11 月

原国立北平艺专一度改为“国立美术学院”，徐悲鸿继任院长兼研究部主任。毛泽东主席应徐悲鸿请求，为“国立美术学院”题写校名。

12 月 13 日

美术学院全体同学和部分教师分四队，分别参加了北京西郊和南郊的土改工作。徐悲鸿因身体不好未被批准参加。但后来曾到区里看望土改的师生，还激情地参加了在大红门举行的对恶霸地主的斗争。

12 月 16 日

中央人民政府政务院第十一次政务会议，通过中央人民政府政务院文化教育委员会及所属机关人员名单，任命徐悲鸿为中央美术学院院长。

是年

在国立北平艺专一次校务会议上发表“关于治艺术的意见”，提出：“我们的艺专便是治艺术之大学，纵有历史上之标准，横有世界之标准。至于应用问题，应当配合国家人民之需要，但不能降低我们的水准。简而言之，即我们的先生需够标准，学生亦需够标准。”

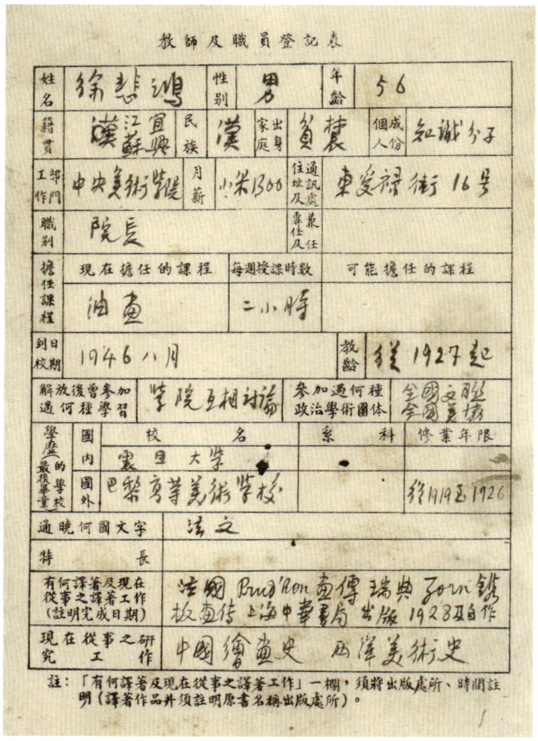

教師及職員登記表

姓名	徐悲鴻	性别	男	年齡	56		
籍貫	江蘇宜興	民族	漢	家庭出身	貧農	個人成份	知識分子
工作部門	中央美術學院	月薪	小米1300	通訊處及住址	東受祿街16号		
職别	院長	兼任及專任					
擔任課程	現在擔任的課程	每週授課時數	可能擔任的課程				
	油畫	二小時					
到校日期	1946八月	教齡	從1927起				
解放後曾參加過何種學習	學院互相討論	參加過何種政治學術團体	全國文聯 全國美協				
學歷(最後畢業的學校)	國內/國外	校名	系科	修業年限			
	國內	震旦大學					
	國外	巴黎高等美術學校		從1919至1926			
通曉何國文字	法文						
特長							
有何譯著及現在從事之譯著工作(註明完成日期)	法國Brud'hon畫傳 瑞典Zorn銅板畫傳 上海中華書局出版 1928及自作						
現在從事之研究工作	中國繪畫史 西洋美術史						

註：「有何譯著及現在從事之譯著工作」一欄，須將出版處所、時間註明（譯著作品并須註明原書名稱出版處所）。

（左上）创作中的徐悲鸿

（左下）1950—1953 年，时任中央美术学院院长

（右）1950 年，徐悲鸿在中央美术学院的教职工登记表

1950—1953 年，徐悲鸿为中央美术学院学生们送行

1950—1953 年，与中央美术学院学生合影

（左）20世纪50年代初，摄于东受禄街16号家中

（右）1951年，在家中小院

1950年（庚寅）　55岁

续任国立美术学院院长，改任中央美术学院院长，兼任中华全国美术工作者协会主席。

1月

针对艺术界只谈政治、不谈艺术的倾向，在美术学院大门口正面墙上，挂出亲笔抄录的毛泽东语录条幅："缺乏艺术性的艺术品，无论政治上怎样进步，也是没有生命力量的。"

2月12日

在《新建设》发表《漫谈山水画》一文，指出我国山水画的历史、成就及其存在的问题。文中指出："艺术需要现实主义的今日，闲情逸致的山水画，尽管它在历史上有极高度的成就，但它不可能对人民起教育作用，并也无其他积极作用；……我们之中倘有天才，希望他能写出各种英雄（如战斗英雄、生产英雄等）的史实，各种模范的人物凸出着我们幸运遭遇这个伟大时代。"

2月

中央人民政府政务院正式批准将国立美术学院与华北革大三部合并为中央美术学院。

2月

发表《四十年来北京绘画略述》一文。

3月1日

在中央美术学院出席全国美协召开的年画座谈会，到会的美术和出版工作者二十余人，讨论了当时新年画的内容及形式等问题。

3月2日

出席全国美协举行的新年画展览座谈会。徐悲鸿首先提出了上海"月份牌"式的年画问题，并提出这些年画存在的问题，是作者缺乏对生活的感情。

4月1日

中央美术学院举行成立典礼，徐悲鸿就任院长，并在成立大会上致献辞。

4月23日

在《新建设》发表《当今年画与我国古画人物之比较》一文。

4月

对客人说，将来艺术事业的发展，将是一种排山倒海的气势，各个方面对于艺术品的要求也将十分迫切。

5月28日

在北京劳动人民文化宫，出席市文艺工作者代表大会，被推为主席团成员之一。执行主席发言后，徐悲鸿即进行发言："今后的努力方向与过去不同，固然技术恶劣还是不成，但是美术作品一定要求是劳动人民喜闻乐见的东西，好像戏曲是从劳动人民中间来的，经过加工，用不同的技术表现出来，美术也是如此，这是一个重要的条件，同时我们应注意，不要使作品庸俗化。"

5月30日

在《光明日报》发表《美术工作的意见和经验》一文。

6月1日

在北京出席第一次全国高等教育会议。

夏

聘青年版画家古元兼任中央美术学院教授。

9月28日

在全国战斗英雄代表会议期间，提出为英雄、模范画像，并请战斗英雄、劳动模范到校做报告，和师生座谈。当时他身体虽弱，仍亲自接待，促膝交谈。

秋

在韦江凡处看到黄胄的国画《爹去打老蒋》的参军图，赞不绝口。叮嘱韦江凡请黄胄再寄几幅来，并建议将黄胄调北京工作。

1951年（辛卯）　56岁

续任中央美术学院院长，兼任中华全国美术工作者协会主席等。下半年卧床治病。

11月中旬

当得知学校正在争论写实主义和现实主义问题时，徐悲鸿说：写实主义和现实主义在外语中多数通用 Realism 这个词，没有什么区别。不同意有一种见解，以为写实主义是有闻必录，因此有自然主义模拟之嫌，断然认为写实是对客观事物的认真研究。要实事求是地研究客观事物，要师法造化，要对现实生活做具体的观察和分析。

1953年（癸巳）　58岁

继续任中央美术学院院长，兼任中华全国美术工作者协会主席。

1月1日

在上海《文汇报》发表《蓬勃发展着的人民美术事业》一文，总结了1949年以来我国美术事业所得的成就。

1月

根据毛泽东主席关于中国画的批示，请韦江凡等人筹备“国画研究所”（即后来的美术研究所）。又建议韦江凡：“一定要把黄胄调来。”

四月初

身体状况好转，到办公室处理校务和考察学生的学业，并能挥笔作画，有时中午也不回家休息。

看到学生的素描不注意细部刻画，无调子，显得千篇一律，遂每天到校亲自指导毕业班的学习，并找出不少西洋素描的图片，详加说明，分析其优劣。

暮春

看到黄胄的《苹果花开的时候》等作品时，再次建议将黄胄调至北京工作。

暑假

在徐悲鸿的倡导下，中央美术学院和华东分院的部分油画教师组成进修小组，锻炼绘画基本功。徐悲鸿抱病为学员们辅导。

9月初

油画教师进修小组结束，徐悲鸿参加总结座谈会，并说：“解放以来，凡事要做总结，这非常好，过去搞业务，就缺少这样的总结，所以不能巩固成效。”

9月23日

全天出席全国文艺工作第二次代表大会，并担任执行主席。是晚，应国际贸易促进委员会之邀，出席招待波兰画家的宴会，由于过度劳累，脑溢血复发，被送进北京医院。

9月26日

晨，徐悲鸿病逝于北京医院。

1951 年，徐悲鸿抱病到山东水利工地体验生活，与工地工程师查看图纸

1953 年暑期，徐悲鸿辅导中央美术学院和浙江美术学院华东分院教师进修小组，这是他最后一次教学活动

附录

图版索引

民生关切

家国情怀

致广尽精

附录

图版索引

民生关切

家国情怀

致广尽精

儒雅沉雄

典守精粹

“悲鸿生命——徐悲鸿艺术大展”工作组

学术主持：范迪安

策 展 人：张子康　红梅

总　　监：高高

策展助理：兰萌　宋金明　陈青青　周颖南　程冉　潘怡菲

展览执行：吴鹏　马亮　宿世存　荆鹏

设计总监：纪玉洁

设计协助：闵志伊　张元　郭鹤　胡宝

推广拓展：孙炜　耿静华

媒体宣传：何一沙　吴靖　宋亮

公共教育：任蕊　姚轶群　梁雯

影像统筹：丁怡

CAFAM 线上智识纪录片统筹：肖宝珍　杨格

藏品管理：李垚辰　姜楠　王春玲　徐研　窦天炜

行政统筹：蒋思妤　朱永康　杨柳　张倩　郭旭

照片拍摄：高磊　李标

后勤支持：仝岭　蒋玉霞　赵启文

《悲鸿生命》出版物工作组

名誉主编：范迪安

主　　编：张子康　红梅

撰　　稿：红梅

编　　辑：兰萌　宋金明　刘暮彤　崔然然

校　　对：兰萌　刘暮彤　崔然然

特别鸣谢徐悲鸿纪念馆提供作品以供拍摄、出版。

特别鸣谢马路先生、黄小峰先生、丛涛先生对本出版物所有款题、钤印的辨识、确认方面的学术支持！